Chroniques de l'ethnicité quotidienne
chez les Maghrébins français

site : www.librairieharmattan.com
e.mail : harmattan1@wanadoo.fr

© L'Harmattan, 2005
ISBN : 2-7475-8802-5
EAN : 9782747588027

Jean-François BRUNEAUD

Chroniques de l'ethnicité quotidienne chez les Maghrébins français

L'Harmattan	**L'Harmattan Hongrie**	**L'Harmattan Italia**
5-7, rue de l'École-Polytechnique	Hargita u. 3	Via Degli Artisti
75005 Paris	1026 Budapest	1510214 Torino
France	HONGRIE	ITALIE

Histoire et Perspectives Méditerranéennes
Collection dirigée par Jean-Paul Chagnollaud

Dans le cadre de cette collection, créée en 1985, les éditions L'Harmattan se proposent de publier un ensemble de travaux concernant le monde méditerranéen des origines à nos jours.

Déjà parus

Ali HAROUN, *Algérie 1962 – La grande dérive*, 2005.
Yoann KASSIANIDES, *La politique étrangère américaine à Chypre (1960-1967)*, 2005.
Abdelaziz RIZIKI, *La diplomatie en terre d'Islam*, 2005.
Jean-Pierre CÔMES, *La guerre d'Algérie et ses fantômes*, 2005.
Louis Saïd KERGOAT, *Frères contemplatifs en zone de combats. Algérie 1954-1962*, 2005.
Jilali CHABIH, *Les finances des collectivités locales au Maroc*, 2005.
Yves SUDRY, *Guerre d'Algérie : les prisonniers des djounoud*, 2005.
Samya El MECHAT, *Les relations franco-tunisiennes. Histoire d'une souveraineté arrachée. 1955-1964*, 2005.
M. FAIVRE, *Conflits d'autorités durant la guerre d'Algérie*, 2004.
A. BENDJELID, J.C. BRULE, J. FONTAINE, (sous la dir.), *Aménageurs et aménagés en Algérie : Héritages des années Boumediene et Chadli*, 2004.
Jean-Claude ALLAIN (Textes réunis par), *Représentations du Maroc et regards croisés franco-marocains*, 2004.
Ali KAZANCIGIL (dir.), *La Turquie au tournant du siècle*, 2004.
Ibtissem BEN DRIDI, *La norme virginale en Tunisie*, 2004.
Clément STEUER, *Susini et l'O.A.S.*, 2004.
Amel BOUBEKEUR, *Le voile de la mariée. Jeunes musulmanes, voile et projet matrimonial en France*, 2004.
Mohamed SOUALI, *L'institutionnalisation du système de l'enseignement au Maroc. Evaluation d'une politique éducative*, 2004.
Camille RISLER, *La politique culturelle de la France en Algérie (1830-1962)*, 2004.
Maxime AIT KAKI, *De la question berbère au dilemme kabyle. Décompositions et recompositions identitaires en Afrique du Nord*

TABLE DES MATIÈRES

TABLE DES MATIÈRES 5

I- introduction 11

    A – Crise et mutation de l'universel républicain et ethnicisation des rapports sociaux 11

    B - Culture française ou cultures de France 16

II - Méthodologie 21

    A – Mise au point conceptuelle 21

    B - Le choix d'un croisement méthodologique 22

    C - Le recueil des données 23
        1- Le questionnaire 23
           a) Objectifs du questionnaire 23
           b) Passation des questionnaires 26
        2- Les entretiens 27

    D – Les terrains d'enquête 29
        1- Roubaix 29
           a) Le Cul de Four 29
           b) L'Hommelet 30
        2- Les Hauts de Garonne 31

III - APPROCHE ÉPISTÉMOLOGIQUE ET THÉORIQUE DE L'ETHNICITÉ 33

    A- La difficile émergence d'un concept 33
        De l'origine des termes 36

    B- Les fonctions de l'ethnicité 38
        1- Une fonction d'organisation identitaire et de classification sociale. 38
        2- Une fonction mobilisatrice 39
        3- Une fonction rationnelle 40

    C- Du point de vue méthodologique 40

    D- Cadre théorique d'analyse 42
        1- Quelle définition de l'ethnicité ? 42
        2- Ethnicité et race 44
        3- Ethnicité et culture 44
        4- Ethnicité et domination/subordination 50
        5- Ethnicité et reconnaissance identitaire 54
        6- Ethnicité et interactionnisme 57

    7- Ethnicité et stigmate _____ 58
    8- La désorganisation sociale _____ 59
    9- Une position constructiviste _____ 62

IV – DE LA COLONISATION À L'IMMIGRATION : LA CONSTRUCTION D'UNE ETHNICITE   63

A- La notion de Maghrébin   63

B- La colonisation une première phase d'ethnicisation ?   64
    1- Colonisation et immigration : les valeurs républicaines malmenées ___ 65
    2- Une mémoire à retrouver _____ 69

C- L'émigration – immigration   70
    1- Une immigration nord-africaine d'origine rurale et urbaine populaire ___ 70
    2- La construction de l'objet immigration _____ 72
    3- L'immigration familiale _____ 75

D- D'une ethnicité officielle à une ethnicité clandestine   77
    1- Un apartheid anthropologique _____ 77
    2- D'une ségrégation colonialiste à une ethnicisation post-coloniale. ___ 79

E- Nature et espaces de l'ethnicité en France   80
    1- La nature de l'ethnicité française _____ 80
    2- Une distribution spatiale ethnicisante _____ 81
    3- Rôle des membres des communautés dans la construction de l'ethnicité _ 83

V- Homogénéisation ethnique et hétérogénéité identitaire   87

A- Du Nord-africain au Maghrébin, en passant par le Beur : Constitution d'un groupe ethnique   87
    1- L'identité maghrébine _____ 89
    2- Une identité bilatérale _____ 90

B- Les différents niveaux de l'identité maghrébine   93
    1- L'immigration de travail ou les générations de la rupture _____ 96
      a) Une immigration multi-générationnelle _____ 96
      b) Des familles nombreuses _____ 97
      c) De faibles niveaux d'études et de bas niveaux de qualification ___ 98
    2- L'immigration de regroupement familial de conjoints _____ 99
      a) Une immigration essentiellement féminine _____ 100
      b) Un âge d'émigration et une durée de résidence disparates ___ 100
      c) Niveaux d'études et de qualifications faibles _____ 101
      d) Des familles nombreuses _____ 103
    3- L'immigration familiale des enfants, ou la génération de la transition _ 103
      a) Trois catégories distinctes _____ 104
      b) Des générations d'âge diversifiées _____ 104
      c) Une catégorie d'âge adulte _____ 105
      d) Des immigrés majoritairement français _____ 106

  e) Des catégories socio-professionnelles et des niveaux de qualification diversifiés _____ 106
 4- L'immigration d'études _____ 107
  a) Un âge d'arrivée relativement homogène _____ 107
  b) Un fort taux d'individus en cours d'études _____ 108
  c) Des situations matrimoniales contrastées _____ 108
  d) Le choix de la naturalisation s'accroît avec la durée de résidence ___ 108
 5- La deuxième génération locale _____ 109
  a) Plusieurs générations d'âge _____ 109
  b) Des catégories socio-professionnelles variées _____ 110
  c) Des origines sociales modestes _____ 110
 6- La troisième génération locale _____ 110
  a) Une relative homogénéité d'âge _____ 110
  b) Une génération française _____ 111
 7- Récapitulatif _____ 111

C- Des pratiques constitutives de l'identité _____ 112
 1- Origine sociale _____ 113
 2- Pratiques sociales et culturelles _____ 115
  a) Français, arabe, berbère : une maîtrise et une utilisation variables : __ 115
   1) 100% francophones _____ 117
   2) 100% arabophones _____ 117
   3) Maîtrise des langues en fonction de l'origine et des types d'immigration _____ 118
   4) Langue du dehors, langue du dedans _____ 119
  b) L'ethnic business : un marqueur identitaire _____ 123
   Viande halal et produits alimentaires en tête des ventes _____ 124
  c) Les loisirs _____ 125
   1) Les visites entre amis : un loisir partagé _____ 126
   2) La musique _____ 128
   3) Les autres loisirs _____ 130
  d) Les fêtes _____ 132
   1) Une division marquée par la célébration des fêtes françaises __ 134
   2) Les « orthodoxes » _____ 134
   3) Les semi-orthodoxes _____ 136
   4) Les hétérodoxes _____ 138
 3- Attaches culturelles et liens avec le pays d'origine _____ 140
  a) Nationalité française et degré d'attache au pays d'origine _____ 142
  b) La télévision par satellite _____ 143
  c) Attaches au pays de nature matérielle _____ 146
  d) Les attaches familiales _____ 148
  e) Attaches culturelles et liens au pays d'origine _____ 150
  f) Visites au pays d'origine _____ 152
  g) Génération d'âge et nature des liens au pays d'origine _____ 152
  h) Liens avec le pays d'origine : récapitulatif _____ 153
 4- Représentations et pratiques matrimoniales _____ 154

  a) Mariage musulman et mariage traditionnel _____ 154
  b) Endogamie et exogamie _____ 155
  c) Tradition, religion et mariage _____ 156
   1) L'exogamie orthodoxe _____ 157
   2) L'endogamie religieuse _____ 159
   3) L'endogamie ethnico-religieuse _____ 160
   4) L'endogamie des femmes _____ 160
   5) L'exogamie _____ 161
  d) Entre représentations et pratiques _____ 161
 5- Sociabilité et intégration _____ 163
  a) Les réseaux d'amitié _____ 164
  b) Contexte et interactions _____ 168
 6- Pratiques religieuses _____ 171
  a) Croyants et non-croyants _____ 172
  b) Le degré de pratique religieuse _____ 175
  c) Typologie des pratiquants _____ 177
  d) Des déterminants de la pratique religieuse _____ 178
   1) Pratique religieuse, type d'immigration et classes d'âge _____ 179
   2) Pratique religieuse et situation matrimoniale et familiale _____ 182
   3) Pratique religieuse, origine nationale et appartenance ethnique _____ 183
   4) Transmission des valeurs religieuses et culturelles _____ 185
   5) Pratique religieuse et culture arabo-musulmane _____ 186
  e) Pratique religieuse, conclusion _____ 188
 7- Conclusion : Les pratiques sociales et culturelles révélatrices d'une variété d'identités et d'une homogénéité ethnique _____ 188

VI- Construction quotidienne de l'ethnicité dans la République française _____ *193*

A- Désignations, imputations et auto-désignation _____ 193
 1- À propos de la labellisation. _____ 193
 2- Le maintien des frontières ethniques _____ 195

B – La famille maghrébine entre marqueurs sociaux et ethniques _____ 199
 1- Les familles stables _____ 199
 2- Les familles en détresse _____ 199
 3- La famille maghrébine _____ 200

C - La famille, berceau de l'ethnicité _____ 202
 1- Le prénom _____ 202
 2- La vie quotidienne _____ 208
  a) L'alimentation et les pratiques alimentaires _____ 208
  b) La célébration des fêtes _____ 212
   1) Les fêtes « minoritaires » : un affermissement identitaire endogène et un renforcement des frontières _____ 212
   2) Les fêtes françaises : une non-participation ethnicisante et parfois frustrante _____ 215

      3) Halloween : une fête collective ___ 218
   3- La transmission des valeurs et les pratiques éducatives ___ 219
     a) Le contrôle des sorties ___ 220
     b) Entre transmission des valeurs religieuses et traditionnelles : l'ambiguïté. ___ 223
      1) Deux notions morales fondamentales : *hachuma* et *haram* ___ 224
      2) Traditions culturelles et religion ___ 224
      3) La place de la religion dans l'éducation familiale ___ 226
      4) L'honneur ___ 234
     c) Le principe de visibilité ___ 235

D – L'ethnicité à l'école ___ 237
   1-Nature des relations inter-ethniques à l'école ___ 237
     a) La remise en cause du mythe républicain ? ___ 238
     b) Discriminations et racisme à l'école ___ 242
   2- Familles populaires et ethnicité à l'école ___ 246
     a) Ethnicisation des causes économiques et sociales ___ 246
     b) Les familles maghrébines face à l'école ___ 249
   3- Culture et ethnicité à l'école ___ 261
     a) Le syndrome du chien ou la déférence dans la différence ___ 262
     b) Sauver l'honneur ___ 264
      1) L'usage de la langue arabe : un point d'achoppement ___ 266
      2) La rencontre des eux et des nous : l'honneur malmené ___ 268
      3) Le poids des mots et leur ambiguïté ___ 269
      4) La double honte ___ 271
   4- Islam et ethnicité à l'école ___ 274
     a) L'application du principe de visibilité ___ 275
      1) Le ramadan ___ 276
      2) L'absence pendant les fêtes ___ 280
      3) L'assiette laïque ___ 282
     b) Les signes extérieurs d'appartenance ___ 284
      1) Ici, on est en France ___ 284
      2) Opposition et refus ___ 287
     c) En conclusion ___ 288

VII - Conclusion ___ *291*

A- D'un point de vue général ___ 291

B- De la construction ethnique ___ 292

C- La France ethnique ? ___ 295

D- Entre craintes et ouverture : quel modèle d'intégration ? ___ 296

BIBLIOGRAPHIE ___ *299*

Table des tableaux ___ *307*

I- INTRODUCTION

A – Crise et mutation de l'universel républicain et ethnicisation des rapports sociaux

Aborder une recherche sur la population maghrébine interroge sur l'identité même de ce groupe. Pour le sens commun, le terme renvoie indifféremment à des aires géographiques et culturelles aussi imprécises qu'éloignées. Les Maghrébins représenteraient ainsi une partie homogène de l'humanité présente tant en Afrique du Nord – région diversement définie- qu'en Europe. En France, le vocable semble désigner les immigrés venus d'Algérie, du Maroc ou de Tunisie et leur filiation tout autant que les habitants actuels de ces pays. Ce flou terminologique s'inscrit dans une continuité historique marquée par les contextes de la colonisation et de l'immigration qui, au fur et à mesure de leur déroulement, ont fait place à des désignations variées de cette population en passant, au cours du temps, par les termes d'indigènes, de français musulmans, de nord-africains, de beurs et de maghrébins. Derrière ces changements d'appellations se profilent des mécanismes que nous devrons étudier afin de saisir les raisons, les causes et les circonstances de l'apparition de ce phénomène. Le fait même de désigner un groupe implique que ce dernier soit porteur d'une identité collective, réelle ou supposée, qui diffère de celle du groupe qui a le pouvoir de nommer. Dès lors, s'instaure un processus de différentiation basé sur la conscience d'un « nous » et d'un « eux ». Ce clivage peut se construire, entre autres, à partir de différences d'ordre culturel, religieux ou social qui participent des constructions identitaires et de la définition de frontières entre les groupes. La situation d'immigration se caractérise par l'émergence de groupes divers qui entretiennent des contacts directs et prolongés qui peuvent s'avérer révélateurs de différences amenant chacun à s'interroger sur l'identité de l'autre mais aussi sur la sienne propre. Concernant les Maghrébins, il nous faudra nous pencher sur la nature de cette identité et comprendre la part de chaque groupe dans sa construction.
C'est pour mieux saisir les raisons qui ont entraîné l'apparition de ce groupe dans le contexte français contemporain que nous avons opté pour le paradigme de l'ethnicité. Debarbieux considère qu'elle constitue une dimension fondamentale de l'identité de tout individu car elle est « un processus actif, qui permet d'organiser les identités et les interactions, en décrivant les frontières et les relations des groupes sociaux. L'ethnicité est un des éléments dans la production relationnelle des cultures » (Debarbieux, 1999, p. 74).

Mais poser la question de l'ethnicité dans le contexte français n'est pas chose aisée. Pour Dubet (1989), « Il ne faut pas perdre de vue que si l'immigration est un phénomène ancien en France, la sociologie de l'immigration y est encore jeune. Intellectuellement, la société française est à l'aube de se percevoir comme un pays d'immigration et les sociologues sont parmi les pionniers de cette nouvelle représentation de la société et de la nation ». Traiter l'objet d'un point de vue ethnique, c'est prendre le risque, en faisant émerger l'existence de phénomènes qui visent plus à mettre en conformité les différences qu'à les abolir, de remettre en cause l'idée même de la république égalitaire et indivisible et de la toute puissance intégrative de son modèle. L'ethnicité renvoie également aux douloureux souvenirs de la colonisation et devient alors un objet tabou pour lequel il n'est pas nécessaire de réveiller les fantômes assoupis. Ainsi, pour tenter de saisir le lien et pourquoi pas la continuité dans laquelle s'inscrit la réalité française d'aujourd'hui avec son passé, il nous faudra comprendre un tant soit peu notre histoire coloniale avec les pays d'Afrique du Nord.

C'est que l'apparition récente de l'ethnicité dans le champ social français et sa prise en compte par la recherche comme paradigme pouvant participer à fournir un cadre d'analyse et d'explication des phénomènes de fragmentation des populations nationales, constituent un fait nouveau. Jusqu'à une période récente, la force de l'idéologie universaliste française empêchait toute incursion de cette approche dans le champ des sciences sociales. Le modèle républicain d'intégration a longtemps suscité un enthousiasme consensuel, tant sur le plan politique que scientifique, notamment chez certains sociologues qui ont abondamment insisté sur ses vertus. Schnapper écrit ainsi en 1992 : « La France est l'État nation par excellence, et, par conséquent, la nation de l'intégration individuelle [...]. Le système scolaire centralisé et autoritaire a acculturé et intégré, pendant plus d'un siècle, tous les enfants, y compris ceux dont les parents avaient récemment immigré en France [...]. Ce modèle, même s'il est ébranlé par les modes d'intégration spécifique des sociétés modernes, continue à assurer la socialisation des enfants d'immigrés » (1992, p.114-116).

Si beaucoup de chercheurs adhèrent au modèle explicatif qui consiste à attribuer l'ethnicisation des rapports sociaux au déclin de l'universalisme républicain, tous n'adoptent pas le même profil en termes d'analyse. Schnapper, nous l'avons vu, considère que l'école doit rester le principal outil d'intégration en dépassant la crise qui l'agite et en revenant, en quelque sorte, à un fonctionnement qui aurait fait ses preuves dans le passé. Pour l'auteure, si l'universel républicain reste la meilleure solution pour conserver la démocratie, il faut être vigilant quant aux dérives possibles et aux effets pervers qui peuvent en résulter. Optimiste, elle considère que l'intervention de l'État providence permet de corriger et de rééquilibrer les inégalités par la redistribution des richesses, la couverture et l'aide sociales et les mesures de discrimination positive (ZEP), mesures qui, pour elle, contribuent paradoxalement à introduire de l'ethnicité dans le champ social (Schnapper, 2000, p.18-19). Streiff-Fenart (1997) constate que les appartenances ne se définissent plus seulement dans le cadre national qui a longtemps été considéré comme l'unique espace légitime. Avec le déclin de la capacité intégratrice du modèle républicain, une part croissante de la population ne se reconnaît plus dans le modèle universel abstrait de l'État laïque et républicain qui a « cessé de fonctionner comme garantie de traitement égalitaire d'individus définis par leur seule qualité de citoyens, pour se révéler au mieux comme une injonction normative à une conformité sociale hors d'atteinte, au pire comme une fiction ethnocentriste ou répressive » (Streiff-Fenart, 1997, p.57).

Le lien causal entre la crise du modèle républicain d'intégration et l'ethnicisation du champ social est reconnu et pointé par un grand nombre de chercheurs français. Si certains préconisent la nécessité d'une réconciliation urgente en redonnant aux valeurs républicaines la place qu'elles ont perdue, d'autres dénoncent une posture passéiste qui renvoie à un âge d'or mythique où la République aurait fonctionné à merveille. C'est le cas de Wieviorka (1997) qui situe le début de la crise au milieu des années 80, dont les symptômes se matérialisent à travers les difficultés de socialisation et d'accès à la citoyenneté d'une partie de la population. Cette crise révèle, plus que jamais, l'écart entre le concept et la réalité de la République, mais elle permet aussi de faire émerger le débat sur la scène publique en le réduisant cependant à sa seule dimension institutionnelle et en ne présentant pour l'avenir que deux choix élémentaires : « le chaos ou la République retrouvée » (Wieviorka, 1997, p.8). Cette conception interdit toute innovation, toute construction ou invention nouvelles qui pourraient participer au renouvellement du fonctionnement de la République, sans pour cela la détruire. Le modèle, dont l'apogée eu lieu dans les années 60, se désagrège et plutôt que de crise, Wieviorka préfère parler de mutation. Pour l'auteur, celle-ci débute au début des années 70, non pas à partir des changements en lien avec la globalisation de l'économie, mais avec la fin de la société industrielle qui affaiblit le monde ouvrier qui s'organisait précédemment autour d'un rapport conflictuel avec les détenteurs des capitaux. En disparaissant, cette forme de rapport laisse place à la problématique de l'exclusion sociale, du chômage et à la précarisation d'une partie de la population. La chute du monde ouvrier et le déclin des institutions (Dubet, 2002), participent à l'installation de la crise du modèle républicain d'intégration et à sa mutation.

Pour Geisser, « l'ethnicisation des modes d'affirmation exprimerait le glissement d'un registre classiste (le prolétaire) à un registre culturaliste (le minoritaire) » (2000, p.40). L'auteur remarque le manque d'explication apporté à ce glissement sémantique en dehors de l'évocation de la crise du mouvement ouvrier qui ne contrôlerait plus les nouvelles classes dangereuses. C'est en fait minoritaire que les phénomènes ethniques sont traités « les manifestations communautaires sont généralement identifiées à *l'ethnicité du pauvre* qui recourrait ainsi à sa différence pour mieux se faire entendre dans l'espace public » (*id.*, p 40).

Dans cette optique, la production institutionnelle d'ethnicité est rarement abordée, peut-être par crainte de remettre en cause le modèle républicain d'intégration qui, malgré ses défauts, constitue une barrière à l'instauration d'un communautarisme redouté. Pourtant les institutions tiennent une place importante dans la problématique ethnique française, notamment s'agissant de celles dont une partie des fonctions consiste à assurer l'adéquation entre le concept républicain et la réalité vécue. En premier lieu, l'école, traditionnellement considérée comme le principal outil au service de l'assimilation. La crise est profonde et touche plusieurs domaines. Celui des enseignants, atteints tant sur le plan social que symbolique, amène ces derniers à revendiquer de meilleures conditions de travail mais à s'interroger également sur leur statut au sein de l'institution et de la société en général. Celui de l'organisation d'un appareil lourd, que d'aucuns nommeront le « mammouth » et qui s'avère de plus en plus inadapté à une société qui se métamorphose rapidement. Enfin, celui de la nature même de l'école à travers la définition de son rôle et de ses fonctions. En effet, ne pouvant plus assurer sa fonction traditionnelle d'ascenseur social, l'école s'interroge sur son rôle en matière de formation, d'instruction et d'éducation. Mais elle hésite également sur sa place dans la cité : école du quartier ou dans le quartier, école ouverte ou forteresse, lieu d'échanges et de rencontres de la diversité sociale et culturelle ou école sanctuaire ? Plus que jamais, elle semble avoir été rattrapée par la réalité sociale et interrogée sur sa nature, le premier épisode de l'affaire « des foulards islamiques » en 1989 a secoué l'institution en élargissant le débat sur des questions de société, telle que la nature et la place de la laïcité.

Mais la crise de la République, c'est aussi celle de son service public. Véritable caractéristique de l'identité française, le service public est malmené par la problématique du libéralisme qui le pénètre dès le début des années 80 alors que la crise économique s'installe en précarisant une partie croissante de la population. D'un côté, le modèle d'intégration est en crise, de l'autre, le modèle du service public français est fortement ébranlé par les vagues de privatisation, les politiques d'obligation de résultats, la décentralisation et les conceptions économiques européennes que la France est sommée d'appliquer. L'avènement de l'ère post-industrielle, marquée en France, par la désinstitutionalisation, laisse pour Wieviorka (1997, p.10), apparaître la société sous l'angle de la désintégration. En effet, les formes anciennes de conflits revêtaient en leur cœur une dimension intégratrice dans la mesure où les deux camps luttaient pour le contrôle du même enjeu et partageaient les mêmes valeurs de confiance dans le progrès de la science, de la technologie et de l'industrie ; avec la crise, le monde ouvrier perdra de son pouvoir.

Face à cette crise généralisée, la France semble découvrir qu'elle est un pays d'immigration après avoir longtemps refusé de l'admettre. Cette prise de conscience va s'inscrire dans une logique où la crise de la République sera associée au thème de l'immigration dans une politique du bouc émissaire où seront amalgamées des problématiques aussi diverses que différentes : sans-papiers, délinquance, violence à l'école, extrémisme religieux, perte du lien social, sexisme, troubles dans les quartiers et les banlieues de relégation etc. vont être analysés sous l'angle de l'immigration en oubliant bien souvent de s'intéresser aux causes d'ordre social, économique et politique.

Derrière le spectre de l'immigration, se dessine plus particulièrement une partie de la population : les Maghrébins. Cette catégorie se construit à partir du pointage d'un certain nombre de différences d'ordre culturel et religieux. On ne peut pas nier, que l'immigration en général, et les Maghrébins en particulier, introduisent par leur présence et leur installation en France, une problématique en termes de gestion des différences. Des éléments de la culture et de la religion peuvent apparaître comme éloignés de la culture nationale et interrogent les institutions sur les politiques publiques à instaurer pour assurer leur bon fonctionnement. Il semble que la nature même de ce groupe, en particulier par son adhésion massive à l'islam, appréhendé en tant que culture ou que religion, participe de cette stigmatisation dans la mesure où les différences qu'il porte entraveraient toute possibilité d'intégration et remettraient fortement en cause le modèle républicain. Le passage d'une immigration silencieuse de travailleurs à une immigration de peuplement a mis en lumière un certain nombre de phénomènes nouveaux. Les jeunes « beurs » des années 80 expriment leur malaise à travers les rodéos ou la marche pour l'égalité des droits et la reconnaissance des différences. Face à l'absence de réponses apportées par les pouvoirs publics et par la société civile, leur déception sera souvent analysée sous la forme d'un repli identitaire basé notamment sur la religion. Ces enfants, fortement touchés par la crise, se retrouvent fréquemment en situation d'exclusion sociale alors que les discriminations tendent à constituer les immigrés en catégorie de sens commun, perçus comme étrangers quand bien même seraient-ils Français. La différence ainsi pointée, intériorisée pour certains, fabriquée ou modifiée pour d'autres va créer, à partir d'un double mouvement exogène et endogène, de l'ethnicité basée entre autres sur des traits culturels tirés de domaines variés : religion, cuisine, musique, langue…

Cette visibilité de la différence dans l'espace public et sa reconnaissance, même implicite, participent d'un débat presque impossible en France et touchent à ce que Bourgois considère comme problématique : « la phobie qu'ont les Français de la diversité ethnique et de la différence »[1]. De son côté, Streiff-Fenart (1997) fait part de l'étonnement des chercheurs étrangers face au désintérêt des sciences sociales françaises pour la thématique des relations ethniques et rappelle « les constats désabusés de quelques rares chercheurs français. C. Coulon dénonçait en 1978 la *stratégie du silence* de la science politique française sur la diversité ethnique et régionale, F. Morin estimait en 1981 que les relations interethniques représentaient *la zone* d'ombre de l'anthropologie, tandis que P.J. Simon parlait de la *répugnance à l'interethnique et au* minoritaire » (Streiff-Fenart, 1997, p.48). Pour Wieviorka (1996, p.5), cette phobie est liée à un postulat qui serait de l'ordre de l'évidence : si toute reconnaissance des particularismes culturels dans la vie politique ou dans les institutions met gravement en danger l'État nation et la démocratie, il faut donc y préserver la séparation entre espace privé et espace public et rejeter toute tentative de demande identitaire ou communautaire de la sphère privée. C'est donc bien le problème de la gestion de la différence qui est posé à travers la séparation des sphères privées et publiques. Mais le regroupement de populations spécifiques dans des aires ethnicisées favorise le glissement vers l'espace public de pratiques jusque là confinées dans le domaine du privé. C'est ainsi que le jeûne du ramadan introduit dans la sphère scolaire ou professionnelle une pratique religieuse ou culturelle dont la visibilité interroge l'institution et l'amène, volontairement ou non, à proposer un certain nombre de réponses.

Si les Maghrébins constituent un groupe ethnicisé au sein de l'espace social français, ce processus relève certainement d'un double mouvement externe et interne. Il nous revient d'analyser la place de chacun dans cette construction qui se déroule tant dans les interactions individuelles que collectives, interactions qui ne sont évidemment pas déconnectées du contexte et de l'environnement. Ainsi, devrons-nous comprendre la place et la nature des identités tout autant que le rôle de l'école et de la famille dans cette construction.

Prendre en considération la différence culturelle, ne signifie pas que nous nous inscrivions dans une apologie du multiculturalisme ou dans un éloge du droit à la différence qui s'opposeraient aux principes de la République. Il s'agit plutôt pour

---

[1] Cité par Dominique Duprez, IFRESI-CLERSE, document polycopié.

nous de partir de la réalité d'une diversité caractéristique de la société française actuelle où il nous semble nécessaire de ne pas rejeter la présence de différences culturelles dans le champ social, différences que nous ne devons ni nier, ni exalter. La première posture risquerait en effet, de créer des frustrations et des rancœurs dont les conséquences peuvent être diverses et variées, la seconde pourrait amener à une communautarisation problématique. Il nous faut donc comprendre comment articuler et concilier l'universalisme du droit et de la raison et les particularismes culturels. Streiff-Fenart attire l'attention sur le risque d'idéologiser le discours scientifique sur les relations ethniques, « les notions de communauté, d'ethnicité ou de pluriculturalisme, lorsqu'elles sont promues comme thèmes idéologiques présentent par rapport à l'idéologie antérieurement dominante de l'assimilation des risques symétriques de réification des cultures et des identités. [...] mettre en évidence l'importance des désignations et des classements ethniques dans la vie sociale ne revient pas à se faire les apôtres du *communautarisme* » (Streiff-Fenart, 1997, p.62).

Tout au long de ce travail, il nous faudra donc tenter de comprendre comment se prescrit et se construit l'identité maghrébine dans une logique d'ethnicisation des rapports sociaux basée sur un double mouvement externe et interne dans le contexte d'une République en mutation et qui aborde une nouvelle étape en s'interrogeant sur la nature d'un contrat social défini en termes d'espaces public et privé. Dans cette optique, nous essayerons, pour autant que cela soit possible, de dénouer le nœud où s'entremêlent problématiques sociales, culturelles, politiques, économiques et idéologiques pour tenter de dégager ce qui relève de chacun de ces domaines.

Après avoir présenté notre cadre méthodologique, nous approcherons le concept d'ethnicité d'un point de vue épistémologique et théorique. Il nous faudra ensuite passer par l'histoire pour tenter de repérer et de comprendre la manière dont la problématique ethnique française trouve ses racines dans la continuité historique de la colonisation et de l'immigration. Nous pourrons ensuite proposer, à travers les résultats de notre questionnaire, une analyse des pratiques qui définissent les identités maghrébines. Enfin, les résultats des entretiens de recherches et des observations ethnographiques nous permettront d'analyser la construction du phénomène ethnique français.

B - Culture française ou cultures de France

Cependant, avant d'aller plus loin, il paraît nécessaire de se pencher un tant soit peu sur ce qui constitue le socle de la culture française. Jean-Loup Amselle, dans l'introduction de son ouvrage à propos du multiculturalisme français (Amselle, 1996, p.11-19), rappelle que « l'idée d'une République dont le principe de base est celui de l'assimilation de citoyens isolés les uns des autres paraît contradictoire avec l'existence de l'opposition princeps des Francs et des gallo-Romains qui imprègne une grande partie de l'historiographie de la France » (*op. cit.*, 1996, p.11). En effet, il y a là une contradiction révélatrice de l'incompatibilité entre l'universalisme républicain et le principe fondateur de l'histoire de France qui repose sur la guerre entre la race des Francs et celle des Gallo-Romains. Pour Amselle (1996), ce schème de la « guerre des deux races », appréhendé tant dans le cadre de l'histoire infranationale que dans celui de son exportation dans les colonies, mérite d'être examiné. En effet, l'histoire métropolitaine étant intimement liée à celle des colonies, il en résulte une influence continue et mutuelle qui se retrouve encore aujourd'hui dans la manière de traiter les communautés à l'intérieur même du territoire national, traitements qui empruntent souvent aux précédents coloniaux.

Pour l'auteur, plusieurs stades caractérisent la généalogie du peuple de France et notre histoire « du point de vue anthropologique et raciologique, a oscillé entre l'unité et la multiplicité » (op. cit., 1996, p.12). Du point de vue de l'unité des origines, il est tout de même nécessaire de distinguer deux cas de figure : l' «unité originaire» et l' «unité fusionnelle». La première renvoie à l'hypothèse d'une origine commune entre les Francs et les Gallo-romains en considérant que ces deux peuples présents sur le territoire français sont venus de Troie. Cette thèse permit aux clercs du VIIe siècle de créer un embryon de cohésion nationale, tout en entretenant les liens avec l'antiquité gréco-romaine et avec l'Ancien Testament. Il faudra attendre la Renaissance pour que cette dernière soit remise en cause et remplacée par la thèse de la double origine qui attribue des racines germaniques aux Francs, dès lors considérés comme les ancêtres de la noblesse, et une origine autochtone aux Gallo-romains désormais perçus comme les ancêtres des roturiers. Ce modèle interprétatif résistera au temps et aux régimes puisqu'il sera repris tant par les mouvements aristocrates que monarchiques et même par les républicains. Toutefois, ceux qui se réclament de cette guerre des deux races l'appréhendent, selon leurs affinités, de deux façons différentes. Ainsi, l'aristocrate Boulainvilliers défend le postulat de la permanence de la séparation des deux groupes, alors que le républicain Mably entend démontrer leur fusion[2]. Le premier annonce ainsi Gobineau et sa thèse sur la pureté de la race germanique, alors que le second accepte la primauté de deux races distinctes qui vont fusionner et se métisser par le mélange du sang. Si cette dernière position accepte le fait que des roturiers Gallo-romains aient pu s'intégrer à la noblesse franque elle n'en renie pas moins l'existence des deux races. En fait, le débat va, au fil du temps, transcender les appartenances et la distinction ne s'établira plus sur une opposition entre aristocrates, monarchistes et républicains, mais entre ceux qui adhèrent à une conception unitaire de l'origine du peuple français et ceux qui la pensent sous l'angle d'origines distinctes, qu'il y ait eu mélange ou non. Voltaire appartiendra de façon relativement isolée au premier courant en contestant les liens du peuple français avec le peuple conquérant des Francs. Sa position restera marginale face à l'écrasante majorité qui opte plutôt pour la construction de la nation française à partir d'une dualité ethnique.

A l'époque de la Restauration (1814-1830) et de la monarchie de juillet (1830-1848), Augustin Thierry[3] et François Guizot[4] vont s'appuyer sur les travaux d'une nouvelle discipline, l'anthropologie physique, pour conforter la théorie de la guerre des deux races. En effet, diverses mesures effectuées sur les corps et les cerveaux d'individus censés constituer la population française auraient confirmé

---

[2] Gabriel Bonnot de Mably (1709-1785), philosophe et historien français. Il est considéré comme un précurseur de la Révolution, voire du socialisme. Il publie en 1740 *Parallèle des Romains et des Français*
[3] Historien français (1795-1856).
[4] F. Guizot (1787-1874) homme politique et historien français à la tête de plusieurs ministères dont celui de l'Instruction publique, il fut également Président du Conseil.

l'hypothèse de l'existence de groupes distincts à l'origine. Il était de bon ton, en cette première moitié du XIXe siècle, de valoriser le peuple face à la noblesse, du coup, l'historiographie française voit dans les peuples conquis, c'est à dire les Gallo-romains, les véritables promoteurs de l'histoire de France. Marx a clairement reconnu qu'il s'est fortement inspiré des écrits de Thierry et de Guizot pour élaborer sa théorie de la lutte des classes et de nombreux marxistes ont interprété l'œuvre de Gobineau comme une transformation d'une lutte des classes en lutte des races, la métamorphose permettant aux nobles de sauvegarder leurs privilèges. Ainsi, le peuple est considéré comme le descendant de la race conquise, les Gallo-romains, alors que la noblesse se voit appréhendée comme l'héritière des Francs venus de Germanie en conquérants. Dés lors, l'assimilation républicaine repose sur la fusion de ces deux races et sur l'émancipation du peuple par l'éradication du despotisme qui doit permettre sa fusion et son intégration dans le corps politique républicain.

Pourtant, la théorie de la guerre des deux races a tendance à s'éclipser aux lendemains de la Révolution au profit de ce qu'il est coutume de nommer le mythe celtique. Amselle (1996) rappelle que ce mythe fut popularisé par Napoléon Ier et repris par Napoléon III pour justifier les conquêtes impériales. Dès lors, il ne cessa de se développer selon deux axes différents : le premier regroupe les nations celtiques (Bretagne, Irlande, Pays de Galles) autour d'un pôle culturel commun. Le second considère les Gaulois comme « un élément essentiel de la définition de l'identité française, [qui] a pour caractéristique d'être revendiqué par la quasi-totalité des composantes de l'espace politique hexagonal » (*op. cit.*, 1996, p.16). À travers le personnage de Vercingétorix, émerge un consensus sur l'homogénéité ethnique de la nation française qui sera porté par des personnalités aussi variées que J-M. Le Pen, F. Mitterrand ou J. Chirac. Dès lors, la constitution du peuple français peut s'effectuer en fonction d'une différenciation entre les Français « de souche » et les autres, cette coupure transcende les divergences idéologiques basées sur un clivage droite-gauche. Ce mode de différenciation est si prégnant, que certains milieux issus de l'immigration, notamment les jeunes maghrébins, n'hésitent pas à identifier leurs compatriotes français « de souche », comme des Gaulois.

Du coup, l'histoire nationale est appréhendée d'un point de vue racial et le concept d'assimilation républicaine est alors lu comme un processus basé sur le métissage ou sur la fusion des races. Ainsi, le schisme qui prend sa source dans une division idéologique de la droite et de la gauche est en partie gommé au profit d'un clivage basé sur les tenants de la pureté de la race et ceux de la pureté du métissage. Dans le premier courant se retrouvent les formations d'extrême droite et une partie de la droite classique alors que le second est plutôt représenté par la gauche et par une partie de la droite républicaine. Cette dernière posture est illustrée à travers diverses expressions symboliques tel que le défilé du 14 juillet 1989 qui célébrait le bicentenaire de la Révolution française ou la manifestation d'allégresse organisée aux lendemains de la victoire de l'équipe de France lors du mondial de football en 1998. À chaque fois, il est fait état de la nature bigarrée du peuple français, notamment à travers le fort attachement de la France à son ancien empire colonial. Mais si le « black, blanc, beur » fut hissé comme un slogan révélateur d'une intégration réussie, il n'en désigne pas moins des catégories raciales et ethniques. C'est ainsi que lors du match France-Algérie qui se déroula à Paris en 2001, les perturbateurs de la manifestation qui sifflèrent l'hymne national, furent clairement désignés comme des beurs en refus d'intégration. Le stigmate ethnique a sans conteste pris le dessus dans la recherche des coupables, alors qu'il s'agissait certainement bien plus d'un malaise social. Amselle (1996) voit dans le républicanisme, un goût immodéré pour la diversité et considère que le racisme soft illustré par les photos publicitaires de *United colors de Benetton* est plutôt de nature à postuler l'irréductibilité des différences. Cette démonstration de couleurs et de bigarrure humaine, « c'est en même temps faire de l'assimilation ou de l'intégration un problème et la figure du melting pot ou celle du creuset républicain peut, on s'en rend bien compte actuellement, s'avérer inefficace » (*op. cit.*, 1996, p.18).

À travers ces deux courants, on se rend bien compte de la complexité de la réalité française. D'un côté, les représentants de la pureté du métissage, porteurs d'un multiculturalisme à la française baignant dans un flou conceptuel total, ne risquent-ils pas en préconisant par exemple, des mesures de discriminations positives, de mettre en place les conditions propices à une ethnicisation radicale de la société ? D'un autre côté, les républicanistes en prônant une séparation hermétique entre espace public et espace privé, occultent notre histoire en oubliant sa dimension construite et mouvante et le fait que le sentiment d'appartenance à la nation française s'est toujours appuyé sur une identification de type raciologique faisant appel à une ascendance germanique, gauloise ou romaine. Ainsi, le modèle de la guerre des deux races ou le mythe gaulois, en postulant l'existence d'une pluralité de groupes, n'apportent-ils pas les conditions nécessaires au développement d'un multiculturalisme à la française ? L'âge d'or de la laïcité républicaine de la fin du XIXe siècle n'aurait alors que participé à mettre entre parenthèses l'existence de groupes culturels en les contraignant à se réfugier en dehors de l'espace public, sans pour cela les faire disparaître. Le retour en ce début de XXIe siècle de revendications identitaires culturelles, communautaires ou religieuses au sein d'une Europe politique et économique de plus en plus réelle, peut être considéré comme une menace pour la préservation de l'unité nationale. Mais il peut également être appréhendé non pas comme des revendications qui prôneraient un retour passéiste, mais plutôt comme une nouvelle phase de l'évolution française. Certains veulent y voir « la compatibilité de la théorie républicaine de l'assimilation avec l'existence d'une pluralité de groupe » (*op. cit.*, 1996., p.19) en rappelant que le repérage préalable des minorités en tant qu'ethnies permet leur intégration au sein du corps républicain.

Entre la voie de l'assimilation et celle du multiculturalisme, la question reste posée en France.

II - MÉTHODOLOGIE

A – Mise au point conceptuelle

Dans la mesure où nous serons régulièrement amenés à utiliser la notion « d'immigré » au cours de ce travail, une mise au point nous paraît nécessaire.

Véronique de Rudder souligne que « La catégorie d'immigrés : c'est la catégorie du sens commun par excellence, [...] on nomme ainsi des français et des étrangers, qui pour certains n'ont jamais migré. » (sous la direction de Aubert, Tripier et Vourc'h, 1997, p. 31). L'auteur ajoute qu'il existe une nouvelle définition : « sont immigrés les personnes étrangères ou françaises par acquisition nées hors de la France métropolitaine. Cette définition inclut - bien qu'ils ne soient ni étrangers, ni Français par acquisition - les Français de naissance nés dans les départements et territoires d'outre-mer, et exclut les Français de naissance nés à l'étranger. » (*Op. Cit.*, p.32). Il est donc nécessaire de distinguer population étrangère et population immigrée, nous nous sommes pour cela référés aux définitions de l'INSEE (1997b, p.12-15), car cet institut a été parmi les deux premiers organismes à utiliser pour des enquêtes officielles cette nouvelle définition, ceci au cours du recensement de 1990[5]. D'emblée, il faut prendre conscience que la population immigrée est supérieure en nombre à celle des étrangers. Ceci, est dû au fait que les populations étrangère et immigrée se définissent désormais ainsi :

> « La population étrangère est définie en fonction d'un critère de nationalité : est étrangère toute personne résidant en France qui n'a pas la nationalité française. Un étranger peut acquérir la nationalité française au cours de sa vie, en fonction des possibilités offertes par la législation. Il devient alors français par acquisition, par opposition aux Français de naissance. La population immigrée, quant à elle, est définie en fonction d'un double critère de nationalité et de lieu de naissance : est immigrée toute personne née étrangère, dans un pays étranger, qui vit en France. Cette population se compose pour la plus grande partie d'étrangers, mais aussi de personnes qui ont acquis la nationalité française. Tout étranger n'est pas nécessairement un immigré, et tout immigré n'est pas forcément un étranger. » (*Op. cit.*, p.12).

Par conséquent, la population concernée par notre recherche, bien que pour une bonne partie, de nationalité française, sera composée d'immigrés et de non immigrés.

---

[5] La deuxième enquête officielle à utiliser cette définition est celle menée par l'Institut national d'études démographiques (Tribalat et Simon, 1993 ; Tribalat, 1995), « Mobilité géographique et insertion sociale »

Sont considérées comme immigrées les personnes qui répondent aux critères suivants :

Les personnes nées au pays d'origine de parents étrangers. Ce sera donc le cas de ceux qui sont arrivés en France dans leur enfance par le regroupement familial, de ceux qui sont venus pour travailler ou pour étudier et qui plus tard ont opté pour l'acquisition de la nationalité française. Ce sont, d'après les critères retenus par l'INSEE pour le recensement (1990 et suivants), des Français par acquisition.

Ne sont pas considérées comme immigrées :

Les personnes nées en France de parents étrangers ou français, dans le premier cas, si elles ont acquis au cours de leur vie en France, la nationalité française, elles sont Françaises par acquisition, sinon, elles sont étrangères. Dans le second cas, elles sont Françaises de naissance, ce qui suppose, d'après le droit de la nationalité, réformé par la loi du 22 juillet 1993, qu'elles sont nées d'au moins un parent français (par filiation), ou nées en France d'au moins un parent lui-même né en France (double droit du sol). Il est à noter que les Français de naissance, même nés hors de France, ne sont pas des immigrés.

Nous voilà donc outillés d'une définition canonique mais qui n'est reste pas moins liée à des contingences politiques et économiques, ce qui fait dire à Payet et van Zanten que « le tabou français sur les origines a longtemps conduit à utiliser des catégories administratives, telles la nationalité ou le statut d'immigré, au risque de la confusion pour rendre compte des positions des enfants et des jeunes de seconde génération » (1996, p.88).

B - Le choix d'un croisement méthodologique

La méthodologie désigne généralement la démarche employée pour traiter et interpréter les données recueillies pour présenter des propositions scientifiques. Les méthodes peuvent être synonymes de techniques de recherche, elles peuvent être qualitatives ou quantitatives. Pour ce travail nous avons pris le parti du croisement méthodologique. Ainsi avons-nous employé les deux outils de l'enquête que représentent le questionnaire et l'entretien semi-directif de recherche. À ces deux outils, nous avons joint la méthode de l'observation ethnographique. Plusieurs points nous ont en effet permis de tenir un journal de bord. Habitant nous-mêmes depuis plusieurs années dans un quartier populaire de la rive droite bordelaise et nos propres enfants étant scolarisés dans des établissements classés en « Zone d'éducation prioritaire » (ZEP), nous avons pu observer bien des situations *in situ* et mener ainsi de nombreux entretiens non enregistrés lors de rencontres informelles. Nous avons profité en cela de nos sorties dans la cité, et de nos visites dans les établissements scolaires. Ainsi, tout le long de notre travail, notre quotidien fut « hanté » par notre statut de chercheur et nos interactions ordinaires firent bien souvent l'objet de situations que nous consignions dans notre journal de bord. De plus, nos relations longues et continues avec un certain nombre de familles maghrébines et notre connaissance de la langue arabe ont également participé à la compréhension des pratiques et des représentations chez la population étudiée. Il en est de même en ce qui concerne nos nombreux voyages dans un certain nombre de pays arabes et plus particulièrement au Maroc. Lors de ces déplacements, nous avons pu, au cours du temps, et en vivant directement au sein des familles, saisir en partie le mode de vie au pays d'origine. Cette démarche a pu nous permettre de mieux appréhender la problématique de l'émigration/immigration et du processus d'acculturation et d'installation des populations maghrébines de France. Rappelons-nous à ce propos comment Znaniecki (1918) lors de son travail sur « Le paysan polonais en Europe et en Amérique » en collaboration avec Thomas, s'était rendu en Pologne afin de mieux comprendre la vie des immigrés avant leur départ et la désorganisation sociale résultante de l'immigration.

Par le croisement des méthodes, il nous a été possible de comprendre comment, chez la population étudiée, pouvaient se construire les identités en analysant, à travers le questionnaire, des pratiques objectives et par les entretiens et les observations la dimension subjective de celles-ci en tentant de saisir le sens que leur donnaient les acteurs.

C - Le recueil des données
1- Le questionnaire
a) Objectifs du questionnaire

L'objectif de notre questionnaire consiste à traiter de l'identité à travers l'analyse d'une série de pratiques et de conduites auxquelles nous avons attribué le statut d'indicateurs culturels, religieux, sociaux et interactionnels. L'outil d'enquête que constitue ce questionnaire, doit nous permettre de décrire et d'analyser ces pratiques en accomplissant un certain nombre d'opérations statistiques qui nous aideront à mieux comprendre comment elles s'inscrivent dans les dynamiques de constructions identitaires. Ainsi pourrons-nous proposer des tendances en matière d'identité et nous risquer parfois à élaborer des classifications.

Ce choix nous amènera à définir des profils basés sur le croisement de variables indépendantes en lien avec le statut de l'individu, sa trajectoire migratoire et/ou sociale et un certain nombre de variables dépendantes liées aux représentations et aux pratiques. Nous définirons pour ceci une variable pivot en lien avec le type d'immigration et le contexte de socialisation des individus, variable autour de laquelle nous « tournerons » pour mener notre analyse[6].

Le questionnaire est composé de 46 questions, 14 d'entre elles sont des variables indépendantes, autrement dit des déterminants sociaux classiques permettant de définir les profils en matière d'âge, de sexe, de catégorie socio-professionnelle, de situation matrimoniale, etc. Les 32 premières questions sont des variables dépendantes qui se distribuent ainsi :

- **Question n°1** *Quels sont vos principaux loisirs ?* : variable permettant de comparer avec les loisirs du groupe dominant.

- **Question n°2** *Quelle(s) langue(s) parlez-vous ?* : Pour les 1ères générations permet de mesurer le niveau d'intégration, pour les générations suivantes permet de mesurer le niveau de transmission des valeurs par et à travers la langue.

---
[6] Les détails de cette variable sont présentés dans le chapitre consacré aux résultats.

- **Question n°3** *Quelle est la principale langue que vous utilisez à la maison ?*: Permet d'expliquer le mode d'acquisition des différentes langues.

- **Question n°4** *Lisez-vous la langue arabe ?* : Pour les 1ères génération, permet de mesurer le niveau d'alphabétisation, pour les suivantes, le niveau d'implication dans l'apprentissage de la langue arabe.

- **Question n°5** *Si vous êtes né(e) à l'étranger, à quel âge êtes-vous arrivé(e) en France ?* : Permet d'appréhender le contexte de socialisation.

- **Question n°6** *Quelle est la raison de votre venue en France ?* : Connaître la trajectoire migratoire.

- **Questions n°9** *Avez-vous de la famille au pays d'origine ?*
- **Question n°10** *Retournez-vous au pays ?*
- **Question n°11** *Au Pays d'origine, possédez-vous ?*
- **Question n°12** *Ou passez-vous généralement vos vacances d'été ?*

Ces quatre questions permettent de saisir la nature des attaches avec le pays d'origine.

- **Questions n°15** *Vos enfants suivent-ils un enseignement de langue arabe ?*
- **Question n°16** *Vos enfants suivent-ils un enseignement religieux ?*

Ces deux questions sont en lien avec la transmission de valeurs identitaires, culturelles et affectives.

- **Question n°17** *Vous considérez-vous musulman ?*: Question d'ordre identitaire.

- **Question n°18** *Parmi ces pratiques religieuses, lesquelles observez-vous ?*: Indicateur du type de pratique musulmane : religieuse ou culturelle.

- **Question n°19** *Parmi ces fêtes, lesquelles célébrez-vous ?*: Permet de mesurer les degrés d'ouverture, d'intégration ou d'acculturation, mais également la nature de la construction d'un mixte identitaire.

- **Question n°20** *Si vous célébrez l'Aïd el Adha, sacrifiez-vous un mouton ?*: Permet de mesurer l'attachement à la culture arabo-musulmane d'une manière générale.

- **Questions n°21** *Si vous possédez une antenne parabolique, suivant quelle fréquence regardez-vous les chaînes arabes ?* Le fait de posséder une antenne parabolique, à travers la fréquence d'utilisation de celle-ci pour regarder les chaînes arabes, est un indicateur de l'attachement affectif au pays.

- **Question n°22** *Pouvez-vous indiquer si vos amis sont plutôt d'origine ?*
- **Question n°23** *Quels sont les lieux où vous fréquentez le plus de Maghrébins ?*
- **Questions n°24** *Quels sont les lieux où vous fréquentez le plus de non-Maghrébins ?*

Ces trois questions permettent de mesurer les types d'interactions entre les Maghrébins eux-mêmes et avec les non-maghrébins.

- **Questions n°25** *Pensez-vous que pour vivre ensemble, un homme et une femme doivent obligatoirement être mariés ?*
- **Questions n°26** *Pensez-vous qu'un homme maghrébin peut se marier avec une femme non-maghrébine ?*
- **Questions n°27** *Pensez-vous qu'une femme non-maghrébine peut se marier avec un homme non-maghrébin ?*
- **Questions n°28** *Pensez-vous qu'un musulman peut se marier avec une non-musulmane ?*

- **Questions n°29** *Pensez-vous qu'une musulmane peut se marier avec un non-musulman ?*

Ces cinq questions sont en relation avec l'endogamie. Cet indicateur est généralement utilisé en anthropologie pour mesurer l'intégration des groupes minoritaires. Les réponses doivent permettre de mesurer le poids des traditions arabo-berbères d'un côté et musulmanes de l'autre.

- **Question n°30** *La décoration et le mobilier de votre maison sont plutôt ?* : Question liée à l'attachement culturel et traditionnel.

- **Question n°31** *Vous arrive-t-il de vous vêtir en tenue traditionnelle ?* : Permet de mesurer l'attachement à des pratiques culturelles et religieuses.

- **Question n°32** *Si vous faites des courses dans les magasins arabes, vous y achetez ?* Cette question permet d'approcher les pratiques liées à la culture et à la religion en matière de consommation et d'alimentation.

Les questions n° 13, 14 et de **33 à 46** sont des variables indépendantes.

Les types de questions utilisés sont variés et répondent aux objectifs statistiques des variables choisies. Ainsi, trouve-t-on des questions ouvertes et fermées uniques, multiples ou à échelles qui nous permettent de calculer des moyennes, des écarts-types et d'effectuer d'autres opérations encore. La méthodologie employée pour ces opérations sera détaillée à chaque fois que cela s'avérera nécessaire au cours du chapitre qui présentera les résultats du questionnaire. Par conséquent, il ne paraît pas nécessaire de les exposer dans cette partie.

b) Passation des questionnaires

Sur 300 questionnaires distribués, nous avons recueilli 218 réponses, soit un taux de retour de 72,6%. Lorsque les personnes ne lisaient pas le français nous étions présents pour répondre avec elles aux questions. Nous avons à ce propos décidé de ne proposer qu'une version du questionnaire en langue française. En effet, la traduction arabe ne pouvait se faire que dans la langue classique qui emploie des termes qui ne sont pas toujours compréhensibles par des individus ne possédant qu'un faible niveau de lecture. De plus, les personnes maîtrisant l'arabe, maîtrisent souvent tout autant le français. Par conséquent la seule version française nous a semblé suffisante.

L'objectif de notre questionnaire n'est pas la production de statistiques en termes de proportionnalité, autrement dit, plutôt que de chercher à déterminer le taux de Maghrébins qui effectuent telle ou telle pratique, nous voulons comprendre les liens de causalité qui, à partir de ces pratiques, participent de la formation des identités. Ainsi n'avons-nous pas cherché à constituer un échantillon représentatif d'une communauté pour laquelle il n'existe aucune statistique fiable, puisqu'en France les recensements à partir de l'origine restent interdits. Par conséquent, nous avons plutôt cherché à respecter la variété des profils. Aussi, avons-nous distribué nos questionnaires à des hommes et des femmes âgés de 16 ans et plus, à des immigrés et à des natifs. Tous devaient être d'origine maghrébine, c'est à dire avoir un parent au moins porteur d'une origine algérienne, marocaine ou tunisienne. C'est donc bien l'origine que nous avons prise en compte et non la nationalité. Ainsi les individus peuvent être Français et posséder ou la double nationalité ou seulement la française, ils peuvent également être étrangers et posséder alors la seule nationalité du pays d'origine.

Dans le souci d'assurer la variété de notre échantillon, nous avons interrogé des personnes d'âges divers, de différentes générations, socialisées au pays d'origine pour certains, en France pour d'autres. La majorité d'entre elles se situe dans l'agglomération bordelaise et à Libourne, mais d'autres ont été questionnées à Paris, Brive la Gaillarde, Millau, Pau, Lille et Valenciennes. Les principales catégories socio-professionnelles sont représentées. Nous avons choisi de distribuer nos questionnaires dans deux mosquées bordelaises, dans les universités de la même ville, sur les marchés, au sein des quartiers et de familles, ceci afin de nous assurer la participation d'une population variée et diversifiée. Notre échantillon s'apparente ainsi à ce que Luc Boltanski et Pascale Maldidier nomment l'échantillon « spontané », c'est à dire qu'au sein de la population visée, ont répondu à la sollicitation les personnes volontaires. Les auteurs pensent que si cet échantillon n'est pas obligatoirement représentatif au sens statistique, il donne pourtant « une bonne représentation [...], une image stylisée par l'accentuation des traits pertinents » (Singly, 1992, p.46).

2- Les entretiens

Nous avons utilisé comme outil de recueil de l'information, l'entretien semi-directif de recherche qui nous paraît être le plus approprié à la partie qualitative de notre enquête, dans la mesure où il nous permet de déterminer au préalable l'ensemble des thèmes à aborder au cours de l'entretien, en laissant à l'enquêté toute latitude dans l'expression de ses représentations et de ses points de vue.

D'après Ghiglione et Matalon (1977), la notion d'ambiguïté est fondamentale dans l'entretien non directif « puisque c'est elle qui permet à l'enquêté de développer sa propre pensée à propos d'un thème très général, n'incluant aucun cadre de référence particulier. Et surtout pas celui du chercheur ou de l'enquêteur ». On pourrait penser que dans le type semi-directif, l'ambiguïté est moindre. Cela n'est vrai, selon les mêmes auteurs, que « dans la mesure où le schéma d'entretien structure, qu'on le veuille ou non, le sujet, et par conséquent lui impose un cadre de référence. Toutefois, chacun des thèmes du schéma conserve une relative ambiguïté [...] ce qui est, par conséquent, défini c'est le champ à travers ses catégories, mais les catégories structurantes demeurent relativement ambiguës » (*op. cit.*, p.51).

Nous avons effectué 34 entretiens semi-directifs de recherche enregistrés. Parmi ces entretiens, 7 ont été effectués en présence des deux parents. Par conséquent, 41 personnes ont fait l'objet d'un entretien enregistré. D'autres, se sont déroulés de façon informelle au cours de nos rencontres et ont fait l'objet d'une prise de notes retranscrite aussitôt après l'entrevue. Il s'agit généralement de parties d'entretiens plus ou moins longues, qui surgissaient au cours de discussions ordinaires avec des individus rencontrés dans le quartier, les familles ou dans les lieux quotidiens d'interactions.

Pour ce volet qualitatif de notre recherche, nous ne sommes pas dans « une situation où une inférence de type statistique est légitime » (Ghiglione et Matalon, 1977, p.75). Par conséquent, il est inutile de chercher à constituer un échantillon représentatif de la population étudiée, mais plutôt de s'assurer de la variété des personnes interrogées et de vérifier qu'aucune situation importante pour le problème traité n'a été omise lors du choix des sujets. Ainsi, avons-nous cherché à rencontrer des personnes maghrébines porteuses de caractéristiques socio-culturelles variées.

Les entretiens effectués dans la banlieue bordelaise (Hauts de Garonne) se sont déroulés en majorité aux domiciles des enquêtés qui nous ont courtoisement accueillis, à l'exception de trois interviews qui ont été conduites à notre domicile. Nous avons également contacté l'association « Promo-femmes » dont la directrice nous a très gentiment accueillis en nous permettant de rencontrer huit femmes maghrébines. Raoudha qui, dans le cadre de cette association est médiatrice auprès des familles maghrébines nous a, elle aussi, accordé une interview. Ces femmes n'habitent pas directement dans les quartiers décrits et demeurent dans des zones populaires du centre-ville bordelais. Il était cependant intéressant de les rencontrer dans la mesure où leur présence dans cette association qui aide les femmes dans leurs démarches administratives, permettait d'avoir accès à des individus issus d'une immigration souvent récente et surtout d'origine populaire et rurale.

L'imam de la Grande mosquée de Bordeaux qui est également Président de l'association « Imams de France », nous a accordé un entretien dans son bureau. Sur le plan de l'institution scolaire, nous avons rencontré deux principaux de collèges de la rive droite bordelaise et deux surveillants en fonction depuis cinq ans dans ces mêmes établissements.

Le fait d'avoir rencontré certaines personnes chez elles nous est apparu comme un atout dans la mesure où passer le seuil de la maison est déjà une étape franchie dans le processus de confiance qui s'instaure, la collation apportée et partagée ensemble, nous semblait être un indicateur de la confiance établie dans la mesure où la nourriture est entourée de toute une symbolique chez les musulmans et manger chez quelqu'un est un peu comme un pacte scellé. Ainsi le temps passé chez les enquêtés a pu, dans certains cas, dépasser largement le temps de la séance d'entretien qui durait en général entre une heure et une heure quarante-cinq.

Roubaix, contrairement à Bordeaux, présentait pour nous un terrain relativement inconnu. Il nous a donc fallu, pour trouver des personnes susceptibles d'accepter de participer à des entretiens, passer par des relations personnelles qui n'habitaient pas directement la ville en question. Ainsi avons-nous rencontré par leur intermédiaire, des personnes ressources qui nous ont mis en contact avec les enquêtés. Cette démarche a demandé du temps et a posé quelques difficultés, notamment dans la coordination des prises de rendez-vous. Nous nous sommes également heurtés à une saturation chez les acteurs de terrain due, semble-t-il, à une forte demande de rencontre de la population roubaisienne de la part d'un grand nombre de chercheurs et d'étudiants.

Toujours est-il que grâce à la gentillesse des personnes rencontrées nous avons pu mener nos entretiens qui se sont déroulés pour certains, dans le bureau exigu de la directrice d'un comité de quartier, et pour d'autres dans le bureau d'une association culturelle et sportive où une des enquêtées travaillait. À chaque fois l'accueil fut sympathique et chaleureux.

L'entretien est avant tout la confession d'une histoire personnelle, « un morceau de vie », le chercheur va essayer de puiser un maximum d'informations en instaurant un climat de confiance qui mette à l'aise son interlocuteur. C'est dans cette optique que nous n'avons pas hésité à mettre en avant notre connaissance du monde arabe, de la religion musulmane et de la langue. Cette pratique linguistique nous a permis entre autres de pouvoir effectuer une partie des entretiens en arabe, avec des personnes ne maîtrisant pas le français. Ceci nous a également permis de mieux comprendre certaines représentations véhiculées par le langage, qui même exprimées en français pour certains, n'en restent pas moins pensées en arabe[7], le fait de connaître la langue, permet de penser dans sa logique, sa culture, si la langue ne nous dit rien du monde, elle nous indique tout de même comment l'homme qui la parle pense ce monde.

Lors de la retranscription de ces entretiens, nous avons dû procéder à leur traduction. L'opération n'a pas été toujours aisée car suivant l'origine nationale et régionale de l'interviewé, les termes employés différent, tant au niveau linguistique que du sens. A titre d'exemple, à l'intérieur même du Maroc, un même mot peut nommer deux objets différents. Ainsi, le vocable *limoune* désignera une orange à Casablanca alors qu'à Tanger, il s'agira d'un citron. Si ces différences existent au

---

[7] Ceci fut vrai pour les personnes largement scolarisées dans les pays d'origine.

sein d'un même pays, que dire des dissimilitudes entre les dialectes algériens, marocains et tunisiens. Par conséquent, à chaque fois que nous avons douté du sens d'un mot, d'une phrase ou d'une proposition, nous avons sollicité l'aide de personnes compétentes en la matière.

D – Les terrains d'enquête

Deux terrains distincts ont fait l'objet de nos investigations, c'est ainsi que nous avons mené notre recherche parallèlement dans deux quartiers de Roubaix, dans le Département du Nord et dans ce qui est considéré comme le plus grand quartier de France, les Hauts de Garonne dans la banlieue bordelaise.

1- Roubaix

Les personnes interrogées à Roubaix sont issues de deux quartiers populaires de la ville. La partie de la ville sectorisée sous le nom de Roubaix Nord se trouve dans la zone nommée d'accoutumée la Boucle du canal. Ce secteur qui renferme quatre quartiers (Alma, Hommelet, Cul de Four, ECHO), est sans conteste parmi les plus défavorisés de Roubaix. Produit de l'industrialisation du XIXème siècle, cet ensemble urbain a connu peu de changement. En dehors de quelques opérations d'habitat social réalisées au cours des années cinquante dans le sud de l'Hommelet dans le cadre des opérations de résorption de logements insalubres, il n'y a pas eu de profondes transformations.

En 1999, on recense 25 439 habitants répartis sur deux cent cinquante-cinq hectares. En 1982 la population était de 26 233 habitants, cette baisse significative confirme la fuite d'une partie des foyers « solvables » qui sévit depuis plusieurs années. Ainsi, 15% de l'habitat reste vacant, avec essentiellement des anciennes maisons de maîtres, des logements insalubres et des courées en piteux état.

a) Le Cul de Four

Ce quartier en proie à de nombreux problèmes, souffre notamment de l'abandon en 1983 du schéma directeur d'urbanisation au profit d'une politique de réserve foncière qui a eu pour conséquence la désertification du nord du quartier, provoquant ainsi la fuite d'une partie de la population.

Avec environ quatre mille habitants, le Cul de Four se caractérise par la jeunesse de sa population avec pratiquement 43% de moins de vingt-cinq ans. Le taux des familles monoparentales s'élève à plus de 18% et il ressort un sentiment de grande pauvreté avec 44% des ménages qui bénéficient d'un revenu mensuel inférieur à 2500 francs. Enfin le taux de chômage est estimé à 35% de la population active[8].

Le quartier s'inscrit ainsi dans un processus de paupérisation croissant dû à sa désindustrialisation qui entraîne une dégradation du tissu urbain par les friches industrielles. De nombreux terrains et maisons sont à l'abandon, donnant au quartier un aspect de désolation qui provoque le départ de nombreuses familles détentrices de revenus salariaux et l'installation de ménages vivant de la redistribution de l'aide sociale.

---

[8] Sources mairie de Roubaix.

À ces mutations d'ordre sociologique, se greffent des mutations de type économique dues au déclin de l'industrie et à l'affaiblissement du commerce de proximité entraînant ainsi la disparition d'une forme traditionnelle de contrôle social. Certains de ces petits magasins sont repris en gestion par des Maghrébins favorisant ainsi le développement d'un commerce ethnique.

Si le quartier possède des atouts favorables à l'implantation d'entreprises, la mauvaise qualité de l'environnement urbain semble repousser les initiatives en cette matière.

Tous ces paramètres plongent le Cul de Four dans une situation particulièrement tendue où une forte population en situation précaire a tendance à se focaliser sur une logique sécuritaire dont la cible privilégiée serait les jeunes maghrébins.

Sur le plan des structures, il existe sur le quartier quelques associations plus ou moins dynamiques. La plus importante était le Centre social qui a dû fermer ses portes en novembre 1999, suite à une liquidation judiciaire. Cette cessation d'activité semble participer dans des proportions assez importantes à la dégradation générale du quartier.

b) L'Hommelet

Ce quartier est le résultat d'une urbanisation anarchique du XIXème siècle qui privilégia l'occupation des sols par le bâti au détriment des espaces verts et ouverts. L'Hommelet est ainsi un agglomérat d'habitats anciens traditionnels où les entreprises et les immeubles de logements sociaux sont imbriqués les uns dans les autres. Les logements du quartier sont constitués à 58% de maisons individuelles contre 35% d'appartements.

Ici aussi, le déclin des entreprises textiles a laissé place à de nombreuses friches industrielles. Si le quartier ne possède pas de centre, il est proche du centre-ville rénové de Roubaix, représentant en cela un atout pour l'avenir, mais qui aujourd'hui souligne le contraste entre les deux entités, une moderne et dynamique, l'autre à l'abandon sujette à la disparition des petits commerces.

La population y est extrêmement dense avec 6659 habitants concentrés sur une surface de 0,807 Km^2 pour une densité moyenne de 8256 habitants au Km^2 (Roubaix 7331 hab/ Km^2). L'ensemble de ce quartier représente ainsi environ 8% de la population roubaisienne[9].

L'Hommelet, plus encore que le Cul de Four est caractérisé par la jeunesse de ses habitants, les moins de vingt-cinq ans représentent à eux seuls 49% de la population dont 34% ont moins de dix-huit ans et 15% sont âgés de 18 à 24 ans.

Le taux de chômage qui était de 32% en 1990 est arrivé à 37% en 1997 alors qu'il est de 33% sur l'ensemble de la commune.

L'accroissement exponentiel du nombre des RMIstes et particulièrement des jeunes, révèle le processus de paupérisation en cours et favorise le développement d'une économie souterraine. Outre sa forte densité de population, les familles nombreuses sont sur-représentées, notamment dans le parc d'habitation privé et ancien.

---

[9] Sources INSEE, recensement 1990.

2- Les Hauts de Garonne

Le choix des Hauts de Garonne n'est pas fortuit, situé sur la rive droite du fleuve, véritable frontière naturelle qui symbolise également une barrière sociale, cet espace urbain est considéré dans l'imaginaire bordelais comme « le quartier, la cité ou encore la banlieue » de l'agglomération bordelaise avec toute la connotation fantasmatique que peuvent contenir ces termes. Bien que de nombreux autres quartiers existent sur la communauté urbaine de Bordeaux (CUB), celui-ci est plus spécialement stigmatisé et représente dans l'imaginaire collectif la caricature de la banlieue des grands centres urbains telle qu'elle peut être renvoyée par les médias. Guy Richard dans la présentation de l'enquête de l'INSEE sur les conditions de vie dans les Hauts de Garonne (INSEE, 1996, p. 9), présente ainsi le quartier : « Avec ses 34 632 habitants, ce "quartier" est le plus important de France, tant en étendue que par le nombre d'habitants. Il présente la particularité de regrouper des zones situées sur les trois communes de Lormont, Cenon et Floirac, toutes les trois incluses dans l'agglomération de Bordeaux et qui comptent 59 833 habitants[10]. Situé pour l'essentiel sur le rebord du plateau calcaire qui domine la rive droite de la Garonne […] il regroupe la majeure partie des grands ensembles de HLM qui ont été construits sur ces communes à partir des années soixante. ». Certes, ce quartier est considéré comme défavorisé, ce qui lui vaut d'avoir bénéficié d'un contrat de ville au titre du Xe plan de la politique de la ville[11] et plus récemment de voir une partie de son territoire classée en zone franche. Toutefois, ses habitants, bien qu'ils se sentent stigmatisés, portent généralement un jugement relativement positif sur leurs conditions de vie, ce qui semble logique lorsque l'on compare les Hauts de Garonne avec l'ensemble des quartiers de France concernés par ce même plan, ce qui nous fait dire que nous avons affaire au sein des espaces urbains défavorisés français, à un quartier du « juste milieu » et ceci, pour plusieurs raisons. Certes, comparé à l'agglomération bordelaise, les Hauts de Garonne apparaissent bien comme désavantagés, car même s'il apparaît que la population du quartier est sensiblement plus jeune et plus active, il n'en est pas moins vrai que le nombre des diplômés de l'enseignement supérieur et des cadres y est deux fois plus faible, alors que le pourcentage des familles monoparentales, le taux de chômage (24%) et le nombre d'ouvriers non qualifiés et d'employés du commerce et des services aux particuliers (emplois généralement peu qualifiés et peu stables) est deux fois plus élevé. Quant à la population étrangère, elle est trois fois plus nombreuse sur le quartier que dans l'ensemble de la CUB, celle des étrangers hors Union européenne y est même multipliée par quatre. Il faut cependant relativiser ces chiffres et ne pas perdre de vue que d'une part la région Aquitaine n'arrive qu'au 16e rang en matière de population étrangère, et que d'autre part le reste de l'agglomération bordelaise ne compte que 5,5% d'étrangers. Le point de vue est tout autre si l'on relève que, sur les 10 660 000 habitants d'Ile-de-France, 13% sont de nationalité étrangère ! » indique Richard (INSEE, 1996, *op. cit.*, p.10). Nous avons donc bien affaire à un quartier défavorisé, avec des problèmes certains, sans pour cela tomber dans une

---
[10] Les résultats du recensement de 1999 annoncent un compte de 58 783 habitants.
[11] 546 quartiers ont bénéficié de ce type de contrat au titre de la politique de la ville dans le cadre du Xe plan.

misérabilité aiguë. Ceci paraît confirmé par les deux tiers de la population enquêtée par l'INSEE qui déclare avoir du quartier une représentation plutôt positive (INSEE, 1996, O*p. Cit.*, p.11).

III - APPROCHE ÉPISTÉMOLOGIQUE ET THÉORIQUE DE L'ETHNICITÉ

A- La difficile émergence d'un concept
La notion d'ethnicité, absente des sciences sociales françaises jusqu'au milieu des années 80 et au début des années quatre-vingt-dix, reste encore relativement taboue et embarrassante dans un pays où l'essence même de l'idéologie républicaine repose sur l'égalité de tous.

Streiff-Fenart (1997), rappelle que le désintérêt des sciences sociales françaises pour la thématique des relations ethniques est dû à plusieurs facteurs depuis longtemps identifiés. Tout d'abord, la tradition jacobine qui imprègne les milieux universitaires et de la recherche, voit une menace dans toute expression d'un particularisme ; le marxisme ambiant des années 60-70 associant l'ethnicité à une parodie des conflits de classes et le structuralisme qui ne s'accorde pas avec la dimension dynamique de l'objet interethnique ; a cela s'ajoute l'impossibilité de mesurer les phénomènes ethniques dans la mesure où il est interdit de produire des données statistiques autres que celles basées sur les catégories juridiques d'étranger et de national. Enfin la difficulté à constituer l'étude de l'ethnicité comme une discipline ou une sous-spécialité, celle-ci étant rangée dans la catégorie des sciences transversales difficilement classable dans les découpages disciplinaires reconnus par l'institution.

Pourtant, l'auteur indique que les recherches interethniques n'ont pas toujours connu ce statut marginalisé, en effet durant les années 60 elles figuraient dans les sciences sociales françaises notamment sous une appellation qui deviendra vite taboue : les relations « raciales ». Ainsi, en 1962, la *Revue française de sociologie* présente un état des tendances nouvelles de la sociologie des relations raciales, en 1966 c'est le ministère de l'Éducation nationale qui crée la *Commission nationale pour les études et les recherches interethniques*. En 1968 cette dernière organise un colloque franco-britannique pour faire le point sur les recherches menées en la matière, rencontre à laquelle participera Roger Bastide. On y soulignera « la nécessité de prendre en compte, dans les études sur le contact mené en France, *la situation coloniale* en tant que fait sociologique de domination/subordination, le rôle majeur que jouent le préjugé et la discrimination dans l'insertion des populations immigrées, la découverte d'un *racisme français* y étant présentée comme l'un des acquis majeur de la recherche française, l'affirmation d'une posture anticulturaliste selon laquelle ce qui est important pour rendre compte des modalités de contact, ce n'est pas tant l'étude des valeurs culturelles que la formation des stéréotypes et les idéologies (les discours identitaires) forgés dans la relation. » (Streiff-Fenart, 1997, p.50).

Mais par la suite, malgré la demande institutionnelle et sociale face aux problèmes de l'insertion des immigrés, les recherches sur les relations interethniques vont se centrer majoritairement sur l'immigration et les immigrés en se confondant avec la sociologie de l'immigration. Cette orientation qui amène à parler d'immigration plutôt que d'ethnicité est sans doute due au tabou fortement ancré en France qui s'érige dès que l'on s'intéresse aux origines. Payet et Van Zanten affirment que « le tabou français sur les origines a longtemps conduit à utiliser des catégories administratives, telles la nationalité ou le statut d'immigré, au risque de la confusion pour rendre compte des positions des enfants et des jeunes de seconde génération » (1996, p.88).

Ainsi, alors qu'au cours des années 80, la France passe sans conteste d'une immigration de travail à une immigration de peuplement[12], on continue à étudier les rapports entre immigrés et la société d'accueil selon une perspective d'immigration et non de relations interethniques.

De son côté, Martiniello souligne que malgré une progression significative du concept dans les sciences sociales, il n'est que très peu reconnu dans le champ académique. C'est ainsi que dans la plupart des dictionnaires spécialisés en ethnologie et en anthropologie « il n'y a pas d'entrée pour ethnicité. Le sujet est traité sous les rubriques ethnie et ethnies minoritaires. De même, le concept d'ethnicité est pratiquement absent de la plupart des dictionnaires et des ouvrages introductifs de sociologie et de science politique. » (Martiniello, 1995, p.11)[13]. Du côté des chercheurs francophones, et particulièrement francophones européens, seule une petite minorité d'entre eux adopte le concept, on les trouve généralement chez les scientifiques qui travaillent dans le champ de l'immigration ou dans le domaine du nationalisme. Deux grandes raisons semblent expliquer cette désertion. Certains y voient une arme idéologique au service du racisme car le « concept serait en quelque sorte le fruit d'une tentative d'actualiser les théories raciales et racistes du siècle dernier » (*op. Cit.,* 1995, p.12), alors que d'autres dénoncent une invention américaine qui peut s'avérer utile outre-Atlantique mais qu'il est vain d'appliquer en Europe et plus particulièrement en France. Mais doit-on au nom de quelque préjugé plus ou moins fondé, faire fi d'une démarche analytique de la société française contemporaine et exclure par-là même toute éventualité qui pourrait donner en France une pertinence au concept. Certes, comme nous le verrons plus loin, l'histoire a montré que plusieurs conceptions de l'ethnicité ont pu s'inscrire dans un paradigme à dominante raciste. D'un autre côté, le fait que le concept ait été développé aux États-Unis, n'empêche pas, a priori, de le prendre en considération dans le contexte national qui est le nôtre.

L'explication de cette difficulté de la recherche française à appréhender les phénomènes migratoires sous l'angle ethnique est certainement liée à la gêne qui a longtemps empêché de problématiser les questions taboues de la race ou de l'ethnicité. Traditionnellement, la définition de la différence est restée l'apanage du domaine juridique. Streiff-Fenart (1997, p.52-55) distingue trois perspectives majeures dans lesquelles s'inscrit la recherche française sur l'immigration.

- La première constitue la perspective dominante au sein des sciences sociales en lien avec la gestion étatique et les politiques publiques (sciences juridiques, sciences politiques, démographie). En cela, les résultats de recherches et

---

[12] Abdelmalek Sayad conteste cette catégorisation en considérant que toute immigration est une immigration de peuplement à plus ou moins long terme.
[13] A la recherche de définitions de l'ethnicité, nous avons pu nous-mêmes constater, après avoir consulté plusieurs dictionnaires, la véracité de ces propos.

les productions de données s'inscrivent dans l'optique d'une aide à la résolution des problèmes actuels de la société (échec scolaire, intégration, violences urbaines, etc.) Elle se base essentiellement sur l'immigration autour de la question centrale de l'intégration appréhendée comme une norme idéale ce qui lui a valu d'être souvent dénoncée comme une perspective normative. Cette accusation s'appuie sur la façon quasi-culturaliste dont est approchée la différence culturelle en mesurant la distance existante entre le comportement de l'immigré et la norme, l'intégration est alors définie en fonction du degré de réduction de cet écart. La culture des immigrés est sortie de son contexte et pensée sous un angle que l'on pourrait définir d'évolutionniste en considérant les traits culturels comme des survivances de la tradition qui ralentiraient le processus d'intégration.

- La seconde perspective représente celle des rapports interethniques, elle se distingue de la précédente dans la mesure où la culture n'est pas appréhendée dans sa dimension essentialiste mais comme la résultante des systèmes d'interaction à l'œuvre entre les groupes. Les recherches portent donc sur la formation et l'évolution des identités des individus en situation migratoire, sur les processus d'homogénéisation et de différenciation culturelle, sur la nature des mécanismes qui permettent l'identification aux groupes et sur la manière dont le sentiment d'appartenance s'inscrit dans la continuité ou le changement. Elle recoupe les travaux de Roger Bastide, véritable précurseur en la matière, et s'enrichit des recherches anglo-saxonnes (Barth, Gans, Glazer…) qui représentent les principales références théoriques et comble le manque crucial dans le paysage scientifique français.

Enfin, la troisième perspective s'inscrit dans le champ de la domination. Elle porte plus particulièrement sur les populations originaires des pays anciennement colonisés. Dans cette optique, Abdelamlek Sayad a centré ses recherches sur les rapports de subordination dans le contexte colonial et sur leur prolongement dans l'immigration. L'histoire de la colonisation est analysée comme un phénomène de déstructuration de l'économie traditionnelle et du lien social des pays et des populations colonisés dont la principale conséquence repose sur la fragmentation et l'émiettement du système socio-économique rural. C'est par la suppression par les colons des meilleures terres, la prolétarisation forcée des paysans qui s'ensuit et la demande croissante de la France de main-d'œuvre et de soldats en métropole, que le processus d'émigration a vu le jour pour ne plus s'arrêter. Petit à petit, les campagnes se sont vidées de leur substance communautaire en devenant ainsi tributaires de l'émigration qui persistera sous des formes diverses et pour des raisons variées.

Ces différentes perspectives se retrouvent clairement dans les principaux travaux de ces dernières années mais sans qu'il y ait eu pour cela une structuration autour de choix théoriques clairement délimités. Ainsi, suivant le contexte et les enjeux politiques et sociaux, c'est l'une ou l'autre des perspectives qui prendra le dessus. La difficulté à structurer le débat théorique en la matière est certainement due aux conditions sociales et politiques du développement de la recherche française dans ce domaine. L'immigration d'abord appréhendée comme un problème social s'est rapidement transformée en un enjeu politique important. Pour Streiff-Fenart (1997, p.56), le manque de reconnaissance et de financement par les institutions académiques a poussé les chercheurs à se tourner du côté des organismes en charge de l'intégration des populations émigrées afin de trouver les moyens financiers de la recherche. Il va sans dire que cette situation n'est pas idéale et comporte un certain nombre d'inconvénients connus dès lors qu'il s'agit de travaux commandés par ces institutions. Les recherches sont alors subordonnées à des thématiques liées au découpage administratif selon des objets précis (transport, école, famille, etc.), elles prennent souvent la forme de monographies difficilement généralisables et peu propices au développement de débats théoriques fondamentaux.

Mais ces raisons institutionnelles ne sont pas les seules à freiner la constitution de l'ethnicité et de l'émigration en une discipline structurée, « l'obstacle au développement des recherches sur les minorités et l'ethnicité a tenu aussi à une contrainte épistémologique, celle du « caractère impensé et quasiment impensable du fait national par la sociologie ». » (Streiff-Fenart (1997, p.57). Ce sont essentiellement les historiens qui briseront cet impensé en rappelant la place du fait migratoire français et sa réalité historique longtemps enfouie dans les bas-fonds de la mémoire collective.

Aujourd'hui, la question interethnique émerge comme une question importante dans les sciences sociales françaises. S'il ne faut pas, comme le rappelle Martiniello, tout ethniciser et tomber dans un effet de mode en occultant « l'importance d'autres dimensions cruciales dans la vie sociale et politique de notre époque comme par exemple, la classe sociale, le sexe et la globalisation culturelle. » (1995, p.122), l'affaiblissement du modèle universel abstrait de l'État laïque et républicain fait émerger un certain nombre d'interrogations sous l'angle de l'ethnicité. Il s'agit là des questions centrales en lien avec la formation des identités, l'intégration sociale et citoyenne égalitaire et l'appartenance sociale et culturelle.

Nous le voyons, le choix d'une posture de recherche en terme d'ethnicité n'est pas chose facile, tant la conjoncture socio-politique française ne s'y prête pas et tant le concept est ambigu et flou. A ce propos, Irving Howe indique que « le terme ethnicité serait très utile parce que personne ne sait exactement ce qu'il signifie réellement »[14].

De l'origine des termes
Ethnique est un mot de la langue ecclésiastique tiré du latin *ethnicus*. On appelait *ethnè* les païens, les idolâtres, par opposition aux chrétiens et aux juifs. Le sens attribué au terme va se transformer au XVIIIe siècle en prenant une orientation plus conforme à la notion grecque d'ethnikos : peuple ou peuplade. *Ethnos*[15], qui possède une connotation péjorative, s'oppose à *Polis* qui représente la cité-État moderne et évoluée face à une forme de communauté tribale et archaïque dont les membres sont unis par une même origine. Le terme d'ethnie présuppose alors un classement par rapport à une forme supérieure de civilisation. A cette époque, l'ethnique renvoie nécessairement à ce qui est autre en le définissant négativement, mais sans introduire pour cela une quelconque connotation raciale ou racisante.

---

[14] Cité par Martiniello (*op. Cit.*, 1995, p. 17).
[15] C'est de cet adjectif *ethnos* que dérivent les termes anglais *ethnic* et *ethnicity* et les mots français correspondant *ethnique* et *ethnicité*.

Il faudra attendre la seconde moitié du XIXᵉ siècle, pour que le mot ethnique change de sens et soit repris par les théoriciens en référence à une problématique strictement raciale. Dans *L'essai sur l'inégalité des races humaines* (1854), Gobineau l'emploie conjointement avec les termes de *race*, de *nation* et de *civilisation* en donnant le sentiment que le mot désigne, chez lui, le mélange des races et la dégénérescence qui en résulte. Renan s'inscrira également peu ou prou dans ce courant en distinguant clairement ce qui relève du caractère ethnique et de l'appartenance sociale, « La différence du noble et du vilain [...] n'est en rien une différence ethnique »[16].

Le premier à introduire la notion d'ethnie dans la langue française sera Georges Vacher de Lapouge (géologue, anthropologue social) en 1896 au moment de l'affaire Dreyfus il l'emploiera dans son ouvrage *Les sélections sociales* (éditions Fontemoing, 1896). Ce dernier, qui se définit lui-même comme zoologiste, veut éviter de tomber dans la confusion existant entre les races, qu'il identifie par l'association de qualités morphologiques et psychologiques avec les communautés linguistiques et culturelles. Cette définition négative sera reprise dans une séance de la Société d'anthropologie de Paris du 19 juillet 1939 où Regnault définira comme *ethnie* ou *glossethnies* les communautés linguistiques pour les distinguer des races. En 1935, Georges Montandon, médecin d'origine suisse, qui durant la seconde guerre mondiale fera partie du Commissariat aux questions juives, reprend les idées de Vacher de Lapouge et publie *L'ethnie française* où il définit l'ethnie comme un groupement naturel comprenant la totalité des caractéristiques humaines, pour lui, l'ethnie englobe la race. Dans un opuscule publié en 1940, intitulé, *Comment reconnaître le Juif*, il définit l'ethnicité comme un élément propre à l'homme et inné. On peut, pour synthétiser les travaux de Gobineau, de Vacher de Lapouge et de Montandon, affirmer qu'ils ont inscrit la notion d'ethnie en France comme un terme désignant des individus liés par des liens raciaux, culturels et affectifs sans que soit prise en considération la dimension des frontières nationales. Ces auteurs vont également opposer au thème de la dégénérescence celui de la « pureté » et Gobineau convoquera la biologie pour prouver l'existence d'une hiérarchie raciale avec, au sommet de la pyramide, la race pure des Germains. Dès lors le métissage est considéré comme un phénomène qui menace dangereusement la supériorité de l'Occident. Vieillard-Baron (*op.cit*, p30), rappelle l'influence incontestable de ce paradigme, influence qui sera tout de même tempérée par la guerre de 1870. En effet, l'esprit revanchard qui suit la défaite amenuise les préjugés raciaux à l'égard des indigènes et devant l'urgence et la nécessité de réorganiser une armée forte, un grand nombre d'hommes en mesure d'aller au front sera naturalisé.

C'est en 1933 qu'en Angleterre le terme d'ethnicité fera réellement son apparition dans le sens large attribué aux groupes ethniques. On le retrouve ainsi dans l'*Oxford English Dictionary* sous le vocable anglais « ethnicity » associant paganisme et superstitions païennes, mais il est précisé que le terme est rarement employé.

Il faudra attendre les années soixante, avec l'appropriation par les sociologues américains du terme *ethnicity*, pour que le concept amorce une rupture

---

[16] Cité par H. Vieillard-Baron (1997, p. 28-29).

avec toutes connotations raciales. Un colloque au début des années soixante-dix fera le point sur l'usage et le sens du concept d'ethnicité, les actes publiés en 1975 font entrer le terme ethnicity dans le vocabulaire ethnologique. Dés lors, outre-atlantique, l'ethnicité, débarrassée de tous ses préjugés raciaux est appréhendée positivement, officialisée et institutionnalisée, elle émerge comme un facteur de mobilisation pour une partie des groupes minoritaires qui en tirent un certain nombre d'avantages et de bénéfices.

Mais en France, le concept reste toujours lié aux idéologies axées sur les théories raciales du XIXe siècle et ce n'est que dans les années quatre-vingt que le terme sera introduit dans le champ des relations interethniques, notamment au cours d'une table ronde organisée par Françoise Morin en 1981 dans le cadre de l'Association française des anthropologues. Resté longtemps inusité dans le vocabulaire sociologique ou ethnologique, il commence à être utilisé dans des études sur l'immigration, le racisme, le nationalisme ou la violence urbaine (Dubet et Lapeyronnie, 1992); Delannoi et Taguieff, (1991), Body-Gendrot, (1993); Wieviorka (1993), Debarbieux, (1996).

B- Les fonctions de l'ethnicité

Les fonctions de l'ethnicité sont multiples, ne l'oublions pas, celle-ci émerge à partir du moment où s'établissent des contacts entre des groupes ou des individus qui vont la mobiliser à partir de contextes variés pour mettre en œuvre des stratégies appliquées aux politiques publiques, à la distribution du pouvoir ou de subsides, mais également à la formation d'identités collectives ou individuelles. Les divers groupes, acteurs de l'espace social, vont ainsi recourir aux fonctions ethniques, parfois pour en tirer profit, parfois pour les subir, leur utilisation peut alors s'inscrire dans une démarche consciente ou non, volontaire ou imposée dans une application réelle ou symbolique. Autrement dit, l'une des principales fonctions de l'ethnicité est de créer et d'entretenir des frontières entre ces groupes, frontières prisent dans une tension continue de domination/subordination. Ces fonctions peuvent alors être classées selon une typologie qui prend en compte la situation de production de l'ethnicité (lieux, époque, contexte politique, démographique, type de relations) et les modalités de son utilisation (qui, pourquoi, comment ?).

1- Une fonction d'organisation identitaire et de classification sociale.

Debarbieux (1999) considère que l'ethnicité constitue une dimension fondamentale de l'identité de tout individu car elle est « un processus actif, qui permet d'organiser les identités et les interactions, en décrivant les frontières et les relations des groupes sociaux. L'ethnicité est un des éléments dans la production relationnelle des cultures » (Debarbieux, 1999, p. 74). C'est donc par le contact entre groupes ethniques et par la délimitation de leurs frontières que l'individu va construire son identité ethnique. Celle-ci pourra alors être manipulée, déguisée, cachée ou exhibée, autrement dit l'acteur pourra en jouer et tenter de l'adapter aux divers contextes rencontrés au cours de son existence, suivant ses désirs et ses besoins. Rinaudo (1999) rappelle ce principe de négociation des identités étudié et formulé par Douglass et Lyman. Chaque acteur peut alors utiliser l'ethnicité dans le déroulement quotidien de ses interactions en cherchant à exploiter et à imposer l'identité ethnique qui lui paraît la plus avantageuse en fonction du contexte. Cependant, ces stratégies sont mobilisables et exploitables dans le cas d'une identité ethnique volontairement choisie, telle qu'il est possible de l'opérer dans les modèles de la nouvelle ethnicité ou du choix rationnel où l'instrumentalisation du fait ethnique rend possible cette construction individuelle. Mais ce « self-service » identitaire est beaucoup moins accessible aux membres des groupes pour lesquels l'identité ethnique est prescrite. Le jeu des identités va alors permettre de créer une division hiérarchisée de l'espace social en installant une logique de « différenciation sociale et politique d'une part, et d'inégalité structurelle, d'autre part » (Martiniello, 1995, p.18). Cette division de l'espace social va permettre l'élaboration d'un système de pouvoir, de concurrence et/ou de discriminations. C'est par la cristallisation des identités ethniques individuelles que se forment les identités ethniques collectives, permettant ainsi l'existence sociale des groupes ethniques qui vont alors se mobiliser pour entreprendre des types d'actions variés.

2- Une fonction mobilisatrice

Dés lors, les groupes ethniques se constituent comme des entités qui participent de l'organisation de l'espace social, ceci dans la mesure « où les acteurs utilisent des identités ethniques pour se catégoriser eux-mêmes et catégoriser les autres dans des buts d'interaction » (Poutignat et Streiff-Fenart, 1995, p.211). Les relations interethniques peuvent alors apparaître sous une double face, sombre d'un côté, claire de l'autre. Le côté sombre serait lié à la fonction d'enfermement et de repli des groupes dans une attitude jugée dangereuse car ouvrant la porte à la racialisation, à l'extrémisme, à l'intégrisme et au refus de l'Universel, nous sommes là du côté des dominés ou des minoritaires. Concernant les dominants, la face sombre se décline en des termes négatifs : stigmatisation, ségrégation, sécurisation, relégation et privation de l'Universel.

Pour Wieviorka, « les mouvements ethniques peuvent s'enfermer dans le rejet de la modernité et rêver d'un fondamentalisme de plus en plus réactionnaire, mais il serait aussi faux de les réduire à ce refus de la modernité que de ne voir dans le mouvement ouvrier naissant que le rejet de la modernisation. » (1996, p.308). L'auteur met à jour une face claire de l'ethnicité qui serait alors porteuse d'une fonction d'intégration et de participation des catégories dominées à la société dominante. La mobilisation ethnique permet de s'ancrer dans la modernité, non pas par un processus d'assimilation hypothétique, mais par la production d'orientations culturelles et sociales modernisatrices. Les ressources ainsi mobilisées constituent alors un précieux soutien pour accéder à une modernité souvent rendue inaccessible par la précarité économique ou sociale et par la discrimination. Contre la face sombre qui ancre le phénomène ethnique dans des valeurs anciennes et démodées où à travers une lecture culturaliste, il sera fait référence à des traits culturels schématiques et réducteurs (excision, sexisme, répudiation). Wieviorka affirme que « l'ethnicité peut être et est souvent le seul principe de construction de soi, pour ceux qui, surtout quand ils sont émigrés, ne peuvent se définir par ce qu'ils font, car ils sont chômeurs ou enfermés dans des activités inférieures ou marginales. [...] Ce repli sur une identité culturelle, à condition surtout qu'il soit associé à une conscience contestataire de la domination ou de l'aliénation subie, [représente] la seule voie possible de construction de soi comme acteur social, capable d'initiative et de contestation aussi bien que de participation ou de négociation » (*op. cit.*, 1996, p.306-307).

Cette approche des fonctions de l'ethnicité par ses deux faces, sombre et claire, laisse apparaître en filigrane l'opposition entre les tenants du modèle universel républicain et les défenseurs du multiculturalisme. A ce stade nous n'entrerons pas dans ce débat, mais nous retiendrons la nécessité de ne pas approcher l'ethnicité par sa seule face sombre en l'analysant également comme un processus de mobilisation et comme un principe mobilisateur pour l'action collective.

3- Une fonction rationnelle

Il s'agit essentiellement d'une fonction utilitariste de l'ethnicité que l'on va retrouver dans les courants de la nouvelle ethnicité et dans les théories du choix rationnel. Les acteurs instrumentalisent leur appartenance ethnique pour s'en servir comme une ressource dans leurs stratégies sociales et politiques.

Cette fonction est surtout présente dans les pays qui ont institutionnalisé la division des divers groupes constitutifs de la nation en créant officiellement des catégories ethniques. Dés lors, émerge une série d'intérêts en termes économiques et politiques, souvent institués à travers des mesures de discrimination positive, qui incitent chacun à se positionner ethniquement de façon à bénéficier des différentes ressources distribuées par l'État ou les collectivités territoriales dans le cadre des politiques publiques. Ici, les individus tentent de maximiser le bénéfice net qu'ils tireront de leur choix, sachant que pour certains d'entre eux, il est toujours possible de changer d'identité ethnique en fonction du contexte. Cette fonction reste optionnelle et toutes les minorités n'y ont pas accès.

Bien entendu, l'ethnicité possède d'autres fonctions telles que la ségrégation ou la discrimination. Il ne s'agit pas de les répertorier dans leur totalité et certaines seront abordées plus loin. A ce stade, nous retiendrons que parmi les principales, figurent celles qui permettent la division de l'espace social en des groupes distincts et souvent hiérarchisés dans une logique de dominants/dominés et/ou de majoritaires/minoritaires ; la dimension mobilisatrice de l'ethnicité représente également une fonction non négligeable, tout comme celle qui participe à l'élaboration des identités collectives et à la production de traits culturels.

C- Du point de vue méthodologique

D'après Poutignat et Streiff-Fenart, les problèmes clefs qui se retrouvent de façon récurrente dans la manière d'identifier les problématiques de l'ethnicité sont les suivants :
- « Le problème de l'attribution catégorielle par lequel les acteurs *s'identifient et sont identifiés* par les autres.
- Le problème des frontières du groupe qui servent de base à la *dichotomisation Nous/Eux*.
- Le problème de la fixation des symboles identitaires qui fondent la croyance en l'*origine commune*.

- Le problème de la saillance qui recouvre l'ensemble des processus par lesquels les traits ethniques sont *mis en relief* dans l'interaction sociale » (Poutignat, Streiff-Fenart, 1995, p. 154-155).

Le premier point, celui de l'attribution catégorielle, concerne la façon dont les membres d'un groupe s'auto-définissent et la manière dont ils sont définis par les autres, ce processus dynamique s'établissant au sein d'une relation dialectique entre définitions exogène et endogène. Se pose ici la question de qui détient le pouvoir de nommer.

Le second point, celui des frontières, indique que ce n'est que par rapport à une ligne bien délimitée entre les membres et les non-membres que l'appartenance ethnique se détermine. Ces frontières ethniques, plus ou moins stables, ne sont pas des barrières dans la mesure où elles sont mouvantes et perméables. Leur maintien ne dépend nullement de la permanence des cultures des groupes ethniques et elles sont manipulables par les acteurs qui peuvent les produire et les reproduire au cours des interactions sociales.

Concernant le troisième point, la croyance en une origine commune, celle-ci s'appuie sur les liens de parenté, la croyance en des ancêtres communs et la fixation de symboles identitaires autour de souvenirs et de mythes.

Enfin, le dernier point, la saillance, exprime l'idée que l'ethnicité est un mode d'identification possible parmi d'autres, elle ne renvoie pas à une essence que l'on possède, mais à un ensemble de ressources disponibles pour l'action sociale. L'ethnicité peut également être mise en relief à travers tous les signes visibles (comportementaux, vestimentaires, etc.). Ainsi, l'individu pourra manipuler sa propre identité ethnique en choisissant ou non de la mettre en relief. Cette option est cependant limitée et inégale selon les contextes, notamment dans les cas où le statut ethnique est prescrit.

De son côté, Martiniello (1995) souligne l'importance d'appréhender l'étude de l'ethnicité selon trois niveaux distincts : le niveau microsocial, le niveau mésosocial et le niveau macrosocial.

Le niveau microsocial s'intéresse à l'individu et correspond aux processus d'identification individuelle à une entité ethnique. Mais l'ethnicité doit également être approchée d'un point de vue mésosocial, c'est à dire comme un processus de mobilisation groupale et comme un principe mobilisateur pour l'action collective. Enfin, le niveau macrosocial permet d'aborder le concept en fonctions des contraintes structurelles de nature sociale, politique et économique qui élaborent les identités ethniques et qui assignent les individus à une position sociale déterminée en fonction de leur appartenance attribuée à une catégorie ethnique.

Ce cadre méthodologique doit nous permettre de nous pencher sur l'étude de la notion de « Maghrébin » qui concerne directement notre recherche.

Cependant, avant cela et après avoir effectué une revue des principales théories de l'ethnicité, il paraît important d'en dégager une définition telle que nous l'utiliserons dans ce travail.

D- Cadre théorique d'analyse
1- Quelle définition de l'ethnicité ?

Un survol rapide de la littérature traitant de l'ethnicité permet de constater la multitude de définitions imputée au concept. Si certaines convergent, d'autres divergent et donnent l'impression que le terme est utilisé pour rendre compte de réalités tout à fait différentes. « A bien des égards, la recherche sur l'ethnicité semble par conséquent se trouver dans une situation de chaos théorique » (A. Bascal, 1990)[17].

Toutefois, si nous voulons continuer notre travail, il est nécessaire de nous inscrire dans un champ défini et d'opter pour une définition de l'ethnicité. D'emblée nous écarterons les approches naturalistes et primordialistes basées sur une conception caduque de l'ethnicité que nous ne partageons pas dans la mesure où nous ne considérons nullement les comportements ethniques comme des aspects essentiels et innés de la nature humaine. Il en sera de même pour les théories sociales substantialistes qui renferment des notions à l'évidence obsolètes et mises à mal par des travaux plus récents.

Par conséquent, c'est du côté des théories sociales non substantialistes que nous nous tournerons en repérant les caractères constitutifs aptes à élaborer une définition minimale de l'ethnicité, nous nous inspirerons en cela largement des travaux de Fredrik Barth qui ont révolutionné le champ de l'étude de l'ethnicité dans l'introduction du livre qu'il a dirigé et publié en 1969, *Ethnics Groups and Boundaries*. Cette œuvre est considérée comme une des premières réfutations systématiques des théories primordialistes et substantialistes.

Pour synthétiser l'approche de Barth on peut dire que ce dernier a été influencé par les travaux du sociologue interactionniste américain Erving Goffman. Sur le plan méthodologique, ses études empiriques se centrent sur les individus qui changent d'identité ethnique afin de comprendre les processus menant à la reproduction des groupes ethniques. Il pense que les identités et les groupes ethniques sont des questions d'organisation sociale et non pas de contenu culturel. La culture n'est pas une donnée, elle n'est pas stable, elle est toujours en flux et recèle souvent des contradictions et des incohérences. Ainsi, ne doit-elle pas être considérée comme un élément de définition des groupes ethniques, mais plutôt comme une conséquence ou une implication de l'établissement et de la reproduction des frontières entre ces groupes. Dans la continuité il considère que les identités ethniques ne sont pas des réalités primordiales, mais sont liées à la situation sociale qui leur donne naissance. L'appartenance à un groupe ethnique dépend de processus d'imputation et d'auto-imputation. Pour qu'un individu ait le sentiment d'appartenir à un groupe ethnique, il faut que ce dernier le reconnaisse comme un de ses membres, ainsi son ethnicité va se traduire par une singularité caractéristique du groupe en terme d'organisation sociale. Les individus manipulent toute une série de marqueurs symboliques pour tracer les frontières entre leur groupe ethnique et les autres. Ceux-ci constituent les seules différences culturelles significatives que le chercheur devra déchiffrer. Enfin, Barth se penche sur le rôle important des leaders ethniques dans la mobilisation de leur groupe.

---

[17] Cité par Martiniello (*op. Cit.*, 1995, p. 17).

L'approche de Barth se situe, on le voit, dans une démarche interactionniste qui donne au groupe ethnique une dimension dynamique, celui-ci n'est pas considéré comme un groupe concret mais comme un type d'organisation basé sur l'assignation et l'auto-attribution des individus à des catégories ethniques qui les inscrivent dans un processus de construction sociale d'où résulteront les identités ethniques qui ne sont plus considérées comme des réalités primordiales. Ici, le groupe ethnique se différencie de la définition traditionnelle de l'ethnie qui a tendance à enfermer le groupe dans un espace où règne la stabilité des entités socio-culturelles alors que Barth présuppose le contact culturel et la mobilité des personnes et pense que c'est à travers le maintien de leurs frontières que les groupes émergent et persistent en tant qu'unités identifiables. Dès lors, il s'agit de comprendre comment les groupes entretiennent leurs frontières et les conditions de production et de maintien des éléments d'identification des membres et des non-membres. « Dans cette perspective, le problème fondamental posé par l'ethnicité est celui des conditions génératives d'émergence des distinctions ethniques et de l'articulation de ces distinctions avec la variabilité culturelle » (Poutignat, Streiff-Fenart, 1955, p.123-124). Enfin, pour Barth, l'ethnicité est un processus organisationnel dans la mesure où il considère le groupe ethnique du point de vue de l'attribution de catégorie Eux/Nous.

Parmi les principales critiques formulées à l'égard de la position barthienne, on peut retenir le fait que l'auteur en se focalisant sur les interactions sociales impliquent des acteurs individuels ce qui ne permet pas d'expliquer comment les distinctions ethniques émergent dans une ère donnée et comment des groupes en viennent à se séparer. En se polarisant sur les actions interindividuelles et sur l'acteur individuel, Barth omet parfois de prendre en compte les contraintes structurelles (État, institutions etc.). Il reconnaîtra lui-même ces lacunes et actualisera sa position en 1994 en insistant sur la nécessité de considérer le rôle de l'État et de dépasser le niveau de l'interaction individuelle[18].

Ainsi, considérerons-nous avant tout l'ethnicité comme une forme d'organisation sociale et politique à l'œuvre dans la plupart des sociétés contemporaines, basée sur une logique de différenciation et d'inégalité structurelle. Elle repose « sur une attribution catégorielle qui classe les personnes en fonction de leur origine supposée, et qui se trouve validée dans l'interaction sociale par la mise en œuvre de signes culturels socialement différenciateurs » (Poutignat, Streiff-Fenart, 1995, p. 154). Par conséquent, elle est liée à la classification sociale des individus et aux relations entre les divers groupes d'une société. « Parler d'ethnicité et de groupes ethniques en isolement total est aussi absurde que de parler du bruit d'applaudissements à une seule main disait Gregory Bateson »[19].

Pour émerger, exister et persister les groupes ethniques doivent maintenir un minimum de contacts entre eux et entretenir des idées de leurs spécificités culturelles, physiques ou psychologiques réciproques. Ainsi, tel que le stipule Debarbieux, « l'ethnicité est [...] un processus actif, qui permet d'organiser les

---

[18] Nous verrons lors de la présentation du cadre théorique comment réconcilier l'interactionnisme et le constructivisme bourdieusien.
[19] Cité par Martiniello (1995, p. 18).

identités et les interactions, en décrivant les frontières et les relations des groupes sociaux. L'ethnicité est un des éléments dans la production relationnelle des cultures » (Debarbieux, 1999, p. 74). Aussi, constitue-t-elle une dimension fondamentale de l'identité de tout individu.

Si elle implique des critères de type physiologique, culturel, voire psychologique, ceux-ci ne doivent en aucun cas être considérés comme des réalités naturelles et innées, mais comme des constructions sociales et politiques dans la mesure où l'ethnicité repose sur la perception par les acteurs et les groupes de l'importance de ces caractéristiques, réelles ou supposées, pour les relations sociales. Enfin, dans cette optique l'ethnicité est pensée comme un processus actif et variable, jamais fini et toujours en cours de construction.

2- Ethnicité et race

En formulant cet essai de définition, nous nous sommes heurté au problème de la « race ». Certes, cette notion a été mise à mal par les biologistes qui ont démontré que celle-ci, appliquée à l'espèce humaine n'était nullement fondée. Pourtant, contrairement aux traits culturels qui se construisent dans l'interaction, les traits phénotypiques, notamment la couleur, sont des attributs propres à l'individu dès les premiers instants de sa vie. Toutefois, nous devons comprendre, qu'outre ce caractère inné, nous sommes bien en face, ici aussi, d'un phénomène qui s'inscrit dans une logique de construction sociale dans la mesure où les représentations et les assignations qui en résultent sont le fait d'idéologies élaborées par des individus ou des groupes. Ainsi, si l'ensemble de la population mondiale était unicolore, le problème ne se poserait pas. L'apartheid en Afrique du Sud ou la politique de ségrégation qui existait aux États-Unis démontrent que si la notion de « race » n'existe pas d'un point de vue biologique, elle peut émerger sous la forme d'une construction sociale et politique laissant alors place au concept de « race sociale ». Toujours est-il que ce critère en lien avec la « race », même considérée comme le fruit d'une construction, nous semble un élément problématique de l'ethnicité, dans la mesure où si les traits culturels peuvent continuellement évoluer, il n'en est pas de même pour les traits phénotypiques qui sont a priori figés et déterminés. La différence fondamentale repose dans le caractère immuable de cette donnée qui ne laisse comme solution à l'acteur victime de discrimination raciale que l'espoir d'un changement dans les représentations sociales.

3- Ethnicité et culture

D'autre part, nous avons vu qu'il existe un consensus autour de la relation souvent problématique entre les concepts de culture et d'ethnicité. En effet la plupart des auteurs contemporains s'entendent pour considérer la culture comme une conséquence de l'ethnicité et non pas un élément de sa définition, du moins pour ceux qui s'inscrivent dans un courant dynamique et interactionniste. En effet, on ne peut pas considérer que ce soit la spécificité culturelle objective des populations qui définisse leur ethnicité, car le sentiment d'appartenance au groupe se base plutôt sur la croyance par ses membres dans l'existence d'une continuité culturelle. L'introduction, en particulier par Roger Bastide, du concept d'acculturation et son développement ont permis de penser autrement la culture qui s'inscrit alors dans un renouvellement conceptuel. Désormais elle est considérée comme un « ensemble dynamique, plus ou moins (mais jamais parfaitement) cohérent et plus ou moins homogène. Les éléments qui composent une culture, parce qu'ils proviennent de sources diverses dans l'espace et le temps, ne sont jamais totalement intégrés les uns aux autres. Autrement dit, il y a du « jeu » dans le système. D'autant plus qu'il s'agit d'un système extrêmement complexe. Ce jeu est l'interstice dans lequel se glisse la liberté des individus et des groupes pour « manipuler » la culture » (Cuche, 1996, p.66).

Par conséquent, la notion même de la « pureté » des cultures est remise en cause dans la mesure où la culture « à l'état pur », identique depuis toujours à elle-même sans jamais avoir connu d'influence extérieure, aussi minime soit-elle, n'existe pas. Le processus d'acculturation est donc considéré comme un phénomène universel (avec des formes et des degrés divers) qui induit l'existence de contacts tout aussi universels entre les cultures. Dès lors, ces dernières ne peuvent plus être approchées comme des ensembles parfaitement purs et homogènes qui se seraient construits dans une continuité sans faille. Toutes sont, à des degrés divers, des cultures « mixtes » dont la continuité serait plus du côté de leurs situations spatiales que de leurs évolutions historiques. Souvent, il y a plus de discontinuité au sein d'une même culture entre les différentes phases de son évolution historique, qu'entre des cultures en contacts prolongés qui peuvent alors faire preuve d'une certaine continuité. C'est d'ailleurs habituellement dans les périodes de crises que la revendication de la continuité d'une culture apparaît, elle s'inscrit alors plus du côté de l'idéologie ou du mythe que de la réalité.

Cependant, on ne peut nullement dissocier l'ethnicité et la culture et ne pas considérer l'existence de cette dernière en amont du phénomène ethnique. C'est particulièrement le cas pour notre recherche dans la mesure où notre objet porte en partie sur l'immigration, car comme le rappelle justement Sayad (1999), on ne peut pas dissocier l'immigré de l'émigré. En effet ces deux statuts font partie de l'individu comme les deux faces opposées sont constitutives de la même pièce de monnaie et, avant son arrivée en France, l'immigré fut d'abord un émigré porteur d'une culture qui n'est pas sans compter dans la construction de son ethnicité actuelle. C'est en cela qu'il nous semble important de souligner ce double statut de la culture qui se positionne, certes en aval du phénomène ethnique mais également en amont. Juteau (1999, p.21-23), s'interroge sur le lien entre culture et ethnicité. Après avoir défini l'ethnicité d'une manière générale, elle dégage deux définitions, 1 et 2 : « à l'ethnicité acquise par la socialisation (ethnicité 1) s'ajoute celle qui se construit dans le rapport à l'Autre que provoquent l'immigration, le colonialisme, l'annexion, l'esclavagisme (ethnicité 2). Si l'ethnicité ne devient opératoire qu'à l'intérieur des rapports constitutifs des communautés d'histoire et de culture (ethnicité 2), elle existe aussi avant ce rapport (ethnicité 1) puisqu'elle ne résulte pas uniquement de la domination économique, politique, culturelle et idéologique des majoritaires. » (Juteau, 1999, p.21). Pour l'auteure, les frontières ethniques sont donc pourvues de deux faces, interne et externe, qui se construisent simultanément. L'une s'élabore dans le rapport aux autres, c'est la dimension externe, l'autre, interne, dans le rapport à l'histoire et à la culture. Juteau conçoit donc le lien entre ethnicité et culture à partir de l'interaction à l'œuvre entre les faces interne et externe. Autrement dit, « c'est dans le rapport aux autres que la culture et l'histoire d'un groupe acquièrent un sens spécifique pour les acteurs et donnent lieu à la communalisation[20] ethnique » (id., 1999, p.22).

Si la culture se positionne en partie en amont du phénomène ethnique, c'est qu'elle participe à l'élaboration de l'ethnicité. À ce stade, il devient important de distinguer *ethnicité* et *groupe ethnique*. C'est ce que fait Juteau (*op. Cit.*, 1999) dans son souci de définir les communautés. Rappelant que certains définissent le groupe ethnique à partir de leurs traits culturels spécifiques, que d'autres insistent sur la dimension structurelle et interactionnelle et que d'autres encore considèrent la dimension subjective comme essentielle (*op. cit.*, 1999, p.41), elle se réfère à Frank Vallee (1975) qui, pour expliquer cette construction, établit une distinction entre ethnicité et groupe ethnique. L'ethnicité est alors en lien avec une descendance commune où les ancêtres partageraient une culture identique. Quant au groupe ethnique, il se compose d'individus porteurs d'une même ethnicité et dont le sentiment d'appartenance au même groupe est partagé par tous et perçu par les autres, les non-membres. Dans cette optique, il est possible qu'une personne possède les caractéristiques d'une certaine ethnicité, sans pour cela s'identifier ou adhérer au groupe qui s'y rattache. Par conséquent, l'ethnicité constitue un élément de base du groupe ethnique sans pour cela entraîner systématiquement l'émergence de celui-ci. Juteau considère alors la primauté de l'ethnicité sur le groupe ethnique sachant qu'une des conditions primordiales permettant son émergence, réside dans le contact avec d'autres groupes, contact qui va produire des frontières à partir d'une ethnicité jusque là latente. Mais, considérer l'ethnicité en amont du groupe ethnique, ne signifie nullement pour cela que l'on s'inscrive dans un courant essentialiste qui naturaliserait le phénomène ethnique. La formule désormais célèbre « on ne naît pas ethnique, on le devient » garde toute sa véracité. L'ethnicité, nous allons le voir, se construit en grande partie avec du culturel, mais la culture, n'est pas plus un donné que ne l'est l'ethnicité et les deux concepts s'inscrivent dans une dimension constructiviste. C'est encore Juteau qui va nous aider à comprendre cette construction et la place de la culture dans l'ethnicité. Nous l'avons vu, Vallee considère l'ethnicité comme un attribut qui renvoie à des ancêtres communs, réels ou putatifs, dont la culture commune se manifesterait dans les comportements. Il ne s'agit pas pour cela de s'inscrire dans le courant socio-biologique de van den Berghe où le groupe ethnique, essentialisé, constitue plus ou moins une extension de la famille. Nous l'aurons bien compris, l'ethnicité ne se transmet ni par le sang, ni par les gènes. Mais si la culture intervient de façon importante dans cette transmission, il faut alors se demander par quel mode elle se transmet. Juteau trouve la réponse dans la parenté qui se situe au carrefour du passé et du présent. La famille est considérée par un grand nombre de sociologues comme le lieu de reproduction biologique et de socialisation des êtres humains, c'est par cette instance qu'un certain nombre de mécanismes vont permettre au jeune enfant d'acquérir l'ethnicité. Ce processus, qui n'est autre que celui de la socialisation, va permettre que dès le plus jeune âge, l'histoire s'inscrive en chacun de nous. Juteau, qui ne nie pas la place des pères, des

---

[20] Par communalisation, Juteau entend la forme de relation sociale qui implique une orientation mutuelle des comportements et la croyance en une communauté d'origine. Elle préfère cette notion à celle de communauté perçue de façon ahistorique ou culturaliste.

autres membres de la parenté et des groupes de pairs, considère qu'en dépit des revendications féministes, ce sont encore essentiellement les mères (ou les femmes remplaçantes) qui assument en premier lieu la responsabilité de ces charges au début de la vie de l'enfant. Nous ne rentrerons pas dans le débat qui consiste à définir le degré d'implication de la mère ou du père dans la phase de socialisation primaire de l'enfant, pour cela, nous retiendrons plutôt le rôle de la famille appréhendée d'une façon générale. L'ethnicité est alors acquise au cours des soins apportés au nouveau-né et de l'éducation dont il bénéficie. La façon d'habiller et de nourrir l'enfant, mais aussi la manière de jouer avec lui ou de lui parler sont porteuses d'universalisme mais également de particularisme culturel. La nourriture, les vêtements, les jouets et les jeux, mais aussi le langage (langue et gestuelle), sont autant d'éléments marqués du sceau de la culture parentale et familiale car chacun d'entre eux est posé par les membres de l'entourage familial selon des normes spécifiques à leur appartenance ethnique. Ce qui relève ici de l'universalité, c'est ce qui est du domaine du travail et c'est à travers ces tâches quotidiennes qui consistent à élever l'enfant que se transmet la culture. Ainsi, nourrir l'enfant, c'est du travail, mais lui offrir de la charcuterie, du couscous ou du serpent c'est de la culture. Lui apprendre à manger représente tout autant du travail, mais lui enseigner à le faire avec des couverts, des baguettes ou les doigts, c'est de la culture. Il en va de même pour l'habillement, le travail consiste alors à enfiler les vêtements, mais la culture repose sur la forme de ces habits : pantalon, pull-over, djellaba ou sari... La culture se transmet également par la célébration d'évènements précis. Si les enfants français, en commémorant la fête nationale du 14 juillet, intègrent les éléments d'une culture commune, ces mêmes enfants s'imprègnent des particularismes et des spécificités culturels de leur groupe d'appartenance en fêtant respectivement Noël, le jour du Grand pardon, l'Aïd ou le Nouvel an chinois. Bien d'autres exemples pourraient encore illustrer notre propos notamment à travers les histoires racontées, les chansonnettes entonnées ou la langue parlée, le travail des parents, à vocation universelle, représente le vecteur par lequel l'enfant va incorporer sa culture[21] et acquérir une ethnicité latente qui pourra ou non être activée. Juteau (*op. cit.*, 1999, p.92-93), fournit à ce propos un grand nombre d'exemples montrant comment, au sein d'un même pays, le Canada, se produit, par la socialisation familiale, de l'ethnicité qui trace les frontières entre Canadiens anglophones et Canadiens francophones.

    Parce qu'elles servent à délimiter les frontières et à définir l'identité collective, nous considérerons avec Juteau (1999), que les différences culturelles ne doivent pas être sous-estimées. Mais ne nous trompons pas, si ces différences permettent que des jugements soient possibles de part et d'autres et amènent à penser que les éventuels conflits entre groupes ethniques leur seraient imputables, elles servent aussi à « masquer les fondements réels des conflits et sont exploitées à cette fin » (*op. cit.*, 1999, p.32). En cela, l'importance des différences culturelles dans l'analyse des relations ethniques ne doit pas faire oublier le poids des inégalités économiques, politiques et sociales.

---

[21] Le concept de socialisation plutôt propre au champ de la sociologie est proche de celui d'enculturation utilisé par l'anthropologie.

Si l'étude des relations interethniques ne prend pas pour objet principal la culture dans les interactions sociales entre les groupes et les individus mais plutôt la façon dont ces différences s'élaborent et s'entretiennent et dont les identités se redéfinissent par les contacts culturels, ceci n'exclut pas la nécessité de se référer aux schèmes culturels présents avant, pendant et après le contact. En effet, si la culture ne représente pas un élément primordial de définition de l'ethnicité, elle n'en reste pas moins un des facteurs décisifs dans sa construction. Certes elle ne tient pas toujours un rôle déterminant dans cette élaboration, et l'on sait qu'elle peut évoluer, changer et parfois même disparaître au sein d'un groupe ethnique déterminé, sans pour cela remettre en cause l'existence de celui-ci. Toutefois, concernant les Maghrébins, le facteur culturel, pris dans le double contexte historique de la colonisation et de l'immigration qui marque les relations entre la France et les pays d'Afrique du Nord, joue certainement un rôle important dans la construction des frontières ethniques. Autrement dit, il nous semble difficile de ne pas prendre en considération le fait culturel tel qu'il se présentait avant l'émigration ainsi que pendant et après celle-ci.

Cette culture, positionnée en amont du phénomène ethnique, subit des modifications dues au passage des frontières. Si l'on se réfère à la proposition de Juteau, ces frontières ne sont pas interconnectées mais se présentent avec deux faces. Pour l'auteure, c'est *la face externe* qui précède *la face interne* « car les frontières ethniques se construisent quand les relations avec les autres font naître un sentiment commun face à une situation commune et un sentiment subjectif d'appartenance à une origine commune, sentiments qui engendrent la communalisation fondée sur des souvenirs ou des attributs produits historiquement » (*op. cit.*, 1999, p.166). Cette face externe de la frontière s'élabore à partir de relations provoquées par le colonialisme ou la migration et participe, pour une part essentielle, de la construction de l'ethnicité. Autrement dit, pour que le rapport à une situation commune émerge, il doit nécessairement passer par le rapport aux autres. Ainsi, ce qui pouvait paraître comme des pratiques inscrites dans la norme d'une société avant qu'elle ne rentre en contact avec une autre, deviennent aux yeux des membres du groupe dominant des traits culturels étranges, parfois même déviants, et se transforment chez les dominés en éléments de reconnaissance, de solidarité et de rassemblement. Or, il aura fallu passer par la face externe de la frontière ethnique pour que se construise une face interne spécifiquement ethnique convertissant ainsi la culture en ethnicité. Par ce processus, ce qui était considéré sous l'angle de la culture, l'est désormais sous celui de l'ethnicité. Il y a là un mécanisme intéressant qui ouvre une porte pour sortir du dilemme récurrent du lien entre culture et ethnicité.

Toutefois, la sociologie des relations interethniques n'est pas la sociologie de l'immigration. Loin s'en faut, tous les Maghrébins ne sont pas des immigrés et constituent un groupe d'appartenance nationale, en accord avec Streiff-Fenart (1997, p.60) il nous semble que l'on ne puisse plus se contenter d'analyser le rapport entre « immigrés » et société française en termes d'immigration en la considérant sous l'angle de l'entrée de populations allogènes, mais il faut également l'approcher en tant que processus de reproduction de l'altérité. Néanmoins, le caractère relativement récent de l'immigration maghrébine qui s'étend sur environ trois générations et dont une proportion non-négligeable d'individus a réellement migré, ne permet pas d'évacuer totalement la référence du fait sociologique de l'immigration.

Appréhendé de la sorte, le fait culturel doit alors être replacé au sein de la problématique ethnique, c'est à dire sorti de son contexte ethnologique « traditionnel » (une race = une culture = une langue), pour être « sociologisé » et analysé dans une logique d'organisation sociale et de production des différences culturelles. C'est donc plus l'organisation sociale de la différence culturelle qui doit être analysée à travers l'imposition et l'entretien de frontières ethniques qui permettent la permanence d'une séparation entre les membres et les non-membres. La théorie barthienne en réfutant toute dimension essentialiste des similitudes et des différences culturelles et en les considérant comme socialement organisées, nous offre un cadre d'analyse que nous retiendrons.

L'ethnicité représente un cadre d'analyse des relations sociales et de leurs divisions, la culture est donc un des éléments de ce système, il revêt alors une importance variable suivant les conditions de développement du processus d'ethnicisation (contexte social, historique, politique) et suivant la nature des groupes concernés. Pour les Maghrébins, il semble constituer un élément important, avec la religion. Ce n'est donc pas une comparaison des cultures entre les groupes, mais la façon dont cette culture est appréhendée et utilisée en tant que ressource dans la gestion et la construction des rapports sociaux et des interactions qui est importante.

Lorcerie, en introduction d'une revue consacrée à l'enseignement en milieu ethnicisé, prend soin de dissocier, ce qu'elle désigne comme un néologisme, le terme « ethnicisé », du vocable « multiculturel ». Ce dernier, « présupposerait qu'il s'agit de réfléchir à la pluralité des cultures qui se trouvent présentes dans le milieu scolaire ou dans l'environnement » (Lorcerie, 2002, p.6), et ce n'est pas de cette pluralité-là dont elle veut parler lorsqu'elle se réfère au paradigme de l'ethnicité. C'est que ce dernier appartient au paradigme des sciences sociales et non à celui de la culture qui constitue le concept principal de l'ethnologie, « parler d'ethnicité, c'est parler d'autre chose que des cultures » (*id.*, p.6). Certes, l'ethnicité est avant tout un processus d'ethnicisation qui, à partir de pratiques et de logiques sociales ethnicise des groupes là où il n'y a pas d'ethnies et homogénéise là où il y a de l'hétérogénéité, mais c'est tout de même un phénomène en lien avec du culturel, bien que plutôt vu sous l'angle de construits identitaires que de cultures héritées. D'ailleurs, Lorcerie s'empresse de constater que « l'élément objectif qui sert de départ à la construction ethnique peut être la culture ou un bout de culture : un accent repéré, un vêtement, une gestuelle, […]. » (*op., cit.*, p.7).

Si l'ethnicité n'est pas la culture, elle y est fortement adossée puisque c'est en partie par elle qu'elle se construit et qu'elle participe de façon dynamique à la modifier et, en fin de compte, à la produire. Il nous semble donc que pour analyser un objet en termes d'ethnicité, nous ne pouvons pas faire l'économie du fait culturel. Mais soyons clair, il ne s'agit pas de se référer à une conception essentialiste ou naturaliste de la culture telle qu'ont pu l'entrevoir Gobineau, Vacher de Lapouge ou Montandon, mais à une approche dynamique et interactionniste de la construction de la différence au sein d'un système de relations à l'autre, que ce dernier soit différent ou semblable. On ne peut pas étudier le phénomène ethnique à partir d'une analyse comparative de groupes culturellement différents. Barth (*in* Poutignat et Streiff-Fenart, 1995), montre par des études documentées que les groupes ethniques peuvent exister et perdurer indépendamment des différences culturelles qui les caractérisent. Des populations de culture, de religion et de langue semblables peuvent se constituer en groupes ethniques distincts, à l'inverse un même groupe ethnique peut accueillir en son sein des entités fortement clivées sur le plan culturel. Ainsi, un nombre restreint de traits culturels semblables ou différents peuvent permettre que l'organisation sociale se décline en statuts ethniques. Dès lors, ces traits culturels vont, suivant les cas, permettre d'effacer les ressemblances avec les non-membres ou de passer outre les différences avec les membres. C'est ainsi que pour le cas des Maghrébins de France, l'accent sera souvent porté sur les différences culturelles et religieuses qui empêcheraient toute intégration à la population dominante et que dans le même mouvement toutes leurs caractéristiques sociales, nationales, linguistiques et culturelles sont niées dans un processus d'homogénéisation.

Par conséquent, nous n'évincerons pas la notion de culture dans la mesure, où nous le voyons bien, l'ethnicité n'est pas dénuée de tout contenu culturel, mais nous considérerons que les différences culturelles, qui ne sont pas pertinentes en elles-mêmes, doivent être analysées à la lumière du système de relations au sein duquel elles s'organisent en diverses catégories ethniques.

Lorsque cela s'avérera nécessaire, nous nous réfèrerons aux champs du multiculturalisme et du pluralisme culturel, notamment pour saisir comment peut être gérée la question de la différence au sein de l'universel républicain. Juxtaposition des communautés pour le multiculturalisme, empilement des cultures pour le pluralisme culturel, les deux notions fortement marquées idéologiquement entrent en concurrence avec le modèle républicain français d'intégration. Nous avons vu la dimension polémique qu'elles provoquent en France et les craintes qu'elles suscitent. Pour cela, et notamment pour éviter de tomber dans une analyse en termes de communautarisme, nous préférerons nous inscrire dans le courant du *respect des différences* tel que le conçoivent Michel Wieviorka, François Dubet, Didier Lapeyronnie, Farhad Kosrokhavar et Danilo Martuccelli. Il s'agit pour eux de valoriser les différences ethniques dans un cadre universaliste en associant respect des différences et résistance au différencialisme. Michel Wieviorka (1996) montre que les solidarités ethniques peuvent témoigner d'un « effort de l'acteur pour dénoncer l'exclusion ou l'exploitation, participer pleinement à la citoyenneté et aux droits de l'homme [...] et obtenir une certaine reconnaissance culturelle ».

4- *Ethnicité et domination/subordination*

De la colonisation à l'ethnicisation, en passant par l'immigration, l'histoire des Nord-africains, puis des Maghrébins, semble s'inscrire dans des rapports de domination continus. Cette domination, qui peut être socio-économique, mais pas toujours, peut s'avérer culturelle et politique. L'ethnicité se construit généralement dans une logique de dominés/dominants qui se traduit, en situation d'immigration, par des rapports de groupes minoritaires à groupe majoritaire pouvant se décliner en des cultures minoritaires dominées et une culture majoritaire dominante. Chez Bourdieu, la vision constructiviste du monde social permet d'envisager la domination à partir de l'habitus et de la violence symbolique, dont l'institution scolaire participe grandement. Sa théorie en la matière considère que des groupes sociaux, ethniques ou sexuels se constituent en dominants par l'imposition de leurs valeurs à d'autres groupes dominés. Ces derniers, en intériorisant ces valeurs, en les incorporant sous la forme d'habitus, deviennent les artisans de leur propre domination. Violence et pouvoir symboliques constituent des outils au service des dominants dans leur entreprise de domination. La division par Bourdieu du monde social moderne l'amène à le découper en champs autonomes régis par des lois et des codes propres. À l'intérieur même de ces champs, se déroulent des jeux de pouvoir, mais entre eux, on a plutôt affaire à une logique de domination. Ainsi, Bourdieu nous rappelle que « s'il est bon de rappeler que les dominés contribuent toujours à leur propre domination, il est nécessaire de rappeler dans le même mouvement que les dispositions qui les inclinent à cette complicité sont aussi un effet incorporé de la domination. Ainsi la soumission des travailleurs, des femmes et des minorités raciales n'est-elle point, dans la majeure partie des cas, une concession délibérée et consciente à la force brute des cadres, des hommes et des Blancs. Elle trouve sa genèse dans la correspondance inconsciente entre leur habitus et le champ dans lequel ils opèrent. Elle se loge au plus profond du corps socialisé ; elle est, pour tout dire, l'expression de la somatisation des rapports sociaux de domination » (Bourdieu, Wacquant, 1992, p.28-29).

Concernant les Maghrébins, l'intériorisation d'un habitus positionné dans un champ dominé, est fortement marquée par une violence historiquement située dans la période coloniale, plus que symbolique, cette violence était alors réelle et génératrice d'une expérience de l'humiliation si bien décrite par Sayad (1999). Avec l'immigration, une partie de cette histoire se transmet à travers les générations qui, malgré le processus d'érosion en cours, continuent à la porter en elles. Mais celle-ci ne relève pas du seul fait des immigrés et de leurs descendants, mais également de l'ensemble de la population française qui reste fortement marquée par cette période dans ses représentations. D'une domination coloniale entretenue par la force et la coercition, on est passé à une domination post-coloniale et d'immigration où la violence réelle se transforme en violence symbolique dont l'institution scolaire continuera de s'emparer comme elle l'a toujours fait pour l'ensemble de la population. Les enfants d'immigrés, majoritairement issus des classes sociales dominées, en fréquentant l'école subiront, à l'identique de leurs camarades français, la même violence dont l'objectif est de les conformer à la culture dominante en imposant, sous forme d'action pédagogique, un ensemble de significations. « Dans un seul et même mouvement, mais à travers toute une série de processus de transformation, l'école fait sienne la culture des classes dominantes, dissimule la nature sociale de cette culture et rejette, en la dévalorisant, la culture des autres groupes sociaux. À terme, toutes les cultures se définissent de manière hétéronome par rapport à cette culture légitime » nous indique Martuccelli (1999, p.131) à propos de la théorie de la domination bourdieusienne. Bien entendu, les enfants d'immigrés subiront plus fortement cette violence dans la mesure où l'écart culturel dont ils sont socialement porteurs, se double souvent d'un écart culturel anthropologique.

Bourdieu nous fournit donc un modèle de la domination que nous pourrons utiliser dans notre analyse, du moins en ce qui concerne une approche en termes de groupes sociaux et de rapports de classes. Mais sous l'angle de l'ethnicité, cette théorie semble beaucoup moins adaptée. En effet, la notion de champ social perd de sa pertinence dans la mesure où la division de l'espace social en termes d'ethnicité la transcende car elle traverse la société dans son ensemble. Au sein d'un groupe ethnique, il n'y a pas systématiquement d'homogénéité socioéconomique, les individus qui le composent, pouvant être détenteurs de capitaux économiques et culturels variés, s'inscrivent ainsi dans tout ou partie des champs de l'espace social bourdieusien. En cela, la théorie de l'ethnicité de Barth doit nous permettre d'aborder la domination sous l'angle de la notion de frontières. La création et l'entretien de celles-ci se jouent dans une tension continue de domination/subordination ayant pour but la préservation des privilèges du groupe dominant et l'affirmation de son identité souvent reconstruite en situation de contact. Du côté des groupes minoritaires, l'entretien de ces frontières va, dans un double mouvement, favoriser la pression exercée par les dominants tout en permettant de mobiliser des ressources aptes à participer à la contestation de la domination ou de l'aliénation dans une construction de soi comme acteur social « capable d'initiative et de contestation aussi bien que de participation ou de négociation » (Wieviorka, 1996, p.306-307). De son côté, Juteau (1999) s'interroge sur la rigidité et la perméabilité des frontières et insiste sur le rapport entre l'histoire et le degré de liberté des individus et des collectivités. « Il semble bien que plus l'histoire d'un groupe a été marquée par des circonstances défavorables, par l'oppression et la discrimination, moins l'ethnicité peut être choisie de façon volontaire » (Juteau, 1999, p.162).

Les mécanismes de la domination pris sous l'angle de l'ethnicité se situent donc au croisement de la domination sociale et de la domination culturelle, en cela l'ethnicité représente un élément de la domination. Cuche (1996, p.69) indique que pour Grignon et Passeron, les rapports de domination culturelle ne se laissent pas saisir par l'analyse de la même façon que les rapports de domination sociale, ceci parce que les rapports entre les symboles ne fonctionnent pas selon la même logique que les rapports entre groupes ou individus. Une culture dominante ne peut s'imposer à une culture dominée comme un groupe social peut le faire à l'égard d'un autre plus faible. Il faut analyser la construction ou la reconstruction des cultures de groupes dominés dans une situation de domination tout en les étudiant pour elles-mêmes, c'est à dire comme des systèmes qui fonctionnent selon une certaine cohérence propre. Mais, nous l'avons vu, la culture ne représente pas une problématique majeure de l'ethnicité qui conserve comme fonction principale l'organisation de l'espace social en (re)produisant des frontières ethniques. Le glissement d'une problématique sociale, où les conflits se construisaient dans une logique de classes, à une problématique ethnique où ils sont appréhendés sous un registre culturaliste, permet de concilier les deux approches dans la mesure où derrière cette mutation, se cachent les mêmes objectifs de conservation du pouvoir par les dominants qui conservent les outils nécessaires à la reproduction de la domination. Que l'organisation sociale s'effectue sous l'angle bourdieusien ou barthien, la doxa reste dans les mains des dominants en continuant à constituer « un point de vue particulier, le point de vue des dominants, qui se présente et s'impose comme point de vue universel, le point de vue de ceux qui dominent en dominant l'État et qui ont constitué leur point de vue en point de vue universel en faisant l'État. » (Bourdieu, 1994, p.129).

Les Maghrébins, dans ce contexte, oscillent entre domination sociale et domination ethnico-culturelle. Cependant, les limites de cette « conciliation » entre les modèles bourdieusien et barthien résident dans la différence structurelle des populations concernées et dans les mobiles repérés comme problématiques pour le respect de l'ordre social. La division sociale en groupes ethniques sépare des populations autrefois réunies, ainsi les Maghrébins constituent une classe dangereuse sur la base de leur appartenance ethnique et ceci, quelle que soit leur position au sein de la hiérarchie sociale. Les concernant, les mécanismes de domination s'appuient sur une injonction d'assimilation à un universel libérateur qui du coup, peut s'avérer oppresseur. Continuellement l'islam, souvent compris à travers le prisme de l'actualité mondiale, et la tradition culturelle, considérée sous l'angle de la colonisation, sont pointés comme des obstacles à l'intégration dont la supposée insolubilité dans la République constitue un danger pour la cohésion nationale. Quelle que soit la réussite scolaire de certains maghrébins, les portes restent souvent fermées dès qu'il s'agit d'accéder à des postes-clés de responsabilité, les institutions, dont l'école, jouant ici leur rôle dans la reproduction de l'ordre social établi et de sa hiérarchisation. Le champ le plus haut placé de l'espace social bourdieusien, celui du pouvoir, est hermétique aux membres des groupes ethniques minoritaires. Au sein d'une même classe sociale, des processus de discrimination s'opèrent, et si un fils d'ouvrier a des chances de rester ouvrier, son statut sera plus ou moins valorisé en fonction de son appartenance ethnique. C'est ainsi que de nombreux jeunes maghrébins recrutés comme emploi-jeune se sont vus accorder des postes ethnicisés dans le domaine de la sécurité et de la médiation, alors que leurs pairs français étaient plutôt affectés aux guichets des administrations.

Norbert Elias (1997 [1965]), montre comment au sein d'un même quartier, les habitants installés de longue date considèrent leurs concitoyens nouvellement arrivés de la cité voisine comme des intrus envers lesquels ils adoptent des stratégies de domination et de rejet. Pourtant, aucune différence de nationalité, d'origine ethnique, de niveau socio-culturel ou de revenus ne caractérise ces deux groupes. L'exclusion à l'œuvre est ici uniquement basée sur la notion d'ancienneté. Qu'advient-il alors lorsque les différences s'appuient sur des critères raciaux, culturels ou ethniques ?

Pour les groupes minoritaires, la domination ne s'exerce pas toujours à partir des capitaux économiques et culturels qui déterminent les habitus et les appartenances aux champs, mais plutôt en termes de pouvoir politique et de « capital ethnique ». Ce dernier semble fonctionner de façon inversement proportionnelle aux capitaux classiques, autrement dit, plus l'individu en possède, plus il est dominé. On pourrait alors presque troquer la notion d'habitus contre la notion de niche ethnique. Ainsi, les Maghrébins semblent être sous le joug d'un double processus de domination que nous traiterons donc à partir des modèles de Bourdieu et de Barth.

5- *Ethnicité et reconnaissance identitaire*

Mais la domination, en général, et plus particulièrement ethnique, passe par la non-reconnaissance, voire le rejet, de toute demande identitaire qui se présente en dehors du champ dominant. L'ethnicité, nous l'avons vu, participe des constructions identitaires qui sont à la fois et en partie attribuées par le groupe dominant et éventuellement revendiquées par l'entité dominée. Taylor (1992, p.41), opère une distinction entre le besoin et l'exigence de reconnaissance, le premier ayant trait aux divers courants politiques nationalistes alors que le second concerne plutôt les groupes minoritaires subalternes. L'exigence de reconnaissance peut se lire à travers le lien supposé existant entre reconnaissance et identité comprise dans le sens général de la perception que les individus ont d'eux-mêmes. Taylor postule que la reconnaissance ou au contraire, la non-reconnaissance ou la mauvaise perception par les autres, participent de la formation des identités au même titre que d'autres éléments. Ainsi, la non-reconnaissance ou une reconnaissance inadéquate peuvent causer du tort à un individu ou un groupe victimes d'une mauvaise image d'eux-mêmes renvoyée par les autres et constituer une forme d'oppression qui enferme les êtres dans une manière d'être et de se comporter fausse et déformée. Ainsi, les femmes auraient-elles incorporé l'image de leur propre infériorité, les Noirs descendants de l'esclavage n'auraient pas résisté à l'image dépréciative d'eux-mêmes renvoyée par les Blancs et les peuples colonisés auraient intériorisé l'infériorité culturelle et civilisationnelle imposée par les États colonisateurs. « La reconnaissance n'est pas simplement une politesse que l'on fait aux gens : c'est un besoin humain vital » (*idem.*, p.42).

Les notions de reconnaissance et d'identité sont éminemment modernes et prennent leur source dans deux changements importants. Le premier est marqué par le passage d'une société basée sur l'honneur à une société qui va s'appuyer sur la dignité. Sous l'Ancien régime, la notion d'honneur, telle qu'elle était appréhendée et notamment décrite par Montesquieu (*op. Cit.*, p.43), était intrinsèquement liée aux inégalités. Pour que certains puissent en bénéficier, il fallait que d'autres ne puissent pas y accéder. Quant à la notion moderne de dignité, elle renvoie à l'universalisme et à l'égalité ancrés dans le modèle des sociétés démocratiques. Autrement dit, si l'honneur n'était que l'apanage d'une fraction limitée de la population, la dignité du citoyen s'appliquerait à tous.

Mais dans un second temps, apparaît à la fin du XVIIIe siècle, une nouvelle conception de l'identité individuelle qui modifie et renforce l'importance de la reconnaissance. Cette « identité individualisée » est singulière à tout individu qui se doit de la découvrir par lui-même. Elle reflète un idéal de fidélité à soi-même et à sa propre manière d'être que Taylor défini comme un « idéal d'authenticité » (*op. Cit.*, p.44). Cette authenticité marque la rupture avec les conceptions morales anciennes qui consistaient à définir le bien et le mal à partir d'un rapport transcendant au divin alors que désormais, c'est en eux-mêmes que les être humains doivent chercher grâce au sens moral et au sentiment distinctif dont ils sont dotés. Ce phénomène est dû à un mouvement massif de conversion de la culture moderne au subjectivisme qui représente une nouvelle forme d'introversion. Cette prise de conscience de l'aptitude à penser par soi-même et que la source se situe dans les profondeurs de l'être humain ne le coupe pas pour autant du lien établi avec le divin mais révèle une façon personnelle d'y être attaché. Jean-Jacques Rousseau a participé à ce changement en concevant que la moralité doit se penser et se construire à partir de la « nature » présente au plus profond de chaque être humain, qui doit, pour entendre cette « voix » qui lui parle, se débarrasser de ses passions et de son amour-propre. Seule cette condition permet d'opérer un contact intime avec soi-même permettant d'accéder à la paix et à la tranquillité. Taylor (*op. Cit.*, p.46), rappelle que Rousseau donne un nom à ce contact : le *sentiment de l'existence*. Plus tard, l'idéal d'authenticité évolue et accroît son importance avec Johann Gottfried Herder[22] qui met en avant le fait que chacun a sa propre manière d'être humain. Cette idée nouvelle qui n'existait pas avant la fin du XVIIIe siècle, suppose que pour réussir sa vie il ne faut pas imiter les autres et rester fidèle à soi-même en écoutant sa nature intérieure et en évitant de céder aux pressions extérieures. On trouve là un idéal qui est parvenu jusqu'à nous. « Être fidèle à moi-même signifie être fidèle à ma propre originalité qui est quelque chose que moi seul peux énoncer et découvrir » (*op. Cit.*, p.48). Cette posture représente la notion de base de l'idéal moderne d'authenticité pour les objectifs de réalisation et d'accomplissement de soi. Cette conception de l'originalité, Herder l'appliquera tant à la personne individuelle parmi d'autres personnes, qu'aux gens porteurs de culture parmi les autres gens. Comme pour l'idée de dignité, le déclin de la société hiérarchique participe en partie à l'émergence de ce nouvel idéal d'authenticité.

Toutefois, cette vision philosophique monologique, en considérant que l'être humain se construit de l'intérieur, omet que les identités s'élaborent de façon dialogique. En effet, la nécessité d'acquérir le langage, sous ses diverses formes d'expression, induit la rencontre avec l'autre, car sans ces interactions il devient impossible de posséder les outils langagiers qui permettront de s'auto-définir. Les identités se construisent donc en partie par le contact avec les autres et se négocient par le dialogue, à la fois interne et externe. Les contacts avec autrui forment, déforment et reforment les identités. Du coup, la reconnaissance de l'identité devient importante car cette dernière dépend de façon vitale de la relation dialogique avec les autres. Le désir d'authenticité est intimement lié au besoin de reconnaissance par les autres, reconnaissance, qui dans les sociétés modernes démocratiques, se doit d'être égalitaire sous peine de renvoyer aux individus une image inférieure ou dépréciative d'eux-mêmes qui pourrait engendrer des dommages.

Aujourd'hui, la notion de reconnaissance s'établit dans la sphère privée et publique, mais c'est plutôt dans la seconde qu'elle émerge de façon problématique. Le passage de l'honneur à la dignité a produit une politique d'universalisme qui annule la division de l'espace social en citoyens de première et seconde classes en plaçant chacun sur le même pied d'égalité, en reconnaissant une égale dignité pour tous et en leur accordant les mêmes droits et devoirs. Au contraire, avec le développement de la notion moderne d'identité, émerge une politique de la différence qui tend à reconnaître l'identité unique et singulière des individus ou des groupes et de ce qui les distingue des autres. Taylor affirme qu'il « existe aussi

---

[22] Philosophe de la fin du XVIIIe siècle connu pour son opposition à l'Universalisme français qu'il considère uniformisant et appauvrissant. Il prône la diversité des cultures et soutient que chaque peuple possède une inspiration qui lui est propre, ce qu'il nomme un *Volkgeist* qui est une sorte de génie populaire ou, de génie national

naturellement un fondement universaliste à cela, qui tend à la confusion entre les deux. *Tout le monde* devrait être reconnu en fonction de son identité unique. » (*op. cit.*, p.59). C'est donc cette différence distinctive qui n'est pas reconnue dans les sociétés universalistes où la distinction a été assimilée à une identité dominante et/ou majoritaire, « cette assimilation est le péché majeur contre l'idéal d'authenticité » (*op. cit.*, p.57).

À travers son analyse, Taylor décrit comment deux modèles, qui se veulent l'un et l'autre égalitaires, se sont historiquement construits à partir des notions de dignité et d'authenticité. Ces modèles rappellent respectivement celui choisi par la France et celui pour lequel ont en partie opté un certain nombre de pays anglo-saxons tels que le Canada, la Grande-Bretagne ou les États-Unis. Par la suite, Taylor en vient à prôner un multiculturalisme qu'il considère surtout dans le cadre de son pays : le Canada, pays qui s'est d'abord construit avec la colonisation et l'immigration. La présence d'autochtones, d'immigrés et de deux communautés (anglophone et francophone) donne à la problématique du multiculturalisme canadien une dimension différente de celle que l'on peut trouver en France. Par conséquent, nous nous servirons du modèle explicatif taylorien pour comprendre comment la problématique identitaire des diverses composantes de la population française originellement adossée à la théorie de la dignité a tendance à glisser vers l'idéal d'authenticité et comment se pose le problème de l'égalité et de l'équité au sein d'une société qui s'ethnicise. La politique de la reconnaissance, telle que la présente Taylor, nous permettra également de comprendre la nature des mécanismes et des stratégies identitaires qui s'élaborent en fonction de la forme et du degré de reconnaissance appliqués. Les derniers grands événements nationaux et mondiaux ont permis de constater des fluctuations dans les politiques de reconnaissance des Maghrébins de France : le 11 septembre 2001, la guerre en Irak ou la reconnaissance officielle du culte musulman par l'État en 2003, ont engendré des images contradictoires de cette population allant de la stigmatisation et de l'amalgame au consensus apaisant. L'image renvoyée par l'entité dominante influe sur l'image que se font d'eux-mêmes les groupes dominés mais également sur la nature des représentations que ces derniers se font du groupe majoritaire. Lorcerie (2002, p.177-178), considère que si les cultures minoritaires vont progressivement se réduire et réduire l'écart avec la culture majoritaire, les sentiments identitaires peuvent rester vifs avec un « nous » minoritaire et un « nous » majoritaire. Comme l'acculturation ou le changement culturel n'altèrent pas nécessairement l'existence des groupes ethniques, les revendications identitaires préservent, voire renforcent les frontières ethniques. « Le contre-effet culturel des imputations et des revendications identitaires se repère aussi chez les majoritaires » (Lorcerie, *op. cit.*, p.176) et fortifie le sentiment ethnique de la communauté nationale en suscitant une crise de l'ethnonationalisme d'autant plus problématique qu'elle est toujours en tension avec l'universalisme juridique.

Sans suivre Taylor jusqu'au bout, autrement dit en évitant de tomber dans l'idéologie multiculturaliste, son modèle nous aidera à analyser la nature, la construction et les modes de reconnaissance des identités dans le cadre de l'ethnicité. Pas plus que la culture, l'identité ethnique n'est un donné, elle est déterminée par les frontières ethniques au cours des interactions individuelles et collectives. Nagel (1994), sous un angle constructiviste, la considère comme un trait émergent et problématique de l'ethnicité. Il nous faudra donc comprendre les enjeux sociaux et politiques des constructions identitaires.

6- Ethnicité et interactionnisme

Nous avons pu constater que tant l'identité que la culture représentaient des éléments en partie construits de l'ethnicité qui à la fois participent et résultent des frontières ethniques. Celles-ci s'élaborent avant tout dans les interactions à l'œuvre entre les individus ou les groupes. Mais l'approche en termes microsociaux et mésosociaux paraît insuffisante et ne peut se limiter à la théorie interactionniste dans la mesure où les représentants de ce courant n'accordent que peu d'importance à la variabilité sociale dans les formes d'interaction. En cela, nous nous retrouvons avec Juteau (1999) qui pense que, malgré leur importance incontestable, les travaux de l'École de Chicago restent trop microsociologiques. « Si le courant de l'interactionnisme symbolique qui lui est intimement lié procède d'une conception dynamique de l'acteur, ce dernier semble évoluer en dehors des contraintes structurelles » (Juteau, 1999, p.13). Ainsi conviendrons-nous avec Debarbieux qu'il est nécessaire d'opérer une « réconciliation des points de vue entre les conditions macrosociales et les interactions microlocales » (2002, p.17). La nécessité de situer les interactions étudiées nous amène à dépasser la dimension microsociologique souvent reprochée à l'interactionnisme symbolique goffmanien pour entrer dans la direction constructiviste bourdieusienne qui considère que « la vérité de l'interaction n'est pas dans l'interaction (relation à deux qui est toujours en fait une relation à trois, les deux agents et l'espace social dans lequel ils sont insérés) » (Bourdieu, 2000, p.181)[23]. En effet, l'ethnicité va se construire par les contacts à l'œuvre entre des individus ou entre des groupes mais également par le contexte social, économique, culturel et politique au sein duquel se déroulent les interactions. Ceci est aussi valable pour le contexte historique antérieur à la mise en contact des parties en question.

Ce choix de la réconciliation ne nous empêchera nullement de nous référer à la théorie interactionniste et plus particulièrement à Erving Goffman, auteur dont Barth s'est largement inspiré pour sa théorie des frontières ethniques. Cependant, nous l'avons vu précédemment, Barth s'est vu adresser des critiques sensiblement identiques à celles formulées à l'égard de l'école interactionniste : l'importance qu'il accorde aux actions interindividuelles et à l'acteur individuel l'empêche souvent de prendre en compte les contraintes structurelles (État, institutions, contexte, etc.). Face à ces critiques, il actualisera sa position en 1994 en insistant sur la nécessité de dépasser le niveau de l'interaction individuelle. Par cette réconciliation des points de vue, nous pourrons donc passer outre la critique adressée à Goffman par Habermas (1987) qui constate le déficit sociologique dans le modèle dramaturge. Le jeu social, considéré comme une mise en scène détachée des normes, amènent les acteurs dramaturges à privilégier l'expression subjective et intersubjective d'identités

---

[23] Cité par Debarbieux, 2002, p.17.

interchangeables mais « étrangères à la société et qui l'abordent en quelque sorte de l'extérieur » (Habermas, 1987, p.413-446).

Toutefois, les interactions chez Goffman ne se limitent pas à la description des relations formelles entre les acteurs, mais elles se définissent par leur dynamique productive où la construction émerge de l'interaction. C'est par les interactions que les identités ethniques se forment et se déforment et que les frontières s'établissent et se modifient. La manière dont les individus ou les groupes se présentent, façonnent leur image, se représentent celles des autres, jouent des rôles, participe de la construction sociale du réel par la mobilisation d'identités diversifiées adaptées aux différentes scènes quotidiennes de la vie et de la société. Les individus ne subissent pas les faits sociaux mais les produisent par leurs interactions. Ainsi, chacun pourra, dans la limite des contraintes individuelles et sociales, choisir de mettre en avant son identité ethnique ou d'utiliser des subterfuges pour tenter de la dissimuler et pouvoir ainsi, mieux échapper à la stigmatisation.

Pour comprendre comment les interactions produisent des constructions sociales qui s'élaborent au cours des situations d'échanges individuels ou groupaux, il faut saisir le sens que donnent les individus à leurs actions. Pour cela, nous référerons d'une façon générale à la sociologie de l'École de Chicago qui rompt avec l'observation des situations sociales comme des choses et tentent de comprendre l'interprétation par laquelle les acteurs, qui, pour reprendre Garfinkel, ne sont pas des « idiots culturels », définissent la situation.

7- *Ethnicité et stigmate*

Pour Goffman, le stigmatisé est « l'individu que quelque chose disqualifie et empêche d'être pleinement accepté par la société » (Goffman, 1975, p.7). Le stigmatisé n'est pas seulement un exclu, mais aussi et surtout un individu qui fait partie du jeu des interactions quotidiennes communes. Il tient une place centrale dans les sociétés modernes démocratiques, il appartient à la fois à cette société, mais dans le même mouvement, il est aussi différent. La société démocratique moderne lui impose une double injonction en le sommant de s'intégrer tout en pathologisant cette même intégration, autrement dit, il lui faut s'intégrer et se marginaliser. Du coup, le stigmatisé se voit soumis à une tension qui fait de lui « une figure emblématique de la société démocratique moderne : là où aucune discrimination n'est légitime, là où toutes les discriminations sont de rigueur. Là où tous sont égaux, sans que personne ne le soit véritablement. Le stigmatisé ne fait que rendre visible cette tension. » (Martuccelli, 1999, p.453). C'est bien cette tension propre aux sociétés démocratiques que révèle le stigmatisé, en posant la question de la gestion des différences (sociales, culturelles, économiques) et de l'application du principe d'égalité à tous les citoyens d'une même nation. Le stigmatisé, en révélant ce dilemme, apparaît comme un véritable briseur de rêve dont les différences peuvent être perçues comme des menaces au maintien d'une série de symboles savamment entretenus au cours des temps et présentés aux populations dans le but de maintenir vivantes et vivaces les croyances portées par ces symboles. En France, la notion d'égalité fait sans aucun doute partie de cette logique, elle est intrinsèquement liée à la définition même de la République dont elle représente un des mythes fondateurs. La République est ouverte à tous ses citoyens qu'elle traite de façon égalitaire en les assimilant à son idéologie, mais ce traitement a un coût : le nivellement du citoyen qui se voit alors dépossédé de tous ses attributs porteurs de différence et de différentiation, l'égalité devient alors synonyme d'uniformité. La différence dont il est question ici est surtout celle qui est raciale, culturelle et ethnique, car dans ces domaines il est parfois des traits qui font de la résistance à la demande d'uniformisation, soit parce que les membres des communautés les considèrent comme essentiels et ne veulent en aucun cas les négliger, soit parce que les membres des autres groupes les transforment en stigmates assurant ainsi leur persistance.

Dans le contexte français contemporain, la position de minoritaire fait office de stigmate socialement dévalorisant. Les Maghrébins, conscients que les différences dont ils sont porteurs participent de l'émergence de logiques stigmatisantes à leur égard, vont déployer des stratégies défensives repérées par Goffman (1975) qui vont s'inscrire sur une échelle allant du conformisme - ressembler coûte que coûte au majoritaire- à l'attitude contraire qui consiste à jouer, de façon excessive, la carte de la différence en affichant avec excès une identité exacerbée. Bien entendu, une palette variée de stratégies s'intercale entre ces deux extrémités. D'autres vont tenter de préserver leur identité tout en recontextualisant les signes d'appartenance au groupe, en prenant de la distance avec la tradition et en présentant aux majoritaires une image réformée d'eux-mêmes, plus en osmose avec la société. Pour cela, ils vont tenter d'inverser les représentations sociales renvoyées à leur égard par le groupe majoritaire, tel qu'ont pu le faire les mouvements noirs aux États-Unis, par un retournement du stigmate qui devient « black is beautiful ». Lorcerie (2002) repère ce phénomène pour les musulmans de France, dont une partie importante se mobilise pour développer une théologie des « minorités » devant permettre le maintien d'une identité musulmane profondément ancrée dans la modernité des sociétés occidentales. « *L'islam est laïque et libéral* serait la formule capable de résumer la visée démonstrative de ce mouvement, à l'encontre du stéréotypage dominant de l'islam comme religion arriérée et hostile aux libertés démocratiques. » (Lorcerie, 2002, p.176).

Dès lors, on peut considérer que la notion de stigmate participe de l'élaboration des identités par les stratégies, conscientes ou non, individuelles et/ou collectives qu'elle engendre en fonction des réactions et des réponses qui lui sont apportées.

8- La désorganisation sociale

Pour Bourdieu, qui étudia la société algérienne dans les années soixante, l'entrée dans la modernité est caractérisée par le déplacement des individus d'un milieu rural à une aire urbaine. Les bouleversements provoqués « ont déterminé une rupture avec les habitudes ancestrales et favorisé un retour réflexif sur l'existence antérieure » (Bourdieu, 1963, p. 287).

La modernité, avec ses exigences économiques amène rapidement à l'émergence d'une forte tension avec les normes traditionnelles, les anciens devoirs de solidarité se heurtent à la posture moderne individualiste et calculatrice. Pour Martuccelli, ce passage d'un système à l'autre « signifie, avant tout, le déplacement du primat du capital symbolique (de l'honneur) vers le primat du capital économique » (1999, p. 128). L'individu est alors pris entre deux mondes, le système économique traditionnel ne le régit plus, mais par sa persistance partielle, la tradition agit encore sur lui, entraînant des comportements de gestion absurdes dans un système comme dans l'autre, c'est à dire une gestion économique qui ne correspond ni à l'économie traditionnelle, ni à l'économie rationnelle. L'individu, qui ne parvient pas à se doter de nouvelles ressources se voit confronté à des contradictions qu'il n'arrive pas toujours à comprendre et à analyser ou dont il n'a même pas conscience. C'est pour les plus faibles que la situation est la plus difficile. Pour ces derniers, ruraux déruralisés, venus en ville avec leurs habitudes pastorales, il est difficile de s'extraire du présent pour se construire un futur et du coup, ces hommes vivent dans une insécurité permanente où le souci du lendemain est omniprésent avec la peur de manquer, manquer de nourriture, manquer d'argent ou d'un toit (d'où l'obstination à construire des maisons au pays). À ce propos Bourdieu dira que ces hommes « qui transposent en milieu urbain des attitudes des ruraux et qui n'ont pas les moyens d'accomplir la mutation nécessaire pour s'adapter à la vie urbaine, toute l'existence se passe sous le signe de la nécessité et de l'insécurité » (1963, p.352).

Le premier tiers du XXe siècle est marqué aux États-Unis par d'importantes vagues d'immigrations. La ville de Chicago qui comptait 5000 habitants en 1840 se peuple au gré des vagues d'immigration pour devenir un important centre urbain avec 1.000.000 d'habitants en 1890 et 3.400.000 en 1930. Cette nouvelle population se divise en quartiers raciaux, laissant rapidement apparaître un certain nombre de problèmes sociaux : conflits raciaux, ghettos, misère, prostitution et délinquance juvénile. Face à la recrudescence d'émeutes urbaines violentes entre 1886 et 1919 et à l'émergence de bandes et de gangs, les sociologues de Chicago, qui voient dans ces phénomènes, l'expression d'un malaise social, décident d'intervenir en se plaçant au cœur des populations des quartiers défavorisés. Considérant le monde urbain comme une jungle, ils s'attellent à l'étude de l'occupation de l'espace, des déviances et des modes de fonctionnement des bandes. Parmi les thèmes d'études privilégiés, William Isaac Thomas et Florian Znaniecki inaugurent une longue série d'études sur le processus de migration et d'assimilation. À travers l'œuvre célèbre *The Polish Peasent in Europe and America* (1998, [1918-1920]), les auteurs retracent le parcours d'un migrant polonais en se penchant sur sa vie de paysan en Pologne avant l'émigration et d'immigré aux États-Unis. Par la notion de désorganisation sociale, très accentuée en situation de migration, ils vont montrer comment le passage d'un monde traditionnel à la modernité participe de l'affaiblissement des groupes primaires par le déclin de l'influence des valeurs collectives sur l'individu.

Pour les Maghrébins, majoritairement d'origine rurale, la désorganisation sociale constitue un phénomène important pour les premières générations socialisées dans les pays d'origine. Cette désorganisation avait en partie débuté au pays par des mouvements d'exode rural, désorganisation fortement soulignée par Sayad (1999) à propos des Algériens chassés de leurs terres durant la colonisation et contraints de s'exiler dans les villes dans lesquelles ils iront grossir les rangs d'un prolétariat précaire. La colonisation, puis les phases d'indépendance, ont largement participé à la désorganisation sociale des groupes primaires des pays d'Afrique du Nord. On retrouve ici un phénomène déjà repéré par Thomas et Znaniecki dans le premier volume de leur œuvre sur le paysan polonais. Ils démontrent que les bouleversements économiques et culturels de l'Europe du début du XXe siècle, ont eu pour conséquence la fragilisation de l'organisation sociale primaire des paysans polonais et la réorganisation du milieu traditionnel favorisant ainsi, l'émigration vers les États-Unis (Martuccelli, 1999, p.415). Quelques décennies plus tard, on peut appliquer, malgré une situation sensiblement différente, une analyse relativement similaire à l'Algérie, au Maroc et à la Tunisie. Nous verrons plus loin à ce propos, comment la colonisation a engendré, pour ces trois pays, une logique d'émigration. En situation d'immigration, le processus de désorganisation se prolonge pour les immigrés ayant déjà pratiqué l'exode rural dans leur propre pays et frappe de plein fouet ceux originaires de régions isolées et éloignées des grands centres urbains. Selon Martuccelli (*op. cit.*, 1999, p. 410), la notion de désorganisation sociale signifie chez Thomas et Znaniecki « l'affaiblissement de l'ordre traditionnel, ou des groupes primaires, […] et l'entrée dans la vie moderne où les groupes primaires ont perdu de leur importance. De nouvelles attitudes se développent qui ne sont plus contrôlées par les anciennes organisations sociales et ne parviennent pas à trouver en elles une expression adéquate ». Pour les sociologues de l'École de Chicago, le bouleversement de la société traditionnelle n'est pas toujours une conséquence directe de l'immigration puisqu'elle pouvait déjà être en cours dans le pays d'origine, mais arrivé dans le pays d'accueil, l'immigré, face à une situation nouvelle doit s'adapter à une autre organisation sociale où les liens de solidarité locale et familiale sont fortement affaiblis. Ce processus, plus ou moins long et douloureux, est jalonné de phases de désorganisation familiale et communautaire qui peuvent avoir pour conséquences un conflit intérieur chez l'individu forcé d'abandonner un certain nombre de ses habitudes et même de ses valeurs morales. La ville, mais plus généralement la modernité, permettent à l'individu de se détacher de l'emprise du groupe primaire et de la tradition. Mais ce processus d'individuation, à travers l'écart qu'il creuse entre les attitudes individuelles et les valeurs sociales institutionnalisées, peut créer une désorganisation à la base de problèmes sociaux et de désordres urbains (délinquance juvénile, comportements déviants ou inadaptés). Suite à cette désorganisation, une ou plusieurs phases de réorganisation apparaissent, sans pour cela permettre une intégration totale et entière au groupe d'accueil. Martuccelli (*op. cit*, p.417) rappelle que pour Thomas et Znaniecki, malgré la nature transitoire de la désorganisation sociale, celle-ci aboutit rarement à une réorganisation sociale achevée de l'individu. Pour cette raison, les auteurs voient dans les regroupements ethniques des immigrés, une démarche constructive qui permet aux groupes primaires de s'adapter en facilitant leur insertion progressive dans la société d'accueil. Autrement dit, la désorganisation du groupe primaire, malgré des tentatives de réorganisation, amène souvent à la constitution d'une nouvelle réalité désorganisée qui ne permet pas une bonne intégration. Celle-ci peut alors être facilitée par la mutation du groupe traditionnel en groupe ethnique mieux adapté au contexte de la société d'accueil dans la mesure où il en constitue un élément intrinsèque.

Cette notion de désorganisation, appliquée aux Maghrébins, semble revenir de façon récurrente à travers, par exemple, le discours sur l'affaiblissement de la famille élargie et de ses conséquences en matière d'éducation, de rôles parentaux et de division sociale des sexes. La perte de l'autorité légendaire des pères, coupés des schémas familiaux éducatifs traditionnels, ne leur permettrait pas de trouver une nouvelle organisation apte à leur permettre de maintenir la cohésion familiale et l'éducation des enfants. Outre cet exemple, la notion de désorganisation sociale doit nous aider à comprendre la problématique des Maghrébins en matière de positionnement individuel et collectif dans la société française avec ses conséquences sur les immigrés et leur descendance.

9- Une position constructiviste

Partant de la théorie des frontières ethniques de Barth, nous remarquerons que nous n'avons pas voulu nous cantonner à cette seule et unique théorie mais que nous en avons convoqué un certain nombre d'autres qui nous semblent complémentaires et adéquates. Le choix que nous avons opéré pour construire un modèle d'analyse multiréférentiel, caractéristique du champ des sciences de l'éducation, ne signifie pas que ce dernier soit incohérent. En effet, nous nous sommes inscrits d'une manière générale dans le paradigme constructiviste qui signifie que ce sont les hommes qui construisent le réel en le confrontant et que par réactivité, la réalité tend à se modifier. Ainsi, effectuerons-nous notre analyse en fonction des constructions sociales et politiques de l'ethnicité, de la culture, des rapports sociaux et ethniques, des rapports de domination/subordination, des identités et des interactions.

IV – DE LA COLONISATION À L'IMMIGRATION : LA CONSTRUCTION D'UNE ETHNICITE

A- La notion de Maghrébin

Nous l'avons vu, le fait même de parler d'ethnicité en France apparaît comme une contradiction dans un pays où les valeurs reposent sur une vision universaliste de l'humanité. Cette position aboutit à une reconnaissance de l'individu et à un refus de toute dimension collective et communautaire. Ainsi, l'espace public est le lieu privilégié où l'essence même de ces valeurs universalistes s'actualise à travers les notions d'égalité, de laïcité et de liberté. En cela, les particularités individuelles ou collectives sont reléguées dans le champ de l'espace privé. Le modèle français est en lien avec une conception forte de la République et de la nation, le projet républicain étant, à ce titre, assimilateur et universaliste. L'assimilation assure le rôle du maintien de bases communes indispensables à la cohésion sociale et nationale, conception qui s'inscrit dans la pensée Durkheimienne. Concernant l'universalisme, il considère que tous les hommes sont égaux et porteurs de valeurs qui dépassent leurs différences. Outre cette définition théorique, cela n'a pas empêché des pays comme la France de dévier de ces principes, particulièrement durant les périodes de colonisation.

Il semblerait que ce soit avec l'installation quasi-définitive d'une immigration d'origine non-européenne que le modèle français d'intégration ait commencé à être appréhendé sous l'angle des relations interethniques. Dès lors, l'immigration en provenance d'Afrique du Nord émerge comme l'objet principal de cette problématique. Aussi, nous paraît-il important de nous pencher sur celle-ci pour saisir les mécanismes à l'œuvre dans l'émergence d'une logique ethnique en France.

D'autre part, nous savons depuis Barth que la culture ne représente pas un élément essentiel dans la construction de groupes ethniques dans la mesure où même si elle se modifie, elle n'empêche en rien que ne persistent ces groupes. L'arabité, la berbérité et l'islam constituent sans aucun doute un pôle ethnico-culturel commun, mais ce dernier ne peut pas être isolé des contextes variés au sein desquels il se développe : contexte national, économique, écologique et politique. Considérer l'ensemble du Maghreb comme une aire culturellement, ethniquement, sociologiquement et politiquement homogène reviendrait alors à définir les pays de l'Europe du Sud comme un ensemble tout aussi homogène parce que la France, l'Italie, l'Espagne et le Portugal sont des pays latins majoritairement catholiques ; l'équivalent Sud-européen du Maghrébin serait alors le Latin.

Finalement s'il paraît possible d'envisager une relative communauté de destin de ce peuple arabo-berbère, il n'en reste pas moins que le cours de l'histoire, en passant par les guerres civiles, la colonisation et les indépendances confère à chacun des pays maghrébins actuels des particularités et des singularités culturelles, politiques, économiques et sociologiques. Aussi, le fait même aujourd'hui de catégoriser les populations françaises originaires de ces pays sous l'appellation de *Maghrébins* n'est pas sans poser un certain nombre de problèmes. Juteau insiste sur le fait que « les rapports ethniques se construisent aussi à partir d'une mémoire historique et d'une culture qui existent avant le rapport et en dehors de lui » (Juteau, 1999, p. 18).

En effet cette dimension maghrébine passe au cours du temps par les caprices historiques, géographiques et politiques. Du panarabisme nassérien du milieu du XXe siècle, au désir d'unité africaine du leader libyen Kadhafi, en passant par les multiples essais d'unification des principaux pays d'Afrique du Nord, l'entité maghrébine reste floue tant ses frontières identitaires, culturelles, politiques et géographiques n'ont jamais été clairement définies et demeurent au stade de projets incertains. À titre d'exemple, les accords économiques signés en février 1989 entre la Tunisie, la Libye, l'Algérie, le Maroc et la Mauritanie dans le cadre de ce qui a été nommé *l'Union du Maghreb arabe* (UMA)[24], n'ont pas abouti à l'émergence d'une unité politique et économique forte et encore moins, pour les peuples, au sentiment d'appartenance à une entité commune si souvent proposée de façon propagandiste sous l'appellation de *pays frères* ou *peuples frères*. Au contraire, de multiples événements sociaux ou politiques ont amené à des fermetures régulières et répétées des frontières entre certains pays membres de l'UMA. On peut alors considérer ce concept de maghrébinité comme une construction historique qui pourrait, ainsi que certains le suggèrent, trouver sa source dans les divers processus de la colonisation française qui découpa, comme le soutient Jean-Loup Amselle (1990), des populations humaines en un puzzle ethnique largement arbitraire où les ethnies sont en partie conventionnelles parce que fixées par des dénominations coloniales. Il semble, que durant cette période, la France, loin de prôner l'unification de l'Afrique du Nord, ne favorisait pas l'émergence d'une ethnie maghrébine, mais s'appliquait plutôt à suivre la célèbre devise « *diviser pour mieux régner* » en renforçant le pouvoir de telle ou telle tribu ou en exacerbant les différences entre Berbères et Arabes. Par conséquent, durant cette période, si une forme d'ethnicisation a bien existé, c'est plus dans une logique de division des entités présentes en Afrique du Nord que dans la construction d'une culture maghrébine homogène. Toujours est-il que les frontières entre les trois principaux pays d'Afrique du Nord, n'ont nullement été abolies, tout au plus ont-elles, dans certains cas, été redéfinies à des fins purement colonialistes, tels que le furent le Nord du Maroc et le Sahara occidental, tous deux appartenant à l'Espagne, et le grand centre sous tutelle française, divisant ainsi le pays en trois parties distinctes sous l'administration de deux États différents. La colonisation inscrira ainsi les pays du Maghreb dans une logique de division loin de privilégier une dynamique fédératrice du concept de maghrébinité.

B- La colonisation une première phase d'ethnicisation ?

L'année 1830 marque le début de l'épopée coloniale française en Afrique du Nord, celle-ci se prolongera jusqu'en 1962 par l'indépendance de l'Algérie qui a

---

[24] Le sigle UMA est un clin d'œil au terme arabe *ouma* qui signifie la communauté musulmane.

la particularité de représenter le pays qui inaugura et clôtura cette aventure. Cette période apparaît comme un trou noir dans l'histoire de France et ce n'est que depuis quelques années -ne devrait-on pas dire quelques mois- qu'elle commence à émerger lentement d'un long sommeil. Pourtant, la présence sur le territoire national d'une population directement issue de ces ex-colonies suscite des questions qui ne peuvent être entendues, analysées et traitées sans prendre en compte cette période occultée de notre histoire. Le développement d'une logique ethnique face à la catégorie des Maghrébins, les formes singulières de racisme et de ségrégation dont ils sont la cible et l'islamophobie de ces dernières années ne peuvent nullement être analysées sans se référer à cette période. Bien entendu, on ne peut réduire l'ensemble de la problématique de l'immigration au seul héritage colonial, mais celui-ci tient une place importante dans les représentations négatives de l'Arabe et de l'islam qui est apparu comme une force de résistance à la conquête et à l'assimilation. Il est également certain que l'on pourrait aller chercher plus loin encore la source de ces représentations en se penchant notamment sur la période moyenâgeuse à travers la figure du Sarrasin du VIIIe siècle. Ce personnage presque mythique dont l'histoire rappelle qu'il fut chassé en 732 à Poitiers par Charles Martel, ne semble pas avoir marqué ses contemporains, mais son image paraît plutôt avoir été remise au goût du jour au XIe siècle dans le contexte des croisades qui se déroulèrent jusqu'au XIIIe siècle. D'une façon très moderne, l'Église aurait alors forgé l'image d'un Sarrasin sanguinaire, avide de pouvoir et prêt à en finir avec l'infidèle chrétien ; colportée par les trouvères et autres troubadours cette image se répandit par le biais des chansons de geste aux quatre coins du Royaume[25]. Si celle-ci s'est certainement perpétuée à des degrés divers au cours des siècles, les représentations les plus ancrées restent sans aucun doute, celles qui se sont forgées durant la période de colonisation nord-africaine, dans la mesure où la nature même des contacts -les peuples se sont retrouvés en situation de « cohabitation » prolongée-, le caractère récent du phénomène et en quelque sorte sa continuité contemporaine à travers l'immigration ont fortement marqué l'inconscient collectif.

1- Colonisation et immigration : les valeurs républicaines malmenées

Est-il possible aujourd'hui d'étudier l'immigration originaire d'Afrique du Nord sans penser son articulation avec le passé colonial français ? Les difficultés à revenir sur cette histoire, le voile pudique posé sur cette période d'une rive à l'autre de la Méditerranée n'aident guère l'historien ou le chercheur dans sa tentative d'analyser les liens entre la colonisation, l'immigration et la construction ethnique d'une catégorie de la population. Pourtant il semble bien que la déconstruction de cette histoire doive permettre de mieux comprendre comment les relations au colonisé ont pu, s'inscrire dans une continuité historique et se reproduire avec son successeur, l'immigré. Bancel et Blanchard (2000) s'interrogent sur le silence qui pèse sur cette période et sur les raisons qui poussent les acteurs politiques et sociaux au refus de lever le voile. Les auteurs font alors l'hypothèse que « la colonisation remet en question un référent identitaire national et politique quasi universel en

---

[25] Cf. la thèse en Histoire de Charrafedine Muslim, *Les conquêtes musulmanes et leurs conséquences sociales jusqu'au XIVe siècle*, Thèse de doctorat, Université Michel de Montaigne Bordeaux 3, 2003.

France : la République et ses valeurs » (2000, p.81). L'idéologie républicaine est alors remise en cause par la nature même de la colonisation et par son prolongement à travers les politiques d'immigration, ceci dans la mesure où cette idée républicaine représente la base idéologique sur laquelle va se construire l'État-nation du début du XXe siècle. Il faut alors se mettre d'accord sur la définition du terme *République*. Les auteurs rappellent que le mot peut tout autant désigner un appareil d'État ou une position politique qui tout au long du XXe siècle fut confrontée à d'autres systèmes (monarchie, fascisme, communisme) pour finir, après avoir modelé les institutions politiques, par s'imposer symboliquement et réellement dans les champs politiques et sociaux. Les deux définitions apparaissent en fait comme complémentaires, car si la République constitue bien une réalité politique et institutionnelle, elle s'est également construite comme une idéologie, Bancel et Blanchard vont jusqu'à affirmer qu'elle est peut-être plus qu'une idéologie, elle est « une transcendance laïque » (*op., cit.*, 2000, p.82).

L'épopée coloniale fut principalement menée par les républicains opportunistes avec à leur tête, Jules Ferry. Celui-ci, s'engagea dans une politique d'extension coloniale alors que la droite conservatrice, la droite ultra et même l'extrême gauche restaient extrêmement méfiantes face à un tel projet. Alors pourquoi les Républicains épris de valeurs humanistes se lancent-ils dans cette aventure. Si diverses raisons d'ordre économique et géopolitique peuvent expliquer cette orientation, d'autres sont liées à l'honneur de la patrie. Il semble en effet difficile à ce propos de nier l'importance que revêtait dans le contexte de l'époque l'esprit de concurrence avec les autres grandes puissances ou encore le désir d'oublier la défaite de 1871 contre la Prusse et de préparer la revanche.

Toutefois, la IIIe République naissante est politiquement fragile, elle est fortement menacée par un retour de la monarchie, ses représentants vont alors chercher à renforcer l'unité nationale à travers une série de réformes[26] de mobilisation populaire. Cette unité nationale encore incertaine reste vulnérable dans la mesure où pèsent sur elle la double menace des divisions politiques et celle des fractures régionales. La diversité des langues et des patois préserve les identités locales, l'école (et parfois même l'armée et l'Église) sera considérée comme l'institution primordiale dans le combat contre les particularismes régionaux qui freinent le processus d'unification.

Dans ce contexte, le pouvoir républicain se servira de la colonisation comme d'un moyen de mobilisation idéologique. Obnubilé par sa propre fragilité, « toute la stratégie idéologique de la République est de récupérer pour son propre compte l'idée de nation, d'unité nationale, de créer les valeurs politiques transcendantes à même de mobiliser autour du pouvoir la plus large partie de la société » (*op., cit.*, 2000, p.83).

Si l'histoire coloniale française s'est amorcée de façon fortuite à partir d'incidents diplomatiques que l'on peut qualifier de bénins, l'engagement des républicains à assurer sa continuité paraît difficilement imputable à une quelconque vicissitude historique. Pour instrumentaliser le colonialisme et le transformer en un

---

[26] Parmi celles-ci les plus célèbres sont évidemment la loi de 1882 qui institue la gratuité, la laïcité et l'obligation de l'enseignement primaire et la généralisation de la conscription.

objet unificateur apte à renforcer et à stabiliser la République, il faut l'intégrer dans les orientations politiques et idéologiques du nouveau régime naissant. Pour cela l'idéologie colonialiste doit être bâtie et présentée comme un grand projet collectif et mobilisateur apte à réunir les différentes tendances politiques et sociales. Mais il fallait également qu'il ait un sens pour les républicains et qu'il s'inscrive dans les valeurs dont ils étaient porteurs. Parmi les plus essentielles émergent la grandeur et l'honneur national, l'égalité, et une croyance démesurée dans le progrès scientifique et technique, la philosophie positiviste d'Auguste Comte, constituant en ce sens, un pivot idéologique partagé par un grand nombre de républicains. L'idéologie coloniale sera forgée à partir de ces valeurs primordiales et fondatrices de l'idéologie républicaine. Elles serviront ainsi de bases mais également d'alibis à l'engagement colonial tout en permettant de consolider les structures de la nouvelle République. L'exposition coloniale internationale qui se déroula à Paris en 1931[27], permit aux parisiens et plus largement aux métropolitains de découvrir, l'étendue et l'ampleur de l'Empire colonial français dans une exhibition et un faste prompts à renforcer les représentations déjà exotiques des Français vis à vis des populations indigènes. Pendant six mois, des milliers de visiteurs viendront constater avec fierté les résultats de la mission civilisatrice, humaniste et donc républicaine, entrepris par la France dont les idéaux sont, sans aucune ambiguïté, associés à l'œuvre coloniale. Ainsi l'image de peuples arriérés et vivant dans un tel obscurantisme qu'ils n'avaient, pour espérer exister un tant soit peu dignement, qu'à attendre le secours bienfaiteur de la France, confortait les discours scientistes des républicains. Le progrès scientifique s'inscrit dans la croyance en l'essor illimité de la rationalité technique comme seule et unique solution pour endiguer l'obscurantisme dans lequel évoluent les peuples colonisés. Cette croyance démesurée dans les progrès de la science ne tarde pas à se transformer en une véritable foi qui se manifestera dans la laïcité dont l'aboutissement se traduira par la loi de 1905 qui séparera l'Église et l'État. Outre cette dimension scientiste, le progrès vu par les républicains s'incarne également dans une forme primitive d'hédonisme qui prend sa source dans l'économie fleurissante du moment et dans la mise en place d'institutions rénovées et modernes.

Les représentations liées à l'imaginaire colonial décrivent des peuples vivant encore au stade de la sauvagerie ou de la barbarie, en cela, l'image ainsi façonnée représente le négatif de l'image de l'idéal républicain porteur d'une idée qui s'inscrit alors dans le prolongement en terres conquises d'un processus précédemment appliqué à la métropole. En effet le combat mené par les républicains pour moderniser unifier la France du XIXe siècle en interdisant les particularismes régionaux culturels et linguistiques, représentait une forme de colonisation interne qui fut poursuivie et élargie par la conquête coloniale.

Mais ce prolongement d'une colonisation interne a des limites dans les colonies, limites marquées avant tout par la notion d'égalité si chère aux républicains. En effet s'il ne fait aucun doute que cette égalité, inscrite sur tous les

---

[27] Si l'exposition de 1931 représente l'apothéose en la matière, d'autres manifestations du même type (bien que de moindre importance) eurent régulièrement lieu sous la IIIe République (exposition nationale coloniale de 1892 à Marseille, etc.).

frontons des bâtisses publiques, sur les pièces de monnaie ou sur les documents officiels aux côtés des non moins importantes notions de liberté et de fraternité, constitue une valeur primordiale de l'idéologie républicaine qui doit s'appliquer également en terre colonisée, elle ne peut pas être offerte instantanément aux peuples indigènes. Dès lors, elle devient une égalité différée jusqu'à ce que les autochtones accomplissent suffisamment de progrès techniques, sociaux et politiques pour la mériter. Mais cette notion de progrès est floue et induit surtout la nécessité pour les indigènes de se comporter comme les colonisateurs en adoptant totalement leur mode de vie, mais bien plus que cela, il faudrait leur ressembler en tout point, y compris par les caractères phénotypiques. Autant dire que l'application en terres conquises de la notion d'égalité est différée à une date indéterminée et que les politiques de discrimination et de ségrégation ont de beaux jours devant elles. Des tentatives seront pourtant amorcées à travers une théorisation politique de l'égalité qui s'incarnera dans la doctrine de l'assimilation qui aura les plus grandes difficultés à s'appliquer et ce, dans l'ensemble de l'Empire colonial. Todd invoque une « ségrégation à la Française », dépourvue de toute représentation idéologique mais qui serait héritée de ce qu'il nomme « une schizophrénie coloniale » (Todd, 1994, p.352). Il affirme ainsi que les colons et les Européens présents à l'époque en Algérie étaient très fidèles à l'orientation républicaine et constituaient une population laïque qui n'opposait aucune objection théorique au dogme de l'homme universel. Par conséquent, si le concept d'assimilation des populations colonisées ne les gêne en rien, sa mise en pratique leur parait impensable. Cette combinaison qui fait appel à un mécanisme de dissociation mentale qui consiste à prôner d'un point de vue théorique, des valeurs universalistes et à mettre en pratique des comportements ségrégationnistes est encore en vigueur aujourd'hui. Ainsi, bon nombre de comportements ou de décisions vont s'inscrire dans cette logique que ce soit dans les politiques institutionnelles, au sein des administrations, dans le monde du travail ou à l'école.

    C'est d'ailleurs l'école qui sera la principale institution réquisitionnée et instrumentalisée pour participer au développement de la politique d'assimilation. En cela, on peut dire que l'expérience de l'extension scolaire métropolitaine dans les colonies sert de modèle et laisse penser qu'elle produira des résultats relativement proches en terme d'assimilation. En Algérie, on espère arriver, grâce à l'école, à la fusion des peuples et les autorités militaires, dès le début de la conquête, utilisent les moyens d'éducation existants en y adjoignant l'enseignement du français. Mais les musulmans refusent d'envoyer leurs enfants à l'école maure-française (1836-1850) ou arabe-française (1850-1883), bien que le temps soit partagé entre un *tolba* qui enseignait le Coran et un maître français qui inculquait une partie du programme élémentaire. Simultanément, le *msid* (école coranique traditionnelle) tombe en désuétude, seules les écoles de bas niveau persistent, ce qui fit dire à Tocqueville dans son célèbre rapport de 1847 : « Nous avons rendu la société musulmane plus ignorante et plus barbare qu'elle ne l'était avant de nous connaître ». Même si la République, résolument assimilatrice en Algérie, applique immédiatement les lois Ferry sur l'école, beaucoup d'enfants ne seront pas scolarisés y compris quelques Européens isolés. D'un côté, la place manque et de surcroît, les enfants musulmans devront, sous le régime de l'indigénat, contourner les obstacles parentaux mais également ceux dressés par les Européens d'Algérie qui ne voyaient pas, comme le rappelle Bouche (1991, p. 257) grand intérêt à dépenser des fonds publics pour instruire des Arabes qui risquaient de réutiliser leurs connaissances pour revendiquer des droits que la métropole ne manquerait pas de leur accorder.

Au Maroc et en Tunisie, l'application de la politique scolaire est calquée sur celle de l'Algérie. Dans ces trois pays, l'enseignement primaire est divisé en deux filières, voire en trois si l'on prend en considération les écoles coraniques traditionnelles de type *msid* ou *jemâa*. La filière européenne dispensait un enseignement strictement identique à celui de la métropole, parallèlement, l'enseignement « indigène » qui se nommera plus tard « franco-musulman », est fondé sur l'apprentissage de la langue française. Des travaux pratiques d'agriculture et d'atelier sont au programme dans le cadre de l'adaptation au milieu, quant à la langue arabe, elle a toujours tenu une place accessoire et subalterne. Le certificat d'études primaires indigène qui finalisait la fin du cycle primaire était à la fois différent par son programme et bien moins prestigieux que son homonyme européen.

En règle générale, l'assimilation par l'école reste un phénomène limité. La division en systèmes différenciés entre Européens et indigènes qui persistera jusqu'en 1949, le refus des parents de confier leurs enfants à l'école du colonisateur dont ils craignent la propagande et pour lesquels ce type de scolarisation s'apparente à une forme de compromission ou de traîtrise et enfin, l'opposition quasi-systématique des Européens à la participation égalitaire des indigènes, ne permettra pas à l'école de se positionner comme une institution à même d'installer l'égalité souhaitée en théorie par les Républicains. De surcroît, l'école reste l'apanage d'une catégorie privilégiée de la population, ainsi la quasi-totalité des enfants européens sont scolarisés dans le primaire, alors que seul un enfant algérien ou tunisien sur cinq profite de l'école et que dans le Maroc de 1945, sur un million d'individus d'âge scolaire, seulement 32 000 la fréquentent.

2- Une mémoire à retrouver

Bien entendu nous ne pouvons pas traiter de manière exhaustive l'ensemble du fait colonial dont le déroulement dans le temps est marqué par un grand nombre d'humiliations et de violences qui même, si elles restent le fait de l'ensemble des protagonistes, portent sur des responsabilités inégalement imputables au colonisateur et au colonisé. Les débuts hasardeux de la prise d'Alger le 5 juillet 1830 et les balbutiements d'un engagement colonial hésitant ont très vite fait place à l'émergence de stratégies au service de la politique interne de la France. L'immobilisme désormais célèbre qui caractérisa les gouvernements successifs, de droite, comme de gauche, en matière d'égalité des droits et des chances en terres conquises, tout comme le refus systématique des groupes de pressions des Européens d'Afrique du Nord à accorder quelques libertés aux indigènes, aboutiront aux luttes d'indépendances qui seront souvent arrachées dans la violence et l'amertume.

Aujourd'hui encore et toujours, la difficulté à ouvrir le livre du passé colonial s'érige en véritable obstacle face à la recherche scientifique. Le procès de Maurice Papon en octobre 1997 pour crime contre l'humanité pour l'affaire des déportations de mille cinq cents juifs bordelais en 1942, a fait resurgir de l'oubli les évènements d'octobre 1961[28] dans lesquels il avait des responsabilités. Lionel Jospin, alors Premier ministre a promis l'ouverture des archives pour comprendre le déroulement de ces faits directement liés à la colonisation, mais de fortes oppositions demeurent du côté de la préfecture de Police détentrice de ces archives et qui, au nom d'un pouvoir discrétionnaire, préfère en réserver l'utilisation à des historiens autorisés, c'est à dire qu'elle a elle-même agréés.

La difficulté à assumer cette mémoire coloniale, outre le risque de montrer une image indésirable de la France, repose également sur le fait que revenir sur cette période, c'est accepter de remettre en cause l'histoire et l'idéologie de la République depuis ses débuts et de prendre en compte les contradictions profondes dont elle a fait preuve tout au long de son épisode colonial et qui se prolongent aujourd'hui encore dans le traitement de son immigration et de ses descendants.

C- L'émigration – immigration

Le lien entre colonisation et immigration s'inscrit dans un rapport ancré dans l'histoire commune des pays concernés. Ainsi les rapports sociaux, politiques et historiques qui se sont forgés au cours du temps à travers des relations de nature variable ont permis, qu'on le veuille ou non, de tisser de forts liens entre les peuples en contact. Ces liens peuvent s'inscrire parfois dans un registre conflictuel, parfois dans la coopération et l'amitié, mais ils restent toujours dans l'ambiguïté générée par un curieux cocktail de sentiments d'amour et de haine. C'est la présence de ces liens qui détermine souvent la nature de l'émigration dans un mouvement réciproque entre les États ou les régions en question. Dés lors, les pays demandeurs d'immigration se tournent presque par défaut vers les bassins de main-d'œuvre disponibles dans les territoires colonisés ou anciennement occupés. De leur côté, dans les pays d'émigration, les individus ont « naturellement » tendance, lorsqu'ils émigrent, à choisir presque par défaut l'ex-nation colonisatrice. Il y a là un mouvement réciproque facilité par une histoire commune quelle qu'en soit la nature. Ainsi, l'immigration britannique est majoritairement composée d'individus originaires des pays du Commonwealth et du sous-continent indien, alors que la France bénéficie d'une immigration très en lien avec son ex-empire colonial.

1- Une immigration nord-africaine d'origine rurale et urbaine populaire

Au fur et à mesure que se déroule le processus d'immigration, les divers groupes s'installent dans des régions françaises spécifiques en se répartissant souvent suivant des critères liés à l'époque de la migration et à la nationalité d'origine. Ainsi, c'est en majorité dans la moitié est de la France que les ressortissants des trois pays s'établissent. Cependant, les Algériens et les Tunisiens se concentrent autour de pôles urbains importants avec 66% des premiers et 80% des seconds présents en Île-de-France, en Rhône-Alpes et en Provence-Alpes-Côte d'Azur, alors que ces régions ne comptent que 44% de Marocains. En effet, ces

---

[28] Une manifestation organisée par la Fédération de France du FLN contre le couvre-feu imposé aux travailleurs algérien par le préfet de Police Maurice Papon fut violemment réprimée. Environ dix mille algériens furent parqués et des dizaines furent assassinés, jetés dans la Seine par les fonctionnaires de police.

derniers, arrivés plus tard, sont mieux dispersés et plus provinciaux. Les départements où ils sont le plus présents se caractérisent par une économie fortement basée sur la culture des fruits, des légumes, des agrumes, de la vigne ou de l'oléiculture, confirmant ainsi l'occupation de nombreux emplois subalternes du secteur de l'agriculture par une partie de l'immigration marocaine. Cependant, comme l'indique Tribalat (1995, p.22) à propos de l'ensemble des immigrés présents en France, l'idée d'une immigration principalement composée de paysans frustres doit être nuancée. En règle générale, les flux arrivés avant 1975 étaient majoritairement constitués de ruraux, notamment en ce qui concerne les migrants turcs et portugais. Ceci est également vrai, bien que dans une moindre mesure, pour les immigrés en provenance d'Afrique du Nord. Les recruteurs diligentés par l'industrie française et les entreprises de travaux publics préféraient choisir en priorité des travailleurs d'origine rurale qu'ils jugeaient plus dociles et malléables. D'ailleurs, à l'intérieur du groupe des Maghrébins, on peut distinguer des différences entre les Berbères/Kabyles et les Arabes, en effet, les premiers sont beaucoup plus souvent d'origine rurale que les seconds. Concernant l'Algérie et le Maroc, l'immigration traditionnellement paysanne se transforme, dès la seconde moitié de la décennie soixante-dix, en immigration citadine. Au cours des années quatre-vingts, les deux tiers des entrées de migrants en provenance de ces pays sont constitués d'individus d'origine urbaine.

Tableau 1 : Proportion de ruraux parmi les immigrés, le pays de naissance et le sexe (en %)							
	Espagne	*Algérie*	*Maroc*	*Portugal*	*Turquie*	*Sud-Est asiatique*	*Afrique noire*
Hommes	63	68	56	76	71	19	42
Femmes	61	60	47	77	72	27	35
Total	62	64	51,5	76	72	23	39

Source : INED, enquête MGIS réalisée avec le concours de l'INSEE, 1992, *in* Tribalat, 1996, p.38.

Le fait de cette urbanisation de l'immigration peut aussi cacher les mouvements d'exodes ruraux qui existent dans les pays d'origine après les indépendances. Des villes comme Casablanca au Maroc ont vu leur population décupler en quelques années par l'arrivée de familles entières en provenance des campagnes alentours et d'une partie de l'espace saharien. Cette immigration interne peut souvent constituer un réservoir de migrants potentiels vers l'Europe, dont les individus n'ont pas toujours eu le temps de s'acculturer à la modernité de la vie urbaine, d'autant qu'ils se retrouvent dans des quartiers déshérités à la périphérie des villes où se perpétuent des habitudes traditionnelles de la vie rurale. La notion d'origine rurale ou urbaine est donc à utiliser avec précaution dans la mesure où elle ne peut pas être pensée à partir du modèle que nous utilisons habituellement en France. L'exemple du Maroc est de ce point de vue significatif, en effet, les habitants des grandes villes, anciennement implantés au cœur de la cité, ont souvent tendance à repérer, à travers une série de pratiques et de comportements réels ou supposés, les personnes originaires de la campagne et à les catégoriser en les nommant *arobi* (paysans) ou *jebala* (montagnards).

En règle générale, les émigrés nord-africains font preuve d'une insertion massivement ouvrière dans la société française. En effet leur faible niveau de qualification est souvent lié à un bas niveau d'alphabétisation, majoritairement inférieur à celui des pays d'origine. Contrairement à l'immigration turque en Allemagne où les immigrés proviennent des couches socioculturelles les plus avancées du monde ouvrier et paysan, les Maghrébins en France furent sélectionnés dans les strates socioculturelles inférieures de leurs propres sociétés.

Tableau 2 : Ménages ouvriers en France – 1990 (en %)			
Français	Algériens	Marocains	Tunisiens
32,4	71,9	78,2	68,7

Source : INSEE, recensement de la population 1990.

Il est vrai que ce phénomène amène le groupe des Maghrébins à une insertion socioprofessionnelle singulière, cependant les autres groupes arrivés en France après la seconde guerre mondiale ne se distinguent guère en cette matière ; à titre d'exemple, 77,9% des ménages portugais et 82,8% des turcs sont ouvriers. Pourtant, l'intégration du groupe des Maghrébins est perçue et vécue différemment de celle des autres immigrés, la raison est certainement due à quelques variables anthropologiques ainsi qu'à l'histoire qui lie la France à l'Algérie, au Maroc et à la Tunisie, nous l'avons vu, l'immigration maghrébine est fortement liée à l'histoire de la colonisation. De plus, il semblerait que l'écart qui peut exister dans les pays d'Afrique du Nord entre le monde rural et le monde urbain est beaucoup plus accentué qu'il ne peut l'être en Europe, provoquant ainsi pour les immigrés d'origine rurale venus s'installer dans les villes françaises, un choc culturel intense.

2- La construction de l'objet immigration

Jusqu'au milieu des années soixante-dix, l'immigration maghrébine est essentiellement constituée d'hommes qui s'entassent dans les foyers, les hôtels meublés ou les « bungalows[29] » fournis par les entreprises. Leur principal souci est alors de subvenir aux besoins élémentaires de la famille élargie restée au pays et d'acquérir une maison. En effet, la maison représente à la fois la sécurité familiale car dans des pays où il n'existe pas d'aide au logement, ne pas avoir à payer de loyer assure une stabilité minimale. Mais l'acquisition d'une demeure symbolise également la réussite de l'émigré, elle justifie son départ et son absence en prouvant de visu qu'il n'est pas parti en vain, preuve également établie lors des retours au pays pour les vacances avec les cadeaux rapportés à la famille et même aux voisins. Durant cette période les immigrés nord-africains cantonnés dans un monde à part n'intéressent la France qu'épisodiquement et il faudra attendre le début de la crise pétrolière pour que le phénomène émerge dans le champ social et politique.

L'année 1974 marque un tournant décisif dans l'histoire de l'immigration française. Déjà le 19 septembre 1973, le gouvernement algérien décide de suspendre l'émigration vers la France suite à plusieurs vagues violentes à caractère raciste qui eurent lieu à partir de 1971. Le premier choc pétrolier qui débuta après la guerre du

---

[29] Ce sont bien souvent des baraques de chantier en bois ou en PVC équipées de couchettes et d'armoires.

Kippour en octobre 1973, aggravé lors du second choc en 1980, marquent la fin des trente glorieuses, véritable âge d'or de l'économie française. Désormais le mode d'industrialisation, qui avait permis le développement des migrations de travail, périclite. La crise de plus en plus profonde fait resurgir des réflexes enfouis depuis 1890 et 1930 et stimule l'émergence de la xénophobie et du racisme dont le Front national se fera le représentant. Des tentatives de mise en place d'une politique de protection contre les étrangers sont développées dans l'urgence de manière un peu désordonnée, face à une immigration qui, après une longue période, si ce n'est d'oubli, de désintérêt, est désormais constituée en problème. Valéry Giscard d'Estaing nouvellement élu président de la République (1974-1981), soucieux de modernité et d'ouverture sociale évite de jouer le jeu de la xénophobie. Ainsi va-t-il restaurer le secrétariat à l'Immigration disparu depuis 1938 tout en multipliant les gestes symboliques à l'égard des immigrés (visites de bidonvilles…). En 1976, son secrétaire, Paul Dijoud, entame des négociations acharnées avec les milieux financiers et patronaux afin d'obtenir les fonds nécessaires à une première politique de logement social pour les immigrés[30]. Malgré ces avancées, la politisation de l'objet immigration amènera à des contradictions du pouvoir en matière de gestion des flux migratoires et le 3 juillet 1974 survient la décision d'une suspension complète de l'immigration. Cette mesure qui touche tant les travailleurs que les familles est présentée comme provisoire dans un contexte où la crise est encore envisagée comme passagère. De nombreuses exceptions modèrent pourtant ce décret notamment en direction des ressortissants des anciennes colonies africaines, difficiles à éviter, elles ne permettent pas de stopper complètement l'immigration qui malgré tout subit un fort ralentissement comme le montre le tableau suivant :

Tableau 3 : Entrées des étrangers en france 1974-1946		
	1974	*1976*
Travailleurs	130 000	30 000
Familles	75 000	55 000
Demandeurs d'asile	2 200	18 500
TOTAL	**207 200**	**103 500**

Source : Blanc-Chaléard, 2001, p.74.

Les chiffres officiels de ce tableau indiquent un retrait significatif des familles et une forte diminution des travailleurs avec 77% d'entrées en moins. Cependant les anciennes pratiques n'ont pas disparu avec les mesures de juillet 1974, en effet les employeurs cherchent toujours à embaucher des immigrés qui, de leur côté, continuent de venir. À nouveau, le nombre d'immigrés illégaux, sans contrats, se remet à croître et d'un autre côté, certains travailleurs en situation régulière préfèrent, face à un avenir incertain, faire venir leur famille malgré l'interdiction en vigueur. Ce droit de regrouper sa famille, internationalement reconnu, ne peut être indéfiniment refusé, c'est ainsi qu'il sera rétabli en avril 1976 en faisant progressivement l'objet d'une organisation officielle.

---

[30] Sur les 1% de la part patronale consacrée au logement, 0,1% est soustrait pour cette politique en faveur du logement des immigrés.

Cette même année, le chômage qui atteint le seuil symbolique du million de personnes, inscrit la crise dans une logique de continuité. La vieille formule arithmétique qui consiste à comparer le nombre de chômeurs au nombre d'immigrés refait surface et c'est en s'inspirant de l'exemple allemand que des politiques d'encouragement au retour seront mises en place. D'abord sur la base du volontariat, le secrétaire d'État Lionel Stoléru proposera 10 000 francs à tout candidat au retour[31], l'échec de la mesure pousse à imaginer des programmes plus autoritaires comme le renvoi au pays de 500 000 immigrés sur quatre ans. Mais ces projets ne seront pas appliqués car ils rencontrent une forte opposition de la part du Conseil d'État et de l'Assemblée nationale, opposition portée tant par des hommes politiques de gauche que de droite. Cependant les débats entraînés par le phénomène contribuent à la politisation du sujet et confortent l'opinion publique sur la nécessité de renvoyer les étrangers.

Les tentatives politiques ayant échoué, c'est alors par le biais policier que le gouvernement va tenter de renvoyer des immigrés. Ainsi le spectre de l'étranger dangereux refait surface ouvrant la voie à une série de mesures facilitant les expulsions. L'ordonnance de 1945 est plus ou moins abrogée par la loi « Barre-Bonnet » du 10 janvier 1980, celle-ci permet d'étendre les expulsions aux auteurs de délits mineurs et aux étrangers en séjour irrégulier, alors que jusque là, seules la prison ou l'amende étaient prévues. Avec cette loi débutera la modification des ordonnances de 1945 qui jusqu'en 1998 seront amendées à plus de vingt reprises. L'objet immigration est à l'apogée de sa politisation tenants et opposants se manifestent par des actions diverses, en avril 1981, un mois avant son élection, François Mitterrand rend visite aux grévistes de la faim lyonnais. La victoire de la gauche, pour la première fois sous la Ve République devait, suivant les propositions électorales présentées, ouvrir la voie à une nouvelle ère en matière d'immigration.

Si certaines promesses ne furent pas tenues (droit de vote des étrangers aux élections municipales), d'autres mesures ont permis de stabiliser la situation de nombreux immigrés. Ainsi, la loi Bonnet est en partie annulée, puis 132 000 immigrés illégaux accumulés depuis 1974 sont régularisés, l'aide au retour est supprimée, les étrangers peuvent à nouveau créer des associations sans autorisation préalable et des moyens sont mis en œuvre pour accentuer la politique sociale.

Ces mesures marquées du sceau de la gauche participent à satisfaire un électorat très sensible aux luttes en faveur des immigrés telles qu'elles pouvaient exister à cette époque (marche pour l'égalité des droits), mais d'un autre côté l'ajournement du projet d'octroi du droit de vote aux étrangers dès août 1981, semble marquer la zone interdite, la limite infranchissable face à la montée de la xénophobie dans l'opinion publique.

Les années quatre-vingts seront marquées du sceau de la crise, dès le début de la décennie le nombre de chômeurs atteint les deux millions et ne cessera d'augmenter. Les grandes industries, en premier lieu l'automobile, sont touchées, des régions entières sont sinistrées, notamment les bassins d'emploi ouvrier au sein desquels travaillaient le plus d'immigrés (Nord, Lorraine). La France est plongée

---

[31] Cette mesure fut reprise dans le langage journalistique et populaire sous le nom du « million des immigrés ».

dans une crise qui fait émerger des notions nouvelles de chômeurs de longue durée, de nouveaux pauvres, de fracture sociale ou d'exclusion.

Blanc-Chaléard rappelle que « dans ce contexte, la violence sociale explose et le racisme lui sert d'exutoire. Ce ne sont plus les lieux de travail qui sont concernés, mais les lieux de vie, les cités de banlieue où se mêlent des couches sociales modestes. » (2001, p.76). Cette violence qui se concentre dans les espaces spécifiques que sont les quartiers des banlieues des grands centres urbains touche les enfants d'immigrés par une série de crimes racistes, mais les jeunes sont aussi acteurs et les rodéos des Minguettes dans la périphérie lyonnaise marqueront le début de ce qui sera nommé « le mal des banlieues ». La France va ainsi prendre conscience de l'existence d'une population immigrée qui est passée sans que l'on ne s'en aperçoive vraiment, d'une immigration de travail à une immigration de peuplement. Ce réveil brutal est sans doute dû à un manque de clarification des politiques françaises d'immigration successives qui ont sans cesse oscillé entre les flux et les reflux de travailleurs étrangers, entre demandes et rejets d'une main-d'œuvre ballottée au gré des conjonctures économiques et sociales. Les regroupements familiaux des années soixante-dix et quatre-vingts sont-ils passés aussi inaperçus qu'il a fallu attendre que des évènements graves ne surgissent pour prendre en considération la nouvelle configuration du paysage français ? L'évolution de cette immigration nord-africaine, n'était-t-elle pas prévisible ? Sayad (1999, p.418) rappelle pourtant à juste titre qu'il n'y a pas d'immigration de travailleurs isolés qui ne se convertisse en immigration familiale, pour se terminer en immigration de peuplement ; en cette matière, le cas des Nord-africains en France n'aura pas fait exception à la règle.

3- L'immigration familiale

Devant l'incertitude consécutive à la crise économique et aux politiques de l'immigration, les travailleurs immigrés se trouvent soudainement face à une nouvelle donne. Pas plus que la France n'avait planifié sa politique envers les immigrés, ces derniers n'avaient envisagé leur avenir. Tout au moins pensaient-ils rentrer un jour ou l'autre au pays pour y concrétiser quelque projet. Mais la crise était mondiale et l'économie des pays d'origine ne permettait pas d'envisager sereinement l'avenir. Face à cette conjoncture, beaucoup d'entre ceux qui ne l'avaient pas encore fait projetèrent de faire venir leur famille en France. Bien que le projet de retour soit toujours vivant, il entrait dans sa phase floue, ancré au fond des cœurs, il devient alors un rêve, un espoir, c'est le mythe du retour qui ne sera pas sans influence sur la vie familiale. Sans que pour cela l'avenir soit vraiment envisagé de façon claire, débute pour les Nord-africains, une phase de regroupements familiaux, ceci malgré les conditions draconiennes imposées par l'OMI qui demande des garanties de logement et de revenus auxquelles viendra se greffer l'obtention d'un visa à partir de 1986. Alors que jusqu'en 1975, les entrées de travailleurs sont les plus nombreuses, l'arrêt de l'immigration de main-d'œuvre inverse la tendance au bénéfice des familles constituées majoritairement de femmes et d'enfants. Cette vague emboîte le pas à une explosion de regroupements qui atteint son paroxysme avec 84 496 personnes enregistrées par l'OMI (Office des migrations internationales) en 1971 mais qui concernent essentiellement les Portugais puis les Turcs.

En 1995, 48% des mesures de regroupement familial sont le fait de ressortissants des pays du Maghreb, Marocains en tête.

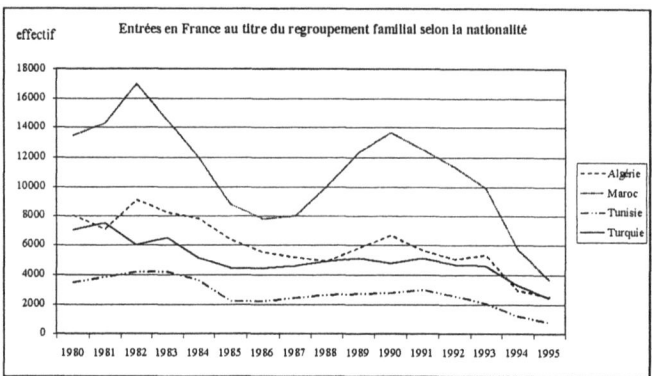

Source : OMI *in* INSEE, 1997b, p.33.

Le début des années quatre-vingts est clairement caractérisé par une croissance des regroupements familiaux pour les Maghrébins, cette augmentation peut être en partie imputée aux régularisations de 1981 dans la mesure où les individus ayant obtenu un droit légal de résidence, ont fait venir leur famille, mais également aux travailleurs déjà installés qui, face au durcissement de la situation optent pendant qu'il en est encore temps, pour le regroupement familial.

Ces recompositions familiales en terre d'immigration ont souvent pour versus une décomposition en terre d'émigration, la présence ici induit l'absence là-bas. La nucléarisation de la cellule familiale en France a pour conséquence la fragmentation de la famille élargie au pays, « l'immigration se solde par une *présence*, l'émigration se traduit par une *absence* » (Sayad, 1999, p.178). Cette présence constitue une nouvelle phase de peuplement pour l'immigration maghrébine en France qui deviendra ainsi visible dès le début des années quatre-vingts. Ces familles récemment regroupées devront affronter divers problèmes d'ordre familiaux, culturels, sociaux et bien sûr économiques. En 1982, si 8,2% des Français sont au chômage, 13,8% d'étrangers sont privés d'emploi, ces derniers dépasseront les 20% en 1995 (11% pour les Français) et frôleront les 30% pour les non-Européens. En 1992, ce sont les jeunes qui seront le plus touchés avec plus de 50% de chômeurs chez les Maghrébins de moins de vingt-quatre ans. C'est dans ce contexte difficile que grandiront beaucoup d'enfants d'immigrés, avec les pertes d'emplois, les pères sont touchés dans leur dignité de travailleur, terme qui s'effacera d'ailleurs progressivement pour laisser place à celui d'immigré devenu péjoratif et dont les enfants héritent malgré eux, même s'ils sont nés en France. Chômage, dégradation de l'identité paternelle, discriminations spatiales, sociales ethniques et économiques corrélées à un capital culturel souvent faible constituent alors le contexte au sein duquel évolueront les immigrés et leurs enfants dont une partie de ces derniers réagira par la violence, la délinquance, alors que d'autres opteront pour le combat associatif ou politique (marche des Beurs en décembre 1983, naissance de SOS racisme). Mais quelle que soit la formule employée, ces manifestations diverses ont dans l'opinion publique un goût de révolte qui participera fortement à la visibilité de cette jeunesse qui contraste ainsi avec leurs parents traditionnellement plus discrets. Face à cette visibilité, émerge ce qu'il sera coutume de nommer la « deuxième génération » qui aux yeux des médias et de l'opinion publique est clairement constituée de jeunes de type maghrébin et n'englobe nullement l'ensemble des enfants de migrants. C'est ainsi que des individus originaires de milieux parfois fort différents, algérien : arabe, kabyle ou harki, marocain : arabe, berbère du sud, du Moyen-Atlas ou du Rif et tunisien, se retrouvent amalgamés sous la désignation de Maghrébins ou de Beurs.

D- D'une ethnicité officielle à une ethnicité clandestine
1- Un apartheid anthropologique

Ce détour par l'histoire de la colonisation et de l'immigration doit nous permettre de mieux comprendre la nature même de la présence en France d'une population issue des ex-territoires colonisés dont une partie est aujourd'hui labellisée sous la catégorie de Maghrébins. Pourtant, nous avons vu que malgré la redéfinition partielle des limites territoriales par la France coloniale, celle-ci n'a guère modifié les frontières entre le Maroc, l'Algérie et la Tunisie qui ont gardé, tout au long de leur histoire une certaine stabilité. Si les habitants de ces trois pays s'inscrivent dans une communauté culturelle arabo-berbèro-musulmane, il n'en existe pas moins une hétérogénéité à la fois nationale, régionale et civilisationnelle. En effet, l'histoire singulière des nations en question, mais aussi les différentes influences civilisationnelles qui prennent forme dans des aires culturelles urbaines, rurales, sahariennes ou montagnardes constituent des éléments d'hétérogénéité qui ne permettent pas de définir les peuples d'Afrique du Nord dans une globalité culturelle, sociale et politique homogène.

D'autre part, il ne faut pas ommettre l'existence d'un lien solide entre colonisation et immigration qui se fonde essentiellement sur des facteurs économiques et géopolitiques et qui trouvent leur application dans les politiques d'immigration mais aussi dans les représentations et les pratiques des Français. Face à ce lien, on peut alors s'interroger sur l'origine du processus d'ethnicisation qui touche aujourd'hui les Maghrébins de France, autrement dit, sa genèse est-elle à chercher dans l'histoire coloniale ? Apporter une réponse tranchée semble difficile, une première raison est liée à la nouveauté du concept d'ethnicité dans les sciences sociales françaises. En effet, il y a quarante ans, celui-ci n'était pas employé, mais si l'on tente de le transposer par un retour sur l'histoire, il peut s'avérer pertinent. Le cas de l'Algérie applicable également, bien que dans une moindre mesure, au Maroc et la Tunisie, apporte des éléments d'analyse dans ce sens. Dans le contexte colonial de l'Algérie, les colons se sont systématiquement opposés aux différentes réformes proposées pour réduire un tant soit peu l'écart existant entre les Français et les indigènes en matière de justice et d'égalité des droits, ceci sur une période qui s'étend de Napoléon III au Front populaire. Cette obstination a permis la perpétuation d'un système basé sur la ségrégation et créé une division proche de l'apartheid sud-africain en constituant deux groupes ethniques clairement délimités par le maintien d'un statut spécial aux indigènes qui considère alors le Musulman comme un être non-social. Mais, à la différence du système d'apartheid sud-africain, construit sur une division sociale établie à partir du concept de races, la ségrégation à l'œuvre dans les colonies nord-africaines s'appuie sur d'autres notions. Todd avec ce qu'il nomme la schizophrénie coloniale (1994, p.351), considère que le système social français en Algérie est divisé en deux parties distinctes : d'un côté les Musulmans, de l'autre les Européens, ce dernier groupe est composé, outre des colons, du petit peuple des villes qui ne vit nullement de l'exploitation des terres et des indigènes. Transcendant les barrières sociales, ces entités forment deux groupes ethniques dont un numériquement minoritaire domine l'autre numériquement majoritaire. Les rapports interethniques s'inscrivent alors dans une dimension de domination qui amène chaque groupe à ne concevoir l'autre que dans la négation ou l'élimination, posture qui sera confirmée durant les années de guerre à partir de 1954. Cette schizophrénie coloniale, nous l'avons vu précédemment, est essentiellement basée sur la croyance inconditionnelle au dogme de l'homme universel par les Européens, mais cette position reste théorique et se double, dans la pratique, par la mise en place de politiques et de comportements ségrégationnistes. L'intermariage constitue un indicateur révélateur de ce cloisonnement ethnique, la ségrégation matrimoniale à l'œuvre en Afrique du Nord est singulière et nulle part ailleurs dans le monde elle ne fut pratiquée aussi intensément de la part d'un groupe d'origine française, le monde arabo-berbère semble bien faire figure d'exception au sein de l'Empire colonial.

Tableau 4 : Européens d'Algérie : mariages avec des musulmans (en %)		
Année	Hommes	Femmes
1880	0,3	0,3
1937	0,2	0,5
1955	0,5	1,0

Source : Gouvernement général civil de l'Algérie, *Etat de l'Algérie*, 1880, p.86 ; Gouvernement général de l'Algérie, *Annuaire statistique de l'Algérie*, pour 1937, p.121-123, pour 1955, p.28, *in* Todd, *op., cit.*, 1996, p.356.

En 1955 le taux d'intermariages entre des Européens et des Musulmans en Algérie est comparable à celui des États-Unis en 1970 concernant les Noirs et les Blancs. Mais, contrairement à ce dernier pays où la division repose sur une idéologie raciale, les Européens d'Afrique du Nord ne semblent pas porteurs des mêmes convictions. Dans d'autres territoires colonisés (Afrique, Asie), les mariages entre Français et indigènes sont plus fréquents alors que, comparée aux Nord-africains, la proximité phénotypique est souvent plus accentuée. Ce refus de s'unir avec une catégorie d'individus relativement semblable d'un point de vue physique confirme le caractère non-racial de ce choix. Todd propose alors d'en chercher les raisons du côté de l'anthropologie et des systèmes familiaux. Ainsi pointe-t-il un tel écart qu'il qualifie le système anthropologique algérien dans ses composantes arabe et kabyle (communautaire, patrilinéaire et endogame) de « négatif absolu du système nucléaire égalitaire » européen. D'un côté, la tendance à l'endogamie caractéristique du monde arabo-berbère ainsi que l'interdiction pour la femme musulmane d'épouser un non-musulman freinent toute possibilité d'union mixte, sans compter que le mariage avec l'occupant peut être ressenti comme une trahison. De l'autre côté, pour les Français, ce système apparaît comme totalement incompatible avec les valeurs universelles dont ils sont porteurs, du moins en théorie. Cependant, les musulmans croient également en l'existence d'un homme universel, mais son universalité n'est pas identique à celle des Français. Ainsi l'universalisme républicain, héritier des Lumières et de la Révolution française s'oppose à l'universalisme musulman de nature divine. Cette croyance commune aux deux groupes constitue paradoxalement un point d'achoppement essentiel, chacun considérant l'universalisme de l'autre comme intolérable. Mais ce sont surtout les Français qui, en position de domination, doivent assumer la contradiction entre la gestion d'une population algérienne différente tout en affirmant l'universalité de l'homme. « en situation de différence objective forte, leur universalisme les conduit à délégitimer le système anthropologique du dominé, à le déclarer arriéré ou même non-humain » (*op., cit.*, p.355). Les facteurs anthropologiques ont incontestablement joué un rôle important dans la construction d'une logique ségrégationniste, mais on ne doit pas nier pour cela l'existence d'éléments complémentaires tout aussi constitutifs de ce phénomène. Sur le plan économique, les colons, propriétaires terriens ou industriels, n'avaient nullement intérêt à ce que les choses ne se passent autrement et la séparation des groupes représentait en cela la garantie de la préservation de leurs privilèges. D'un autre côté, le statut de dominateur induit la détention et le contrôle du pouvoir par les dominants, hors ceux-ci étaient en position numérique minoritaire, ainsi en 1900 sur une population totale algérienne de 4 700 000 habitants, les musulmans représentent à eux seuls quatre millions d'individus. Il est évident que la mise en place d'un système égalitaire où chacun bénéficierait de droits équivalents aurait mis en péril l'existence même de la colonie.

2- D'une ségrégation colonialiste à une ethnicisation post-coloniale.

Dès lors, est-il possible de considérer cette logique ségrégationniste constituée à partir de critères sociaux, économiques, culturels et politiques dans le cadre de l'ethnicité ? La catégorisation du groupe dominé labellisé sous les noms de Musulmans ou de Nord-Africains, la division sociale et l'inégalité structurelle effectuées en fonction de l'origine culturelle et géographique, les contacts réguliers entre les groupes présents ensemble sur un même territoire et la domination de l'un sur l'autre, permettent d'affirmer qu'il existait une logique ethnique et ethnicisante dans les colonies françaises d'Afrique du Nord. Cette logique était plus prégnante en Algérie du fait de la configuration même du territoire considéré comme département français, cela n'empêchant en rien qu'une logique ethnique, bien que moindre, se soit installée dans les protectorats marocains et tunisiens.

Il semblerait qu'aussitôt après les indépendances ce cadre ethnique n'ait pas été immédiatement transposé aux immigrés nord-africains présents en France et qu'il faudra attendre que cette immigration de travailleurs se transforme en immigration de peuplement pour qu'elle réapparaisse sous une forme rénovée sans pour cela être totalement coupée de son origine coloniale, confirmant une fois encore le lien fort existant entre colonisation et immigration. On peut alors considérer l'existence de deux processus d'ethnicisation envers les Nord-africains, qui bien que différents, n'en restent pas moins liés. Le premier qui s'est déroulé en territoire colonisé se caractérisait par la présence de deux groupes distincts, les Français, minoritaires et dominants et les Musulmans, majoritaires, dominés et ségrégués. Le second prend en partie sa source dans le premier et apparaît après une période de latence, il se déroule en métropole, les Français constituent toujours le groupe dominant mais sont désormais en position majoritaire alors que les Nord-africains, en situation d'immigration sont minoritaires et dominés. Cependant, si dans ce dernier cas de figure, une certaine ségrégation persiste à l'égard des étrangers, les immigrés et leurs enfants devenus Français sont, d'un point de vue législatif, sur un pied d'égalité puisqu'ils bénéficient à part entière du statut de citoyen, passant ainsi d'un statut spécial de type ultra communautariste à un statut d'égalité juridique et civique. Autrement dit, il ne paraît pas inopportun d'affirmer que l'on est passé d'une ethnicité officielle à une ethnicité clandestine par le biais d'une ségrégation colonialiste à une ethnicisation post-coloniale.

E- Nature et espaces de l'ethnicité en France
1- La nature de l'ethnicité française

Le premier constat laisse apparaître qu'en France métropolitaine, l'ethnicité se construit essentiellement dans un rapport à l'immigration qui s'inscrit dans une logique de groupe majoritaire dominant et de groupes minoritaires dominés. Elle peut alors s'appliquer à différentes communautés à partir de critères de repérages qui peuvent être de types sociaux, culturels ou religieux. En règle générale, l'ethnicité renvoie de façon quasi-automatique aux groupes minoritaires, l'entité majoritaire et dominante ne serait alors pas porteuse de caractères ethniques ; pourtant c'est bien par le contact entre ces divers groupes qu'elle se construit et persiste. Ainsi, pourrait-t-elle s'appliquer à des groupes religieux (les Juifs, les Musulmans), « raciaux » (les Africains, les Arabes, les Asiatiques…) ou culturels (les Gitans, les Maghrébins…). Mais, et c'est là qu'apparaît toute la complexité du concept, ces groupes ainsi définis ne rentrent pas dans le cadre théorique de l'ethnicité tel que nous l'avons énoncé. En effet, les frontières ethniques, rappelons-le, ne sont pas figées et ne permettent pas de définir des groupes à partir de critères aussi tranchés. A titre d'exemple, un Asiatique peut être de religion musulmane. Le classement ethnique de cet individu dépendra alors plus de la définition exogène du groupe ethnique que du choix individuel du membre. En effet, ce dernier, comme nous l'avons vu, peut être acteur de son ethnicité et choisir d'appartenir ou non à l'un de ces deux groupes ou, même à tout ou partie de ceux-là en optant, suivant le contexte, pour telle ou telle identité ethnique. Mais il est fort probable que face au groupe majoritaire, c'est alors la dimension asiatique qui prendra le dessus, pour peu que les traits phénotypiques et le patronyme de l'individu qui illustre notre exemple, soient de consonance asiatique. Ainsi dans le contexte français, la formation non officielle de groupes ethniques est plutôt le fait du groupe majoritaire qui au contact de nouvelles populations a tendance a établir des frontières de type ethnique, frontières à l'intérieur desquelles les individus vont s'inscrire volontairement ou non, inconsciemment ou non. Toutefois, il existe en France, en dehors du contexte migratoire, une partie de la population qui revendique le statut de groupe ethnique. Il en va ici du renouveau des langues et des cultures régionales, qui après avoir été fortement et longtemps réprimé réapparaissent aujourd'hui au nom du droit à la différence et du retour aux racines. Au nom du mythe des origines communes un certain nombre d'individus reconstituent ainsi des groupes porteurs d'un territoire, d'une langue, d'une manière de vivre et d'un folklore. Si certains inscrivent cette démarche sur le terrain politique et revendicatif, d'autres saisissent cette opportunité pour s'attribuer une identité ethnique sans risque et sans soucis puisqu'elle reste optionnelle ; On est ici dans le schéma des nouvelles théories de l'ethnicité.

Par conséquent, la particularité de l'ethnicité française repose sur une construction non-officielle de groupes ethniques ce qui implique une existence « clandestine » de ceux-ci et un non-traitement en tant que tel par les politiques publiques. Ces groupes dont les caractéristiques culturelles sont pointées par bon nombre d'acteurs institutionnels ou par le citoyen lambda se retrouvent ainsi stigmatisés sans pour autant que leurs spécificités soient prises en compte et traitées telles qu'elles peuvent l'être dans la tradition anglo-saxonne. Apparaît alors une contradiction entre une forte demande faite à ces groupes en terme d'assimilation et d'intégration et leur confinement dans des espaces producteurs d'ethnicité.

2- Une distribution spatiale ethnicisante

Dans la tradition des pays anglo-saxons, la reconnaissance officielle des groupes ethniques est de mise pouvant aller jusqu'à entraîner des politiques de discrimination positive. En France, la vision universaliste et républicaine de la notion d'égalité ne conçoit pas l'existence de communautés qui seraient alors perçue comme un cadre contraignant pour l'individu et comme un facteur déstabilisateur d'une identité française fondée sur l'adhésion de tous aux valeurs universelles issues de la philosophie des Lumières. L'ethnicité est appréhendée comme un phénomène producteur d'inégalités structurelles, sociales et culturelles.

Pourtant, et malgré de nombreux efforts, le système n'est jamais parvenu à gommer complètement ces inégalités et certaines d'entre elles participent de l'installation d'un processus ethnique. Ainsi, c'est notamment à travers la répartition territoriale des groupes sociaux que subsistent certaines inégalités. Les différences apparaissent alors au sein d'une division entre espaces rural, urbain et périurbain. Cette division se base essentiellement sur des variables économiques et sociales qui restreignent le choix individuel du lieu de résidence, surtout pour les plus bas niveaux. Le prix des loyers ou des terrains, la proximité des services et des moyens de transport corrélés aux critères socio-économiques des personnes, représentent des variables non négligeables dans le choix ou dans l'attribution d'une zone de résidence. C'est donc dans un certain déterminisme que les populations les plus défavorisées se retrouvent dans l'obligation de résider dans des quartiers urbains paupérisés tels qu'ils existent dans des régions touchées par la désindustrialisation ou au sein de cités à la périphérie des villes. Dès lors les difficultés économiques et sociales dont sont porteuses ces populations aboutissent à la mise en place de toute une série de mesures en termes de soutien aux plus démunis, de protection et de prévention de risques divers. Le manque relatif de mixité sociale au sein de ces espaces provoque une concentration de populations porteuses d'un certain nombre de problèmes qui vont se répercuter à divers niveaux. Par conséquent la concentration spatiale des couches défavorisées dans ces quartiers créée une forme de ségrégation sociale et, dans la mesure où les populations immigrées appartiennent souvent à ces catégories, il s'opère par le jeu de la ségrégation sociale un glissement vers de la ségrégation ethnique. Ainsi, la concentration d'immigrés dans ces aires permet, par un processus de labellisation, que se construisent des espaces qui apparaissent comme fortement ethnicisés. Cette double ségrégation va, par un effet de causalité, se transmettre du quartier à l'école, notamment par le phénomène de la carte scolaire. Déjà confinés dans le quartier ou la cité, les habitants n'ont d'autre choix que d'envoyer leurs enfants à l'école indiquée par la carte scolaire, école qui se situe toujours dans le quartier. Felouzis, dans un rapport rendu en juin 2003 au ministère de l'Équipement et au Fonds d'action et de soutien pour l'intégration et la lutte contre les discriminations (FASILD) à propos de l'ethnicité à l'école, démontre que la concentration ethnique d'élèves issus de l'immigration dans les établissements scolaires, relève d'abord de la répartition inégale des familles dans ces quartiers. De son côté, Van Zanten (2001), remarque dans l'introduction de son dernier ouvrage, que lorsque cela est possible, « l'école joue un rôle de plus en plus important dans les stratégies résidentielles des parents » (Van Zanten, 2001, p.4). Favre-Perroton (1999), souligne le fait que les quartiers défavorisés à fort pourcentage d'immigrés ne disposent fréquemment que d'une offre scolaire « limitée ». Elle indique que « c'est dans les zones à forte densité de population immigrée que l'on trouve par exemple le plus de lycées professionnels et le moins de lycées d'enseignement général ou de possibilités d'études supérieures » (Favre-Perroton, 1999, p.39).

D'un autre côté, la création des ZEP (Zone d'éducation prioritaire) en 1981, introduit la notion de discrimination positive déjà connue de longue date dans les pays anglo-saxons, mais elle représente également « un des premiers pas dans l'ethnicisation des politiques scolaires » (Op. cit., p.108). En effet, même si ces ZEP ne s'adressent pas officiellement aux enfants immigrés ou issus de l'immigration, un des critères retenus pour établir la carte ZEP, repose sur le nombre d'élèves étrangers. De plus, même si des zones rurales peuvent constituer des ZEP, très vite, le terme sera associé aux établissements de banlieues où se trouvent scolarisés beaucoup d'enfants issus de l'immigration en échec scolaire. « Encore une fois, la ségrégation spatiale et l'effet mécanique du faible niveau scolaire des jeunes d'origine étrangère vont contribuer à cette association école en ZEP égale école « d'immigrés », et ce d'autant plus que la définition d'une ZEP repose sur un effet de zonage. Les ZEP vont peu à peu être couplées à l'image des grands ensembles urbains, des quartiers défavorisés et largement immigrés » (Op. cit., p.115).

Nous pouvons alors postuler qu'il existe en France une logique ethnique qui prend, entre autre, sa source dans les contacts entre les groupes immigrés et le groupe dominant. La concentration d'un grand nombre de membres de ces premiers groupes dans des quartiers stigmatisés créée des aires ethnicisées auxquelles sont attribuées des spécificités souvent caractérisées par des variables sociales mais qui, par la combinaison *immigration égale population défavorisée*, glissent du côté de variables culturelles. Cette ethnicité se retrouve donc principalement dans des espaces délimités tels que les quartiers paupérisés, les camps de gitans ou les cités périphériques. Elle s'actualise à travers les diverses institutions, le quartier et l'école. Elle est repérable par des politiques publiques qui distinguent les populations concernées (ZEP, familles à risques, quartiers défavorisés) ainsi que par des pratiques et des représentations basées sur des logiques ethnico-raciales.

3- Rôle des membres des communautés dans la construction de l'ethnicité

La perspective à la fois dynamique et relationnelle de l'ethnicité, telle que nous l'avons précédemment définie, amène à ce que les groupes soient désignés de façon exogène, mais à ce qu'ils se définissent également eux-mêmes en termes ethniques dans un processus d'autodésignation. Les membres des communautés ethniques sont aussi des acteurs qui possèdent un certain degré de liberté leur permettant d'agir dans de moindres limites sur leurs conditions et dans la détermination de leurs rôles et de leur statut ethnique. Si le confinement de ces populations dans des aires spécifiques est sans aucun doute le fait de politiques publiques, les membres eux-mêmes peuvent reprendre le phénomène à leur compte et l'accentuer. En effet, avec la vague de regroupement familial qui eut lieu à partir de 1974 après l'arrêt officiel de l'immigration, un bon nombre de personnes a, chaque fois que cela s'avérait possible, tenté de reconstituer une famille, un village ou un quartier, se regroupant ainsi sur des affinités consanguines ou géographiques. Ainsi, des Harkis se sont regroupés par affinités dans le Sud et le Nord de la France en suivant les bassins d'emplois en forte demande d'ouvriers dans les années soixante. Les Espagnols et les Portugais se sont fortement concentrés dans les régions qui bordent la frontière hispanique : le Sud-Ouest et Midi-Pyrénnées. Nous avons également constaté que dans certains cas, les enfants issus de l'immigration maghrébine tentaient de se regrouper dans les mêmes quartiers, lorsque que la nécessité de travailler les poussait par exemple à effectuer une immigration interne de la province vers Paris. Le regroupement ne s'effectue alors pas uniquement sur des bases familiales, mais sur le souvenir commun d'une jeunesse passée ensemble dans une même région (Bruneaud, 2000). Le phénomène n'est pas nouveau et peut être comparé à la « montée » vers la capitale des Bretons ou des Auvergnats à la fin du XIXe siècle et au début XXe siècle.

Toujours est-il, qu'après la vague de regroupement familial, a suivi une vague de naturalisations. Beaucoup d'immigrés décident de s'installer en France de façon définitive. La présence d'une bonne partie de l'ascendance et de la descendance familiale sur le territoire national, l'impression de ne plus vraiment être de « là-bas » et les conditions de vie du pays d'accueil, incitent chacun à choisir la France. Ce phénomène déjà ancien pour l'immigration d'origine européenne a pris, ces dernières années, une ampleur importante chez les Maghrébins. Dans la continuité de cette installation, certains membres ont pris le parti de proposer des services spécifiques à leur communauté, participant ainsi à la construction de l'ethnicité. C'est ainsi que naît un commerce ethnique qui au fil du temps suit l'évolution du processus d'installation. Au début on pouvait voir fleurir progressivement des magasins d'alimentation et de viande halal. Le service proposé répondait alors à des exigences élémentaires en termes d'alimentation et de produits de première nécessité. Autrement dit, ces services comblaient les besoins d'une communauté, certes installée, mais dont le caractère définitif de cette installation n'était pas avéré. L'ouverture de magasins plus spécialisés qui suivit, peut être considérée comme un indicateur de l'enracinement des Maghrébins en France. En effet au cours de cette deuxième phase apparaissent des librairies, des agences de voyage, des hammams, des magasins de meubles ou de vêtements traditionnels, des traiteurs qui organisent fêtes et mariages, des groupes musicaux et même des cabinets médicaux (généralistes, dentistes), démontrant à la fois une volonté affirmée d'installation et un désir de préserver un certain nombre de traits culturels, notamment au sein de l'espace privé (habillement, ameublement, nourriture…). Ce phénomène a pu être constaté dans le quartier St Michel à Bordeaux et dans de nombreuses autres villes de province[32], les commerçants font évoluer leur offre en fonction de la demande. L'exemple des magasins d'ameublement est significatif de ce double mouvement d'installation et d'ethnicisation. La première génération de l'immigration maghrébine avait pour coutume, lors du retour annuel au pays, de charger la voiture d'articles ménagers achetés en France pour équiper la maison bâtie au pays. Aujourd'hui, la tendance semble s'être fortement inversée et c'est du pays que l'on ramène des meubles traditionnels (tables, canapés…) pour meubler la demeure française désormais considérée comme le lieu d'habitation définitif, tout en ne rompant pas totalement avec ses origines. Mais comme les immigrés, notamment les dernières générations, se rendent moins souvent au pays et surtout, ont adopté un mode de vacances plus occidentales qui implique de voyager dans de bonnes conditions, autrement dit avec un véhicule confortable et léger[33], le service proposé par les magasins d'ameublement permet de répondre à la demande d'une population installée dont les liens avec le pays d'origine s'effritent où plus exactement changent de nature. Ainsi, la notion de terre natale se transforme en un sentiment d'appartenance plus ou moins lointain à une terre porteuse de ses origines. Le désir de retour devient un mythe pour certains et caduque pour d'autres et le pays d'origine, une destination de vacances plus ou moins régulière.

On peut ajouter à l'apparition de ces commerces, la création d'un certain nombre d'associations dans le domaine de la culture et du culte. Ainsi, est-on passé des *amicales* directement contrôlées par les pays d'origine par l'intermédiaire des consulats en France à des associations indépendantes françaises. L'émergence croissante de mosquées représente également à la fois un indicateur en matière d'installation de la communauté musulmane et de la nature de cette installation par le désir de préservation des valeurs religieuses. En cela, la religion présente un élément important dans le processus de construction de l'ethnicité en France. Pour Césari, il ne faut pas voir en cela un regain de pratique religieuse, mais un changement d'attitude vis à vis de la société française qui est la conséquence de ce phénomène d'installation. « Si les pratiques individuelles comme les prières, l'aumône, ou le pèlerinage à La Mecque s'étaient maintenues dans l'exil, souvent dans la plus grande discrétion, c'est donc désormais l'affirmation collective de l'identité islamique qui éclate au grand jour, consacrant davantage un changement de posture par rapport à la société française qu'une intensification de la pratique

---

[32] Paris représente un cas particulier avec des quartiers tels que Barbès ou Belleville déjà ethnicisés de longue date.
[33] Les premiers immigrés choisissaient des véhicules de type *fourgon* qu'ils chargeaient à l'intérieur et qu'ils munissaient d'une impressionnante galerie de toit. Lourdes et encombrées, les voitures étaient difficiles à manœuvrer et le voyage était long et pénible.

"orthodoxe". » (Césari, 1998). La demande d'islam est alors à considérer comme une demande d'intégration.

V- HOMOGÉNÉISATION ETHNIQUE ET HÉTÉROGÉNÉITÉ IDENTITAIRE

A- Du Nord-africain au Maghrébin, en passant par le Beur : Constitution d'un groupe ethnique

Le concept contemporain d'ethnicité en France prendra forme avec les générations issues des diverses immigrations nord-africaines, qui représentent notamment le fruit de la vague de regroupements familiaux qui eurent lieu après l'arrêt officiel de l'immigration en 1974, débutera alors une première étape de catégorisation ethnique avec l'apparition des *Beurs*. Cette forme adoucie employée pour désigner les Arabes, est la résultante de l'inversion du mot *arabe* en verlan. Il semble cependant que cette inversion ait été retravaillée pour lui donner une forme plus communicative[34]. Comment et pourquoi en est-on arrivé à modifier ce terme, fallait-il à tout prix trouver un mot contenant intrinsèquement une dimension acceptable du point de vue de la communication, un terme qui ne choque pas et qui soit facilement employable par les médias, les acteurs sociaux ou politiques et en accord avec les exigences de la logique commerciale, autrement dit, fallait-il appliquer aux Arabes le concept du politiquement correct. D'ailleurs la récupération politique, économique et médiatique du terme a très vite amené beaucoup de jeunes à le détourner en opérant une seconde inversion du mot, passant ainsi d'*arabe* à *beur* et de *beur* à *reube*. Les filles également ont eu tendance à mal accepter ce terme car le féminin de *beur* donnant *beurette*, le suffixe ainsi greffé leur est apparu péjoratif, sonnant comme un diminutif qui reléguerait celles-ci dans un statut d'infériorité gentillet. Pour Debarbieux, ce vocable qui a fait florès au début des années 80 désigne « des plus tout à fait immigrés et pas totalement encore Français [...] Par la suite, l'usage de ce vocable s'est affaibli. [...] Il a été remplacé par le terme « Maghrébins », qui dit une extranéité là où elle n'existe pas, classifie géographiquement, là où l'espace étranger est souvent étranger pour les jeunes « Maghrébins » eux-mêmes » (Debarbieux, 1999, p.74).

Quoiqu'il en soit, le terme *Maghrébin* qui a fait son apparition en France au début des années 90 bénéficie d'une légitimité linguistique tant il est désormais souvent employé par les journalistes, les responsables politiques, les chercheurs et les acteurs institutionnels et sociaux[35]. Il renvoie alors à des représentations floues de l'Arabe, de l'immigré nord-africain, du musulman ou encore du jeune beur des cités. Le sens commun le connote péjorativement en le classant du côté des banlieues, de la délinquance, du danger intégriste et de l'impossible intégration. Le concept devient alors une sorte de fourre-tout où la notion même d'individu serait niée dans la mesure où « ils sont tous pareils ». Pourtant, lors de leur arrivée, les

---

[34] En effet, l'inversion du mot « arabe » devrait être *bera* ou *beraa*, il y a donc eu une transformation en *Beur*. Il serait intéressant de connaître dans quelles conditions s'est opéré ce polissage du terme.
[35] L'emploi du terme Maghrébin, n'est-t-il pas alors une façon « politiquement correcte » de désigner l'*Arabe* ?

premières générations ne se définissaient pas tant comme Maghrébins, que Marocains, Algériens ou Tunisiens et à l'intérieur même de ce cadre générique, comme originaires d'une région précise. Outre ces oppositions nationales, ils se différenciaient également suivant des critères linguistiques (Arabes, Berbères du Rif, du Souss ou de Kabylie…). Le processus d'attribution catégorielle tel que le défini Barth est bien à l'œuvre. Le pouvoir de nommer que possède dans ce cas, le pays d'accueil, par le jeu de la labellisation ethnique, participe à la création d'un groupe dont l'ethnicité repose sur des bases fortement historicisées. Ce phénomène avait précédemment été observé par Lopreato (1970) qui avait constaté que « les migrants ne quittaient pas l'Italie en tant qu'Italiens, mais en tant que Génois, Vénitiens, Napolitains, Siciliens, Calabrais, etc., et continuaient à s'identifier ainsi pendant longtemps si ce n'est pour le reste de leur vie » (Poutignat, Streiff-Fenart, 1995, p.158). Nous sommes donc bien ici, dans le cas d'une construction de caractère ethnique qui se traduit, au fur et à mesure du temps, par l'élaboration progressive d'une nouvelle identité qui serait la résultante d'une fusion des origines nationales et d'un passage par le filtre de la culture occidentale, filtre qui dissoudrait un certain nombre d'éléments de la culture d'origine mais pas tous. Cette nouvelle identité serait consécutive d'un double processus de labellisation et d'acculturation en cours ou non achevé, et peut-être même non achevable, dans la mesure où certains éléments de cette culture paraissent difficilement voués à disparaître. Il en va ainsi du nom, des traits phénotypiques, de certaines traditions culturelles et alimentaires et de la religion. Le concept de « Maghrébin » marquerait alors la limite extrême au-delà de laquelle il n'est plus possible pour les individus de ce groupe de faire des concessions en termes non pas d'intégration, mais d'assimilation au groupe dominant qui de son côté fixe des barrières réelles ou symboliques qui interdisent leur acceptation intégrale. Cette impossibilité peut être involontaire, dans le cas des traits phénotypiques par exemple où l'individu est dénué de toute possibilité d'action, les solutions de changement étant plutôt limitées ou plus ou moins volontaires comme dans le cas du respect de certains interdits alimentaires, de célébration de fêtes ou de l'endogamie. Nous reviendrons plus loin sur ce phénomène que Barth nomme les frontières ethniques. Le « Maghrébin », en tant que concept socialement et politiquement construit, représenterait alors une entité nouvelle, un groupe de mutants qui aurait soumis sa culture d'origine à une acculturation minimale afin de pouvoir vivre ou survivre dans la société d'accueil et dont la bi-culturalité ne pourrait être approchée que sous l'angle des inconvénients et rarement des avantages. On parle alors de crise identitaire aiguë (Camilleri, 1980,) et d'un mélange chaotique des identités. De notre côté, nous préférons, avec Césari, ne pas voir ici l'éternel problème identitaire, obstacle à une intégration harmonieuse du fait d'une impossibilité de se positionner entre deux cultures, «Ainsi, l'allégeance à des valeurs issues du système culturel des parents permet de maintenir la filiation et, dans le même mouvement, il y a recherche d'affiliation dans le système culturel environnant. Il en résulte une mixité des identifications et des références qui traduit non pas un double langage mais, plutôt, la recherche d'une cohérence complexe afin de maintenir une unité de sens qui pourrait être compromise par la mise en rapport de deux systèmes culturels différents. Il ne s'agit pas d'un phénomène de double appartenance, contrairement à la formule trop souvent employée, mais bien plutôt de la création d'un mixte identitaire à partir d'éléments empruntant à des registres différents » (Césari, 1994, p.49-50).

Par conséquent nous considérerons tout au long de ce travail que le groupe des Maghrébins est bien la résultante d'une construction sociale et politique, cependant cette construction étant bien réelle, nous en acceptons l'existence ; quant au vocable usité, il reflète à l'évidence l'artifice du concept, mais, faute de trouver mieux dans un premier temps, nous l'accepterons tel quel.

Il est entendu que dans la mesure où nous acceptons le principe de la construction de ce groupe et que cette élaboration est le fruit d'un processus conçu et réalisé dans le contexte français, il devient alors impossible de parler de ses membres en des termes contenant l'expression « d'origine maghrébine » car celle-ci enferme une notion d'extranéité non avenante chez les Maghrébins. Puisque le groupe est directement issu d'une construction française bâtie sur le territoire national et métropolitain, il fait partie à part entière de la population française, si notion d'externalité il y a, c'est plus en rapport avec le groupe majoritaire français qu'avec des origines nationales, qui, surtout en ce qui concerne les dernières générations, sont plus symboliques que réelles. Ainsi, pourrait-on affirmer avec Debarbieux que « c'est en France, et non au « Maghreb » qu'il y a le plus de « Maghrébins », non pas bien entendu au sens d'une « invasion » étrangère, mais de construction d'une nouvelle identité » (Debarbieux, 1999, p.74). Par conséquent, c'est du nom de « Maghrébins » que nous nommerons ce groupe. Ce choix, est lourd de conséquence, car si d'un côté, il n'inscrit pas ses membres dans une logique d'externalité territoriale, mais les considère comme faisant partie à part entière de la nation, d'un autre côté, on reconnaît ainsi l'existence de groupes ethniques au sein de la population française avec toutes les conséquences que cela peut engendrer tant sur les plans idéologique que pratique et organisationnel.

1- L'identité maghrébine

Dès lors, il nous faut définir plus précisément les composantes constitutives de l'identité maghrébine, telle que nous l'entendons ici. Ce n'est pas chose facile que d'aborder le phénomène du point de vue identitaire tant le terme est polysémique tel que le fait remarquer Pierre Tap en introduction de l'ouvrage qu'il a dirigé (Tap, 1986).

Pour notre part, nous avons opté pour la définition d'Isabelle Taboada-Leonetti qui considère l'identité comme « un 'sentiment d'être' par lequel un individu éprouve qu'il est un 'moi', différent des 'autres' ». Cette définition qui fait appel au champ de la psychologie, relève également de la sociologie, car le fait de conscience qui est subjectif et donc individuel, se situe également dans le rapport à autrui ; ce qui permet à l'auteur de formuler une définition qui prend en compte ce double statut psychologique et sociologique et de considérer alors l'identité comme « l'ensemble structuré des éléments identitaires qui permettent à l'individu de se définir dans une situation d'interaction et d'agir en tant qu'acteur social » (Taboada-Leonetti, 1990, p. 43-44).

Nous avons donc un ensemble d'éléments identitaires encore appelés marqueurs, dont l'agencement particulier contribue à former la personnalité du sujet. Il faut, pour comprendre la manière dont ces divers éléments se structurent se situer dans une perspective active qui considère « l'identité comme le produit d'un processus dynamique plutôt que comme un donné objectif et immuable » (*op. cit.*, p.43). Ainsi, n'y aura-t-il en sociologie que des identités produites par des interactions, l'identité est de nature interactive et se définie par un double mouvement d'assimilation par lequel le sujet, individuel ou collectif, cherche à être semblable aux autres, à s'aligner sur les attentes que le groupe a de lui, et de différenciation par lequel il affirme sa singularité et son originalité face aux autres. L'acteur va ainsi, dans cette double logique développer des stratégies d'action au sein desquelles on comprend qu'il disposera d'une large autonomie dans ses attitudes. Le caractère interactif et dynamique de l'identité est un élément constitutif tant du niveau individuel que collectif.

2- Une identité bilatérale

Il semblerait qu'à travers l'émergence du concept de « Maghrébin » on assiste à la construction d'une identité nouvelle qui serait le fruit d'un processus d'acculturation plus ou moins avancé suivant l'histoire personnelle de chacun. Il ne fait aucun doute, que les enquêtés, de manière évolutive et individuelle, adoptent les habitus du pays, en l'occurrence la France, dans lequel ils ont été socialisés pour certains ou dont ils ont délibérément choisi de vivre pour d'autres. C'est en cela qu'ils revendiquent le désir de prendre leur place dans la société française par l'insertion scolaire et professionnelle, d'autre part, la référence à la religion et/ou à la culture d'origine reste omniprésente et constitue un point d'ancrage de l'identité. Il y a donc bien, de la part des individus, une double référence à la société française et à des valeurs religieuses ou traditionnelles qui participent à l'élaboration d'une identité bilatérale, dont les deux faces ne sont pas forcément incompatibles et synonymes de perturbation ou de conflit. Pourtant c'est à partir de l'articulation de cette logique que nous pouvons définir, d'assimilation/différenciation, que doit être trouvé par les acteurs, un équilibre identitaire qui permette une intégration sociale réussie et la préservation minimale de l'identité religieuse ou culturelle garante d'une harmonie individuelle et communautaire.

Mais si l'on considère les Maghrébins comme le fruit d'un mixte identitaire, autrement dit la résultante d'un processus d'acculturation plus ou moins avancé, il faut alors prendre en considération la trajectoire migratoire individuelle de chacun, car le degré et les conséquences de cette acculturation seront différents chez un immigré de la première génération ayant subi le traumatisme de l'émigration et chez un de ses enfants né sur le territoire national où il aura été socialisé. A ce propos Payet pense que « les perceptions, les attentes et les stratégies des jeunes parents issus de l'immigration nécessitent d'être distinguées de celles des parents des générations précédentes » (1996, p. 110).

C'est pour cette raison que nous avons regroupé les principaux éléments constitutifs de l'identité maghrébine sous la forme du tableau suivant, en prenant soin, à chaque fois que cela s'avère possible, de distinguer les premières générations de celles issues de cette immigration. Nous avons également veillé à distinguer les éléments définissant « des critères décisifs de l'appartenance ethnique en fonction desquels sont formulés les jugements de similitude ou de dissimilitude, des indices opératoires en fonction desquels se font les procédures d'attribution des identités ethniques » (Poutignat, Streiff-Fenart, 1995, p. 164), les premiers d'ordre définitionnel, sont indiqués en écriture ordinaire, les seconds, informationnels, en italique.

Tableau 5 : répartition des marqueurs identitaires				
Identité française		Identité arabo-berbèro-musulmane Ou marqueurs ethniques		
1ères Générations	Générations suivantes	1ères Générations	Générations suivantes	
Une terre d'installation : la France	Une terre de naissance :la France	Une terre d'origine réelle : Maroc, Tunisie, Algérie	Une terre d'origine symbolique : Maroc, Tunisie, Algérie	origines
		Un nom, un prénom	*Un nom, un prénom*	
		Des traits phénotypiques	*Des traits phénotypiques*	
Une instance principale de socialisation secondaire: le travail	Des instances de socialisation primaire : l'école, la rue, la télévision Secondaire : travail, associations	Des instances de préservation culturelle : la famille, très forts liens affectifs et économiques avec le pays d'origine, la parabole TV, les associations ethniques ou religieuses, l'ethnic business	Des instances de transmission culturelle : la famille, liens limités avec le pays d'origine, la parabole TV, les associations ethniques ou religieuses, l'ethnic business	instances socialisatrices
Amorce d'un mouvement d'accès à la propriété en France	Des habitudes de consommation hédonistes, accès au superflu et au confort	Des habitudes de consommation limitées, priorité à l'indispensable, obsession de l'accès à la propriété au pays	Attirance des biens de consommation dans l'objectif d'améliorer son image (paraître)	consommation
Usage de la langue française limité aux nécessités du travail et ayant pu évoluer vers une langue « immigrée » (arabe+français)	*Usage normalisé de la langue française*	*Usage de la langue arabe dialectique ou berbère*	*Usage secondaire de la langue arabe dialectique ou berbère*	langue
	Cursus scolaire minimum et possibilité de scolarité allongée	Taux d'analphabétisme élevé (58% au Maroc en 1997)		scolarité
Perte de l'autorité paternelle souvent non remplacée => vide éducatif	Responsabilités parentales plus partagées	Prédominance de l'autorité paternelle	Des rôles et places bien définis pour chaque membre de la famille	Culture-religion
	Droit au travail tant pour les hommes que pour les femmes	Femme généralement au foyer		
		Endogamie	Endogamie limitée	
	Égalité des droits entre hommes et femmes	Définition et attribution sexistes des rôles	Égalité plus vécue dans le sens d'une complémentarité	
	Choix individuel de sa pratique religieuse et attitude non hégémonique	La religion est plutôt subie et mélangée aux traditions	Une pratique extrêmement variée dans son intensité. Des croyances bien ancrées. Un langage et des attitudes religieusement marqués. Respect envers le spirituel	
	Une culture culinaire plutôt mondialisée et populaire	Une culture culinaire souvent traditionnelle et populaire	Des habitudes et attitudes alimentaires culturellement marquées	
	Une culture vestimentaire standardisée	*Une culture vestimentaire typée*		

A l'évidence, ce tableau donne des éléments d'ordre général en définissant les deux extrêmes entre lesquelles se positionnent les individus pour constituer le mixte identitaire présenté plus haut. Les différences, souvent significatives, qui apparaissent entre les premières générations d'immigrants et les suivantes, révèlent le parcours effectué par les individus en termes d'acculturation et d'intégration. On peut donc dire que le groupe des Maghrébins pourrait être identifié dans l'espace qui se situe entre les deux pôles identitaires, espace au sein duquel, chacun, dans une dynamique personnelle, à l'aide de choix conscients ou non, élabore sa propre identité dans les limites qui lui sont imposées par les deux groupes, tous deux étant porteurs de pressions sociales. C'est donc ce positionnement d'un côté ou de l'autre d'un point médian au centre des deux extrémités qui va permettre de se définir ou d'être défini en tant que Maghrébin. En schématisant, il devient possible d'affirmer que plus un individu s'approche du pôle « identité française », plus il est considéré comme Français et qu'inversement plus il tend vers l'autre identité, plus il est reconnu comme Marocain, Algérien ou Tunisien. C'est la nature du contexte dans lequel il évolue ainsi que son parcours personnel, sa trajectoire migratoire et ses orientations conscientes ou inconscientes qui vont placer l'individu vers un pôle identitaire plus qu'un autre. Le tout étant de reconnaître l'impossible accès aux deux extrêmes pour le Maghrébin, car si quand bien même il désirait adopter pleinement une des deux identités, l'accès lui en serait inaccessible.

Il lui serait en effet difficile de revenir à un statut d'avant immigration, car son passage par le filtre occidental a profondément modifié son habitus, mais il ne peut pas non plus entrer totalement dans le club très privé des « Français de souche » aux yeux desquels il restera toujours un peu étranger. Ainsi, l'acteur se trouve bon gré, mal gré, confiné dans un espace limité qui lui impose le statut de Maghrébin sous la forme d'une identité prescrite, le schéma ci-dessus symbolise cette ethnicisation de fait.

Par conséquent nous définirons les Maghrébins dans le contexte français, comme un groupe polyethnique et intergénérationnel dont les membres, majoritairement de nationalité française[36], sont installés sur le territoire national de façon quasi-définitive, et qui possèdent des origines nationales plus ou moins lointaines au Maroc, en Algérie ou en Tunisie. Ils peuvent avoir des racines arabes ou berbères et se définissent généralement en tant que musulmans quel que soit le degré de pratique religieuse. Majoritairement, ils portent un nom et surtout un prénom d'origine arabo-musulmane qui représente un fort marqueur ethnique et un élément de stigmatisation très important avec les traits phénotypiques, plus ou moins marqués suivant les individus. Ils sont le produit d'une immigration réelle ou symbolique porteuse de valeurs religieuses et traditionnelles diversifiées et d'une acculturation progressive à la société française, cela pouvant souvent provoquer pour les premières générations, un déséquilibre d'ordre culturel, social, voire psychologique. Concernant les générations suivantes, si la question de l'acculturation semble caduque, c'est plus dans un processus d'équilibration et d'accommodation[37] qu'elles paraissent s'inscrire aujourd'hui. Aussi, la construction de cette identité ethnique, loin d'être figée, s'inscrit dans une dynamique en perpétuel mouvement, susceptible de changer et d'évoluer à travers le temps et en

---

[36] Même si tous les Maghrébins ne sont pas Français, on peut considérer que les générations montantes et à venir le seront majoritairement.
[37] Pour reprendre des termes piagétiens

fonction du contexte social et politique, preuve, s'il en est, qu'elle n'est pas un « donné social », mais bien le fruit d'un agencement artificiel.

Si cette analyse s'inscrit plutôt à un niveau microsocial, sur le plan mésosocial, l'étude paraît plus délicate, tant ce groupe encore jeune, se situe à une étape charnière de sa construction. En effet, il ne semble pas que jusqu'à présent il existe une importante mobilisation tirant ses sources de l'action collective ethnique. En dehors de quelques associations d'obédience nationale ou religieuse et d'un *ethnic business* qui se confirme dans son installation (alimentation, culture, religion, médias, ameublement, santé), les Maghrébins ne sont pas ou peu représentés sur les plans local ou national en tant que groupe ethnique identifié. Même les organismes de défense contre le racisme et la ségrégation sont l'émanation de quelques associations ou partis politiques liés à des structures plus idéologiques qu'ethniques et, au niveau local, les associations culturelles n'ont souvent que l'option de se fondre dans le tissu municipal, sous peine de disparaître. Si les plus anciens ont pu parfois se regrouper sur la base d'affinités nationales à travers des associations souvent contrôlées par les États d'origine, on ne peut pas affirmer que les plus jeunes se soient mobilisés pour la reconnaissance d'une identité collective qui ne serait construite qu'à partir de fondements ethniques ou culturels.

Les raisons de ce manque de mobilisation peuvent être de deux ordres : la première que nous venons d'invoquer résulte de la nouveauté de la formation de ce groupe, la seconde incite à se demander si en France, l'ethnicité a intérêt à s'organiser de manière à constituer un groupe de défense et de pression. En effet le système d'intégration républicaine tel qu'il est encore officiellement appliqué ne reconnaît ni communauté, ni groupe ethnique et se présenter sur l'échiquier politique ou social en tant que tel, ne risquerait-il pas d'apporter plus d'inconvénients que d'avantages. A ce propos, Dubet et Lapeyronnie constatent le manque de légitimité accordée à l'expression politique des particularités et prônent que le refus d'octroyer le droit de vote aux élections locales traduit la peur des communautés. Les auteurs soulignent également qu' « à la différence d'autres pays comme la Grande-Bretagne, l'espace public local est très réduit. [...] Les groupes minoritaires n'ont pas grand intérêt à s'organiser sur des bases spécifiques afin de faire prévaloir des droits ou d'obtenir une reconnaissance sur un marché politique local pratiquement inexistant. Les associations revendicatives sont regardées avec méfiance et leur légitimité est toujours contestée par les élus : elles n'auraient pas de réelle représentativité, ou elles n'exprimeraient que des intérêts particuliers. » (Dubet, Lapeyronnie, .1992, p.102-103).

B- Les différents niveaux de l'identité maghrébine

L'identité maghrébine, telle que nous venons de la définir, est présentée d'un point de vue général qui ne permet pas d'en distinguer les différents niveaux.

Un travail d'affinement nous est donc apparu nécessaire afin de cerner plus précisément la diversité des identités au sein même du groupe des Maghrébins. Bien évidemment nous n'avons pas la prétention de présenter un catalogue exhaustif des identités existantes, nous savons que ces dernières ne sont pas figées et qu'un même individu peut jouer sur plusieurs tableaux identitaires qu'il utilisera en fonction de ses besoins et du contexte au sein duquel il évolue. Il est difficile, voire risqué de chercher à modéliser une réalité identitaire collective complexe composée d'un nombre important de facteurs qui se nouent et se dénouent au gré des liens de causalité et des corrélations. Il paraît tout aussi vain de céder à la tentation d'élaborer une typologie générale des profils identitaires maghrébins, elle serait inévitablement policée et réductrice. Enfin, proposer une classification à partir d'idéaux types weberien construits a priori ne paraît guère plus viable.

Cette partie va donc traiter de l'identité à travers l'analyse d'une série de pratiques et de conduites auxquelles nous avons attribué le statut d'indicateurs culturels, religieux et contextuels. L'outil d'enquête que constitue notre questionnaire, va nous permettre de décrire et d'analyser ces pratiques en accomplissant un certain nombre d'opérations statistiques qui nous aiderons à mieux comprendre comment elles s'inscrivent dans la construction de modèles identitaires. Ainsi pourrons-nous proposer des tendances en matière d'identité et nous risquer parfois à élaborer des classifications.

Bien sûr, conscients des limites de l'opération, nous ne prétendons nullement présenter la totalité d'une réalité identitaire complexe et mouvante. Il sera donc toujours possible de trouver des individus qui ne se reconnaîtront pas dans nos propositions et qui pourront même aller jusqu'à contester leur appartenance à une quelconque identité maghrébine. L'ensemble de notre matériel d'enquête (questionnaires, entretiens de recherche et observations), nous permet de penser que seule une minorité d'individus refuse d'endosser l'identité maghrébine, d'autres la revendiquent pleinement et la majorité la considère comme une partie intégrante de leur identité française, sans pour cela renier leur dimension arabo-musulmane.

Pour cette analyse, nous avons choisi de déterminer une variable centrale dont la valeur serait suffisamment significative pour faire office de point de référence autour duquel l'ensemble des autres variables puisse s'articuler pour permettre de dégager au mieux les divers profils identitaires. C'est en cela que la variable en lien avec les diverses générations d'immigration, que nous avons nommée « type d'immigration », nous est apparue comme la plus apte à remplir cette fonction de « variable-pivot ». Telle que nous l'avons vu précédemment cette variable est construite à partir du mode d'immigration ou de non-immigration qui caractérise les individus interrogés, elle transcende la notion même de génération dans sa dimension verticale dans la mesure où elle ne tient pas compte des degrés de filiation successifs, pas plus que de l'espace de temps qui sépare ces degrés (environ trente ans), mais du type et de l'époque de la migration. Du coup la notion de génération sera plutôt appréhendée sur un plan horizontal, autrement dit c'est plus à partir du mode, du lieu et de l'époque de socialisation, ainsi que du parcours migratoire individuel que se construira la division générationnelle. Plus que de génération on pourrait alors parler de cohorte dans son acceptation démographique et dont Galland (2001) rappelle qu'elle est, dans son sens le plus général, « constituée par un ensemble d'individus qui ont vécu un événement semblable durant la même période de temps. Les frontières de la cohorte sont arbitrairement définies, la période de référence pouvant être d'un jour ou de vingt ans et pouvant commencer à n'importe quel point arbitrairement sélectionné du déroulement du temps » (Galland, 2001, p.108). Nous concernant, l'événement semblable est défini par la nature de l'acte d'immigration. Cette approche horizontale permet d'éviter un certain nombre de confusions que pourrait induire l'analyse effectuée sous un angle vertical. Tel est le cas de la notion de *première génération* qui, appréhendée verticalement, a tendance à centrer l'analyse autour de la variable *âge*. Dans ce cas, le sens commun tendra à identifier les individus de cette catégorie à travers les premiers immigrés arrivés dans les années soixante, soixante-dix. Mais la notion de première génération peut également s'appliquer à toutes les personnes qui ont effectué l'acte d'immigration, c'est à dire qui ont opéré un déplacement du pays d'origine vers la France, et ceci, quelle qu'en soit la cause (travail, études…) et l'époque. Par conséquent, rentreraient dans la première génération, des individus dont l'écart d'âge peut être important et dont la période d'émigration peut se situer à plusieurs époques. La catégorie enfermerait alors des personnes d'âges différents et de trajectoires migratoires diversifiées, ainsi pourrait-on y trouver un immigré âgé de soixante-dix ans, venu en France après la Seconde guerre mondiale ou un autre de quarante ans entré dans les années quatre-vingt, ou encore un père arrivé au cours de la décennie soixante-dix, mais aussi son fils et sa fille venus le rejoindre vingt ans plus tard pour suivre des études en France, tous pouvant être classés dans la première génération puisqu'ils ont effectivement accompli un acte migratoire.

Ce choix nous amène donc à définir des profils basés sur le croisement de variables indépendantes en lien avec le statut de l'individu et sa trajectoire migratoire et/ou sociale et un certain nombre de variables dépendantes liées aux représentations et aux pratiques. Pour cela nous utiliserons les résultats tirés de notre enquête par questionnaire. Les données quantitatives recueillies feront, tout au long de ce chapitre, l'objet d'opérations statistiques qui nous aideront à comprendre les pratiques constitutives des identités maghrébines.

Pour l'heure, nous avons dégagé une typologie des types d'immigration en six catégories présentées dans le tableau suivant. Ces catégories d'immigration, rappelons-le vont, tout au long de ce travail, faire fonction de variable-pivot :

Tableau 6 : Catégories d'immigrations		
Type d'immigration	Nbre. Citations.	Fréquences.
Immigration de travail	20	9,2%
Immigration regroupement familial conjoints	24	11,%
Immigration regroupement familial enfants	53	24,3%
Immigration d'études	25	11,5%
2de génération°locale	67	30,7%
3ème génération locale	29	13,3%
Total observations	**218**	**100%**

Variable calculée de type 'PROFILS' faisant intervenir les variables : Cause migration ; Période arrivée ; Génération ; Age arrivée France ; Lieu naissance.
La différence avec la répartition de référence est très significative. chi2 = 49,36, ddl = 5, 1-p = >99,99%.
Le chi2 est calculé avec des effectifs théoriques égaux pour chaque modalité.

Bien sûr, les deux dernières catégories que sont la seconde et la troisième générations ne sont pas des immigrés puisqu'ils sont nés en France. Cependant nous les regroupons tout de même dans cette typologie identifiée sous le nom *type d'immigration* dans la mesure où ils sont les descendants directs de ces immigrés et surtout afin de faciliter la comparaison entre les divers types, cette démarche n'empêchant en rien de ne pas les comptabiliser en tant qu'immigrés.

1- L'immigration de travail ou les générations de la rupture

Sous cette appellation nous regroupons les personnes qui ont effectivement effectué l'acte migratoire pour des raisons essentiellement économiques. Par conséquent, cette catégorie est principalement constituée d'hommes qui ont laissé leur famille au sein de leur village ou de leur quartier pour venir travailler en France. L'acte migratoire s'inscrit ici dans une rupture avec le pays d'origine, la famille et les traditions. Ils représentent la génération de la rupture par excellence dans la mesure où bien souvent leur acte de migration se transformera en un processus de séparation qui aboutira à leur installation quasi-définitive en France en entraînant femmes et enfants. Ce phénomène est à la base d'une véritable rupture avec la tradition et la famille élargie, qui amène souvent ces hommes à se sentir responsables et un peu coupables d'être à l'origine du processus de dislocation de valeurs traditionnelles et familiales ancestrales.

À travers cette catégorie nous regrouperons donc les personnes dont l'émigration est basée sur le travail, cependant, aussi souvent que nous le jugerons nécessaire, nous scinderons ce même groupe en deux parties. Ainsi, distinguerons-nous les individus pour lesquels l'acte de migration s'est déroulé avant 1974 de ceux arrivés après cette année significative dans la mesure où elle marque l'arrêt de l'immigration légale. Cette catégorie représente 9,2% de notre échantillon global et se caractérise par une forte proportion d'hommes tel que l'indique le tableau ci-dessous :

Tableau 7 : Immigration de travail (en %)			
Arrivée en France avant 1974 60%		*Arrivée en France après 1974* 40%	
Hommes 91,7%	*Femmes* 8,3%	*Hommes* 62,5%	*Femmes* 37,5%

N= 20

Le taux de femmes dans cette catégorie d'immigrés doit être relativisé puisque derrière les pourcentages, seule une femme figure avant 1974 et trois après. Ceci confirme la forte proportion d'hommes constitutive des ces premières immigrations. L'enquête de l'INED, *Mobilité géographique et insertion sociale* réalisée en 1992 avec le concours de l'INSEE (1997b, p.27) indique que cette même année, seules 4% des Algériennes et 9% des Marocaines avaient immigré pour travailler alors que leurs concitoyens masculins représentent 82% de cette catégorie.

a) Une immigration multi-générationnelle

La moyenne d'âge de cette catégorie est de cinquante-deux ans et demi avec un écart-type de 8,72. La majorité des individus de notre échantillon concernant cette catégorie se trouve donc dans une fourchette d'âge allant de quarante-quatre à soixante et un ans, avec à la marge, des personnes âgées de quarante à soixante-dix ans.

Tableau 8 : Immigration de travail : catégories d'âges		
AGE	Nbre. Citations.	Fréquences.
De 40 à 49 ans	7	35,0%
De 50 à 59 ans	9	45,0%
60 ans et plus	4	20,0%
Total observations	20	100%

Minimum = 40, Maximum = 70
Moyenne = 52,60 - Ecart-type = 8,72

Si l'on considère que l'espace de temps qui sépare chaque degré de filiation est d'environ trente ans, on peut alors affirmer que la catégorie de l'immigration de travail regroupe deux générations d'âge. Mais si la notion de génération est appréhendée sous l'angle d'un ensemble d'individus ayant approximativement le même âge en même temps, on peut alors considérer que cette même catégorie est constituée de quatre à huit générations. Ce qui peut paraître comme un point de détail a toute son importance car les immigrés de cette catégorie ne constituant pas une homogénéité générationnelle, le contexte socio-historique qu'ils ont vécu de manière singulière n'est pas sans influencer la nature de leur émigration/immigration et leur intégration dans le pays d'accueil, qu'elle soit individuelle, familiale ou communautaire. Les personnes concernées ayant répondu à notre questionnaire sont arrivées en France entre 1966 et 1991, autrement dit dans un espace de vingt-cinq ans, si l'on met de côté le seul individu arrivé en 1991, on obtient un écart de dix-neuf ans (1966-1985). Il est possible d'affirmer qu'à quelques exceptions près, les flux migratoires concordent avec les générations d'âge. Ainsi, les individus constitutifs de la tranche des quarante-neuf ans et plus sont arrivés entre 1966 et 1973, c'est à dire avant l'arrêt officiel de l'immigration en 1974, quant à ceux âgés de quarante à quarante-huit ans, ils sont entrés en France entre 1976 et 1991. On peut penser que la première vague est arrivée légalement sur le territoire national alors que la seconde est entrée de façon non-officielle. Concernant cette catégorie de notre échantillon, la moyenne globale de présence en France est de 27,16 ans, mais celle-ci passe à 31,75 ans pour les personnes arrivées avant 1974 et 19,29 ans pour celles entrées après 1974.

Cette immigration de travail, qui est souvent identifiée par le sens commun comme la première génération, est à la fois constituée de caractéristiques communes et de réalités sensiblement différentes. La poursuite de l'analyse doit nous permettre de mieux en cerner les contours.

b) Des familles nombreuses

Tous les individus sont mariés ou l'ont été (une femme de 55 ans est divorcée). Cette catégorie de l'immigration de travail constitue celle pour laquelle le nombre d'enfants est le plus important, 55% d'entre eux ont des familles de cinq enfants et plus. Cependant, on peut constater une différence significative entre les individus arrivés avant 1974 et les autres. En effet, les premiers ont au minimum trois enfants et majoritairement (66,7%) cinq enfants et plus.

Tableau 9 : Immigration de travail : nombre d'enfants par personne (en %)							
Nombre d'enfants	*Aucun*	*1*	*2*	*3*	*4*	*5 et+*	Total
Immigration de travail avant 74	0,0	0,0	0,0	25,0	8,3	66,7	100
Immigration de travail après 74	0,0	12,5	25,0	25,0	0,0	37,5	100
Total	0,0	5,0	10,0	25,0	5,0	55,0	100

N= 20

Nous reviendrons plus tard sur cette question, mais nous pouvons d'ores et déjà noter que concernant cette catégorie, le nombre moyen d'enfants par famille est nettement supérieur à celui de la France entière et même à celui des immigrés maghrébins pris dans leur ensemble.

Tableau 10 : Immigration de travail : nombre moyen d'enfants par famille - tableau comparatif			
D'après le recensement de 1990		D'après notre échantillon	
France entière	0,8	*Immigrat° de travail avant 74*	4,4
Ensemble des Algériens	2,0	*Immigrat° de travail après 74*	3,7
Ensemble des Marocains	2,1		
Ensemble des Tunisiens	1,5		
Total Maghrébins	**1,9**		

Les chiffres du recensement de 1990 fournis par l'INSSE (1997b, p.51) prennent en compte l'ensemble de la population immigrée maghrébine toutes générations confondues. Quant à notre échantillon, les moyennes présentées sont des moyennes minimales qui peuvent être revues à la hausse puisque nous les avons calculées à partir des réponses à une question qui interroge sur le nombre d'enfants et dont les cinq modalités de réponses sont : un ; deux ; trois ; quatre ; cinq enfants et plus. C'est donc cette dernière modalité qui laisse cours à une variation de la moyenne car, pour chaque réponse *cinq enfants et plus*, nous n'avons comptabilisé que cinq enfants alors qu'il est possible que la famille soit composée de six, sept, huit ou n enfants. Par conséquent, ce tableau nous permet de constater, d'un point de vue minimal, la taille importante des familles constitutives de cette catégorie d'immigrés.

c) De faibles niveaux d'études et de bas niveaux de qualification
Cette catégorie est caractérisée par un faible niveau d'études, le fait que les individus arrivés avant 1974 ne possèdent aucun diplôme confirme la nature d'une main-d'œuvre de bas niveau.

Tableau 11 : Immigration de travail : diplôme effectivement obtenu (en %)					
Diplôme	Aucun	CAP BEP	Bac	Autres	TOTAL
France entière en 2002[38]	22,1	28,4	14,3		
Immigration de travail avant 74	100	0,0	0,0	0,0	100
Immigration de travail après 74	62,5	12,5	12,5	12,5	100
TOTAL	85,0	5,0	5,0	5,0	100

N= 20

Ce faible niveau d'études induit évidemment l'appartenance à des catégories socio-professionnelles de bas-niveaux qui répondaient directement à la nature de la demande de l'économie française en matière d'immigration. Le tableau 12 permet de constater l'adéquation des niveaux de formation avec les types d'emplois occupés.

Tableau 12 : Immigration de travail : CSP (en %)							
PCS INSEE	Exploitant agricole	Employé	Ouvrier	Chômeur	Retraité	Autre	Total
Immigration de travail avant 74	0,0	16,7	16,7	33,3	25,0	8,3	100
Immigration de travail après 74	12,5	12,5	62,5	12,5	0,0	0,0	100
Total	5,0	15,0	35,0	25,0	15,0	5,0	100

N= 20

2- L'immigration de regroupement familial de conjoints

Cette catégorie est intimement liée avec l'immigration de regroupement familial des enfants puisqu'en règle générale, la personne à l'origine de la demande, souvent le père, faisait venir l'ensemble de sa famille, conjoint et enfants mineurs. Cependant, malgré ces similitudes non-négligeables, nous préférons distinguer ces deux catégories tant elles sont porteuses de caractéristiques différentes.

Les individus de notre échantillon sont arrivés sur une période de vingt-huit ans qui s'étend de 1971 à 1999, la moyenne se situant en 1985 avec un écart-type de 9,36 qui traduit des arrivées majoritairement comprises entre 1975 et 1994 qui correspondent aux vagues d'immigration familiale qui caractérisent les Maghrébins ; celle qui a eu lieu tout de suite après l'arrêt de l'immigration en 1974 et celles de 1981 et 1990 que nous avons précédemment constatées.

Tableau 13 : Immigration regroupement familial conjoints : Année d'arrivée en France		
Année d'arrivée	Nb. citations	Fréquences
Jusqu'en 1974	3	12,5%
de 197 à 1980	7	29,2%
de 1981 à 1990	6	25,0%
de 1991 à 1995	4	16,7%
1996 à 1999	4	16,7%
Total observations	24	100%

Minimum = 1971,00, Maximum = 1999,00 ; Moyenne = 1985,04 Écart-type = 9,36

---

[38] Pour la France entière, source : Mermet, 2002, p. 111.

a) Une immigration essentiellement féminine

Nous avons déjà souligné la forte proportion de femmes constitutive de cette catégorie. Notre échantillon ne déroge pas à la règle dans la mesure où la gente féminine y représente 91,7%. Les rares hommes qui peuvent alors figurer au sein de cette cohorte ont généralement été socialisés au pays et amenés par leurs épouses dans le cadre du regroupement familial, ou par le mariage pour celles qui sont de nationalité française. Ces femmes ont généralement atteint un certain degré d'indépendance, puisque pour remplir les conditions inhérentes au regroupement familial, elles doivent avoir un emploi stable et un logement approprié. Il est par conséquent normal de trouver ici une forte majorité de femmes, ces dernières représentent souvent cette partie des épouses restées un certain temps au pays avec leurs enfants, alors que d'autres sont venues plus jeunes pour rejoindre leurs maris avec lesquels elles venaient de se marier. Certaines sont donc arrivées en France avec le statut d'épouse et de mère alors que d'autres étaient encore des jeunes femmes sans enfants.

b) Un âge d'émigration et une durée de résidence disparates

L'âge d'arrivée en France s'étend de seize à cinquante-quatre ans, plus de 40% de l'échantillon ayant émigré assez tardivement (entre 30 et 54 ans). Ces femmes sont généralement les épouses des hommes qui les ont précédés dans l'immigration de travail, elles sont âgées de vingt-huit à soixante-neuf ans. Le recensement de 1990 (INSSE, 1997b, p.45) indique que la différence moyenne d'âge entre les conjoints des couples originaires du Maghreb est d'environ six années, rappelons que la moyenne d'âge des hommes que nous avons questionnés dans la catégorie de l'immigration de travail est de 52,60 ans, celle des femmes du regroupement familial est quant à elle de 45,46, soit un écart entre les deux sexes de 7,14 ans. Dans la mesure où le questionnaire a souvent été distribué à des couples, on peut dire que cet écart d'âge se situe dans la moyenne.

Tableau 14 : Immigration regroupement familial conjoints : âge		
Age	Nb. Citations	Fréquences
De 25 à 35	4	16,7%
De 35 à 40	2	8,3%
De 40 à 50	11	45,8%
De 50 à 60	3	12,5%
Plus de 60	4	16,7%
Total observations.	24	100%

Minimum = 28, Maximum = 69 ; Moyenne = 45,46 Écart-type = 10,77

Celles-ci sont arrivées en France à des âges différents dont l'écart traduit des parcours socialisateurs et migratoires diversifiés. Si les femmes interrogées ont immigré entre seize et cinquante-quatre ans, la majorité d'entre elles est venue entre vingt et quarante ans. L'âge de la personne ne correspond pas forcément avec la période passée en France depuis son arrivée, autrement dit, des femmes relativement âgées peuvent être installées sur le territoire national depuis une période récente alors que d'autres, plus jeunes, sont présentes depuis plus longtemps.

Tableau 15 : Immigration regroupement familial conjoints : Temps de résidence en France suivant l'âge (en %)						
Temps de résidence Âge	Moins de 5 ans	De 5 à 9 ans	De 10 à 19 ans	De 20 à 29 ans	Plus de 30 ans	TOTAL
De 25 à 35 ans	75,0	25,0	0,0	0,0	0,0	100
De 35 à 40 ans	50,0	0,0	50,0	0,0	0,0	100
De 40 à 50 ans	0,0	0,0	36,4	54,5	9,1	100
De 50 à 60 ans	0,0	33,3	0,0	66,7	0,0	100
Plus de 60 ans	0,0	25,0	25,0	50,0	0,0	100
TOTAL	16,7	12,5	25,0	41,7	4,2	100

La dépendance est peu significative. chi2 = 27,12, ddl = 20, 1-p = 86,81%

A la lecture du tableau, on constate en effet que les femmes âgées de soixante ans et plus, sont présentes depuis moins longtemps que certaines de leurs homologues de la tranche des quarante – cinquante ans. Ce phénomène peut s'expliquer par le fait que la moyenne d'âge d'arrivée est d'environ trente ans (écart-type : 10,45), par conséquent, en dehors de la tranche des vingt – quarante ans qui correspond à une période « normale » d'émigration, on peut considérer que les autres sont venues sur le tard. Les premières sont donc souvent arrivées en tant que jeunes épouses ou mères de familles ayant encore des enfants à charge, alors que les plus âgées sont venues rejoindre leur mari après avoir éduqué leurs enfants. Nous avons d'ailleurs rencontré, lors de nos entretiens, certaines d'entre elles qui sont venues accompagnées de l'un de leurs petits-enfants. Ces dernières représentent certainement la catégorie la plus problématique en matière d'intégration dans la mesure où elles ont passé leur vie au pays et qu'elles ont souvent du mal à s'adapter à la vie française et même à la vie familiale, mais nous reviendrons plus loin sur ce point.

c) Niveaux d'études et de qualifications faibles

Tableau 16 : Immigration regroupement familial conjoints : Catégorie socio-professionnelle		
PCS INSEE	Nbre. citations.	Fréquences
Commerçant	1	4,2%
Employé	3	12,5%
Ouvrier	3	12,5%
Chômeur	2	8,3%
Inactif	15	62,5%
Total observations	24	100%

Toutes les femmes de la catégorie *employé* travaillent dans le secteur du nettoyage et du ménage au point où l'on peut s'interroger sur l'ethnicisation de cette profession. Les bureaux, les immeubles, les halls et les escaliers des HLM sont bien souvent nettoyés par des femmes africaines ou maghrébines qui trouvent à travers ce secteur un moyen de subvenir ou de participer aux besoins de la famille. Toujours est-il que ce moyen permet à beaucoup de femmes d'accéder, parfois tardivement, au monde du travail. Cependant, nous constatons que 62,5% d'entre elles sont classées dans la catégorie *inactive*, inactivité bien entendue relative, puisque la plupart d'entre elles sont des mères de familles souvent nombreuses. La personne référencée dans la catégorie *commerçant* est un homme, un autre est ouvrier.

La majorité des personnes qui travaillent est arrivée entre 1975 et 1980, leur temps de résidence en France est compris entre vingt-trois et vingt-cinq ans. Il y a là un phénomène que nous avons constaté lors de nos observations. Celui-ci consiste à ce que des femmes qui entrent dans la quarantaine arrivent à un stade de leur vie où les plus grands de leurs enfants ont acquis une certaine autonomie qui permet de libérer la mère d'une partie des tâches ménagères et éducatives. Ceci, lié à une acculturation lente mais réelle, participe à ce que ces femmes décident d'accéder au monde du travail, parfois en passant par des sas que sont les stages d'insertion. Leur niveau d'études, souvent faible ou même inexistant, ne leur permet pas d'accéder à des niveaux de qualification élevés, c'est en cela qu'elles trouvent, dans le secteur des services, des opportunités.

En effet, 70,8% des individus de cette catégorie ne possèdent aucun diplôme, les autres, en dehors de deux bacheliers, ont obtenu un BEPC ou un BEP/CAP.

Tableau 17 : Immigration regroupement familial conjoints : Diplôme obtenu		
Diplôme	Nb. Citations.	Fréquence.
Aucun	17	70,8%
Autres	1	4,2%
CEP BEPC	3	12,5%
CAP BEP	1	4,2%
Bac	2	8,3%
Total observations	24	100%

À travers la question *Lisez-vous la langue arabe ?*, nous obtenons, pour les catégories d'individus socialisés dans les pays d'origine, un indicateur de scolarisation. Ainsi, les personnes qui déclarent ne pas lire cette langue n'ont généralement pas fréquenté l'école. En croisant cette variable avec le diplôme obtenu, on s'aperçoit que tous les individus détenteurs d'un titre scolaire lisent l'arabe alors que seuls 35,3% des non-diplômés sont dans ce cas. Autrement dit, les diplômés ont tous été scolarisés au pays et sont arrivés en France avec un niveau d'instruction minimal.

Tableau 18 : Immigrat° regpt familial conjoints : Diplôme obtenu x Maîtrise lecture langue arabe (en %)			
Maîtrise lecture arabe	Oui	Non	Total
Diplôme			
Aucun	35,3	64,7	100
Autres	100	0,0	100
CEP BEPC	100	0,0	100
CAP BEP	100	0,0	100
Bac	100	0,0	100
TOTAL	54,2	45,8	100

d) Des familles nombreuses

Tout comme pour les hommes de la catégorie de l'immigration de travail, le nombre d'enfants par famille est nettement supérieur à la moyenne française et à celle des immigrés maghrébins.

Tableau 19 : Immigration regroupement familial conjoints : Nombre d'enfants par famille		
Nombre enfants	Nb. Citations	Fréquence
aucun	3	12,5%
un	1	4,2%
trois	5	20,8%
quatre	5	20,8%
cinq et plus	10	41,7%
Total observations	24	100%

La moyenne minimale[39] est de 3,6 enfants par familles. Les femmes arrivées en France après l'âge de quarante ans sont 80% à être à la tête d'une famille de cinq enfants et plus, sachant que la moitié de ces dernières est arrivée entre 1991 et 1995, on peut penser que beaucoup de leurs enfants, ayant atteint l'âge de la majorité, n'ont pas pu suivre leur mère en France et sont par conséquent, restés au pays. Le fait que ces femmes venues tardivement aient un nombre élevé d'enfants est sans aucun doute à mettre en lien avec une longue période de vie passée au pays.

Tableau 20 : Immigration regroupement familial conjoints : Âge d'arrivée en France x nombre d'enfants (en %)						
Nombre enfants Âge d'arrivée en France	Un	Trois	Quatre	Cinq et plus	Aucun	Total
De 15 à 20	0,0	33,3	33,3	33,3	0,0	100
De 20 à 25	0,0	14,3	28,6	57,1	0,0	100
De 25 à 30	0,0	25,0	50,0	0,0	25,0	100
De 30 à 40	20,0	20,0	0,0	20,0	40,0	100
Plus de 40	0,0	20,0	0,0	80,0	0,0	100
Total	4,2	20,8	20,8	41,7	12,5	100

3- L'immigration familiale des enfants, ou la génération de la transition

Cette catégorie représente celle que le sens commun a coutume de nommer la seconde génération sans pour cela distinguer les enfants nés en France de ceux qui ont émigré en des temps et à des âges divers. C'est ainsi que telle que nous l'avons appréhendée, elle n'apparaît pas de façon totalement homogène dans la mesure où elle regroupe des individus dont les caractéristiques peuvent être sensiblement différentes.

---

[39] Ici encore pour la catégorie *cinq enfants et plus*, nous n'avons comptabilisé que 5 enfants alors que le nombre peut être supérieur.

a) Trois catégories distinctes

Si tous les individus de cette catégorie ont en commun le fait d'avoir émigré avec leur mère pour rejoindre leur père déjà présent en France, cet acte, qui certes peut se recouper en divers points, a souvent été vécu différemment suivant la période et l'âge des personnes au moment de la venue en France. Aussi, nous a-t-il paru préférable de diviser cette catégorie en trois sous-catégories distinctes que nous pourrons utiliser lorsque nécessaire.

Tableau 21 : Immigration de regroupement familial enfants : Âge d'arrivée en France		
Âge d'arrivée en France	Nb. Citations	Fréquences
Enfants de 0-10 ans	39	73,6%
Enfants de 11-15 ans	10	18,9%
Enfants de 16-18 ans	4	7,5%
Total observations.	53	100%

La division établie à partir de l'âge d'arrivée en France paraît la plus pertinente car elle est en lien direct avec la socialisation. Un enfant arrivé avant l'âge de dix ans aura suivi la totalité ou une grande partie de sa scolarité en France où il aura grandi avec ses pairs, ce qui est moins le cas pour les plus vieux qui, largement socialisés au pays d'origine seront face à une problématique différente en terme d'intégration.

b) Des générations d'âge diversifiées

Plus de la moitié des individus de cette catégorie appartiennent à la tranche d'âge des 25-35 ans (moyenne de la tranche = 30 ans). Cependant deux cas marginaux apparaissent : une personne âgée de seize ans, une autre de cinquante-deux ans, la première étant arrivée à l'âge de quatre ans alors que la seconde, une femme venue à treize ans, est en France depuis trente-neuf ans. Outre ces deux extrêmes, 96,2% des individus sont âgés de dix-huit à quarante-trois ans couvrant ainsi plusieurs générations d'âge.

Tableau 22 : Immigration de regroupement familial enfants : Tranches d'âge		
Âge	Nb. citations	Fréquences
Moins de 18	1	1,9%
De 18 à 25	16	30,2%
De 25 à 35	28	52,8%
De 35 à 40	4	7,5%
De 40 à 50	3	5,7%
De 50 à 60	1	1,9%
Total observations	53	100%

Minimum = 16 - Maximum = 52 ; Moyenne = 28,53 – Écart-type = 7,04

L'âge moyen d'arrivée en France est d'environ sept ans et s'échelonne de trois mois à quatorze ans. L'année moyenne d'arrivée de cette population se situe en 1980, mais 52,8% d'entre elle a immigré entre 1980 et 1995.

c) Une catégorie d'âge adulte
Tel que nous venons de le constater, cette catégorie d'enfants arrivés par le biais du regroupement familial constitue aujourd'hui une classe de la population largement entrée dans le monde adulte. Ainsi, 60,4% des individus sont mariés, divorcés ou vivent maritalement.

Tableau 23 : Immigration de regroupement familial enfants : Situation matrimoniale en fonction de l'âge (en %)					
Situation matrimoniale	Célibataire	Marié(e)	Concubinage	Divorcé(e)	Total
Âge					
Moins de 18	100	0,0	0,0	0,0	100
De 18 à 25	87,5	12,5	0,0	0,0	100
De 25 à 35	21,4	75,0	3,6	0,0	100
De 35 à 40	0,0	50,0	50,0	0,0	100
De 40 à 50	0,0	100	0,0	0,0	100
De 50 à 60	0,0	0,0	0,0	100	100
Total	39,6	52,8	5,7	1,9	100

Si les plus jeunes restent majoritairement célibataires, le taux de mariage devient important dès la tranche des 25-35 ans[40] et représente l'ensemble des individus à partir de 35 ans. Il y a là l'idée d'un certain conformisme de cette catégorie que nous étudierons plus tard.

Le mariage menant naturellement à fonder une famille, 37,7% des individus ont des enfants dont le nombre augmente généralement avec l'âge. Concernant les individus de cette catégorie pères ou mères de famille, le taux moyen minimal d'enfants par personne est de 2,65.

Tableau 24 : Immigration de regroupement familial enfants : Nombre d'enfants en fonction de l'âge (en %)						
Nbre enfants	un	deux	trois	quatre	cinq et +	aucun	Total
Âge						
Moins de 18	0,0	0,0	0,0	0,0	0,0	100	100
De 18 à 25	0,0	0,0	0,0	0,0	0,0	100	100
De 25 à 35	10,7	10,7	17,9	7,1	0,0	53,6	100
De 35 à 40	0,0	25,0	50,0	0,0	0,0	25,0	100
De 40 à 50	33,3	0,0	0,0	33,3	33,3	0,0	100
De 50 à 60	0,0	0,0	100	0,0	0,0	0,0	100
Total	7,5	7,5	15,1	5,7	1,9	62,3	100

---

[40] L'âge moyen du mariage pour cette tranche est de 30 ans.

d) Des immigrés majoritairement français

Les individus de nationalité française représentent 56,6% de la catégorie, mais seuls 9,4% ne sont pas binationaux. Ces derniers sont tous d'origine algérienne, ceci s'explique par le fait que dans certains cas l'Algérie ne reconnaît pas la double nationalité (Harkis…). Quant aux 43,4% d'individus de nationalité unique, algérienne, marocaine ou tunisienne, on peut penser qu'un certain nombre d'entre eux ont déposé des demandes de naturalisation qui sont en cours de traitement ou qui, pour d'autres, ont été refusées. En effet, pour ces individus nés à l'étranger, rien ne garantit le droit à l'obtention de la nationalité française.

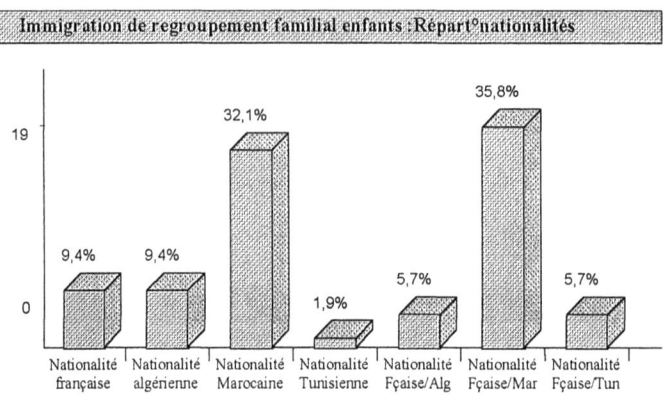

e) Des catégories socio-professionnelles et des niveaux de qualification diversifiés

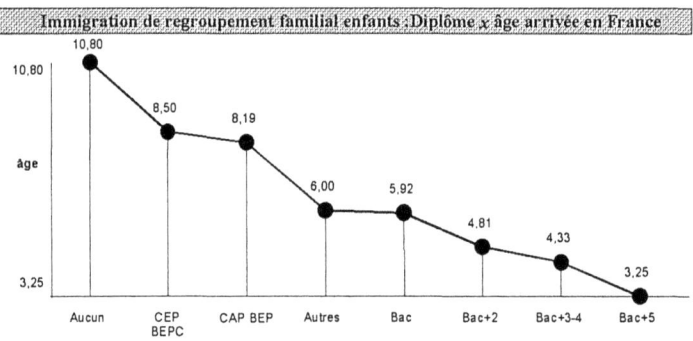

Les âges d'arrivée indiqués sur le graphique sont des moyennes calculées pour chaque tranche d'âge en fonction du diplôme obtenu. Le niveau de qualification est fortement corrélé à l'âge d'arrivée en France, plus les individus ont immigré jeune, plus le diplôme est élevé. Tribalat semble confirmer ce phénomène à propos des enfants algériens et marocains. Ceux qui sont arrivés en France avant l'âge du primaire restent plus longtemps à l'école, environ 40% d'entre eux sont encore scolarisés à l'âge de vingt ans et 30% entreprennent des études supérieures contre 32% en moyenne en France (Tribalat, 1995, p.143).

Le type et la longueur de la scolarité généralement en lien avec le niveau de qualification interprétable à travers les diplômes obtenus sont souvent corrélés avec la profession et le classement dans les catégories socio-professionnelles.

Tableau 25 : Immigration de regroupement familial enfants : CSP		
CSP INSEE	Nb. Citations.	Fréquences.
Commerçant, artisan, chef d'entreprise	5	9,4%
Cadre.Prof.Intellectuelle.Sup.	1	1,9%
Profession intermédiaire	6	11,3%
Employé	13	24,5%
Ouvrier	7	13,2%
Chômeur	4	7,5%
Élève, Étudiant	13	24,5%
Retraité	0	0,0%
Inactif	3	5,7%
Autre	1	1,9%
Total observations	53	100%

Si 9,4% des individus de notre échantillon sont à la tête de micros et de petites entreprises ou de commerces souvent ethniques, 13,2% sont ouvriers et 24,5% employés, les plus jeunes sont encore étudiants.

4- L'immigration d'études

Cette catégorie est caractérisée par le fait d'une immigration effectuée par des adultes ayant obtenus au minimum le Baccalauréat dans leur pays d'origine. C'est une population avec un bon niveau d'études, fortement socialisée dans le pays d'origine et venue avec l'objectif d'avancer dans le cursus universitaire. Beaucoup de ces individus ne reviendront pas chez eux et s'installeront en France de façon quasi-définitive.

a) Un âge d'arrivée relativement homogène

En dehors du cas exceptionnel d'un individu arrivé en France pour étudier à l'âge de quinze ans, 68% de cette catégorie sont venus entre vingt et vingt-neuf ans.

Tableau 26 : Immigration d'études : âge d'arrivée en France		
Age d'arrivée en France	Nb. Citations.	Fréquences.
De 15 à 20	5	20,0%
De 20 à 25	9	36,0%
De 25 à 30	8	32,0%
De 30 à 40	3	12,0%
Total observations.	25	100%

Minimum = 15,00, Maximum = 36,00 ; Moyenne = 23,92 Écart-type = 4,76

En général les personnes arrivées aux environs de la trentaine sont actuellement diplômées de 3ème cycle et sont souvent titulaires d'un doctorat. Cette population est généralement constituée de médecins, déjà docteurs au pays, venus en France poursuivre une spécialisation, certains d'entre eux restent sur le territoire national pour occuper des postes d'internes dans les hôpitaux ou, pour ceux qui ont choisi et obtenu la nationalité française, ouvrir éventuellement un cabinet médical.

Les personnes arrivées de quinze à vingt-cinq ans se partagent entre l'obtention d'un doctorat, d'un diplôme de niveau bac + 5 ou bac + 3-4, certains sont toujours en cours d'études.

Tableau 27 : Immigration d'études : diplômes		
Diplôme	Nb. Citations.	Fréquences.
CAP BEP	1	4,0%
Baccalauréat	4	16,0%
Bac+2	2	8,0%
Bac+3-4	9	36,0%
Bac+5	3	12,0%
Doctorat	6	24,0%
Total observations.	25	100%

D'autres ne semblent pas avoir continué leurs études par choix ou par échec et travaillent actuellement avec un niveau bac ou bac +2.

Dans tous les cas, le niveau de qualification de cette catégorie reste fort avec 72% de diplômés des second et troisième cycles universitaires.

b) Un fort taux d'individus en cours d'études

Les individus actuellement étudiants représentent 52% de la catégorie et 92,3% d'entre eux sont en France depuis moins de cinq ans. C'est une population jeune, âgée en moyenne de vingt-quatre ans dont presque 60% possèdent un diplôme de second ou troisième cycle universitaire.

Les autres, après avoir arrêté ou terminé leurs études ont tous un emploi plus ou moins en adéquation avec leur niveau de qualification. Ainsi, si 60% des titulaires d'un doctorat s'inscrivent dans la catégorie *cadre, professions intellectuelles et supérieures*, les autres occupent des emplois de niveau intermédiaire (instituteur, fonctionnaire de catégorie B...).

c) Des situations matrimoniales contrastées

Plus de la moitié (56%) des individus de cette catégorie sont célibataires. La limite entre les situations matrimoniales est clairement définie par l'âge. En effet l'ensemble des personnes âgées de moins de trente-deux ans est célibataire alors qu'à partir de trente-trois ans, toutes sont mariées (ou séparées), la totalité des étudiants faisant presque « naturellement » partie du premier cas.

À l'exception d'un homme séparé, toutes les personnes mariées ont des enfants, 40% d'entre elles sont parents de trois enfants, 30% de quatre, 20% de deux et 10% d'un seul. Le fait d'avoir fondé une famille indique le désir de s'installer en France de la part d'individus venus initialement pour améliorer un cursus universitaire.

d) Le choix de la naturalisation s'accroît avec la durée de résidence

Les individus de nationalité française représentent 32% de la catégorie. Parmi ces Français, 60% sont mariés et 14,2% célibataires. C'est donc en priorité des personnes qui ont terminé leurs études qui ont opté pour la naturalisation. Il y a là un indicateur supplémentaire du désir de s'installer en France. Ces dernières, d'un niveau de qualification élevé, plus rarement au chômage que d'autres, occupant des emplois de catégorie intermédiaire ou supérieure, constituent sans conteste, une partie de la population maghrébine qui participe à l'émergence d'une classe sociale moyenne, voire supérieure de ce groupe ethnique.

5- La deuxième génération locale

Cette catégorie représente la deuxième génération par excellence puisqu'elle est constituée d'enfants nés sur le sol français de parents qui ont accompli l'acte de migration. Elle est proche par certaines caractéristiques de l'immigration de regroupement familial des enfants, surtout de ceux qui sont arrivés très jeunes en France. Cependant, ce qui différencie ces deux catégories, c'est le statut d'immigré qui leur est ou non attribué. En effet, les individus de la deuxième génération locale ne sont pas, en raison de leur naissance en France, comptabilisés et identifiés comme des immigrés. D'autre part, suivant leur année de naissance, ils sont automatiquement français avec ou sans manifestation du désir d'obtenir la nationalité française. Cette différence importante amène parfois, au sein d'une même famille, à trouver des enfants qui s'inscrivent dans l'une ou l'autre des catégories, certains étant automatiquement Français alors que pour leurs frères et sœurs aînés la naturalisation n'est pas toujours acceptée par les autorités administratives.

a) Plusieurs générations d'âge

Concernant cette catégorie, notre échantillon montre l'existence d'une amplitude d'âge de vingt-trois ans, celle-ci pouvant être plus large dans la mesure où nous avons choisi de n'interroger que des personnes âgées au minimum de seize ans.

Tableau 28 : Deuxième génération locale : tranches d'âge		
Classe d'âge	Nb. citations	Fréquences
moins de 20	19	28,4%
de 20 à 24	25	37,3%
de 25 à 29	14	20,9%
de 30 à 34	7	10,4%
de 35 à 39	2	3,0%
Total observations	67	100%

Minimum = 16, Maximum = 39 ; Moyenne = 23,13 Ecart-type = 5,13

La moyenne d'âge est d'environ 23 ans, la majorité des individus se regroupant au sein d'une tranche allant de 18 à 28 ans (écart-type 5,13), on peut considérer qu'ils sont issus de cohortes nées entre 1973 et 1983, avec aux extrêmes, des années de naissance comprises entre 1962 et 1983. Ainsi retrouve-t-on ici les générations issues des grandes vagues d'immigration en provenance d'Afrique du Nord que nous avons précédemment étudiées.

Le fait de regrouper des individus de générations diverses au sein de la même catégorie ne signifie pas qu'au-delà des caractéristiques communes définies essentiellement à partir de critères de filiation et de lieu de naissance, il n'existe par un certain nombre de différences dues principalement à la génération d'âge, différences dont il faudra évidemment tenir compte lorsque nous aborderons une analyse comparative.

b) Des catégories socio-professionnelles variées

Notre échantillon comporte un nombre important d'élèves et d'étudiants, quant aux 38,8% d'individus qui ne rentrent pas dans cette catégorie, ils se répartissent dans les autres classes au sein desquelles dominent les employés et les professions intermédiaires.

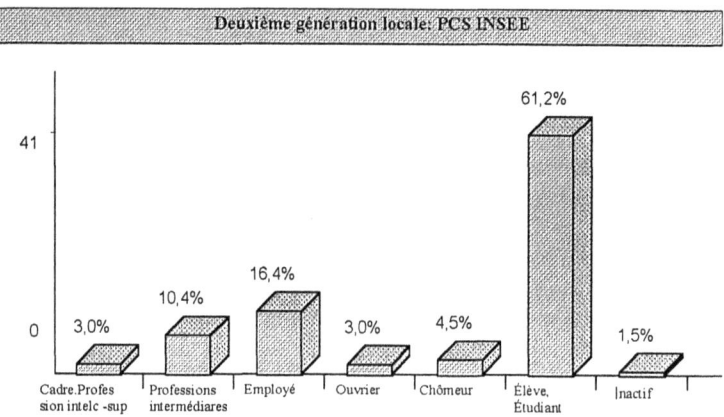

c) Des origines sociales modestes

L'origine sociale des individus de cette catégorie est souvent modeste dans la mesure où une grande partie d'entre eux représente la filiation des parents de l'immigration de travail et des regroupements familiaux dont ils sont les enfants. Ainsi, 59,7% des pères de ces enfants sont des ouvriers de l'industrie, du bâtiment ou de l'agriculture parfois, au chômage. À ce taux peuvent s'ajouter les 19,4% de retraités qui sont généralement d'anciens ouvriers. Du côté des mères, 19,5% (dont 9% de retraitées) sont ouvrières ou employées dans le domaine des services (ménage), aucune n'est présente dans les catégories supérieures à ces dernières. Par contre 77,6% d'entre elles peuvent être considérées comme des femmes au foyer.

6- La troisième génération locale

Dans les représentations communes, cette génération a également tendance à être classée du côté de la seconde génération. Elle constitue une génération de la continuité dont les éléments qui la composent ont pour parents les individus de la deuxième génération ou de l'immigration de regroupement familial des enfants.

a) Une relative homogénéité d'âge

Cette génération est caractérisée par une certaine jeunesse, en effet 75,86% des individus sont âgés de 16 à 24 ans[41] avec une moyenne d'âge de 21 ans.

---

[41] Rappelons que le questionnaire s'adresse à des personnes âgées au minimum de 16 ans.

Tableau 29 : Troisième génération locale : tranches d'âge		
Classe d'âge	Nb. Citations	Fréquences
moins de 20	11	37,9%
de 20 à 24	11	37,9%
de 25 à 29	5	17,2%
de 30 à 34	2	6,9%
Total observations	29	100%

Minimum = 16, Maximum = 32 ; Moyenne = 21,76 ; Écart-type = 4,66.

La lecture de ce tableau nous informe sur la présence d'une part significative des 25-34 ans. Ces derniers sont majoritairement d'origine algérienne, pays pour lequel l'immigration est plus ancienne et plus nombreuse après 1945 que celles en provenance du Maroc ou de la Tunisie. Par conséquent son ancienneté et son importance numérique amènent l'immigration algérienne à posséder plus précocement que les autres une troisième génération locale. Ce phénomène est confirmé par le fait que cette catégorie de notre échantillon est constituée en premier lieu par des individus d'origine algérienne.

b) Une génération française
On peut parler d'une génération « doublement » française. D'abord parce que tous les individus sont nés en France et sont tous de nationalité française. De plus, il y a de fortes chances pour que la plupart de leurs parents soient nés Français, leur statut de citoyen français est alors acquis, non plus par l'unique droit du sol (*jus soli*), mais par la filiation (*jus sanguinis*). Si les personnes d'origine marocaine et tunisienne détiennent la double nationalité, la quasi-totalité de celles d'origine algérienne ne possèdent que la française, confirmant ainsi l'ancienneté de cette immigration car il fut un temps où il fallait choisir et trancher entre le statut de citoyen algérien ou français.

7- Récapitulatif
Afin de faciliter la comparaison entre les divers types de générations, nous avons regroupé une partie des différentes variables étudiées sous la forme d'un tableau synthétique (tableau 30). Concernant les faibles niveaux de qualification et de CSP des deux générations locales, il ne faut pas omettre qu'un certain nombre d'individus de ces catégories sont encore en cours d'études. Par conséquent, beaucoup ne travaillent pas encore et n'ont pas atteint la fin de leur cursus scolaire, ces scores doivent donc être relativisés.

Tableau 30 : synoptique des types d'immigration						
Type générations	Travailleurs	Rgpt conjoints	Rgpt enfants	Étudiants	2ème Gt° locale	3ème Gt° locale
Âge Amplitude Moyenne	40 à 70 ans 52,60	28 à 69 ans 45,46	16 à 52 ans 28,53	19 à 48 ans 31,32	16 à 39 ans 23,13	16 à 32 ans 21,76
Âge arrivée France Amplitude Moyenne	18 à 40 ans 25,32	16 à 54 ans 29,50	0,30 à 18 ans 6,68	15 à 36 ans 23,92	- -	- -
Année arrivée France Amplitude Moyenne	1966-1991 1973	1971-1999 1985	1961-1996 1979	1979-2001 1993	- -	- -
Durée de résidence Amplitude Moyenne	10 à 35 ans 27,16	2 à 30 ans 15,96	5 à 40 ans 21,85	0 à 22 ans 7,40	- -	- -
Situat° matrimoniale: moyenne = Célibataire (0) ; non célibataire (1)	1/1	1/1	0,60/1	0,44/1	0,21/1	0,28/1
Nbre moyen enfants	3,95	3,58	1,00	1,16	0,15	0,07
Nationalité Étrangers Français	75% 25%	58,3% 41,7%	43,4% 56,6%	68% 32%	4,5% 95,5%	0% 100%
Qualification moyenne diplôme : 1=aucun à 9 = Doctorat	1,40	1,75	4,64	7,08	4,97	3,93
CSP moyenne de 1 à 6	1,85	1,54	2,92	3,56	3,04	2,79
Niveau langue Arabe et/ou berbère Français Mixte (Fçs, Arb, berb)	10% 0% 90%	50% 0% 50%	0% 1,9% 98,1%	0% 0% 100%	0% 10,4% 89,6%	0% 24,1% 75,9%

C- Des pratiques constitutives de l'identité

Les niveaux d'identités que nous venons de définir à partir des types d'immigration ne nous permettent pas de configurer des profils identitaires précis dans la mesure où ils sont essentiellement basés sur l'analyse d'un certain nombre de variables indépendantes, qui comme nous le savons, sont avant tout, des déterminants sociaux. En cela, la catégorisation par types d'immigration nous permet de classer les individus en fonction de leur parcours migratoire et de leur type de socialisation, mais cette démarche ne nous dit rien des pratiques, des conduites et des représentations des acteurs dans leurs interactions sociales face aux individus ou aux groupes. Dès lors, il apparaît nécessaire de croiser ces déterminants sociaux avec des variables dépendantes qui représentent de véritables marqueurs identitaires. Ainsi menée, l'opération doit nous permettre de dégager des profils qui prendront en compte des pratiques révélatrices de conduites et de comportements singuliers constitutifs de l'identité individuelle et/ou collective.

1- Origine sociale

L'origine sociale est mesurée à partir de la catégorie socioprofessionnelle du père. Tribalat (1996) constate que dans tous les courants migratoires de France, la catégorie ouvrière est sous-représentée. L'analyse de notre échantillon nous amène à confirmer ce phénomène, ainsi les immigrés maghrébins venus pour travailler, âgés aujourd'hui de quarante à soixante-dix ans ne sont pas des enfants d'ouvriers. La moitié d'entre eux n'a pas répondu à la question concernant la profession du père et 30% indiquent que ces derniers sont sans profession. Ainsi, au total, 80% des personnes interrogées ne répondent pas de façon tranchée à la question. Pour avoir de nombreuses fois abordé ce sujet avec des immigrés maghrébins, il nous semble possible de penser que ce taux important de non-réponses ou de réponses floues est dû au fait que les pères de ces individus ne s'inscrivaient pas dans des professions précises. Ils pouvaient travailler occasionnellement dans les champs, sur les chantiers ou pratiquer une petite activité commerciale sur les marchés. Quant à ceux dont le père exerce une activité professionnelle, ils sont principalement exploitants ou ouvriers agricoles. Concernant les mères de ces individus, seule une d'entre elle est ouvrière agricole, les autres sont déclarées sans professions.

Pour les personnes issues du regroupement familial de conjoints, qui rappelons-le, sont majoritairement des femmes âgées de vingt-huit à soixante-neuf ans, on peut constater le même phénomène avec 70,8% d'entre elles qui ne répondent pas à la question ou déclarent le père sans profession, mais ceci est plutôt le fait des individus les plus âgés de cette catégorie. Par conséquent, les hommes et les femmes de l'immigration de travail semblent former une population homogène sur le plan générationnel dont les parents étaient en âge d'être actifs durant les colonisations et le début des périodes d'indépendance. Enfin, 91,2% des mères de ces individus sont déclarées sans profession, les autres sont retraitées ou employées.

Il est intéressant de constater qu'aucune de ces catégories n'a indiqué de parents chômeurs, ce qui s'explique par l'absence de prise en charge sociale des sans-emploi dans les pays d'origine.

Cet effet de génération, propre à l'immigration de travail et de regroupement familial des conjoints, n'apparaît plus dès que l'on s'intéresse aux individus issus du groupe de l'immigration familiale des enfants. En effet, si les premiers ne sont pas issus des classes ouvrières, 54,7% des seconds ont un père ouvrier (30,2% ouvriers dont 11,4% en retraite, 24,5% ouvriers agricoles) et 17% une mère ouvrière (1,9%) ou ouvrière agricole (15,1%). Les parents de ces enfants, venus pour travailler, se sont souvent retrouvés ouvriers par le jeu de la division sociale du travail et par la nature même de leur profil professionnel et de la demande en matière d'immigration. Par conséquent, si les parents sont rarement d'origine ouvrière, les enfants le sont devenus.

Toutefois tous ne sont pas enfants d'ouvriers et l'on trouve dans les 45,3% qui n'appartiennent pas à cette catégorie socioprofessionnelle, des pères médecins, exploitants agricoles, commerçants, artisans, employés ou retraités. Le même phénomène se retrouve du côté des mères mais avec un taux assez important qui s'élève à 58,5% de femmes au foyer ou sans profession.

Enfin, concernant l'immigration d'étudiants, si 24% d'entre eux ne répondent pas où ne déclarent pas de profession, 20% des pères sont exploitants agricoles, 12% commerçants, 8% cadres d'entreprises et le reste, fonctionnaires, employés ou retraités. Concernant les mères, 68% sont déclarées sans profession, les autres sont cadres, exploitantes agricoles ou commerçantes.

Si les immigrés maghrébins sont rarement d'origine ouvrière, ceci est surtout vrai pour les personnes dont les parents sont au pays et plus encore pour les catégories de travailleurs et de regroupement familial des conjoints. En effet, les individus venus pour poursuivre des études semblent confirmer la théorie bourdieusienne de la reproduction et sont plus fréquemment issus de catégories socio-culturelles plus élevées. Enfin, dans la mesure où les immigrés venus pour travailler ont souvent occupé des postes d'ouvriers, leurs enfants, immigrés ou non, sont plus fréquemment d'origine ouvrière. C'est le cas pour presque 40% des individus issus des générations locales dont les pères sont ouvriers (certains en retraite).

CSP père\\Type d'immigration g	C1	C2	C3	C4	C5	C6	C7	C8	C9	C10	C11	C12	Total
Tableau 31 : CSP du père en fonction du type d'immigration (en%)													
Immigration° travail	50,0	0,0	10,0	0,0	0,0	0,0	0,0	5,0	5,0	0,0	30,0	0,0	100
Immigration °études	16,0	8,0	20,0	4,0	12,0	4,0	0,0	0,0	24,0	0,0	8,0	4,0	100
Immigration °rgpt familial conjoint	62,5	0,0	4,2	0,0	4,2	4,2	0,0	8,3	4,2	0,0	8,3	4,2	100
Immigration °rgpt familial enfants	9,4	3,8	1,9	1,9	3,8	3,8	18,9	24,5	22,6	0,0	5,7	3,8	100
2de génération locale	11,9	3,0	1,5	0,0	3,0	1,5	34,3	7,5	19,4	7,5	10,4	0,0	100
3ème génération locale	13,8	0,0	6,9	0,0	10,3	17,2	13,8	10,3	20,7	3,4	0,0	3,4	100
Total	21,1	2,8	5,5	0,9	5,0	4,6	17,0	11,0	17,9	2,8	9,2	2,3	100

C1 = Non réponses ; C2 = cadres, professions intellectuelles supérieures ; C3 = Chefs d'entreprises/exploitants agricoles ; C4 = Professions intermédiaires ; C5 = Commerçants/artisans ; C6 = Employés ; C7 = Ouvriers ; C8 = Ouvriers agricoles ; C9 = Retraités ; C10= Chômeurs ; C11 = Sans profession ; C12 = Décédés
La dépendance est très significative. chi2 = 143,67, ddl = 55, 1-p = >99,99%
Les valeurs du tableau sont les pourcentages en ligne établis sur 218 observations.

Analyse factorielle du tri croisé : Type d'immigration générale x.CSP père
Analyse factorielle du tri croisé : Type d'immigration générale x.CSP père

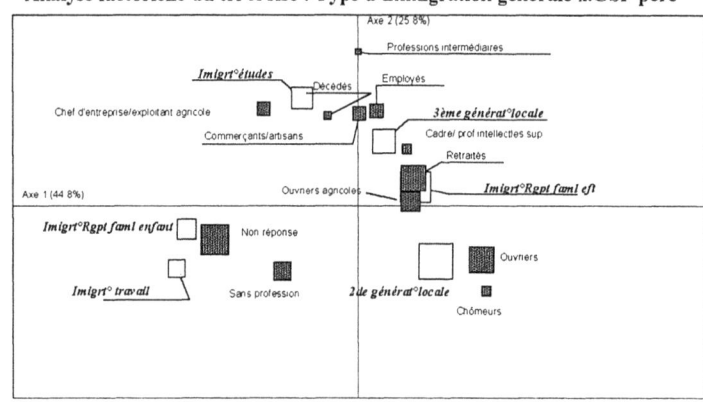

2- Pratiques sociales et culturelles

Afin de cerner ce type de pratiques, nous avons retenu plusieurs indicateurs. À travers le degré de maîtrise des langues française, arabe et berbère ainsi que du contexte dans lequel elles sont mobilisées, nous avons voulu analyser la place de la langue en tant qu'élément porteur de spécificités culturelles, mais également comme outil d'intégration à la société française pour les générations d'immigrés et de transmission de valeurs diverses pour les individus socialisés de façon précoce en France.

Les pratiques de consommation singulière que représentent les achats effectués dans des commerces de l'ethnic-business reflètent le niveau d'attachement à des traditions alimentaires familiales, vestimentaires, cultuelles, culturelles ou d'aménagement du foyer. Ces pratiques, quand elles existent, sont à mettre en rapport avec la vie privée de l'individu, avec son intimité, ceci dans la mesure où l'on a recours à ces magasins pour trouver des produits propres à l'aménagement du foyer, à la pratique de la religion ou de certaines traditions culinaires, spirituelles ou culturelles.

À travers les loisirs, il est possible de repérer l'impact de la culture d'origine et l'avancement du processus d'acculturation par les modes d'occupation du temps libre.

Enfin, la célébration ou non des fêtes musulmanes et franco-chrétiennes représente à la fois un indicateur d'intégration et d'acculturation mais permet également de mesurer en partie la construction d'un mixte identitaire et le degré de fixation sur la tradition.

a) Français, arabe, berbère : une maîtrise et une utilisation variables :

Si la langue ne nous dit rien du monde, elle nous indique tout de même comment l'homme qui la parle pense ce monde. Sapir et Whorf, au cours des années trente, dans leur théorie sur les rapports du langage avec la pensée et la perception considèrent que le langage représente beaucoup plus qu'un simple moyen d'expression de la pensée, mais constitue un élément majeur dans la formation de celle-ci. Autrement dit, c'est par la langue qu'il parle que l'homme perçoit le monde. Les Esquimaux des contrées polaires, face à un environnement singulier emploient des dizaines de mots pour définir la neige alors que nous n'en possédons que très peu dans la mesure où notre contexte naturel de vie ne nous demande pas de nuancer la neige qui n'est pas un aspect fondamental de notre environnement. La culture est fortement imprégnée par le sens que donne la langue dans sa façon de décrire le monde. En anthropologie, la langue participe à la cohésion des groupes dans la mesure où elle constitue le vecteur de transmission des traits culturels. Les pratiques linguistiques des immigrés tiennent une place importante et stratégique dans la constitution d'identités collectives.

En général, chez les immigrés, la langue s'inscrit dans une double problématique en se posant d'un côté, en termes d'intégration et, de l'autre, de conservation de la culture. Autrement dit, il faut trouver un équilibre entre la nécessité de maîtriser la langue du pays d'accueil comme outil facilitateur d'intégration sociale, scolaire ou professionnel et le désir de préserver ce lien à la fois réel et symbolique qui garantit une attache active aux racines familiales. Pour les Maghrébins, le problème se pose différemment suivant les individus. En effet, certains arrivent en France avec un bon niveau de français et l'habitude d'une pratique quotidienne alors que d'autres ne la maîtrisent nullement. Cette maîtrise de la langue nationale est souvent considérée comme un indicateur d'intégration au point qu'elle peut intervenir dans les critères de décision pour l'attribution des demandes de naturalisation. Langue d'ici, langue de là-bas, la problématique n'est pas la même suivant qu'elle s'adresse à un immigré non francophone ou à un de ses enfants socialisé en France. Pour ce dernier, c'est alors le problème de la conservation de la langue d'origine qui se pose parfois. D'abord parce qu'il doit être en mesure de communiquer avec ses parents et parce que ceux-là peuvent désirer, même s'ils parlent français, que la langue d'origine soit transmise et préservée.

Dès lors, il est intéressant de se pencher sur les profils « linguistiques » afin de comprendre comment la ou les langues parlées peuvent intervenir dans la construction identitaire et dans le processus d'intégration. Pour cela nous nous sommes renseignés sur la nature des langues parlées en général et sur leur mobilisation dans le cadre familial. De plus, une question adressée aux seuls parents doit nous permettre de saisir l'importance de la transmission de la langue arabe en demandant si les enfants bénéficient d'un enseignement en la matière.

Il est rare que seule une langue soit parlée. En règle générale, l'utilisation de la langue arabe ou berbère est associée à celle du français, c'est le cas pour 86,6% de notre échantillon.

Tableau 32 : Répartition langues parlées		
Langues parlées	Nb. Citations.	Fréquence
Français seul	15	6,9%
Arabe seul	13	6,0%
Arabe et berbère	1	0,5%
Français et arabe	139	63,8%
Français et berbère	10	4,6%
Français, arabe et berbère	40	18,3%
Total observations.	218	100%

(Non francophones : Arabe seul, Arabe et berbère)

La lecture du tableau permet de constater que seulement 6,5% de l'échantillon ne parle pas français. La structure de notre questionnaire, les conditions de passation et nos propres moyens, ne nous ont pas permis de mettre en place une batterie d'indicateurs permettant de mesurer le degré de maîtrise du français. La question *quelle(s) langue(s) parlez-vous* est suffisamment ouverte pour que les enquêtés puissent répondre selon leur propre subjectivité, estimant par eux-mêmes leur niveau dans telle ou telle langue. L'emploi du verbe *parler* dans la question permet d'éliminer le problème de la maîtrise de l'écrit en se limitant à l'oral. Par conséquent, nous considérons que le niveau minimal déclaré par les enquêtés correspond à celui qui permet d'entretenir des relations suffisamment « normales » pour que les interactions de la vie quotidienne soient possibles. La maîtrise d'une langue telle que nous l'emploierons tout au long de ce travail est alors à considérer comme la pratique d'une bonne expression en français, en arabe ou en berbère.

1) 100% francophones

Aux marges de l'échantillon, apparaissent des individus déclarant ne parler que le français, l'arabe ou le berbère.

Les premiers sont majoritairement d'origine algérienne et dans une moindre mesure, marocaine. Le poids de la colonisation influe certainement sur le taux de pratique du français chez les individus issus de l'immigration algérienne. Cependant, cette catégorie est majoritairement constituée de personnes nées en France ou arrivées en bas âge, ils appartiennent à la seconde et la troisième générations locales avec une moyenne d'âge de vingt-six ans.

Si ces individus ne maîtrisent pas plus le berbère que l'arabe, certains déclarent tout de même lire dans cette dernière langue. On peut s'interroger sur ce phénomène qui apparaît comme contradictoire. Un élément d'analyse peut cependant nous éclairer un tant soit peu. Ces personnes sont des pratiquants religieux assidus, et la nécessité de lire le Coran en arabe[42] amène un certain nombre de musulmans à apprendre à lire cette langue ou plutôt à déchiffrer son alphabet. Du coup certains lisent l'arabe sans pour cela le comprendre ou le parler. Ce phénomène se retrouve chez un grand nombre de musulmans non arabes (Asie, Afrique, Turquie, Europe de l'Est...).

La non-pratique de la langue d'origine paraît être liée à certains facteurs en particulier. Les liens avec le pays d'origine sont très faibles pour ces personnes qui n'y possèdent généralement pas de biens matériels et très peu d'attaches affectives dans la mesure où la famille de l'autre côté de la Méditerranée est plutôt constituée d'oncles, de tantes et de leurs enfants. Un tiers d'entre eux déclare ne jamais retourner au pays, le reste s'y rendant de façon occasionnelle. Cette absence de relations avec le pays d'origine n'amène pas à apprendre ou à entretenir la langue traditionnelle. Enfin on peut constater qu'un tiers de ces francophones ont pour conjoint une personne française de souche.

2) 100% arabophones

Ce qui caractérise cette catégorie, c'est le faible niveau de scolarisation. En effet, ces individus, qui ne parlent que l'arabe, ne lisent pas cette langue pour presque les trois-quarts d'entre eux ce qui signifie qu'ils n'ont pas ou très peu fréquenté l'école. En règle générale, même les élèves qui ne sont allés qu'à l'école coranique traditionnelle ont acquis un niveau de compétences suffisant permettant l'accès à l'écrit de cette langue. À l'exception d'une femme titulaire d'un diplôme du premier cycle secondaire, l'ensemble des individus concernés ne possède pas de titre scolaire, qu'ils sachent ou non, lire l'arabe.

Tous les individus de cette catégorie sont des femmes âgées de quarante à soixante-neuf ans. Elles sont majoritairement d'origine marocaine et rurale, le fait n'est pas banal mais permet notamment d'expliquer le bas niveau de scolarité. En effet, le taux de scolarisation est longtemps resté très bas au Maroc et aujourd'hui encore il est parmi les plus faibles des pays d'Afrique du Nord. C'est en zone rurale que la non-scolarisation des filles atteint des taux records. Depuis quelque temps une

---

[42] D'un point de vue spirituel, la lecture du Coran en arabe prime sur les traductions. Ces dernières seront tout de même utilisées pour comprendre le sens des versets.

campagne du gouvernement marocain en coopération avec des organisations internationales, tente de remédier au problème en incitant les parents à scolariser leurs filles en échange d'une quantité de farine distribuée mensuellement. Le problème de la scolarisation des filles en milieu rural marocain n'est pas nouveau, et il n'est pas étonnant de trouver des femmes immigrées dont le niveau scolaire est très faible ou inexistant.

Ces femmes, qui pour la plupart sont arrivées en France par le biais du regroupement familial, sont toutes mères de familles et malgré leur handicap linguistique, la moitié d'entre elles occupe un emploi, principalement de femme de ménage.

Mais bien que la moitié d'entre elles soit de nationalité française, et que 57,2% résident en France depuis plus de vingt ans, l'accès à la langue française semble constituer une barrière insurmontable qui peut s'expliquer par le faible niveau scolaire, mais également par un certain enfermement ethnique. En effet, 79% de ces femmes déclarent posséder une antenne parabolique et regarder quotidiennement les chaînes arabes, et disent ne pas avoir d'amis français de souche et ne recevoir chez elles que des Maghrébins.

3) Maîtrise des langues en fonction de l'origine et des types d'immigration

En dehors de ces profils à la marge de l'échantillon, presque neuf personnes sur dix maîtrisent et utilisent à la fois le français et les langues d'origine.

Le taux de personnes maîtrisant le français est assez proche quelque soit l'origine, mais concernant la langue arabe, les Algériens, bien que nombreux à la parler, restent moins arabophones que les Marocains et les Tunisiens. Ici encore on peut penser que la colonisation en Algérie, plus longue et plus accentuée que celles des pays voisins, a fortement marqué le paysage linguistique de ce pays. D'ailleurs, le dialecte arabo-algérien est reconnaissable, entre autres, au nombre impressionnant de termes arabes francisés et de mots français arabisés et à la façon dont au cours d'une même phrase des vocables des deux langues peuvent être indifféremment employés. Les berbérophones sont plus nombreux chez les Marocains et inexistants chez les Tunisiens, pour lesquels, rappelons-le, seul 1% de la population est berbère.

Tableau 33 : Langues parlées en fonction des origines (en %)				
Langues parlées *Origine*	Français	Arabe	Berbère	Total
Algérie	95,1	72,1	14,8	100
Maroc	92,8	94,2	30,2	100
Tunisie	94,4	100	0,0	100
Total	93,6	88,5	23,4	100

La somme des lignes et des colonnes peut dépasser 100% car la question de type fermée multiple implique plusieurs réponses pour une même citation.

Seules les personnes issues des immigrations de travail et de regroupement familial de conjoints ne maîtrisent pas le français dans leur ensemble, c'est le cas pour 10% des premiers et 50% des seconds. Quant à l'arabe, sa maîtrise décroît au fur et à mesure des générations. Si l'ensemble des immigrés venus pour travailler ou pour étudier et des personnes ayant rejoint leur conjoint est arabophone, 5,7% des enfants du regroupement familial ne le sont pas ainsi que 19,4% de la seconde génération locale et 31% de la troisième. Les berbérophones sont moins nombreux et représentent 1,7% des individus issus du regroupement familial des enfants, 4,4% de la seconde génération locale et 3,9% de la troisième.

4) Langue du dehors, langue du dedans

L'emploi d'une langue ou de l'autre peut varier suivant le contexte mais semble surtout se fixer à partir d'une division entre espace familial ou communautaire et espace public. Bien entendu, c'est dans l'espace privé que la langue d'origine est essentiellement employée, mais à l'intérieur même de celui-ci, diverses configurations peuvent exister. Ainsi, peut-elle être employée par défaut lorsque les personnes ne parlent que celle-ci. Elle peut également faire l'objet d'un mixage avec le français, les deux langues pouvant alors être convoquées dans un savant cocktail où se mélangent des mots de l'une et de l'autre, certains termes arabes étant francisés et réciproquement. Elles peuvent aussi être alternées, souvent en fonction du contexte ou du sujet de discussion, alors, suivant l'état d'esprit du locuteur, l'une ou l'autre sera utilisée selon que le cadre de communication se situe dans le domaine de l'affectif (amour, amitié, souvenirs, colère...) ou du quotidien (administratif, institutionnel, technique...), etc. L'emploi de la langue d'origine peut aussi s'inscrire dans le choix d'une stratégie éducative quand les parents désirent que leurs enfants la maîtrisent pour des raisons d'ordre identitaire ou pratique. La préservation de la culture d'origine passe en partie par la maîtrise de la langue d'origine, ce désir parental est souvent très en lien avec le domaine de l'affectivité. D'autres souhaiteront que les enfants soient en mesure de communiquer avec leur famille lorsqu'ils retournent au pays, les parents feront alors preuve d'une double fierté, d'abord parce que leurs enfants parlent français, mais aussi parce qu'ils maîtrisent l'arabe (ou le berbère), prouvant ainsi qu'ils n'ont pas oublié leurs racines. A ce propos, 65% des personnes issues des générations locales qui parlent l'arabe, retournent une fois par an au moins, au pays d'origine. Ces séjours réguliers permettent généralement d'entretenir et d'améliorer les compétences linguistiques, un peu comme les stages organisés à l'étranger pendant les vacances en direction des collégiens ou des lycéens pour qu'ils puissent améliorer leur anglais ou autre en s'immergeant dans un pays où la langue apprise à l'école est pratiquée.

Le recours aux différentes langues au sein de l'espace privé que représentent la maison et la famille peut s'opérer suivant des schémas différents. Tribalat (1996) s'est penchée sur ces formes diverses qui peuvent apparaître en s'intéressant aux types d'interactions en jeu. Elle observe que dans les relations entre conjoints d'origine marocaine et algérienne, l'emploi de la langue d'origine varie avec l'âge d'arrivée, les personnes venues après quinze ans la pratiquant environ deux fois plus que les autres.

Tableau 34 : Langue parlée avec le conjoint selon l'âge à l'arrivée et le pays de naissance (en %)				
	Langue maternelle	*Langues alternées*	*Français seulement*	Total
Algérie				
0-9 ans	7	28	66	100
10-15 ans	18	44	38	100
+ de 15	41	42	18	100
Tous âges	*34*	*40*	*26*	*100*
Maroc				
0-9 ans	10	32	59	100
10-15 ans	18	46	36	100
+ de 15	55	29	16	100
Tous âges	*51*	*30*	*19*	*100*

Source : INED, enquête MGIS avec le concours de l'INSEE, 1992, in Tribalat, 1996, p.200.

Dans la même enquête, Tribalat s'intéresse également à l'emploi des langues dans les relations parents-enfants. Ici encore, elle constate que les Marocains ont plus souvent recours à la langue d'origine que les Algériens, mais que pour tous, elle est beaucoup moins employée lorsque l'on s'adresse aux enfants qu'au conjoint.

Tableau 35 : Langue parlée par les immigrés à leurs enfants selon l'âge à l'arrivée et le pays de naissance (en %)				
	Langue maternelle	*Langues alternées*	*Français seulement*	Total
Algérie				
0-9 ans	4	23	73	100
10-15 ans	11	34	55	100
+ de 15	19	46	35	100
Tous âges	*16*	*42*	*42*	*100*
Maroc				
0-9 ans	6	16	78	100
10-15 ans	11	50	39	100
+ de 15	26	46	28	100
Tous âges	*24*	*45*	*31*	*100*

Source : INED, enquête MGIS avec le concours de l'INSEE, 1992, in Tribalat, 1996, p.202.

Ces deux précédents tableaux, permettent de constater que si le français tient une place importante au sein des familles, les langues d'origine ne sont pas pour cela délaissées, notamment à travers la formule de la langue alternée qui reste la plus usitée.

Concernant notre propre échantillon, 34% des individus déclarent utiliser le français en alternance avec l'arabe et/ou le berbère. Le choix de l'emploi d'une ou de plusieurs langues reste très lié à la connaissance même de celles-ci et il n'est pas surprenant de constater que ce sont les langues maîtrisées qui sont parlées à la maison.

AFC tri croisé : « langues parlées » et langues parlées à la maison »

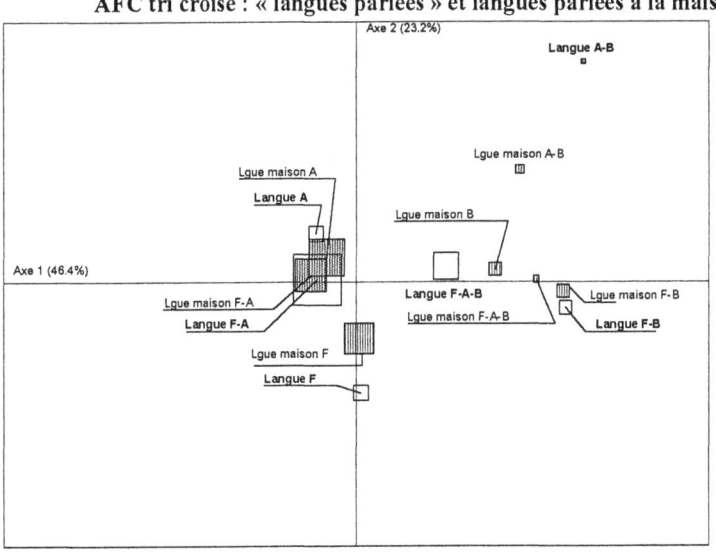

Tableau 36 : Langue(s) parlée(s) à la maison en fonction des langues maîtrisées (en %)								
Langue maison Langues parlées	Français seul	Arabe seul	Berbère seul	Français Arabe	Français Berbère	Arabe Berbère	Français Arabe Berbère	Total
Français	100	0,0	0,0	0,0	0,0	0,0	0,0	100
Arabe	0,0	100	0,0	0,0	0,0	0,0	0,0	100
Français Arabe	19,4	38,1	0,7	41,7	0,0	0,0	0,0	100
Français Berbère	20,0	0,0	20,0	0,0	50,0	0,0	10,0	100
Arabe Berbère	0,0	0,0	0,0	0,0	0,0	100	0,0	100
Français Arabe Berbère	20,0	27,5	17,5	7,5	12,5	10,0	5,0	100
Total	23,9	35,3	4,6	28,0	4,6	2,3	1,4	100

La dépendance est très significative. chi2 = 244,41, ddl = 30, 1-p =>99,99%.

L'analyse factorielle des composantes et son tableau correspondant présentés ci-dessus, confirment l'adéquation entre les langues maîtrisées et les langues utilisées dans le cercle familial. En dehors de cette évidence, il semble intéressant de se pencher sur les cas plus marginaux, autrement dit sur les individus qui maîtrisent plusieurs langues mais n'en utilisent qu'une seule à la maison. Nous avons grisé les cases du tableau 36 correspondantes à ces cas[43]. Ce sont d'abord les individus d'origine marocaine qui sont concernés avec 56,11% d'entre eux, puis la moitié des Tunisiens, les Algériens n'apparaissent quant à eux qu'à hauteur de 39,3%. Sur le plan de la division linguistique, seuls les Marocains ne parlent que le berbère à la maison, ce sont d'abord eux qui ont recours à l'arabe au sein du foyer, suivis par les Algériens et les Tunisiens.

---

[43] L'analyse qui suit est basée sur 111 individus repérés à partir de la strate définie à travers les personnes maîtrisant plusieurs langues mais n'utilisant à la maison qu'une d'entre elles (français, arabe ou berbère).

Tableau 37 : Individus bilingues ou trilingues : langue unique parlée à la maison selon l'origine (en %)				
Langue maison / Origine	Français	Arabe	Berbère	Total
Algérie	50,0	50,0	0,0	100
Maroc	25,6	61,5	12,8	100
Tunisie	55,6	44,4	0,0	100
TOTAL	**33,3**	**57,7**	**9,0**	**100**

La dépendance est significative. chi2 = 9,67, ddl = 4, 1-p = 95,36%.

Comme toujours, les individus d'origine marocaine, semblent plus enclins à conserver leur langue d'origine, mais en dehors de cette division, on peut se demander si d'autres variables n'influent pas sur le choix d'une langue ou de l'autre.

La division entre le choix d'utiliser la langue française ou la langue arabe (ou berbère) est fortement en rapport avec les liens qui attachent les individus aux pays d'origine. Ainsi, 60% des personnes parlant l'arabe à la maison ont des liens forts ou très forts avec le pays d'origine, il en va de même avec un taux de 50% pour ceux qui choisissent le berbère. Les adeptes du français ne représentent quant à eux que 16,2% de la catégorie *forts liens*, aucun d'entre eux ne s'inscrit dans les liens très forts. Ces derniers se rendent au pays beaucoup plus rarement que les autres. L'âge d'arrivée en France influe sur le choix de la langue pour les immigrés (travail, études et regroupements familiaux), qui représentent 60,4% de cette catégorie. La moyenne d'âge d'arrivée des individus utilisant l'arabe ou le berbère est de dix-neuf ans alors que celle des utilisateurs du français est d'environ sept ans. Le contexte géographique de socialisation, lié au type d'immigration semble donc jouer un rôle important dans ce domaine, tel que l'indique le graphique présenté ci-après.

La dépendance est peu significative. chi2 = 26,11, ddl = 16, 1-p = 94,75%

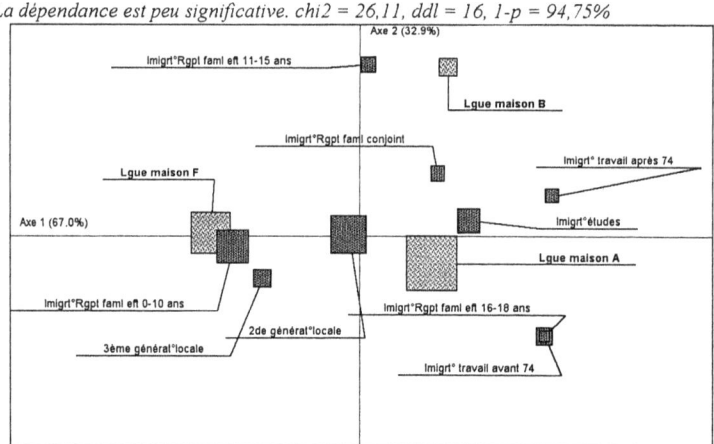

Tribalat constate que « lorsque le conjoint est français de souche, le français devient la langue de communication exclusive » (1996, p.200). Si, concernant notre recherche, les personnes mariées ou vivant en couple dont le conjoint est français parlent plus souvent le français que les autres, cela ne s'avère cependant pas vrai pour tous. Environ 3% d'entre elles parlent l'arabe, mais dans ce cas, les époux(ses) maîtrisent cette langue.

b) L'ethnic business : un marqueur identitaire

Nous avons déjà vu comment le développement de services et de commerces ciblés vers la population maghrébine participait à renforcer le caractère définitif de l'installation en France de ce groupe tout en affirmant le maintien de certains traits culturels singuliers. A ce propos, ce qu'il est désormais coutume de nommer l'ethnic business, assure aux personnes désireuses de conserver une partie de leurs habitudes culturelles par la fréquentation de lieux, le bénéfice de services ou l'acquisition de biens spécifiques, l'accès à un mode de consommation relativement satisfaisant en la matière. Les nombreux magasins, restaurants, traiteurs, agences de voyages, cabinets médicaux ethniquement teintés semblent répondre à une demande croissante de la part des Maghrébins, qu'elle soit spontanée ou commercialement suscitée. En effet si l'offre proposée répond à la demande certaine d'une clientèle, la logique commerciale ne fait sûrement pas l'économie de créer des besoins face à un marché potentiellement lucratif. Le label *halal* fait désormais recette et même les plus grands ne s'y sont pas trompés car les chaînes d'hypermarchés les plus prestigieuses n'ont pas hésité à proposer des rayons *halal* au sein desquels le chaland musulman peut trouver tout un assortiment de produits qui lui sont directement destinés. L'offre est d'autant plus ciblée que des marques comme Auchan, Carrefour ou Intermarché, lorsqu'elles possèdent plusieurs magasins dans une même ville, ne proposent ces services que dans les établissements proches des banlieues ethnicisées. Le phénomène n'est cependant pas nouveau et ces mêmes chaînes proposent depuis plusieurs années dans certaines agglomérations de l'Île-de-France, des rayons *casher* destinés à la communauté juive. Toujours est-il que cette offre spécifique croissante, reflète des pratiques de consommation liées à la préservation d'un certain nombre de traditions qui peuvent s'ancrer dans la modernité. Il y a là un double mouvement qui s'implante à la fois dans la tradition et dans la modernité. En effet, il fut un temps où les personnes qui désiraient manger halal, devaient se rendre à la campagne pour acheter chez un paysan la volaille, le mouton, le veau ou le bœuf qu'elle abattait elle-même suivant le rite consacré. Aujourd'hui, il n'est nullement nécessaire de s'encombrer d'un surplus de tâches ménagères, d'autant que beaucoup de femmes travaillent à l'extérieur et que, acculturation oblige, beaucoup de jeunes élevés en France n'ont pas conservé les habitudes plutôt rurales de leurs parents qui n'hésitaient pas à plumer, vider ou découper volailles et viandes. Mais l'acculturation peut s'avérer être aussi une acculturation alimentaire et tout en gardant le label halal, de nouveaux produits apparaissent en ruptures avec la cuisine traditionnelle. Ainsi, si dans les épiceries-boucheries ethniques on trouve toujours l'éternelle semoule indispensable à l'élaboration du couscous, les traditionnelles olives, les dattes ou les pâtisseries, on voit émerger des produits, qui bien « qu'épurés » de l'interdit porcin, n'en sont pas moins tirés de recettes locales : saucisson sec ou à l'ail, saucisses de Strasbourg, pâté, jambon de dinde, choucroute ou encore cassoulet, peuvent désormais faire partie du menu de certains musulmans de France.

Pour tenter d'analyser les pratiques inhérentes à cette consommation spécifique, nous avons demandé aux enquêtés le type d'achat qu'ils effectuaient dans les « magasins arabes ». Le terme peut paraître étrange, mais il fait sens pour le public auquel nous nous adressons puisque ces boutiques sont souvent désignées sous cette appellation : « on va chez l'arabe » diront certains, ou d'autres encore « les boutiques des Arabes ».

Viande halal et produits alimentaires en tête des ventes
Lorsque des achats sont effectués dans ce type de commerces, c'est d'abord pour s'y procurer de la viande halal et des produits alimentaires.

Tableau 38 : Types d'achats effectués dans les magasins arabes		
Courses	Nb. Citations	Fréquences
De la viande halal	204	93,6%
Des produits alimentaires (menthe, gâteaux)	173	79,4%
Des cassettes audio/vidéo	95	43,6%
Des livres	86	39,4%
Des produits d'hygiène et de beauté (Hénné, rassoul, etc.)	63	28,9%
Des ustensiles de cuisine	61	28,0%
Des vêtements	42	19,3%
des meubles	29	13,3%
Pas de courses dans ces magasins	4	1,8%
Total observations	218	

Les pratiques alimentaires sont intimement liées à la culture et si elles permettent en cuisinant et en consommant des recettes traditionnelles de maintenir et d'entretenir une partie des traits culturels, elles renferment également une fonction qui consiste à créer un espace rassurant et convivial au sein duquel les individus trouvent un refuge sécurisant face à une modernité parfois déstabilisante. Tradition contre modernité ou tradition dans la modernité, l'alimentation dans l'espace privé à travers le cercle familial ou amical, participe à réguler les forces en évitant que la tension ne soit trop forte. Le retour général à certaines recettes de « grands-mères », le *come back* de produits oubliés (cucurbitacées), le succès du pain pétri à la main et cuit au feu de bois, la percée du biologique sont autant d'indicateurs de cette crainte de cette modernité qui peut parfois paraître comme agressive et impersonnelle. L'overdose technologique se traduit alors par une privation de convivialité et d'affectivité, il devient dès lors vital de retrouver de l'entre-soi familial, amical, social ou ethnique. En cela, les pratiques alimentaires participent à la construction d'un confort de vie affectif. La confiance dans sa nourriture traditionnelle, contrebalance la confiance dont l'individu moderne doit quotidiennement faire preuve, parfois malgré lui, face aux systèmes-experts qui le placent comme le rappelle Giddens (1994) souvent dans une insécurité tout aussi angoissante, d'autant que la présence même du danger et de la menace existe virtuellement. Autrement dit, la nature même de la modernité avec sa technologie et ses systèmes experts demandent une confiance sans bornes tout en sachant que le risque existe.

Pour les musulmans pratiquants, la consommation de produits halal et l'évitement de nourritures prohibées permet également de répondre à une demande de spiritualité qui passe par le respect des interdits alimentaires, respect qui donne au croyant l'espoir d'une vie meilleure tant ici-bas que dans l'au-delà.

Cependant, si ce service répond essentiellement à une demande des pratiquants, ces derniers ne sont pas les seuls à le solliciter. En effet, certains vont acheter ce produit même s'ils ne le consomment que de façon irrégulière, voire pas du tout. Il peut alors s'agir de non-pratiquants qui répondent au désir d'amis ou de membres de la famille avec lesquels ils auront à partager un repas ou encore de personnes qui n'adhèrent pas spécialement au rite dans sa dimension religieuse mais qui, habituées dans leur enfance à consommer cette viande, ne parviennent pas à manger la viande ordinaire qui provoque chez eux un certain dégoût. Ce dégoût est dû au fait que le rite qui permet de rendre la viande halal consiste à placer la bête dans la direction de La Mecque et à lui trancher la carotide en prononçant la formule rituelle « bismillah rahmane rahime » (au nom de Dieu, le Clément, le Miséricordieux). Cette façon d'abattre l'animal a pour conséquence de le vider de son sang, ce qui n'est pas le cas dans la manière couramment employée dans les abattoirs français. C'est donc cette image du sang considéré comme impur, qui peut provoquer un sentiment d'écœurement chez certaines personnes.

La conduite, plus ou moins régulière, qui consiste à acheter, et non pas à consommer de la viande halal, dans les magasins spécialisés, représente donc une conduite partagée par 93,6% de notre échantillon, toutes catégories confondues. Cependant, certains, plus rares, continuent à se ravitailler exclusivement de façon traditionnelle en achetant des bêtes vivantes à la campagne ou des volailles sur les marchés, enfin d'autres choisissent de s'approvisionner pour tout ou partie dans les rayons halal des hypermarchés ou des supermarchés de quartiers.

c) Les loisirs

La notion de loisir s'inscrit fortement dans la modernité en lien avec les métamorphoses du travail. Ainsi, le passage du travail traditionnel au travail moderne a permis de libérer progressivement un capital de temps qui peut être en partie ou en totalité occupé par les loisirs. Pour Aziz El Ouarti, le loisir ne se réduirait pas « à une mode occidentale ou à une création du capitalisme, il est dans les sociétés arabes, comme partout, la partie la plus étendue et la plus attractive du temps libéré par la métamorphose universelle du travail moderne » (1993 sous la direction de Pronovost, Attias-Donfut et Samuel, p.188). L'auteur postule également l'émergence dans les pays arabo-musulmans de nouvelles interactions consécutives de l'apparition des loisirs entre les valeurs religieuses et les valeurs de loisirs dont le résultat ne serait pas la disparition des valeurs de l'Islam ou de toute autre religion, mais une transformation de celles-ci. Cette modification exercerait alors « une réelle influence sur les valeurs du loisir moderne dans un néo-islamique qui se cherche » (*op. cit.*, p.189). Les loisirs ne représentent donc pas, pour les générations largement socialisées dans les pays d'origine, une nouveauté en terre d'immigration, mais il nous semble tout de même important de distinguer les individus originaires des régions urbaines et rurales dans la mesure où la prégnance de la modernité n'est pas identique suivant le contexte.

D'un autre côté, les types de loisirs pratiqués peuvent être mis en relation avec des variables de type social, mais également culturel. Dans le premier cas l'adhésion à certaines catégories de pratiques peut s'inscrire dans une vision de l'espace social défini par Bourdieu (1979) à partir d'une division en termes de capitaux culturels et économiques. Dans le second cas, les loisirs seront liés à une culture issue d'une tradition familiale, communautaire, nationale ou ethnique. C'est plus à ce second aspect que nous nous sommes intéressé, en essayant de nous centrer plutôt sur des indicateurs culturels que sociaux. Ainsi, le fait même de demander aux enquêtés s'ils écoutent plutôt de la musique occidentale ou arabe ne nous dit rien de la division de la pratique des loisirs à partir d'une logique sociale. En effet, les notions de musiques occidentales ou arabes enferment en leur sein une multitude d'œuvres et de genres : musique classique, folklorique ou populaire, chansons à texte ou à danser etc. Ainsi, que la population étudiée soit originaire d'Asie, d'Afrique, d'Europe ou d'Amérique, il sera souvent possible d'opérer au sein même d'une aire culturelle, une distinction des pratiques et des choix d'écoute musicale à partir de critères sociaux. Autrement dit, il y a presque partout des musiques plus « distinguées », plus « intellectuelles », plus « populaires » que d'autres. De ce point de vue, tout comme l'Occident, le monde arabo-musulman possède un patrimoine musical composé d'œuvres anciennes et classiques, populaires et folkloriques ou modernes en tous genres. L'opération sociologique qui consiste à attribuer certains genres musicaux à des catégories sociales précises fonctionne au-delà de la notion de culture qui nous concerne ici en premier lieu.

Tableau 39 : Pratiques des loisirs		
Loisirs	Nombre citations	Fréquence.
Visites entre amis	152	69,7%
Musique arabe	130	59,6%
Sport	111	50,9%
Lecture	104	47,7%
Cinéma	89	40,8%
Musique occidentale	59	27,1%
Café	45	20,6%
Autre	36	16,5%
Discothèque	19	8,7%
Musées/expositions	18	8,3%
Pas de loisirs	6	2,8%
Total observations	**218**	

Le nombre de citations est supérieur au nombre d'observations du fait de réponses multiples (9 au maximum).

À partir du tableau ci-dessus, qui donne la répartition des différents loisirs, nous avons retenu un certain nombre de modalités qui nous sont apparues importantes pour l'analyse des pratiques.

1) Les visites entre amis : un loisir partagé

La pratique de la visite entre amis est la plus importante de cette catégorie dans la mesure où elle fait appel à une habitude souvent prise durant l'enfance au sein de la famille. Elle peut être considérée comme culturellement connotée, tant cette pratique fait partie d'un mode de vie qui trouve ses origines dans la religion. En effet, l'islam considère la visite de la famille, des amis, des voisins ou même de simples connaissances comme un devoir qui peut être accompli en diverses circonstances. Ainsi, il y a construction d'un lien social qui sera renforcé lors de banales visites de courtoisie ou à l'occasion d'évènements précis tels que les fêtes, les mariages, naissances ou décès, les maladies, les déménagements ou toute circonstance teintée de bonheur ou de malheur.

Presque 70% de l'échantillon pratiquent les visites entre amis, on peut considérer que seuls les individus qui envisagent cette pratique comme un véritable loisir ont choisi cette modalité. Par conséquent, les 30% restants peuvent rencontrer des amis en dehors du cadre des loisirs. Prise sous l'angle générationnel, cette pratique, très suivie, est d'abord le fait des individus issus de la catégorie du regroupement familial des conjoints qui rappelons-le, est constituée de 91,7% de femmes.

Tableau 40 : Loisirs : visites entre amis suivant le type d'immigration (en %)		
Type d'immigration générale	*Visites entre amis*	Total
Immigration rgpt familial conjoints	87,5	100
Immigration de travail	75,0	100
2ème génération locale	71,6	100
Immigration d'études	68,0	100
Immigration rgpt familial enfants	66,0	100
3ème génération locale	55,2	100
Total	69,7	100

N = 218

Si ce loisir est sensiblement d'abord pratiqué par les hommes (72,6% d'entre eux contre 66,3% pour les femmes), les femmes dominent largement dès qu'il s'agit des générations socialisées dans les pays d'origine au moins jusqu'à l'âge adulte. L'analyse multivariée, dont les résultas figurent dans le tableau présenté ci-dessous, montre qu'en introduisant la variable test *sexe*, 89,2% de celles-ci (partie grisée du tableau 41) pratiquent cette activité contre seulement 68,3% des hommes issus des mêmes catégories.

Tableau 41 : Loisirs: visites entre amis suivant le sexe et le type d'immigrat° (en %)		
Type d'immigration	Visites entre amis	Total
Hommes		
Immigration° travail	68,8	100
Immigration °études	65,2	100
Immigration rgpt familial conjoints	100	100
Immigration rgpt familial enfants	72,7	100
2ème génération °locale	83,3	100
3ème génération °locale	61,5	100
Total hommes	72,5	
Femmes		
Immigration ° travail	100	100
Immigration °études	100	100
Immigration rgpt familial conjoints	86,4	100
Immigration rgpt familial enfants	55,0	100
2ème génération °locale	62,2	100
3ème génération °locale	50,0	100
Total femmes	66,3	
Total global	69,7	

N = 218

Le phénomène s'inverse dès lors que l'on passe aux générations partiellement ou totalement socialisées en France. Cette inversion, qui marque une distinction entre les deux grands types de générations, dont la frontière se constitue à partir du contexte de socialisation, peut s'expliquer en partie par le fait que cette pratique, plus souvent féminine, représente un trait culturel très présent dans les pays d'origine.

2) La musique

Nous l'avons expliqué plus haut, c'est d'abord d'un point de vue culturel que nous souhaitons aborder cette pratique. Pour mieux saisir sa place dans la formation des identités, nous avons pensé qu'il était préférable de traiter conjointement les modalités de réponses *musique occidentale* et *musique arabe* dans une double perspective comparative et complémentaire. Ainsi, 63,3% des enquêtés déclarent écouter de la musique au cours de leurs loisirs. Le graphique ci-après indique la répartition par type de musique écoutée au sein de cette catégorie.

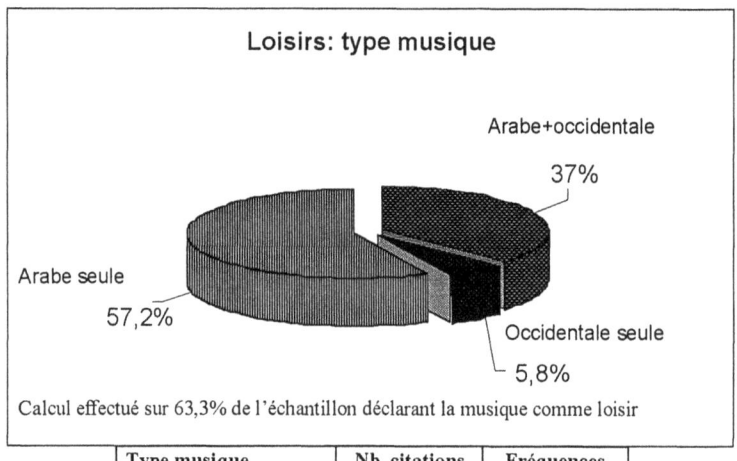

Type musique	Nb. citations	Fréquences
Musique arabe	79	57,2%
Musique occidentale	8	5,8%
Toutes musiques	51	37,0%
Total observations	138	100%

La division du secteur ci-dessus permet de distinguer trois catégories d'individus à travers les diverses combinaisons de consommation musicale. À partir de ces catégories, il devient possible de former trois groupes : les consommateurs mixtes ; les consommateurs arabes ; les consommateurs occidentaux. La lecture du tableau n° 42 indique que la division entre les goûts musicaux s'opère notamment à partir de la variable générationnelle mais sans pour cela s'inscrire dans le schéma d'un processus continu. En effet, alors que les générations largement socialisées dans les pays d'origine se positionnent majoritairement du côté de la musique arabe (avec une nuance pour les étudiants dont le capital culturel permet un peu plus d'ouverture vers l'autre musique), la seconde génération locale est consommatrice des deux types musicaux tout en gardant une préférence pour la dimension arabe. Mais la surprise réside dans l'attitude de la troisième génération locale qui, en se plaçant plus vers la musique arabe qu'occidentale, semble confirmer la loi d'Hansen qui stipule que l'adaptation culturelle de la seconde génération peut être remise en cause par la troisième qui amorce un retour à la culture d'origine. Il faut cependant rester prudent sur cette interprétation dans la mesure où la musique ne représente qu'un élément de la culture parmi tant d'autres et que le fait d'écouter plutôt de la musique arabe ne signifie pas un retour général aux traditions culturelles des grands-parents.

Tableau 42 : Loisirs : type d'immigration générale x Type musique pour l'échantillon total (en %)					
Type musique Type d'immigration	Non réponse	Musique arabe	Musique occidentale	Toutes musiques	Total
Immigration° travail	30,0	60,0	5,0	5,0	100
Immigration °études	56,0	28,0	8,0	8,0	100
Immigration °Rgpt familial conjoint	33,3	58,3	0,0	8,3	100
Imigrt°Rgpt faml eft	37,7	37,7	1,9	22,6	100
2de génération locale	37,3	20,9	4,5	37,3	100
3ème génération locale	24,1	41,4	3,4	31,0	100
Total	36,7	36,2	3,7	23,4	100

La dépendance est très significative. chi2 = 32,41, ddl = 15, 1-p = 99,43%.
Les valeurs du tableau sont les pourcentages en ligne établis sur 218 observations

En règle générale, lorsque les individus déclarent écouter de la musique pour leurs loisirs, c'est, toutes catégories confondues, la musique arabe qui est majoritairement choisie. C'est ce qu'indique les résultats du tableau ci-dessous obtenus en opérant une différentiation entre les consommateurs réels de musique arabe et occidentale, pour cela la catégorie des consommateurs mixtes à été écartée et ses effectifs répartis au sein des deux autres catégories.

Tableau 43 : Loisirs : Type d'immigration x type musique pour les consommateurs de musique (en%)		
Type musique Type immigration générale	Total consommation musique arabe	Total consommation musique occidentale
Imigrt° travail	92,9	14,3
Imigrt°études	81,8	36,4
Imigrt°Rgpt faml conjoint	100	12,5
Imigrt°Rgpt faml eft	97	39,3
2de génération locale	92,8	66,6
3ème génération locale	95,5	45,5
Total	93,3	35,7

Les valeurs du tableau sont les pourcentages en ligne établis sur 138 observations représentants les consommateurs de musique.

Le type de musique écoutée semble bien s'inscrire comme un indicateur de l'identité culturelle dans la mesure où un nombre important d'individus déclare écouter de la musique arabe avec un faible écart générationnel. Par contre, c'est à partir du choix de la musique occidentale que s'opère une distinction entre les générations socialisées dans les pays d'origine et celles qui ont grandi en France.

3) Les autres loisirs

Tableau 44 : Loisirs : cinéma et discothèque par classe d'âge(en %)		
Loisirs Classe d'âge	*Cinéma*	*Discothèque*
moins de 20	54,3	20,0
de 20 à 24	51,9	16,7
de 25 à 29	45,0	7,5
de 30 à 34	50,0	0,0
de 35 à 39	36,4	0,0
de 40 à 49	14,8	0,0
de 50 à 60	7,7	0,0
60et plus	0,0	0,0
Total	40,8	8,7

La dépendance n'est pas significative. chi2 = 8,00, ddl = 6, 1-p = 76,19%.
Les valeurs du tableau sont les pourcentages en ligne établis sur 218 observations.

D'autres types de loisirs semblent plus déterminés par l'âge des individus. C'est notamment le cas des sorties en discothèque ou au cinéma (tableau 44).

La fréquentation des discothèques s'arrête à partir de trente ans et diminue fortement pour le cinéma à partir de quarante ans. Cependant, l'introduction de la variable test *type d'immigration*, amène à nuancer ce phénomène.

Tableau 45 : Loisirs : consommation cinéma et discothèque par type d'immigration et classe d'âge [44] (en %)		
Loisirs Classe d'âge	Cinéma	Discothèque
Immigration travail		
de 40 à 49	14,3	0,0
de 50 à 60	11,1	0,0
Immigration études		
moins de 20	50,0	50,0
de 20 à 24	25,0	0,0
de 25 à 29	33,3	0,0
de 30 à 34	50,0	0,0
de 40 à 49	33,3	0,0
Immigration° famille conjoints		
de 25 à 29	50,0	0,0
de 40 à 49	9,1	0,0
Immigration° famille enfants		
moins de 20	66,7	0,0
de 20 à 24	50,0	14,3
de 25 à 29	38,5	7,7
de 30 à 34	46,7	0,0
de 35 à 39	50,0	0,0
2de génération locale		
moins de 20	36,8	21,1
de 20 à 24	60,0	16,0
de 25 à 29	57,1	14,3
de 30 à 34	71,4	0,0
de 35 à 39	100	0,0
3ème génération locale		
moins de 20	81,8	18,2
de 20 à 24	45,5	27,3
de 25 à 29	40,0	0,0
de 30 à 34	50,0	0,0

Les valeurs du tableau sont les pourcentages en ligne établis sur 218 observations

    Si, quelle que soit la génération, la fréquentation des discothèques diminue avec l'âge pour finir par disparaître totalement, celle du cinéma ne connaît pas le même déclin et peut varier à l'intérieur d'une même génération de façon discontinue. Les sorties en discothèque restent le fait des plus jeunes, quant au cinéma, il est d'abord fréquenté par les élèves et les étudiants ainsi que les catégories socioprofessionnelles moyennes et supérieures.

---

[44] Afin « d'alléger » le tableau, les effectifs nuls ont été supprimés au sein de la variable *type de génération*.

Tableau 46 : Loisirs : cinéma et discothèque par CSP (en %)		
Loisirs CSP INSEE	Cinéma	Discothèque
Commerçant, artisan, chef entreprise	14,3	0,0
Cadre.Prof.Intellectuelle.Sup.	62,5	0,0
Profession intermédiaire	55,6	0,0
Employé	37,8	10,8
Ouvrier	14,3	4,8
Chômeur	33,3	0,0
Élève, Étudiant	56,0	16,7
Retraité	0,0	0,0
Inactif	14,3	0,0
Autre	25,0	0,0
Total	40,8	8,7

Les valeurs du tableau sont les pourcentages en ligne établis sur 218 observations

Cela peut s'expliquer par la maîtrise de la langue française puisque aucune des personnes ne parlant que l'arabe ou le berbère ne fréquente les discothèques ou les cinémas. Il est vrai que pour ce dernier, la compréhension minimale des dialogues paraît nécessaire pour justifier le temps et l'argent consacrés à cette activité. Il faut également prendre en considération la représentation de ces lieux chez les personnes socialisées dans les pays d'origine dans la mesure où elles peuvent les percevoir comme des lieux de perdition. Les salles de cinéma, avant qu'elles ne soient détrônées par les cassettes vidéo et les DVD, faisaient souvent fonction, dans les pays d'origine, de lieux de rencontres entre garçons et filles et lorsque ces dernières s'y rendaient seules, elles ne manquaient pas de mettre en jeu leur réputation. Pour un certain nombre de personne, la dimension artistique et culturelle du cinéma ne fait pas partie des représentations qu'elles se font de cette activité.

La lecture occupe une place importante dans le choix des loisirs avec 47,7% de l'échantillon qui déclarent la pratiquer. Bien sûr c'est d'abord le fait des personnes lettrées en français ou en arabe. L'activité est pratiquée autant par les femmes que par les hommes et par tous les types de générations et dans une moindre mesure par les immigrations de travail (25%) et de regroupement familial des conjoints (37,5%)[45]. Si les moins de vingt ans ne s'adonnent à la lecture que pour 25,7% d'entre eux, c'est la classe d'âge des 30-34 ans qui, avec 73,7% de lecteurs, semble la plus concernée par cette activité.

d) Les fêtes

La célébration des diverses fêtes constitue également un double indicateur de préservation de la culture traditionnelle et religieuse et du processus d'acculturation en cours. À travers les pratiques de célébration de fêtes traditionnelles arabo-musulmanes et françaises il devient possible de mesurer ces phénomènes importants dans la construction des identités. Pour cela, nous avons

---

[45] La moyenne des lecteurs pour les quatre autres types d'immigration est de 50%.

proposé aux enquêtés une liste de fêtes en leur demandant d'indiquer celles qu'ils célébraient :

Tableau 47 : Répartition fêtes	
Fêtes françaises	Fêtes arabo-musulmanes
Noël	Aïd el Fitr (fin du ramadan)
Nouvel an	Aïd el Adha (Sacrifice d'Abraham)
	Mouloud (anniversaire de la naissance du prophète Mohamed)

Concernant les fêtes françaises, le nouvel an peut être, de la part des Maghrébins, considéré comme une fête civile dont la célébration peut avoir lieu pour certaines catégories sociales dans les pays d'origine, quant à Noël, l'événement est majoritairement connoté religieusement. Certes, si Jésus est reconnu dans la tradition coranique, il est placé au rang de prophète et nullement considéré comme fils de Dieu et dans la tradition musulmane aucune information n'est donnée sur sa date de naissance. Du coup, la célébration de Noël ne fait pas toujours partie des fêtes pratiquées. De leur côté, les fêtes musulmanes semblent presque toujours respectées quelle que soit la dimension que les acteurs leurs confèrent : culturelle et/ou religieuse. Les deux premières qui portent la dénomination d'Aïd, ont un nom partiellement modifié suivant qu'il soit utilisé en arabe classique ou en dialecte nord-africain. Ainsi, l'Aïd el Adha qui signifie la fête du sacrifice, devient l'Aïd el Kebir, autrement dit la grande fête, dans la bouche des Marocains, Algériens et Tunisiens, alors que l'Aïd el Fitr, la fête de la rupture du jeûne de ramadan, se transforme en l'Aïd el Seghir, la petite fête. Cette différence de valeur est due au fait que la première s'étend sur trois jours alors que la seconde ne se limite qu'à une journée. Ces deux fêtes représentent réellement les deux plus importantes et les plus festives du rite islamique, l'autre, le Mouloud, qui célèbre l'anniversaire de la naissance du prophète Mohamed est diversement considérée. Certains l'inscrivent dans une dimension spirituelle, d'autres plus traditionnelle, du coup elle sera inégalement célébrée ou simplement ignorée.

Ainsi, 95,5% des personnes de l'échantillon pratiquent au moins une fête musulmane et plus de la moitié d'entre elles ne célèbrent que celles-ci. On peut alors penser que ces 52,8% constituent la catégorie la plus « orthodoxe » dans le respect des traditions culturelles et religieuses.

1) Une division marquée par la célébration des fêtes françaises

Tableau 48 : Fêtes : répartition suivant les événements		
Répartition fêtes	Nb. Cit.	Fréq.
Fêtes musulmanes seules = 52,8%		
Aïd el Fitr+Aïd el Adha	51	23,4%
Aïd el Fitr+Aïd el Adha +Mouloud	64	29,4%
Fêtes musulmanes + Nouvel an = 23%		
Aïd el Fitr+Aïd el Adha +Nouvel an	20	9,2%
Aïd el Fitr+Aïd el Adha +Mloud+Nouvel an	30	13,8%
Noël fêté = 23,9%		
Aïd el Fitr+Aïd el Adha +Noël+ Nouvel an	17	7,8%
Aïd el Fitr+Aïd el Adha +Mouloud+Noël	3	1,4%
Aïd el Fitr +Noël+ Nouvel an	1	0,5%
Aïd el Adha +Noël+ Nouvel an	3	1,4%
Toutes les fêtes	28	12,8%
Nouvel an	1	0,5%
Total observations	**218**	**100%**

Le tableau présenté ci-dessus, montre la répartition des fêtes suivant trois combinaisons principales. Ces dernières permettent de distinguer trois grandes catégories d'individus dont le partage s'établit à partir d'une division introduite par le fait qu'aux fêtes arabo-musulmanes majoritairement célébrées, vient s'ajouter le nouvel an et/ou Noël.

2) Les « orthodoxes »

Il s'agit ici de la majorité des individus (52,8%) qui ne célèbre que les fêtes arabo-musulmanes. Ici encore, l'évolution du phénomène à partir du type de génération laisse apparaître la prédominance des individus socialisés dans les pays d'origine et principalement des immigrés travailleurs et de leurs conjoints venus dans le cadre du regroupement familial.

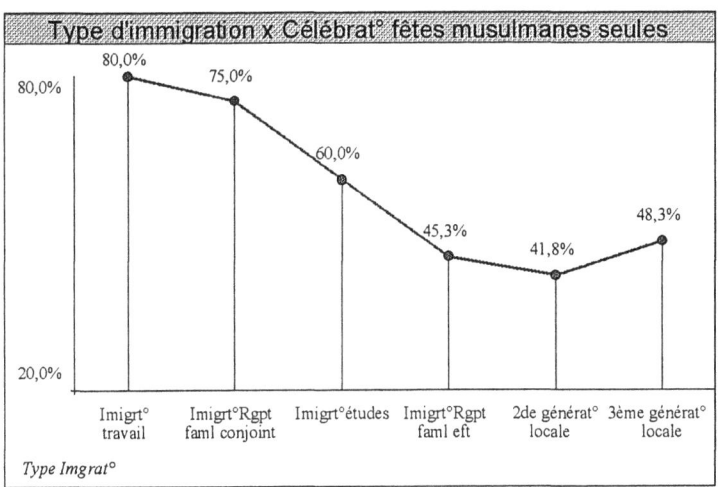

Au fur et à mesure des générations, la courbe représentant les « orthodoxes » décroît traduisant ainsi l'aspect dynamique et changeant de la culture. Il faut noter ici, comme pour la musique, une légère remontée des effectifs pour la 3ème génération locale.

Le terme « orthodoxe » adopté pour cette catégorie, reflète à la fois une conformité aux traditions culturelles et religieuses. Cette dernière dimension révèle toute son importance lorsque l'on introduit la variable *Type de pratique religieuse*.

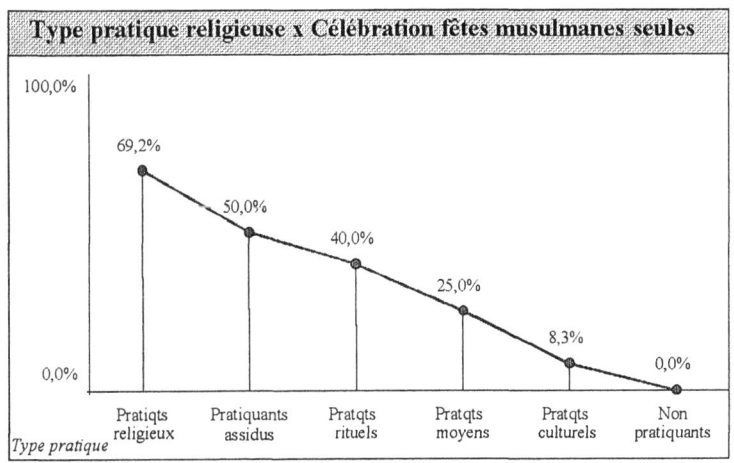

La courbe correspondant à la célébration des seules fêtes musulmanes coïncide exactement avec l'échelle de valeurs que nous avons attribuée aux types de pratiques (voir plus loin). Autrement dit plus la pratique religieuse est forte, plus la célébration des fêtes se concentre autour des occasions musulmanes. Par conséquent, le degré de pratique religieuse est un facteur important moins dans la conservation des traditions que dans l'appropriation de pratiques nouvelles, car si la majorité des individus conservent la célébration des fêtes traditionnelles, tous ne se limitent pas à celles-ci.

3) Les semi-orthodoxes

Cette catégorie prend en compte les personnes ayant déclaré célébrer toutes ou partie des fêtes musulmanes et le nouvel an. L'ensemble des individus fêtant la nouvelle année, quelque que soit la configuration, représente 45,9% de l'échantillon mais 23% entrent dans la catégorie présente (le reste associe Noël au nouvel an).

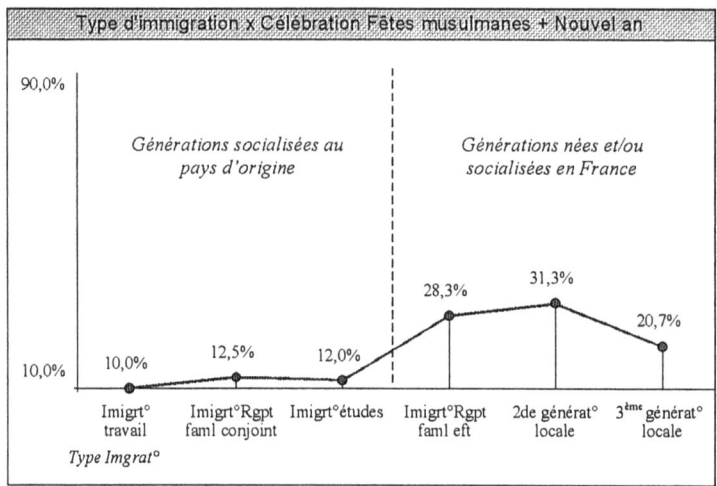

Ici encore, l'effet générationnel semble important et le fait d'introduire le nouvel an marque une rupture significative entre les générations arrivées en France à l'âge adulte et celles qui y sont nées ou largement socialisées.

Le type de pratique religieuse influe différemment pour cette catégorie que pour la précédente, les pratiquants y sont plutôt majoritaires ce qui peut être dû au caractère non religieux de la fête du nouvel an.

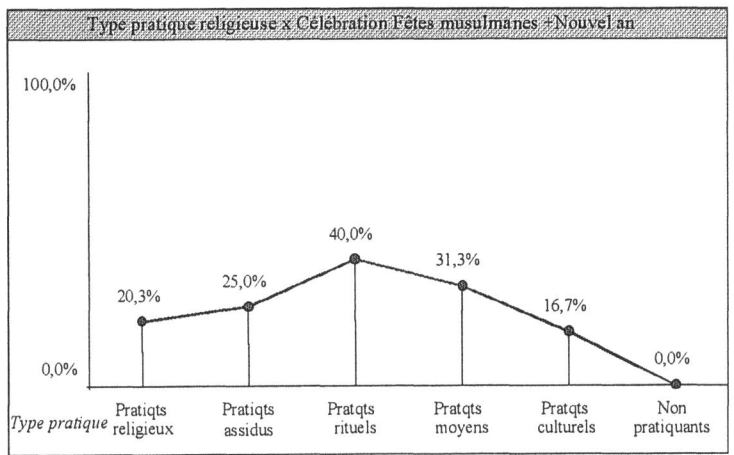

Cette catégorie, d'abord constituée d'individus socialisés en France, reste globalement le fait des plus jeunes puisque aucune des personnes âgées de 50 ans et plus n'y figure. Globalement, les individus âgés de moins de trente ans sont les plus concernés.

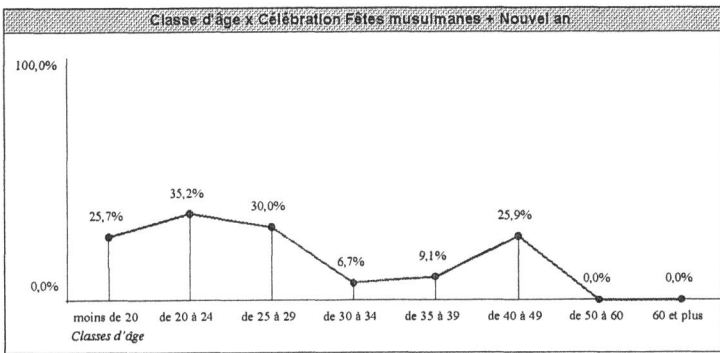

Cependant, la tranche des 40-49 ans apparaît comme atypique et brise la continuité décroissante de la courbe. Ces individus sont tous mariés et à la tête de familles composées de trois à cinq enfants et plus. Le fait d'avoir des enfants peut constituer une raison de fêter le nouvel an. Sur le plan religieux, 87,7% d'entre eux figurent parmi les pratiquants religieux, les autres sont des pratiquants assidus. Pour ces individus, le haut degré de pratique ne semble donc pas constituer un obstacle à la célébration de cette fête. La conservation de la pratique religieuse musulmane n'entre pas en contradiction avec l'adoption d'une coutume plutôt occidentale, la combinaison des fêtes permet une ouverture et une participation partielle à la culture dominante.

4) Les hétérodoxes

Cette catégorie, qui représente 23,9% de l'échantillon total, est construite à partir des combinaisons de réponses incluant obligatoirement la célébration de la fête de Noël

Si l'adoption du nouvel an peut être considérée comme une innovation moyenne dans le processus d'acculturation des Maghrébins, du fait qu'il n'est pas totalement étranger à la culture, en revanche, Noël représente une étape bien supérieure. Il semblerait que cette évolution ne soit pas à mettre directement en rapport avec la dimension religieuse de la fête, mais plutôt culturelle. En effet, cette dernière, même chez les Français de souche, ne revêt pas systématiquement une dimension spirituelle et un grand nombre d'entre eux la pratique en dehors de toute considération religieuse. La construction à la fois sociale et économique de cette fête, avec notamment l'invention du père noël, en a fait une occasion plutôt à caractère populaire et familial profondément ancrée dans la culture occidentale. Son impact est tel qu'il est difficile de passer à côté et certains Maghrébins vont la fêter en achetant des cadeaux aux enfants afin d'éviter qu'ils ne soient marginalisés face à leurs pairs ou d'autres, notamment parmi les plus jeunes, vont profiter de l'occasion pour faire la fête entre amis. Le fait de fêter Noël, nous le verrons plus loin avec l'analyse des entretiens, ne signifie pas toujours un déroulement « orthodoxe » des cérémonies. Autrement dit, tout le monde ne respecte pas la tradition du sapin ou du réveillon, mais l'ordinaire sera amélioré et des cadeaux offerts.

Une augmentation du taux de célébration de Noël proportionnelle à la forme d'immigration des individus apparaît clairement sur le graphique suivant. La courbe augmente au fur et à mesure des générations en révélant une coupure significative entre les immigrés venus pour travailler ou pour rejoindre leurs conjoints et les autres. Ici, la 3ème génération locale participe au phénomène et contrairement à ce que nous avons pu constater jusque là, elle obtient le taux le plus haut.

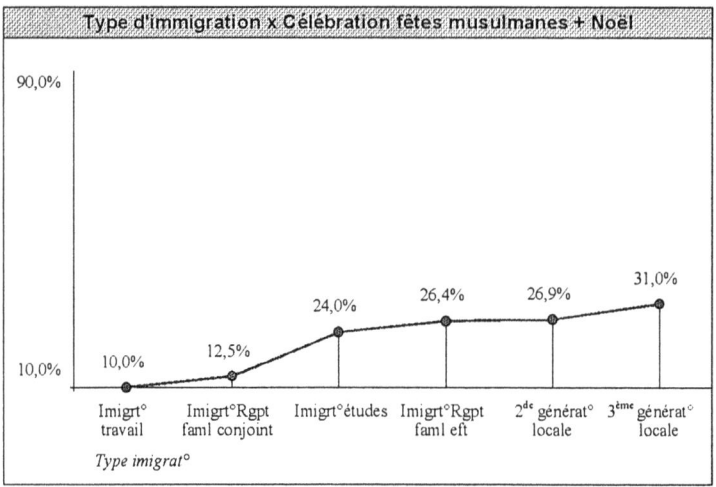

Noël reste principalement une fête qui attire d'abord les plus jeunes puisque 40% des moins de vingt ans la célèbrent. La tranche des 35-39 ans et dans une moindre mesure des 30-34 ans y participent pour environ un tiers de leurs effectifs alors que les tranches d'âge suivantes amorcent un déclin.

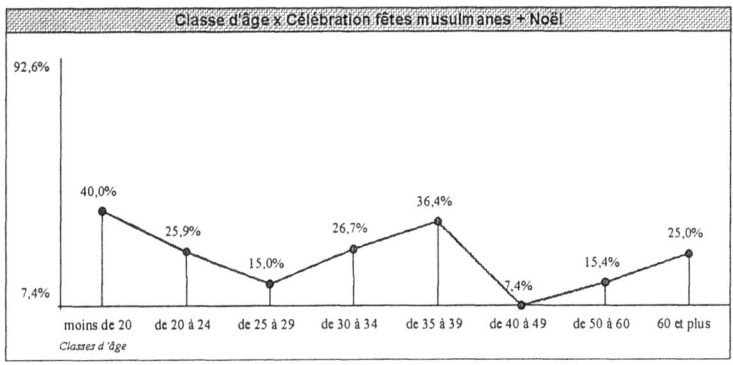

Un quart des personnes âgées de soixante ans et plus fête Noël, on peut alors penser que le fait d'avoir des petits enfants n'est pas étranger à cette pratique. Il semblerait à ce propos que certains immigrés ont délaissé une partie des principes éducatifs qu'ils appliquaient à leurs enfants dès lors qu'ils sont devenus grands-parents.

Le phénomène est alors à mettre en relation avec une autre donnée. Si Noël représente, entre autres, la fête des enfants, celle-ci devrait être un tant soit peu suivie par des individus porteurs du statut de parents.

Pourtant, la courbe présentée ci-dessous ne confirme que partiellement cette hypothèse et indique plutôt que la pratique de Noël est inversement proportionnelle au nombre d'enfants.

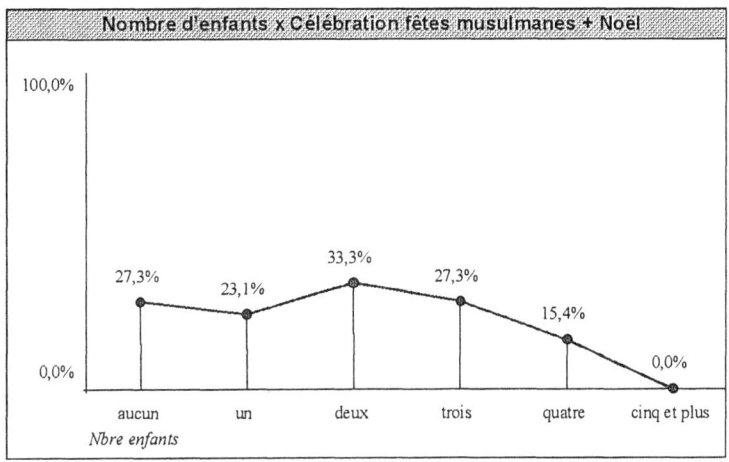

Un déclin de la pratique apparaît significativement pour les familles composées de quatre enfants et au-delà, l'effectif est nul. Les parents avec deux enfants représentent la plus forte catégorie, ces derniers appartiennent majoritairement à la tranche d'âge des 35-39 ans qui, rappelons-le, obtient un taux assez élevé pour la pratique de Noël.

Ce phénomène nous amène à formuler deux hypothèses explicatives : la première serait en lien avec l'âge des individus, puisque les familles de quatre enfants et plus correspondent plutôt aux classes âgées de quarante ans et plus qui pratiquent peu Noël. La seconde est d'ordre économique dans la mesure où les familles nombreuses étant majoritairement les plus populaires, fêter Noël ne justifierait pas les dépenses supplémentaires à engager.

Enfin la place de la pratique religieuse est importante et discriminante dans la construction de cette catégorie puisque la célébration de Noël augmente au fur et à mesure où le degré de pratique s'amoindrit.

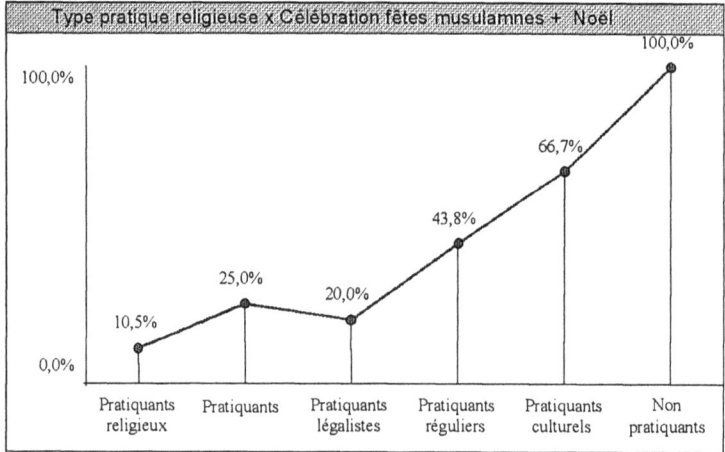

3- Attaches culturelles et liens avec le pays d'origine

Tableau 49 : degré des liens avec le pays d'origine		
Degré liens pays	Nb. Cit.	Fréquence
Très forts liens	20	9,2%
Forts liens	75	34,4%
Liens moyens	59	27,1%
Faibles liens	46	21,1%
Très faibles liens	18	8,3%
Total observations	**218**	**100%**

L'attache au pays d'origine est mesurée à partir de facteurs de liens objectifs puisque l'échelle est construite sur la base de pratiques et non à partir de la subjectivité des individus. À titre d'exemple, la variable *retour au pays* qui participe de l'élaboration de la classification présentée dans le tableau ci-dessus, mesure la fréquence des voyages au pays, plus ces derniers sont nombreux, plus nous considérons que les liens sont forts. Cependant, du nombre de voyages ne dépend pas toujours l'intensité du lien, car tous les Maghrébins ne sont pas égaux dans ce domaine. En effet, ces déplacements ne peuvent s'effectuer que sous certaines conditions financières et spatio-temporelles qui ne sont pas toujours facile à remplir. C'est notamment le cas de la situation géographique, suivant qu'un individu habite Lille ou Bordeaux le voyage pour se rendre au Maroc sera plus ou moins long et ne nécessitera pas le même budget. D'autres, peuvent également hésiter à se rendre au pays dans la mesure où le contexte politique ne donne pas toutes les garanties de sécurité.

D'un autre côté, en regroupant un certain nombre de variables, nous avons pu élaborer une typologie qui établit une distinction entre les individus en fonction de l'intensité des liens qui les attachent aux pays (cf. tableau 49) mais concernant leur rapport à la France, notre questionnaire contient peu d'indicateurs aptes à mesurer ces liens. À ce propos, Tribalat (1996) a retenu deux items principaux : la nationalité et le service national. D'ores et déjà, nous éliminerons le second pour deux raisons principales : 1- le service national n'existe plus ; 2- nous ne le considérons pas comme un facteur apte à mesurer l'attachement puisqu'il était obligatoire que pour les jeunes français de sexe masculin à l'exception des individus porteurs de la double nationalité algérienne et française qui avaient, suite à des accords bilatéraux, le choix de l'effectuer dans un des deux pays. Quant à la nationalité, si elle représente bien un lien objectif d'attache à la France, elle ne constitue pas un indicateur suffisamment pertinent dans la mesure où certains individus peuvent la désirer fortement sans pour autant pouvoir y accéder (refus administratif ou autre). De plus, elle ne peut représenter un indicateur d'attache à la nation que pour le cas des personnes en situation de la demander, autrement dit, les individus dont le profil correspond à une situation particulière. En sont exclues, les personnes qui ne remplissent pas les conditions nécessaires pour espérer l'obtenir (temps de résidence, mariage avec un ressortissant français…) et celles nées françaises. Cependant, nous utiliserons partiellement cette variable en comparant les Français et les étrangers.

Face à cette absence d'indicateurs pertinents pour mesurer le degré des liens avec la France, nous nous contenterons d'analyser ceux en rapport avec les pays d'origine. Cependant, nous ne postulerons pas que suivant le principe des vases communicants, plus les liens avec le pays d'origine sont forts, plus ils sont faibles avec la France et réciproquement. En effet, cela reviendrait à considérer la nature du lien comme un capital dont la quantité serait limitée et devrait être partagée en deux parties égales ou non entre les deux pôles en question. Nous verrons que si certains facteurs influent sur la nature des liens, ils ne prédisent en rien la primauté d'un pôle sur l'autre. Ainsi des individus fortement attachés au pays d'origine peuvent l'être tout aussi fermement à la France. Il suffit pour le démontrer, de s'intéresser au statut d'habitation en distinguant les propriétaires et les locataires. Certes, le fait de louer une maison ou un appartement ne dit rien de l'attachement que l'on porte à la France dans la mesure où on ne peut pas savoir si le statut de locataire est lié à un projet de retour qui ne nécessite pas l'acquisition d'un bien immobilier ou au manque de ressources financières qui entrave le désir d'accession à la propriété. Par contre, le fait d'avoir fait l'acquisition de sa résidence principale, peut être considéré comme un indicateur de cet attachement car, si dans le cas des locataires on ne peut pas préjuger de la nature des sentiments et des désirs concernant une installation définitive, pour les propriétaires, l'achat d'un bien immobilier permet de penser que celle-ci est au minimum envisagée et au plus décidée. Aussi, en croisant le statut d'habitation avec le degré de liens avec le pays, on découvre que de fortes attaches avec le pays d'origine ne sont pas forcément incompatibles avec un attachement important à la France, puisque, au total, 51,7% des propriétaires font partie des catégories *très forts liens* et *forts liens* (partie grisée du tableau 50).

Tableau 50 : statut habitation x degré liens avec le pays d'origine (en %)					
Degré liens pays *Statut habitat*	Très forts liens	Forts liens	Liens moyens	Faibles liens	Très faibles liens	Total
Hébergés	0,0	33,3	53,3	13,3	0,0	100
locataires	9,8	33,3	25,3	23,0	8,6	100
Propriétaires	10,3	41,4	24,1	13,8	10,3	100
Total	9,2	34,4	27,1	21,1	8,3	100

a) Nationalité française et degré d'attache au pays d'origine

Après avoir précédemment constaté les limites de l'utilisation de la variable *nationalité*, nous la convoquons tout de même d'un point de vue objectif. Autrement dit, nous l'utilisons sans nous préoccuper du fait que des individus désirent fortement l'obtenir ou en aient fait la demande pour laquelle ils sont dans l'attente d'une réponse ou aient reçu un avis défavorable.

Dès lors, le degré de liens avec le pays d'origine varie significativement selon que l'on est Français[46] ou non. Les étrangers se situent majoritairement dans les deux plus fortes catégories avec un taux de 56,9% (cf. tableau 51), contre 37% des Français. Cependant, les liens ne sont pas totalement rompus pour ces derniers puisque seuls 34,3% d'entre eux s'inscrivent dans les classes de liens faibles.

Tableau 51 : nationalité x degré liens avec le pays d'origine (en %)					
Degré liens pays *Nationalité*	Très forts liens	Forts liens	Liens moyens	Faibles liens	Très faibles liens	Total
Étrangers	12,5	44,4	23,6	16,7	2,8	100
Français	7,5	29,5	28,8	23,3	11,0	100
Total	9,2	34,4	27,1	21,1	8,3	100

La dépendance est significative. chi2 = 9,83, ddl = 4, 1-p = 95,66%.
Les valeurs du tableau sont les pourcentages en ligne établis sur 218 observations.

En étudiant de plus près les nationalités, le phénomène peut être relativisé dans la mesure où les individus français porteurs d'une double nationalité obtiennent une moyenne de liens aux pays d'origine très proche de celles des étrangers, avec

---
[46] Sont considérés Français les individus porteurs de la seule nationalité française et les binationaux ; les étrangers ne possèdent pas la nationalité française et sont détenteurs d'une carte de séjour.

pour les premiers une moyenne de 3,35 sur 5 et de 3,57 pour les seconds. Le faible écart de 0,22 indique une proximité des liens, quelle que soit la configuration des nationalités. La discrimination entre étrangers et Français s'effectue alors à partir de la catégorie des individus non binationaux porteurs de la seule et unique nationalité française. En effet, ces derniers obtiennent le score le plus faible, avec 2,29, ils se situent en dessous de la moyenne calculée sur une échelle allant de 1 à 5 et se distinguent clairement des autres catégories par la distance qui les en sépare. Rappelons que ces individus, sont tous d'origine algérienne (sauf un de Tunisie), pays qui suivant les cas, ne reconnaît pas la double nationalité (Harkis et leur descendance, réintégration à la citoyenneté française pour les personnes nées avant l'indépendance...).

Par conséquent, concernant le degré de liens au pays, la nationalité semble peu influente. Le tableau calculé à partir des moyennes du degré de liens au pays (tableau 52), indique l'intensité de ces liens en fonction des diverses combinaisons de nationalités. On peut constater que le fait d'être sous le statut de la double nationalité, autrement dit d'être Français n'influe généralement pas sur le niveau des liens avec le pays à l'exception des Marocains. Les Tunisiens restent les plus fortement liés à leur pays d'origine surtout lorsqu'ils ne sont pas binationaux.

Tableau 52 : Moyenne du degré de liens avec le pays d'origine suivant les nationalités

Répart°nationalités	Degré liens pays
Nationalité Tu	4,17
Nationalité F-Tu	3,55
Nationalité Ma	3,47
Nationalité F-Alg	3,38
Nationalité F-Ma	3,13
Nationalité Alg	3,09
Nationalité F	2,29
TOTAL	**3,15**

Les valeurs du tableau sont les moyennes calculées sans tenir compte des non-réponses.
Les noms des critères discriminants sont encadrés.
Les nombres encadrés correspondent à des moyennes par catégorie significativement différentes (test t) de l'ensemble de l'échantillon (au risque de 5%).
Les paramètres sont établis sur la notation : Très forts liens (5), Forts liens (4), Liens moyens (3), Faibles liens (2), Très faibles liens (1).

b) La télévision par satellite

Une simple promenade au cœur d'une cité HLM, d'une banlieue ou d'un quartier populaires permet d'entrevoir le nombre important d'antennes paraboliques qui arborent balcons et fenêtres. Ces *tabsil* telles qu'elles sont désignées en langue arabe[47] représentent de véritables indicateurs des liens d'attache aux pays d'origine. Depuis quelques années, les canaux de télévision analogiques, puis numériques, fleurissent en permettant au téléspectateur intéressé de profiter gratuitement et sans abonnement, d'une multitude de programmes en provenance d'un nombre considérable de pays à travers le monde. Les satellites Hotbird, Astra ou Arabset proposent un panel composé des chaînes nationales en arabe en provenance des pays

---

[47] En dialecte arabe nord-africain, *tabsil* signifie l'assiette.

d'Afrique du Nord, du Golfe persique et du Moyen-orient, ou de canaux thématiques spécialisés dans l'art, la culture, la musique, la religion, les sciences ou l'information[48].

Le fait de posséder une antenne parabolique permet donc de maintenir et d'entretenir des liens avec les pays d'origine et de façon plus générale, avec le monde arabe, sa langue, sa culture et la religion musulmane. Ces liens s'ancrent à la fois dans le domaine de l'affectivité, c'est surtout le cas pour les chaînes de son propre pays, mais également de l'information, de la connaissance et du savoir scientifique, religieux ou culturel. Consommer ces chaînes, c'est un peu du pays qui rentre chez soi et un peu de soi au pays. Le fait de penser que la famille, les amis restés de l'autre côté de la Méditerranée regardent les images rapproche, tout comme le rappel suscité par ces mêmes images alimente la nostalgie.

Le rapport entre cette pratique et les liens d'attache au pays est très remarquable. Il suffit, pour s'en rendre compte, de constater que la totalité des individus présents dans les catégories *très forts et forts liens* possèdent une antenne parabolique et que 77,6% d'entre eux regardent les chaînes arabes suivant une fréquence quotidienne et pour les autres, à raison d'une fois par semaine au moins (cf. tableau 53).

Cette pratique tend à décroître au fur et à mesure où le degré des liens avec le pays s'estompe et au final, les individus de la catégorie *très faibles liens* ne sont pas concernés par ce type de programmes, qu'il y ait ou non une antenne parabolique chez eux.

L'analyse factorielle et le tableau présentés ci-après permettent de constater la division de cette pratique en fonction de son accomplissement ou non et de sa fréquence. On peut ainsi distinguer trois aires séparées dans l'espace, avec aux deux extrémités, les consommateurs assidus et les non consommateurs se regroupant respectivement autour des pôles *forts et faibles liens* d'attache aux pays d'origine, et au centre, les individus moyens.

Analyse factorielle : pratique parabole x degré liens pays d'origine

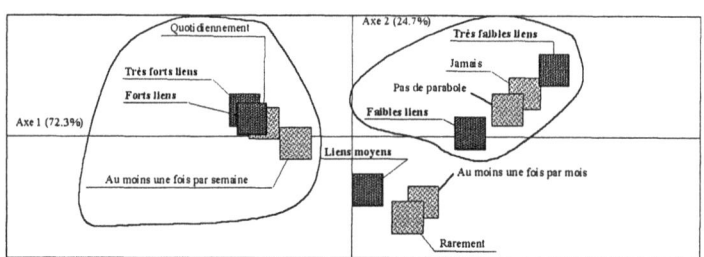

---

[48] Dans le domaine de l'information, la chaîne *Al Jazira* est devenue célèbre en traitant les évènements consécutifs aux attentats du 11 septembre 2001 à New-York et en couvrant la seconde guerre du Golfe.

Tableau 53 : Pratique parabole x degré liens pays d'origine (en %)						
Degré liens pays Parabole	Très forts liens	Forts liens	Liens moyens	Faibles liens	Très faibles liens	Total
Non réponses	0,0	0,0	0,0	66,7	33,3	100
Quotidiennement	19,4	58,2	17,3	5,1	0,0	100
Au moins 1 fois par semaine	3,2	58,1	29,0	9,7	0,0	100
Au moins 1 fois par mois	0,0	0,0	60,0	40,0	0,0	100
Rarement	0,0	0,0	72,4	27,6	0,0	100
Jamais	0,0	0,0	8,3	58,3	33,3	100
Pas de parabole	0,0	0,0	20,0	47,5	32,5	100
Total	9,2	34,4	27,1	21,1	8,3	100

La dépendance est très significative. chi2 = 195,49, ddl = 24, 1-p = >99,99%.
Les valeurs du tableau sont les pourcentages en ligne établis sur 218 observations.

Parmi les utilisateurs réguliers[49] des chaînes satellitaires, figurent d'abord les femmes issues de l'immigration de regroupement familial (95,8% d'entre elles), suivies par la catégorie de l'immigration de travail (90% d'entre eux) et par la classe du regroupement familial des enfants (60,4% d'entre eux). Pour ce dernier groupe, les plus assidus sont d'abord les individus arrivés en France âgés de 11 à 18 ans puisque 72,5% d'entre eux apparaissent dans cette catégorie contre 56,4% de ceux arrivés entre 0 et 10 ans. La seconde génération locale semble confirmer le phénomène d'une baisse en fonction des générations dans la mesure où seuls 40,3% d'entre eux consomment régulièrement ces programmes. Quant à l'immigration d'étudiants, 48% d'entre elle sont assidues à cette pratique, mais 44% des individus de cette classe ne possédant pas de parabole, ils ne peuvent répondre directement à la question. Ces derniers sont majoritairement en cours d'études et logent dans les cités universitaires ou les logements étudiants et ne peuvent, de ce fait, s'équiper en la matière. Par conséquent, il n'est certainement pas faux de postuler que le taux assez faible de consommateurs dans cette catégorie est dû à une impossibilité matérielle ou financière d'acquérir l'équipement nécessaire à la réception des chaînes satellites.

Ici encore, le contexte de socialisation primaire semble influer sur cette pratique. Pour regarder ces chaînes avec un certain plaisir, il faut, sur les plans affectif et cognitif, que les programmes diffusés aient un sens, autrement dit que les arrière-plans sociaux, culturels et politiques soient directement perceptibles par le téléspectateur. Bien évidemment la langue arabe doit être également relativement bien comprise. Le rapport entre cette pratique et le type de génération est directement lié à ces conditions et permet de comprendre l'adéquation qui existe entre le degré de liens au pays et la consommation de programmes satellites.

Pourtant, une fois encore, c'est la troisième génération locale qui infléchit la trajectoire amorcée au gré des générations, car sans pour cela égaler le taux de leurs aïeux, 58,6% d'entre eux regardent régulièrement les télévisions arabes, ce qui représente un accroissement de 18,3 points par rapport à la seconde génération locale.

---

[49] Par consommateurs et utilisateurs assidus ou réguliers, nous entendons les individus qui déclarent regarder les chaînes arabes quotidiennement ou une fois par semaine au moins.

c) Attaches au pays de nature matérielle

Parmi les liens d'attache objectifs que nous avons retenus, figure une série d'indicateurs en rapport avec les investissements matériels effectués au pays. La possession d'un compte en banque, une maison, un appartement ou une entreprise représentent, à des degrés divers une façon de rester en contact et de conserver des liens avec le pays. L'investissement immobilier est souvent un accomplissement chez les personnes qui ont immigré, c'est un peu la preuve visible de la réussite. L'acquisition d'une maison justifie l'acte migratoire en indiquant, parfois de manière un peu ostentatoire, que les sacrifices engendrés par l'émigration n'ont pas été vains. La demeure est souvent l'objet de toutes les fiertés, elle peut alors servir à héberger de la famille proche ou rester fermée toute l'année et ne servir que pour les vacances estivales. Le compte en banque est généralement ouvert dans une banque qui possède des succursales en France. Il sera utilisé pour les transferts d'argent entre la France et le pays, afin d'aider des membres de la famille dans le besoin, mais il pourra également servir à épargner pour les investissements sur place ou pour les vacances. Enfin, les entreprises peuvent avoir la forme d'un petit commerce, d'un café, d'une exploitation agricole ou d'une société d'import-export. Le tableau suivant indique la répartition de notre échantillon en fonction des biens possédés au pays.

Tableau 54 : répartition des biens au pays d'origine		
Répartit° biens pays	Nb. Citations	Fréquence
Aucun bien	69	31,7%
Compte en banque seulement	17	7,8%
Maison seulement	70	32,1%
Maison+compte	59	27,1%
Compte+commerce/entreprise	1	0,5%
Maison+cpte+commerce/entpse	2	0,9%
Total observations	**218**	**100%**

Un premier niveau de lecture des résultats laisse apparaître une corrélation importante entre le fait de posséder ou non des biens et le degré de liens avec le pays d'origine. Le fait de posséder un commerce, une entreprise et plus généralement une maison, constitue un élément important d'attache au pays, la catégorie des *très forts liens* ne comporte d'ailleurs que des individus dans ce cas. Au contraire, 62,3% des personnes n'ayant aucun bien font preuve de faibles ou de très faibles liens.

L'analyse factorielle et le tableau suivants permettent de distinguer le mode de répartition de la population en trois parties suivant une division où la somme des biens possédés corrèle avec le degré de liens d'attache.

Analyse factorielle : répartition des biens au pays d'origine x degré liens pays

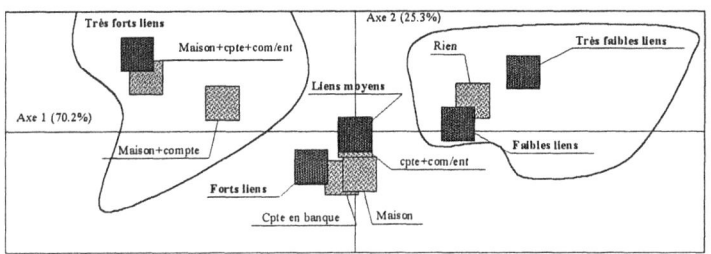

Tableau 55 : répartition des biens au pays d'origine x degré liens pays (en %)						
Degré liens pays *Répartit° biens pays*	Très forts liens	Forts liens	Liens moyens	Faibles liens	Très faibles liens	Total
Rien	0,0	11,6	26,1	39,1	23,2	100
Cpte en banque	0,0	47,1	41,2	11,8	0,0	100
Maison	0,0	51,4	24,3	21,4	2,9	100
Maison+compte	32,2	37,3	27,1	3,4	0,0	100
Cpte+com/ent	0,0	0,0	100	0,0	0,0	100
Maison+cpte+com/ent	50,0	50,0	0,0	0,0	0,0	100
Total	**9,2**	**34,4**	**27,1**	**21,1**	**8,3**	**100**

La dépendance est très significative. chi2 = 122,24, ddl = 20, 1-p = >99,99%.
Les valeurs du tableau sont les pourcentages en ligne établis sur 218 observations.

Les personnes qui déclarent posséder une maison au pays et figurent tout de même dans les catégories de liens les plus faibles s'avèrent appartenir à la génération de regroupement familial des enfants et aux seconde et troisième générations locales. Généralement, chez les Maghrébins, la maison parentale est considérée comme la demeure familiale, du coup, ces individus déclarent posséder un bien immobilier dont ils n'ont pas fait eux-mêmes l'acquisition. Ils déclarent donc posséder une maison, sans pour cela y attacher la même importance que leurs parents.

La nature des biens est à mettre en relation avec une autre variable, la fréquence de retour au pays. En effet, si 68,8% des individus qui ne possèdent rien ne retournent jamais au pays, 72% de ceux s'y rendant au moins une fois par an sont détenteurs d'une maison et 68,9% de ceux qui y retournent plus d'une fois par an ont une maison, un commerce ou une entreprise.

L'acquisition d'une maison reste largement le fait des immigrations de travail et de regroupement familial des conjoints. 75% des individus de la première catégorie déclarent en posséder une et 70,9% de la seconde, l'immigration d'étudiants atteint quant à elle le taux de 60%. Pour les autres, malgré un taux relativement important, il est difficile de savoir si la maison est la leur propre ou celle de leurs parents. Ainsi, 64,1% des individus issus de l'immigration de regroupement familial des enfants déclarent en posséder une, 52,8% de la seconde génération locale et 31% de la troisième. Qu'elle leur appartienne directement ou non, le fait même de le déclarer semble révéler un sentiment d'attache au pays.

Concernant les commerces et les entreprises, il est intéressant de noter que les trois personnes qui en sont détentrices sont issues de la génération de regroupement familial des enfants (1) et de la seconde génération locale (2).

d) Les attaches familiales

La nature de la famille présente au pays constitue un autre indicateur de l'intensité des liens. Le lieu de résidence de ses propres parents conditionne ce lien, et l'on sera plus enclin à retourner au pays si de la famille proche y est présente. Pour mesurer l'intensité de ces attaches familiales, nous avons choisi de diviser notre échantillon en deux catégories :

- Familles au pays du 1er degré : figurent dans cette classe les individus dont les parents et/ou les frères et les sœurs sont au pays.

- Familles au pays du 2^d degré : les individus dont au moins les grands-parents ou/et les oncles, les tantes, les cousins et les cousines sont au pays.

Tableau 56 : répartition par type de familles au pays		
Type famille pays	Nombre Citations	Fréquences
Famille pays 1°degré	94	43,1%
Famille pays 2°degré	124	56,9%
Total observations	**218**	**100%**

Naturellement, la famille du 1er degré est d'abord le fait des individus qui ont directement migré à l'âge adulte. Ainsi tous ceux issus de l'immigration de travail et de regroupement familial des conjoints ont au moins leurs parents et/ou leurs frères et sœurs au pays. L'immigration d'étudiants est également dans ce cas pour 88% d'entre eux, les 12% restant sont généralement des individus restés au pays alors que leurs parents étaient en France. Souvent trop âgés pour les accompagner dans le cadre du regroupement familial, ils ont terminé leurs études secondaires au pays accueillis par des membres de la famille (grands-parents, oncle ou tante) et ce n'est qu'après avoir obtenu le baccalauréat qu'ils ont pu rejoindre leurs parents dans le cadre de leurs études supérieures.

Tableau 57 : Famille au pays en fonction du type d'immigration (en %)			
Type famille pays Type d'immigration	Famille pays 2°degré	Famille pays 1°degré	Total
Immigration° travail	0,0	100	100
Immigration °Rgpt faml conjoint	0,0	100	100
Immigration °études	12,0	88,0	100
Immigration °Rgpt faml eft	66,0	34,0	100
2de génération locale	88,1	11,9	100
3ème génération locale	93,1	6,9	100
Total	56,9	43,1	100

La dépendance est très significative. chi2 = 122,46, ddl = 5, 1-p = >99,99%.
Les valeurs du tableau sont les pourcentages en ligne établis sur 218 observations

Avec l'enchaînement des générations, la famille du 1er degré décroît pour ne plus représenter que 6,9% de la troisième génération locale. Pour cette dernière, la présence de famille proche au pays, peut paraître étrange dans la mesure où cette catégorie est constituée d'individus dont les parents et les grands-parents résident a priori en France. Pour les rares cas présents dans notre échantillon, la famille au pays est composée de membres de la fratrie qui se sont « expatriés »[50] pour des raisons d'ordre professionnel ou personnel (mariage).

La corrélation entre le degré de liens au pays et la proximité de la famille présente là-bas, est très forte, et explique en partie la position problématique des générations prises entre la présence de leur ascendance et de leur fratrie d'un côté de la méditerranée et de leur descendance de l'autre.

La lecture du tableau suivant permet de constater l'influence du type de famille au pays sur l'intensité des liens, autrement dit, plus la famille présente à l'étranger est proche, plus les attaches sont fortes. En cela, les liens les plus forts sont incontestablement le fait des personnes dont la famille est du premier degré puisque presque deux tiers d'entre elles figurent parmi les plus attachées. Cependant, le raisonnement contraire ne semble pas de mise car on ne peut pas affirmer que plus la famille présente à l'étranger est éloignée, plus les attaches sont faibles. Certes la moyenne calculée[51] pour les deux groupes est supérieure pour les familles du 1er degré confirmant ainsi un taux d'attache plus important pour ces derniers ; mais, concernant le 2ème degré, malgré un taux élevé d'individus figurant dans les classes de liens les plus faibles (38,7%), la majorité d'entre eux est tout de même présente au sein des liens moyens et forts.

Tableau 58 : Famille au pays x degré lien pays (en %)						
Degré liens pays *Type famille pays*	Très forts liens	Forts liens	Liens moyens	Faibles liens	Très faibles liens	Total
Famille pays 1°degré	20,2	44,7	18,1	12,8	4,3	100
Famille pays 2°degré	0,8	26,6	33,9	27,4	11,3	100
Total	9,2	34,4	27,1	21,1	8,3	100

La dépendance est très significative. chi2 = 40,59, ddl = 4, 1-p = >99,99%.
Les valeurs du tableau sont les pourcentages en ligne établis sur 218 observations

Par conséquent, il semblerait que si le fait d'avoir de la famille proche au pays participe d'un lien d'attache intense, l'amenuisement des attaches familiales au fur et à mesure des générations n'a qu'une incidence limitée. Répétons-le, la nature même de l'immigration maghrébine ne nous permet pas d'analyser les phénomènes explicatifs en matière de liens d'attache au pays au-delà de la troisième génération. À ce stade, nous pouvons constater un double effet : d'un côté, l'intensité des liens s'affaiblit au fur et à mesure que s'amenuise le degré de parenté sur place ; de l'autre, cet affaiblissement reste limité indiquant ainsi que les liens familiaux ne représentent pas le seul facteur explicatif des phénomènes d'attaches au pays.

---

[50] Le terme expatrié semble convenir, puisque ces personnes ne sont pas nées au pays d'origine, pas plus qu'elles n'y ont été socialisées.
[51] La moyenne calculée sur une échelle allant de 1 (très faibles liens) à 5 (très forts liens) est de 3,64/5 pour les types de familles 1er degré et de 2,78/5 pour le type second degré. Moyenne globale = 3,15/5.

e) Attaches culturelles et liens au pays d'origine

Le degré d'attache culturelle est une variable construite à partir de plusieurs indicateurs dont l'intensité est mesurée sur une échelle graduée de 1 à 20). Le calcul des moyennes laisse apparaître une corrélation significative entre le score obtenu à cette variable et la force des liens d'attache au pays d'origine.

Tableau 59 : degré liens pays en fonction du score moyen d'attache culturelle	
Degré liens pays	Moyenne attache culturelle
Très forts liens	16,05
Forts liens	12,47
Liens moyens	11,44
Faibles liens	10,07
Très faibles liens	7,72
Total	11,62

Les valeurs du tableau sont les moyennes calculées sans tenir compte des non-réponses (N= 213)

Les deux semblent aller de pair, les uns se renforçant ou s'amenuisant en fonction des autres. Cependant, en dehors de la catégorie des très faibles liens, les moyennes d'attache culturelle restent importantes dans la mesure où elles dépassent toutes le seuil médian des 10.

À ce propos, l'introduction d'une variable test permet de relativiser la corrélation à l'œuvre. En effet, en convoquant le type d'immigration, l'analyse multivariée permet de constater que pour une forte moyenne d'attache culturelle, des liens forts ne correspondent pas toujours, c'est le cas pour les résultats encadrés dans le tableau 60. Ainsi, peut-on constater qu'au sein de l'immigration de travail, la plus forte moyenne d'attache culturelle de la catégorie correspond à de faibles liens au pays alors que pour d'autres, de forts liens correspondent à de faibles moyennes (étudiants et 2ème génération locale).

Tableau 60 : degré liens pays en fonction du score moyen d'attache culturelle par types d'immigration	
Degré liens pays	**Moyenne attache culturelle**
Immigration de travail	
Très forts liens	15,00
Forts liens	14,10
Liens moyens	15,00
Faibles liens	16,00
Très faibles liens	--
Sous-total	*14,60*
Immigration Rgpt familial conjoints	
Très forts liens	17,63
Forts liens	15,92
Liens moyens	12,00
Faibles liens	--
Très faibles liens	--
Sous-total	*15,83*
Immigration Rgpt familial enfants	
Très forts liens	14,00
Forts liens	11,37
Liens moyens	12,18
Faibles liens	10,83
Très faibles liens	8,00
Sous-total	*11,53*
Immigration étudiants	
Très forts liens	--
Forts liens	11,30
Liens moyens	11,57
Faibles liens	9,33
Très faibles liens	8,50
Sous-total	*10,68*
2ème génération locale	
Très forts liens	18,00
Forts liens	11,11
Liens moyens	11,35
Faibles liens	8,88
Très faibles liens	8,75
Sous-total	*10,45*
3ème génération locale	
Très forts liens	--
Forts liens	12,33
Liens moyens	9,00
Faibles liens	11,00
Très faibles liens	6,00
Sous-total	*9,76*
Total général	**11,62**

Les valeurs du tableau sont les moyennes calculées sans tenir compte des non-réponses (N= 213)

Par conséquent, malgré l'existence d'une tendance permettant de constater la présence d'un double lien entre l'attachement au pays et aux valeurs culturelles, il paraît prudent de devoir relativiser celui-ci.

f) Visites au pays d'origine

Nous l'avons vu précédemment, la fréquence des voyages effectués vers les pays d'origine nous permet seulement d'effectuer une mesure des liens objectifs car il n'y a pas véritablement d'égalité dans ce domaine. En effet, un certain nombre de contraintes d'ordre géographique, temporel ou financier peuvent entraver le désir de se rendre au pays. Ainsi, le nombre de voyages effectués peut représenter un indicateur des liens d'attache au pays d'origine pour une partie de la population étudiée mais il ne nous permet pas de mesurer les liens subjectifs, notamment pour les personnes qui s'y rendent rarement.

Si les personnes très fortement liées au pays s'y rendent toutes une fois par an ou plus, l'ensemble de celles qui constituent la catégorie des très faibles liens n'y va jamais ou rarement.

Tableau 61 : Retour pays x degré lien pays (en %)						
Degré liens pays *Retour pays*	Très forts liens	Forts liens	Liens moyens	Faibles liens	Très faibles liens	Total
Jamais	0,0	0,0	6,3	37,5	56,3	100
Moins d'1 fois par an	0,0	16,2	30,9	39,7	13,2	100
Une fois/an	11,0	50,0	28,0	11,0	0,0	100
Plus d'une fois/an	43,8	31,3	25,0	0,0	0,0	100
Total	9,2	34,4	27,1	21,1	8,3	100

La dépendance est très significative. chi2 = 132,44, ddl = 12, 1-p = >99,99%.
Les valeurs du tableau sont les pourcentages en ligne établis sur 218 observations.

Une division peut s'opérer à partir des fréquences de retours réguliers (une fois par an et plus), des retours rares (moins d'une fois par an) et des non-retours. Pour les premiers, 63% d'entre eux entretiennent des liens forts et très forts avec le pays d'origine (partie grisée du tableau 61), les 37% restant se répartissent dans les liens faibles et moyens. Concernant les seconds, plus de la moitié, 52,9% figurent dans les deux catégories les plus faibles malgré un quart d'entre eux dans les forts liens. Enfin, les troisièmes font majoritairement partie des faibles liens. Ainsi, il semblerait que d'un point de vue objectif, il existe un lien entre la fréquence des retours au pays et l'intensité du degré de lien d'attache. Une fois encore, plus qu'une règle, il s'agit plutôt ici d'une tendance.

g) Génération d'âge et nature des liens au pays d'origine

Plus l'âge est élevé, plus les liens sont forts. Cependant les moins de 20 ans ont des liens moyens et forts, le fait qu'ils soient encore souvent chez leurs parents peut expliquer ce phénomène dans la mesure où ils participent à des pratiques familiales constitutives du renforcement des liens au pays (vacances au pays, parabole, maison…). Les 20-24 ans et les 35-39 ans ont plutôt des liens moyens et les 40-49 des forts liens. C'est la classe des 25-34 ans qui accuse les liens les plus faibles, l'analyse factorielle suivante indique que cette tranche d'âge brise la continuité d'un continuum dont on pouvait penser qu'il se constituait à partir d'une polarité *très forts liens – tranche d'âge élevée* et *très faibles liens – tranche d'âge basse*.

Analyse factorielle : Tranches d'âge x degré liens pays

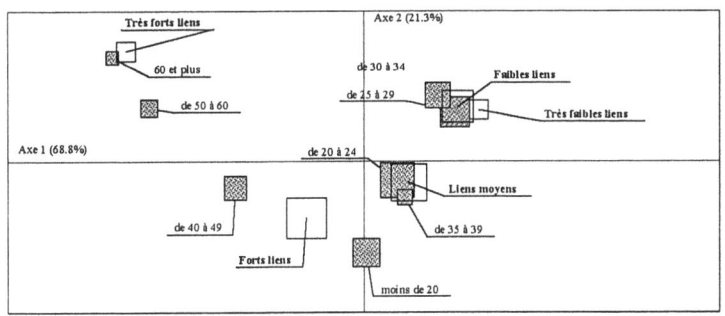

Tableau 62 : Classes d'âge x degré lien pays (en %)						
degré liens pays *Classe d'âge*	Très forts liens	Forts liens	Liens moyens	Faibles liens	Très faibles liens	Total
Moins de 20	0,0	51,4	31,4	14,3	2,9	100
De 20 à 24	3,7	31,5	35,2	22,2	7,4	100
De 25 à 29	2,5	17,5	27,5	37,5	15,0	100
De 30 à 34	6,7	13,3	30,0	36,7	13,3	100
De 35 à 39	0,0	45,5	18,2	9,1	27,3	100
De 40 à 49	22,2	51,9	22,2	3,7	0,0	100
De 50 à 60	38,5	53,8	0,0	7,7	0,0	100
60 et plus	50,0	37,5	12,5	0,0	0,0	100
Total	9,2	34,4	27,1	21,1	8,3	100

La dépendance est très significative. chi2 = 90,66, ddl = 28, 1-p = >99,99%.
Les valeurs du tableau sont les pourcentages en ligne établis sur 218 observations.

Plus de la moitié de la tranche d'âge des 25-34 ans se situent dans les liens les plus faibles (partie grisée du tableau 62). À l'intérieur de cette classe d'âge, on trouve 44,6% d'individus issus de la seconde génération locale, 27,7% du regroupement familial des enfants arrivés en France entre 0 et 10 ans et 19,4% de la troisième génération locale, les 11,3% restant venant de l'immigration d'études.

h) Liens avec le pays d'origine : récapitulatif

Les résultats de l'analyse dans ce domaine semblent montrer que les liens avec les pays d'origine ne s'élaborent pas ou très peu à partir d'une génération d'âge. La nature de la famille présente au pays influence les liens d'attache mais son affaiblissement n'est pas toujours synonyme de détachement. Par contre, l'antenne parabolique reste un élément fort dans ce qui est à la fois une construction, une préservation et un entretien de ces liens. Par sa facilité d'acquisition et d'installation, elle permet à qui le souhaite, de posséder dans son salon une lucarne ouverte sur le monde arabo-musulman. Un grand nombre de foyers possède cet équipement à l'exception d'une partie des étudiants empêchés par la nature de leur logement et de leurs changements fréquents de résidence. L'antenne parabolique, par les programmes qu'elle propose via les satellites de communication, permet donc à qui le veut, de rester en contact permanent et direct avec le pays d'origine. Même si la nature de ce contact est virtuelle, il n'est pas moins ancré dans une certaine réalité qui permet le maintien des liens culturels et nationaux et le renforcement du sentiment d'appartenance à la communauté arabo-musulmane par la variété et le cosmopolitisme des canaux.

4- Représentations et pratiques matrimoniales

Le mariage représente certainement un élément important dans la constitution des identités chez les Maghrébins. Le maintien de l'institution matrimoniale à travers ses formes et les stratégies qu'elle implique est primordial car c'est notamment à travers et par le mariage que va pouvoir se transmettre le système de valeurs et de normes culturelles garant de la continuité du groupe. Bouamama et Sad Saoud y voient un événement de la plus haute importance qui est l'un de « ceux qui révèlent le mieux l'existence de survivances et/ou d'adaptation des pratiques sociales héritées de la société d'origine » (1996, p.94).

Au cours de cette recherche nous ne nous sommes pas intéressé à des formes d'union de type polygame qui, concernant les populations françaises originaires d'Afrique du Nord, nous paraissent plus relever des stéréotypes folkloriques que d'une réalité fondée. Dans son enquête sur les populations d'origine étrangère en France, Tribalat propose une estimation construite à partir d'hypothèses qu'elle considère comme allant dans le sens de la surestimation (Tribalat, 1996, p.78). Elle évalue ainsi à 8000 individus le nombre d'hommes vivant en situation de polygamie en France. Ces derniers sont essentiellement issus d'Afrique noire et font partie du groupe ethnique des Mandés (Mandingues, Malinkés, Soninkés). Concernant les Maghrébins, la polygamie est d'autant plus rare en France qu'elle reste un phénomène relativement marginal dans les pays d'origine. Elle est interdite en Tunisie, acceptée en Algérie et conditionnée au Maroc où des lois récentes sont venues restreindre son champ d'application. Pas plus que pour la polygamie nous ne nous sommes intéressé aux mariages entre apparentés bien que ces derniers puissent exister dans des proportions significatives. Tribalat dans la même enquête indique que dans les pays arabes, les mariages entre cousins(es) éloignés ou germains ne concernent pas plus d'un tiers des unions et parfois même pas plus d'un mariage sur cinq (*op. cit.*, p. 79). En France elle considère que cette pratique s'amenuise avec les générations nées sur le territoire national, sans pour cela disparaître totalement dans la mesure où un certain nombre d'individus se marie aux pays avec un membre de la famille. Cependant le phénomène existe et nous avons souvent constaté qu'un certain nombre de parents souhaite fortement que leurs enfants épousent des individus proches. Cette notion de proximité peut être variable, proximité familiale (cousin(e)), ethnique (Berbère/Arabe), géographique (village, ville, région) ou nationale (pays). Souvent ces souhaits parentaux peuvent générer des conflits avec les enfants mais généralement ils sont confinés dans le registre des désirs non assouvis.

a) Mariage musulman et mariage traditionnel

Généralement, l'institution du mariage chez les Maghrébins est fortement marquée par la réglementation musulmane. Le Coran cite explicitement les interdits en cette matière en commençant par la prohibition de toute relation incestueuse. Ainsi, ne peut-il pas y avoir d'unions entre enfants et parents, frères et sœurs, tantes-oncles et neveux-nièces. Si les hommes sont autorisés à se marier avec des femmes issues de la tradition du Livre (juives et chrétiennes), les musulmanes ne peuvent épouser que leurs coreligionnaires. Certains mariages consanguins sont cependant autorisés lorsqu'il s'agit de s'unir avec le fils ou la fille de son oncle ou de sa tante paternels ou maternels. Sur le plan ethnique ou national, aucune restriction n'existe. Outre la religion, le mariage peut trouver ses limites dans la tradition propre à chaque peuple. En Afrique du Nord, la variété culturelle se ressent au gré des régions, la langue ou le dialecte différent, les traditions ne sont pas les mêmes et c'est souvent cette diversité qui pousse chacun à vouloir perpétuer sa propre culture à travers les liens du mariage. C'est ainsi que souvent, certains préfèrent que les unions soient scellées entre individus de même origine nationale, d'une même région, d'une même ville ou village ou d'une même famille. Tout se passe comme si le fait de connaître la culture, la famille, les mœurs de la personne à épouser garantissait l'espoir d'un mariage réussi et la continuité de la tradition. Par leur départ du pays, les immigrés de la génération des travailleurs, surtout lorsqu'ils sont plusieurs au sein d'une même famille, ont souvent l'impression d'avoir cassé la chaîne ancestrale des traditions, marier son enfant à quelqu'un de proche permet alors de se racheter symboliquement en s'inscrivant dans une certaine continuité. Souvent, le mariage avec des cousins parallèles patrilinéaires apparaît comme « idéal » mais Bouamama (1996, p.96) rappelle que ce modèle est controversé à travers un certain nombre de travaux qui démontrent que traditionnellement, les mariages pouvaient être plus nombreux dans la famille utérine que dans la famille agnatique. Toujours est-il que ce type d'union participe du resserrement des liens familiaux et favorise les échanges et les alliances entre les groupes de parenté. Par l'échange des femmes, notion chère à Lévis-Strauss, se créent des réseaux d'alliance fortifiés par des échanges continus et soutenus. « Plus la parenté est proche, plus le mariage est satisfaisant » (*op. cit.*, p. 97). C'est ainsi que fréquemment, on cherchera à marier femmes et hommes au sein des réseaux de parenté, des alliés de la famille ou dans la sphère des interconnaissances familiales.

En France, un grand nombre de garde-fous disparaissent et la variété de l'offre et des formes matrimoniales permet de nombreuses combinaisons de choix en la matière. Dans les sciences sociales, la mixité nationale et ethnique des mariages est souvent considérée comme un facteur d'intégration, mais doit-elle, à contrario, être envisagée du côté de la marginalisation. Quel est le poids de la tradition ou de la religion dans le choix d'un conjoint ? C'est ce que nous avons cherché à comprendre en questionnant les acteurs sur leurs pratiques.

b) Endogamie et exogamie

Pour cela nous avons proposé une série de questions ayant pour fonction d'établir des classifications. La première d'entre elles porte sur la légitimité même de l'institution matrimoniale : *Pensez-vous que pour vivre ensemble, un homme et une femme doivent obligatoirement être mariés ?* Cette question porte une ambiguïté qui n'est pas apparue durant la phase de pré-test du questionnaire, ce n'est qu'une fois la passation engagée que des enquêtés nous ont expliqué qu'ils ne savaient pas si l'interrogation s'adressait à eux personnellement ou si elle était d'ordre général. Autrement dit dans le premier cas, certains auraient répondu *oui* dans la mesure où ils n'envisagent pour eux-mêmes une vie commune que sous l'institution du mariage alors que de manière générale ils ne sont pas choqués que d'autres puissent procéder autrement, auquel cas ils répondraient *non*. Ainsi, chaque fois qu'il nous a été possible de préciser nous l'avons fait, pour le reste, un léger doute persiste notamment pour les personnes ayant répondu négativement, ces dernières représentant 25,2% de l'échantillon (74,8% ont répondu positivement).

Deux questions portent sur l'endogamie ethnique et deux autres sur l'endogamie religieuse.

- Les premières se réfèrent à l'endogamie ethnique : 1- *Pensez-vous qu'un homme maghrébin peut se marier avec une femme non maghrébine ?* ; 2- *Pensez-vous qu'une femme maghrébine peut se marier avec un homme non maghrébin ?* Rappelons que ce type d'endogamie est accepté sur le plan religieux.
- Les secondes portent sur l'endogamie religieuse : 1- *Pensez-vous qu'un musulman peut se marier avec une non-musulmane ?* ; 2- *Pensez-vous qu'une musulmane peut se marier avec un non-musulman ?* Ici, la première proposition est partiellement acceptée d'un point de vue religieux alors que la seconde ne l'est pas.

Enfin, une question adressée aux personnes mariées permet de déterminer l'origine de leur conjoint(e) afin de mesurer le taux réel d'endogamie ethnique et nationale.

À partir des réponses recueillies, nous avons pu établir deux types de classifications. La première est en lien avec les cinq premières questions présentées ci-dessus, elle permet de classer les individus en fonction du cadre traditionnel, religieux ou autre auquel ils se réfèrent pour construire leurs modèles du mariage.

Tableau 63 : Représentation du mariage en fonction de la religion et de la tradition		
Typo opinion mariage	Nb. Citations.	Fréquences
Exogamie orthodoxe	69	31,7%
Endogamie religieuse	69	31,7%
Exogamie	33	15,1%
Endogamie ethnico-religieuse	27	12,4%
Endogamie femmes	20	9,2%
Total observations	**218**	**100%**

La seconde inscrit les individus mariés dans des catégories d'endogamie ou d'exogamie ethnique et nationale en croisant leur origine avec celle de leur conjoint.

Tableau 64 : Type mariages selon l'origine des deux conjoints		
Typo endo/exogamie mariage	Nb. Citations	Fréquences
Non réponse (célibataires)	99	45,4%
Mariage intra-national	84	38,5%
Mariage endo-maghrébin	13	6,0%
Mariage mixte maghrébin/frçais	20	9,2%
Mariage mixte maghrébin/autre	2	0,9%
Total observations	**218**	**100%**

c) Tradition, religion et mariage

Tradition et religion ne vont pas toujours de paire, là où l'une accepte une part d'endogamie, l'autre la refuse. Suivant que le cadre de référence qui construit les représentations et les pratiques du mariage prenne sa source dans tout ou partie de la tradition ou de la religion, les individus vont s'inscrire dans des configurations différentes.

1) L'exogamie orthodoxe

Cette catégorie est considérée comme exogame car les individus qui la constituent, acceptent les unions entre membres de groupes ethniques et nationaux différents. Elle est orthodoxe dans la mesure où elle suit fidèlement les principes de la religion musulmane : union par le mariage, endogamie monothéiste pour les hommes, endogamie musulmane pour les femmes, exogamie ethnique ou nationale pour tous.

Elle est d'abord constituée de personnes mariées et de femmes divorcées, bien qu'un quart des célibataires y figurent. Si les hommes affichent un taux de présence légèrement supérieur, l'écart avec les femmes n'est pas suffisamment significatif pour affirmer l'existence d'une division en terme de sexe.

Tableau 65 : représentation du mariage en fonction de la situation matrimoniale et du sexe (en%)		
Opinion mariage Situation matrimoniale	Exogamie orthodoxe	Total
Hommes		
Célibataire	23,2	100
Marié	48,1	100
Vivant maritalement	16,7	100
Veuf	0,0	0,0
Divorcé	0,0	0,0
Séparé	0,0	0,0
Total	33,3	100
Femmes		
Célibataire	26,4	100
Mariée	37,5	100
Vivant maritalement	0,0	0,0
Veuve	0,0	0,0
Divorcée	33,3	100
Séparée	0,0	0,0
Total	29,7	100

La dépendance est significative. chi2 = 36,26, ddl = 20, 1-p = 98,57%.
Les valeurs du tableau sont les pourcentages en ligne établis sur 218 observations.

Les classes d'âge les plus représentées concernent les 30-49 ans (47% d'entre eux font partie de l'exogamie orthodoxe), on y trouve environ un quart des 16-29 ans et 20% des plus de 50 ans. Sur le plan des générations d'immigration, 60% des immigrés venus pour étudier entrent dans cette catégorie (cf. tableau 66).

Tableau 66 : présentation multiple de la catégorie de représentation du mariage exogame orthodoxe en fonction de 4 critères (en%)		
Opinion mariage	Exogamie orthodoxe	Total
Classe d'âge		
Moins de 20	22,9	100
De 20 à 24	24,1	100
De 25 à 29	30,0	100
De 30 à 34	50,0	100
De 35 à 39	45,5	100
De 40 à 49	44,4	100
De 50 à 60	15,4	100
60 et plus	25,0	100
Diplôme		
Non-réponse	50,0	100
Aucun	17,4	100
Autres	50,0	100
CEP BEPC	36,4	100
CAP BEP	31,7	100
Bac	28,9	100
Bac+2	29,2	100
Bac+3-4	34,6	100
Bac+5	57,1	100
Doctorat	83,3	100
CSP		
Commerçant, artisan, chef entreprise	28,6	100
Cadre. profession .intellectuelle.sup.	75,0	100
Profession intermédiaire	27,8	100
Employé	24,3	100
Ouvrier	33,3	100
Chômeur	53,3	100
Élève, étudiant	27,4	100
Retraité	33,3	100
Inactif	33,3	100
Autre	25,0	100

Les valeurs du tableau sont les pourcentages en ligne établis sur 218 observations.

La majorité des individus à haut niveau d'études et de catégorie socioprofessionnelle supérieure y figurent également. Il semblerait donc que la dimension orthodoxe de cette catégorie soit le fait de personnes dont les capitaux sociaux et culturels permettent une position réflexive face à leurs pratiques et à leurs représentations. Appartenir à cette catégorie semble devoir induire une connaissance minimale en matière de droit canon musulman qui permet de s'extraire des schémas de pensée liés à la tradition. Ainsi, les individus accordent la primauté au modèle religieux au détriment du traditionnel en délaissant les considérations ethniques et nationales propres à ce dernier. Cependant, cette priorité du religieux sur le traditionnel ne signifie pas pour autant que les exogames orthodoxes soient parmi les plus pratiquants sur le plan de la religion. Ainsi, un tiers des individus appartenant à la classe des pratiquants religieux (classe la plus fortement pratiquante) sont exogames orthodoxes, alors que presque les trois-quarts de la classe inférieure (les pratiquants assidus) et 40% de la suivante (les pratiquants rituels) le sont également.

D'un autre côté, 23% des individus constitutifs des classes de pratique religieuse les plus faibles (dont les non-pratiquants) s'inscrivent aussi dans cette catégorie. On peut donc penser que pour certains la référence religieuse en matière de modèle matrimonial peut faire appel à une démarche réflexive et volontaire et que pour d'autres, la religion s'impose comme un modèle idéal vers lequel on tend mais que l'on ne respecte pas toujours.

2) L'endogamie religieuse

Ici, les unions conjugales en dehors des groupes nationaux et ethniques sont acceptées. En revanche, quel que soit le sexe, les mariages en dehors de la communauté musulmane sont refusés. Certains considèrent l'institution matrimoniale comme essentielle, d'autres non. Ce sont d'abord les personnes âgées de 50 à 60 ans (53,8% d'entre eux) et les moins de 20 ans (40%) qui entrent dans cette catégorie. Ils sont immédiatement suivis par les 60 ans et plus (37,5%) et les 20-24 ans (37%). On constate ainsi qu'aux deux points opposés du continuum des générations d'âge, une partie non négligeable des plus jeunes et des plus âgés se retrouve, en cette matière, autour de représentations et de valeurs communes.

On retrouve cette tendance sur le plan des générations d'immigration (Tableau 67 + AFC) ; plus d'un tiers de la troisième génération locale et du regroupement familial des enfants ainsi que 40% de l'immigration de travail entrent dans cette catégorie de l'endogamie religieuse.

Tableau 67 : Représentation mariage en fonction du type d'immigration (en%)						
Opinion mariage Type d'immigration	Exogamie orthodoxe	Exogamie	Endogamie religieuse	Endogamie ethnico-religieuse	Endogamie femmes	Total
Imigrt° travail	15,0	10,0	40,0	25,0	10,0	100
Imigrt°études	60,0	16,0	12,0	0,0	12,0	100
Imigrt°rgpt faml conjoint	41,7	4,2	29,2	20,8	4,2	100
Imigrt°rgpt faml eft	32,1	11,3	39,6	13,2	3,8	100
2de générat°locale	28,4	20,9	28,4	7,5	14,9	100
3ème générat°locale	17,2	20,7	37,9	17,2	6,9	100
Total	**31,7**	**15,1**	**31,7**	**12,4**	**9,2**	**100**

La dépendance est significative. chi2 = 35,12, ddl = 20, 1-p = 98,05%.
Les valeurs du tableau sont les pourcentages en ligne établis sur 218 observations.

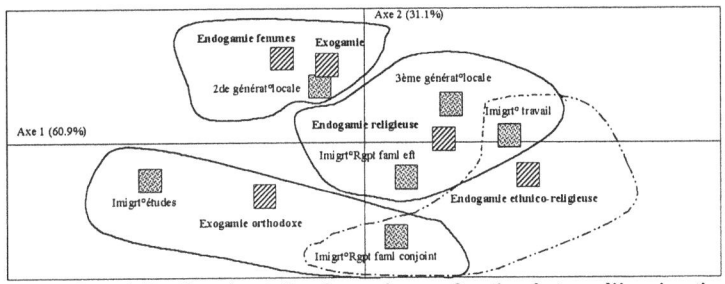

Analyse factorielle : Représentation du mariage en fonction du type d'immigration

Ces trois derniers types d'immigration concentrent une bonne partie de leurs effectifs au sein de cette catégorie caractérisée par le repli sur un mariage à l'intérieur de la communauté musulmane. Les niveaux de pratique religieuse des individus concernés sont variables, on y trouve 40% des pratiquants rituels, et 37,6% des pratiquants religieux mais aucun pratiquant assidu. Les raisons de ce choix pour cette forme de mariage sont certainement à chercher du côté des représentations culturelles et religieuses, certains pensant que la vie conjugale avec un(e) non-musulman(e) pose des difficultés d'ordre pratique et spirituel (alimentation, éducation…).

3) L'endogamie ethnico-religieuse

Il s'agit avant tout d'une forme d'endogamie fermée qui refuse le mariage en dehors de la communauté musulmane et du groupe des Maghrébins. Si l'analyse à partir des classes d'âge est peu significative, c'est tout de même le groupe âgé de 60 ans et plus qui se répartit le plus fortement dans cette catégorie (37,5% de cette classe d'âge). Ce phénomène correspond aux immigrations de travailleurs et de regroupements familiaux des conjoints. L'endogamie ethnico-religieuse reste minoritaire, elle compte un nombre important d'ouvriers, de retraités et d'inactifs et de non ou faiblement diplômés. Il faut certainement voir dans cet « enferment » un mécanisme souvent employé par les catégories les plus défavorisées de l'immigration pour se défendre contre les déchirures provoquées par le changement et la confrontation à de nouveaux modes de vie. Face à la crainte de se perdre, le repli identitaire apparaît alors comme salvateur et permet de se protéger en partie des vicissitudes de la désorganisation sociale.

4) L'endogamie des femmes

L'endogamie est à la fois ethnique et religieuse mais ne s'applique qu'aux femmes dans la mesure où l'exogamie est ici acceptée de tout point de vue pour les hommes. C'est, concernant les pratiques matrimoniales, la catégorie la plus faiblement représentée au sein de notre échantillon. Avec un quart de ses effectifs (cf. tableau 67), la seconde génération locale est celle qui fournit le taux d'individus le plus important. On y trouve approximativement la même proportion de femmes que d'hommes, tous nés en France et âgés de 16 à 26 ans. Ici encore, notre appareil statistique nous permet de constater un phénomène sans pour cela lui apporter le sens que donnent les acteurs à leurs pratiques et à leurs représentations. Doit-on y voir le sexisme des jeunes garçons des banlieues dénoncé par certains acteurs sociaux et politiques ? La présence de filles dans cette catégorie serait-elle alors à interpréter comme une intériorisation des modèles imposés par leurs frères, cousins et autres représentants de la gente masculine ? Pourtant les catégories socioprofessionnelles laissent apparaître que nous ne sommes pas en face de jeunes désœuvrés puisque tous sont étudiants (un individu est avocat). L'analyse du type de pratique religieuse indique également qu'ils ne se situent majoritairement pas dans les catégories les plus pratiquantes. Un début d'explication peut alors reposer sur le fait que la femme, envisagée sous son aspect maternel, est considérée par ces individus comme le pilier central de l'éducation familiale et que c'est par elle que seront transmises les valeurs culturelles traditionnelles et/ou religieuses dont la continuité semble importante.

5) L'exogamie

Pour cette catégorie, il n'existe pas d'endogamie et toutes les formes d'exogamie sont acceptées. Ce sont la deuxième et la troisième générations locales (cf. tableau 67) qui fournissent le taux d'individus le plus important (respectivement 20,9% et 20,7% de ces générations). Concernant ces générations, la répartition par sexes est sensiblement identique et la moyenne d'âge est de 23 ans. Sur le plan de la pratique religieuse, 75% des non-pratiquants s'inscrivent dans cette catégorie, à l'exception du faible pourcentage de pratiquants religieux (6,8%), les autres types de pratiques figurent en moyenne à 25%.

Les individus mariés sont peu représentés dans cette catégorie (9,8% d'entre eux), les célibataires y figurent pour 16,5% d'entre eux, mais 55,6% des personnes vivant maritalement y sont présentes dont presque les deux tiers vivent avec un conjoint d'origine française. Parmi ces dernières, 40% font partie des rares individus qui se déclarent non-musulmans. L'exogamie semble tranchée avec les autres types de modèles matrimoniaux, elle correspond à une idéologie en rupture avec le mode de vie « moyen » de la communauté maghrébine, d'ailleurs, beaucoup déclarent fréquenter plutôt des amis d'origine française que maghrébine. Les quelques individus qui ne sont pas en rupture avec cette communauté et figurent tout de même dans cette catégorie peuvent avoir choisi ce modèle dans un esprit d'ouverture envers autrui, sans pour cela l'appliquer pour eux-mêmes, car tel que nous allons le voir, il y a souvent un écart entre les représentations et les pratiques.

d) Entre représentations et pratiques

Tel que nous l'avons indiqué au début de cette partie, les réponses aux questions posées aux enquêtés à propos du mariage peuvent, suivant les cas, traduire à la fois une idéologie de vie personnelle, un souhait en matière de modèles matrimoniaux ou un avis général qui n'implique pas ses choix de pratiques individuelles en la matière.

Afin de constater l'adéquation entre les représentations idéales des modèles matrimoniaux et leur application dans la réalité, nous avons croisé les différents types d'unions conjugales réels[52] construits à partir de l'origine nationale des deux conjoints avec l'opinion formulée.

Tableau 68 : Représentation du mariage en fonction du modèle conjugal réel (en%)						
Opinion mariage Modèle matrimonial réel	Exogamie orthodoxe	Exogamie	Endogamie religieuse	Endogamie ethnico-religieuse	Endogamie femmes	Total
Non-réponse (célibataires)	26,3	15,2	36,4	12,1	10,1	100
Mariage intra-national	40,5	8,3	31,0	15,5	4,8	100
Mariage endo-maghrébin	23,1	23,1	15,4	15,4	23,1	100
Mariage mixte mghrbin/frçais	30,0	35,0	25,0	0,0	10,0	100
Mariage mixte mghrbin/autre	0,0	50,0	0,0	0,0	50,0	100
Total	*31,7*	*15,1*	*31,7*	*12,4*	*9,2*	*100*

La dépendance est significative. chi2 = 28,30, ddl = 16, 1-p = 97,09%.
Les valeurs du tableau sont les pourcentages en ligne établis sur 218 observations.

---

[52] Les non-réponses correspondent généralement aux célibataires, seul un homme divorcé figure dans cette catégorie dans la mesure où il n'a pas spécifié l'origine de son ex-épouse. De même, 7 hommes et 4 femmes célibataires figurent dans les modèles matrimoniaux car ils ont déclaré un(e) petit(e) ami(e) dont ils ont donné l'origine.

Le modèle intra-national, constitué de couples de la même origine nationale est composé de 40,5% d'individus se déclarant de l'exogamie orthodoxe. Ces derniers, ouverts à la mixité ethnique pour tous et religieuse pour les hommes, ont tout de même opté pour un conjoint d'origine identique à la leur. En cela, ils se retrouvent dans le même schéma que les 15,5% de la catégorie de l'endogamie ethnico-religieuse. On peut alors penser que le choix de leur conjoint n'est pas prémédité et qu'il résulte d'une contingence extérieure ou que malgré cette ouverture, ils ont préféré opter pour la sécurité, ceci ne les empêchant pas de reconnaître dans l'absolu le bien fondé de l'exogamie orthodoxe. Une analyse identique semble pouvoir s'appliquer aux 8,3% de personnes figurant dans l'exogamie. En isolant au sein de l'échantillon, les individus mariés, 74,3% d'entre eux entrent dans ce modèle d'endogamie nationale. Ce taux important est confirmé par Bouamama (1996) qui constate le même phénomène à partir d'une étude menée sur la population d'origine algérienne. Il remarque la reproduction en France du modèle matrimonial « villageois » connu au pays d'origine, modèle qui s'appuie sur des relations de proximité spatiale en France mais aussi sur des « relations d'appartenance à une même zone géographique antérieure à l'émigration » (*op. cit.*, p. 102). Il considère ces mariages intra-nationaux comme de véritables indicateurs d'attachement à la culture d'origine qu'il interprète comme un désir de continuité avec la société d'origine et comme un moyen de défense de l'identité sociale et culturelle.

Le mariage endo-maghrébin est quant à lui composé de couples dont les membres sont porteurs d'une origine nationale différente tout en restant à l'intérieur du groupe des Maghrébins. On peut donc parler à la fois d'une exogamie nationale et d'une endogamie ethnique. Seul un quart des individus de cette catégorie s'inscrit dans l'endogamie ethnico-religieuse ; les autres, malgré une union intra-maghrébine, conçoivent l'existence de pratiques exogames à l'intérieur du cadre musulman (38,5%) ou totalement ouvertes (23,1%). Enfin, 23,1% n'envisagent pas d'exogamie ethnique ou religieuse pour les femmes pour lesquelles ils appliquent un modèle endogame fermé et hermétique. Au sein de ces derniers figurent plus de femmes que d'hommes.

Le mariage mixte maghrébo-français est constitué de couples dont l'un des conjoints est français de souche et l'autre maghrébin. Les hommes figurent dans cette catégorie pour 10,3% d'entre eux, les femmes atteignent un taux de 7,9%. Parmi les 35% d'individus de cette catégorie déclarant s'inscrire dans l'exogamie, presque la moitié n'est pas pratiquante sur le plan religieux, on peut alors penser que le mariage est religieusement et ethniquement exogame. Au contraire, les 25% d'endogamie religieuse où le taux de pratique est très élevé laissent à penser que les conjoints français sont convertis à l'islam. Enfin, les 30% d'exogamie orthodoxe sont majoritairement composés de femmes. Le degré de pratique religieuse étant ici aussi relativement élevé, on peut penser qu'au moins les conjoints masculins français sont convertis à l'islam (respect de l'interdiction du mariage féminin avec un non-musulman) et que les épouses françaises de souche sont ou converties ou considérées comme faisant partie des Gens du Livre (Juifs et Chrétiens).

D'une manière générale, il apparaît que pour les modèles matrimoniaux intra-national et endo-maghrébin, l'écart entre la situation réelle des unions et les opinions formulées par les individus à l'égard des diverses formes de mariage est variable et peut s'avérer important. Nous ne considérons pas cet écart comme révélateur d'une schizophrénie ou d'un double discours qui résulteraient d'une adhésion forcée à un modèle matrimonial précis (même si on ne peut pas nier l'existence d'une contrainte sociale et culturelle ou l'inscription dans un habitus particulier), mais plutôt comme une ouverture sur des pratiques qui, à défaut d'être acceptées pour soi-même, le sont pour les autres. Par contre, concernant le modèle du mariage mixte maghrébo-français, cet écart semble beaucoup moins important et à l'intérieur même de celui-ci, deux catégories se dessinent nettement : la catégorie des individus exogames et celle des endogames religieux. Dès lors les formes réelles de mariage et les opinions émises sont en adéquation. Tout se passe comme si le mariage avec un(e) français(e) de souche représentait, pour les premiers, un acte d'émancipation affiché au grand jour et caractérisé par un retrait de la communauté arabo-musulmane et, pour les seconds, une ouverture limitée au domaine ethnique dont la conservation des valeurs religieuses interviendrait comme la garantie d'une attache toujours actualisée au groupe. L'adéquation entre représentations et pratiques matrimoniales propre à cette catégorie du mariage mixte résonne comme l'affirmation d'une conception de la mixité matrimoniale que l'on veut, d'un côté comme de l'autre, claire et sans ambiguïté. Derrière l'ouverture ethnique affichée, peut se profiler une crispation des positions sous forme d'affirmations ayant pour fonction la consolidation du sentiment d'appartenance ou de rejet communautaire.

Dans le domaine du mariage les représentations et les pratiques divergent selon des critères qui ne sont pas toujours quantifiables. Ainsi, il paraît inopportun d'afficher en la matière des lois ou des règles, mais plutôt des tendances. Certes la génération d'âge ou de migration, le capital culturel, le contexte de socialisation, le type de pratique religieuse jouent un rôle important dans ces constructions mais ils ne suffisent pas à expliquer l'ensemble des phénomènes qui restent, pour une grande part liés à la subjectivité des acteurs. Les pratiques mais aussi les représentations forgées en la matière se construisent tant à partir de facteurs sociaux et économiques que de la culture, la socialisation ou l'idéologie.

5- Sociabilité et intégration

Une des conditions essentielles de l'ethnicité, nous l'avons vu, repose sur le contact entre deux ou plusieurs groupes. Si ce contact permet l'émergence d'un processus ethnique, il favorise également, surtout lorsqu'il est prolongé, l'apparition de phénomènes d'acculturation. « L'acculturation est l'ensemble des phénomènes qui résultent d'un contact continu et direct entre des groupes d'individus de cultures différentes et qui entraînent des changements dans les modèles culturels (*patterns of culture*) initiaux de l'un ou des deux groupes ». Telle est la définition générale et canonique de l'acculturation présentée en 1936 par le Conseil de la recherche en sciences sociales des États-Unis. Ce dernier décide en effet d'organiser un comité dont la tâche repose sur l'organisation de la recherche en matière d'acculturation. Il est composé de Robert Redfield, de Ralph Linton et de Melville Herskovits qui produiront la même année le célèbre *Mémorandum pour l'étude de l'acculturation* publié dans l'*American Anthropologist*.

Cette définition implique que chaque culture constitue un système dont les différents éléments se réorganisent à l'occasion d'un contact continu et direct. Ici, l'acculturation n'est pas le changement culturel[53] car ce dernier peut être le fait de causes internes et n'obéit pas aux même lois que les phénomènes dus aux changements exogènes. Elle ne peut pas plus être confondue avec l'assimilation qui consisterait alors en la phase ultime de l'acculturation par l'abandon de son identité culturelle propre pour adopter celle de la culture dominante, phénomène extrêmement rare. Enfin elle est différente de la diffusion car même si dans les processus d'acculturation il y a toujours diffusion, celle-ci peut avoir lieu y compris dans des situations où il n'y a pas de contact continu et direct. Par conséquent, la diffusion n'est qu'un élément interne au processus d'acculturation.

L'ethnicité produit de la culture, l'acculturation la modifie. Pour que ces phénomènes se produisent, il faut que les groupes soient en contact, ce qui implique que des individus doivent se rencontrer. Dans un contexte inter-ethnique, les pratiques intra-communautaires vont participer de l'élaboration des processus ethniques en élaborant des frontières entre les groupes et de leur côté, les pratiques extra-communautaires vont permettre que se développent des phénomènes d'acculturation.

C'est pour mieux comprendre ces phénomènes que nous avons interrogé les Maghrébins de notre échantillon à propos de leurs pratiques en matière de fréquentations intra et extra-communautaires.

a) Les réseaux d'amitié

À l'aide de questions de type fermé multiple ordonné, nous avons demandé aux enquêtés de classer par ordre d'importance l'origine de leurs amis (France, Algérie, Maroc, Tunisie, autre). Dans un premier temps nous nous sommes intéressé aux choix classés en première position en considérant qu'ils représentaient sur l'échelle, l'origine des amis les plus fréquentés et/ou les plus appréciés. Ainsi avons-nous pu repérer les personnes ayant d'abord pour amis, des individus de la même origine nationale et ceux dont les amis sont d'abord français de souche ou perçus comme tel.

Tableau 69 : Origine des meilleurs amis		
Origine meilleurs amis	Nb. Citations	Fréquences
Non-réponses	23	10,6%
Maghrébins même origine nationale	140	64,2%
Français	55	25,2%
Total observations	**218**	**100%**

À la lecture de ce tableau, la prépondérance des individus ayant pour meilleurs amis des Maghrébins de la même origine nationale est incontestable puisque c'est le cas pour presque deux tiers de la population étudiée.

---
[53] Le changement culturel peut représenter un aspect de l'acculturation.

Au-dessus de 50 ans les amis d'origine française sont inexistants, ce phénomène se prolonge pour les générations de l'immigration de travailleurs et dans une moindre mesure pour la génération de regroupement familial des conjoints où 91,7% d'entre eux sont également dans ce cas (tableau 70).

Tableau 70 : Origine des meilleurs amis en fonction de l'âge et du type d'immigration (en%)				
Meilleurs amis Classe d'âge	Non-réponse	Même origine nationale	Français	Total
Immigration travailleurs				
De 40 à 49 ans	0,0	100	0,0	100
De 50 à 60 ans	22,2	77,8	0,0	100
60 ans et plus	0,0	100	0,0	100
Total	*10,0*	*90,0*	*0,0*	*100*
Imgrt° Rgpt familial conjoints				
De 25 à 29 ans	0,0	100	0,0	100
De 30 à 34 ans	50,0	50,0	0,0	100
De 35 à 39 ans	0,0	100	0,0	100
De 40 à 49 ans	0,0	90,9	9,1	100
De 50 à 60 ans	0,0	100	0,0	100
60 ans et plus	0,0	100	0,0	100
Total	*4,2*	*91,7*	*4,2*	*100*
Immigration étudiants				
Moins de 20 ans	50,0	0,0	50,0	100
De 20 à 24 ans	0,0	100	0,0	100
De 25 à 29 ans	0,0	83,3	16,7	100
De 30 à 34 ans	0,0	75,0	25,0	100
De 35 à 39 ans	0,0	66,7	33,3	100
De 40 à 49 ans	33,3	50,0	16,7	100
Total	*12,0*	*68,0*	*20,0*	*100*
Imgrt° Rgpt familial enfants				
Moins de 20 ans	33,3	33,3	33,3	100
De 20 à 24 ans	28,6	50,0	21,4	100
De 25 à 29 ans	15,4	76,9	7,7	100
De 30 à 34 ans	6,7	46,7	46,7	100
De 35 à 39 ans	25,0	50,0	25,0	100
De 40 à 49 ans	0,0	66,7	33,3	100
De 50 à 60 ans	0,0	100	0,0	100
Total	*17,0*	*56,6*	*26,4*	*100*
2ème génération locale				
Moins de 20 ans	5,3	57,9	36,8	100
De 20 à 24 ans	8,0	56,0	36,0	100
De 25 à 29 ans	14,3	64,3	21,4	100
De 30 à 34 ans	0,0	42,9	57,1	100
De 35 à 39 ans	0,0	50,0	50,0	100
60 ans et plus	0,0	0,0	0,0	0,0
Total	*7,5*	*56,7*	*35,8*	*100*
3ème génération locale				
Moins de 20 ans	0,0	45,5	54,5	100
De 20 à 24 ans	9,1	54,5	36,4	100
De 25 à 29 ans	20,0	60,0	20,0	100
De 30 à 34 ans	50,0	50,0	0,0	100
Total	*10,3*	*51,7*	*37,9*	*100*

Les valeurs du tableau sont les pourcentages en ligne établis sur 218 observations.

D'une manière générale, au fur et à mesure des générations d'immigration, le taux d'amis maghrébins baisse et celui de français augmente sans pour cela dépasser le seuil maximum des 37,9% présents chez la 3ème génération locale. Le taux d'amis français quasi-inexistant pour les deux premières catégories d'immigration (tableau 70) révèle la logique d'isolement ethnique dans laquelle s'inscrivent les générations d'immigrés venues pour travailler ou pour rejoindre leurs conjoints. La barrière de la langue, le choc culturel ou la relégation dans des zones d'habitat spécifiques ont certainement favorisé le développement de ce phénomène. De surcroît, les occasions de rencontrer l'autre, le Français, restent limitées pour ces individus qui n'ont guère que l'espace professionnel pour établir des relations extra-communautaires. Pour les personnes au chômage ou les femmes au foyer, ces contacts se restreignent aux espaces administratifs, institutionnels ou à quelques rencontres plus ou moins fortuites au sein du quartier. Tel n'est pas le cas pour les générations socialisées en France dont les membres maîtrisent la langue et les codes et dont les possibilités de rencontres avec autrui sont facilitées par l'école, les pairs et toutes sortes d'activités extra-scolaires.

Le taux important (64,2%) de personnes déclarant avoir pour meilleurs amis, non seulement des Maghrébins, mais des individus de la même origine nationale, nous amène à postuler que le processus d'ethnicisation à l'œuvre sur le groupe des Maghrébins à tendance à homogénéiser des populations qui majoritairement se retrouvent à partir d'une division basée sur l'origine nationale. Cette origine, peut, notamment pour les personnes socialisées dans les pays d'origine, s'appuyer sur un sentiment national et sur une histoire commune, mais également sur des éléments des cultures propres à chacun des pays ou des régions à l'intérieur d'un même état-nation. Ainsi, les dialectes, les traditions culturelles, matrimoniales ou alimentaires mais aussi tout ce qui relève des symboles, de l'histoire passée ou contemporaine agissent comme autant de facteurs producteurs d'éléments fédérateurs qui vont influencer, consciemment ou non, les acteurs dans la construction de leurs réseaux relationnels. À l'intérieur du groupe maghrébin, pourtant perçu du dehors comme relativement homogène, apparaît une hétérogénéité dont les limites se dessinent à partir des frontières nationales, donnant ainsi l'impression d'une continuité. Cependant, la réalité sociale n'étant pas figée, il est important de prendre en compte l'évolution du phénomène au fur et à mesure des générations, car même s'il reste important, il semble s'amenuiser en passant progressivement de plus de 90% d'individus dont les amitiés sont d'abord intra-nationales pour les immigrations de travailleurs et de conjoints à 51,7% pour la 3ème génération locale.

Rappelons que pour définir cette catégorie des fréquentations intra-nationales, nous n'avons pris en considération que le premier choix indiqué par les enquêtés dans leurs réponses. Dans un second temps, en sélectionnant les trois premiers choix, nous avons pu isoler les individus dont les amis étaient plutôt maghrébins[54]. Ces derniers ne représentent que 22,5% de l'échantillon total (tableau 71) et sont d'abord constitués des générations de travail et de regroupements des

---

[54] Entrent dans cette catégorie, les individus qui ont répondu à 1, 2 ,3, 4 ou 5 choix, mais dont le 1er choix ne correspond pas à un ami de même origine nationale et dont les 3 premiers choix correspondent à des Maghrébins.

conjoints. Ici aussi, les effectifs s'amenuisent au fur et à mesure des générations en accusant une rupture importante dès la catégorie de l'immigration d'étudiants et un fort déclin avec la 3ème génération locale.

Tableau 71 : Amis plutôt maghrébins en fonction du type d'immigration (en%)			
Amis plutôt maghrébins Type d'immigration	Non-réponse	Amis maghrébins	Total
Immigration Rgpt faml conjoint	50,0	50,0	100
Immigration travail	60,0	40,0	100
Immigration °études	76,0	24,0	100
Immigration Rgpt faml enfants	81,1	18,9	100
2de génération locale	83,6	16,4	100
3ème génération locale	93,1	6,9	100
Total	77,5	22,5	100

La dépendance est très significative. chi2 = 19,84, ddl = 5, 1-p = 99,87%.
Les valeurs du tableau sont les pourcentages en ligne établis sur 218 observations.

Cependant, le fait de compter d'abord parmi ses amis, des Maghrébins, ne signifie pas que des Français ne figurent pas dans les réseaux d'amitiés. Ainsi, 78,6% des individus déclarant avoir d'abord des amis d'origine nationale identique à la leur et 71,4% de ceux dont les amis sont maghrébins annoncent que des Français de souche font partie de leur réseau d'amitié. Le taux d'individus ne déclarant aucun ami français reste faible et ne représente que 15,1% de l'échantillon. On les trouve essentiellement chez les personnes âgées de 50 à 60 ans (38,5% d'entre eux) et de plus de 60 ans (62,5% de cette classe d'âge). La majeure partie d'entre eux est au chômage, à la retraite, inactive ou mère au foyer, ce qui peut expliquer en partie le manque de contacts hors de la communauté maghrébine.

Concernant les amis français, 84,9% des individus déclarent en posséder au sein de leur réseau amical, bien sûr, nous l'avons vu, ils ne sont classés en tant que meilleurs amis que dans 25,2% des cas.

Tableau 72 : Amis français en fonction du type d'immigration (en%)			
Amis Type d'immigration	Pas d'amis Français	Amis Français	Total
Immigration° travail	35,0	65,0	100
Immigration °études	16,0	84,0	100
Immigration °Rgpt faml conjoint	54,2	45,8	100
Immigration °Rgpt faml enfants	5,7	94,3	100
2de génération locale	7,5	92,5	100
3ème génération locale	3,4	96,6	100
Total	**15,1**	**84,9**	**100**

Cependant, si pour tous les types de générations, le taux d'individus ayant des amis français est supérieur à celui de ceux qui n'en ont pas, la génération du regroupement familial des conjoints fait exception, cette catégorie, nous le savons, est essentiellement constituée de femmes. Contrairement à ce que l'on pourrait penser, la maîtrise de la langue française ne semble pas intervenir significativement dans la répartition des amis dans la mesure où le taux de non-francophones n'est que sensiblement supérieur chez les personnes déclarant ne pas avoir d'amis français

(53,8% d'entre elles, contre 45,5%). En revanche, l'âge des individus et leur durée de résidence en France semblent intervenir plus fortement. En effet, les femmes de cette catégorie d'immigration qui déclarent avoir des amis français sont légèrement plus âgées, mais surtout, elles sont en moyenne en France depuis 21 ans alors que les autres n'y séjournent moyennement que depuis 12 ans. Sur le plan professionnel, si 54,5% des premières sont inactives, c'est le cas pour 69,2% des secondes, l'activité professionnelle permet certainement d'élargir le champ des rencontres et le développement de relations amicales extra-communautaires. C'est que le contexte social qui entoure le développement et la construction des interactions participe de l'ouverture ou de la restriction du champ des rencontres interindividuelles.

b) Contexte et interactions

Nous l'avons vu précédemment, le contexte, socialement et historiquement marqué, est un élément à prendre en considération dans la situation d'interaction. En cela, le cadre au sein duquel peuvent se dérouler les rencontres participe de la construction de ces interactions. Pour cette raison, nous nous sommes penché sur les lieux privilégiés qui permettent aux acteurs d'entrer en contact. Ainsi avons-nous repéré et défini trois espaces essentiels. Le premier, *l'espace privé*, est caractérisé par l'environnement familial et le domicile. Le second, *l'espace intermédiaire*, est celui où des contacts et des interactions vont se dérouler de façon plus moins régulière et fortuite. Ce sont les personnes qui seront rencontrées dans le quartier, en allant faire les courses, dans les transports en commun, au portail de l'école lorsque les enfants sont accompagnés, dans les associations, les commerces ou les administrations. Enfin, *l'espace professionnel* est celui où les rencontres se feront plus ou moins par défaut mais permettront que des contacts se nouent entre des individus qui n'auraient peut-être pas eu l'opportunité de se rencontrer ailleurs. Cet espace, suivant son statut, peut se matérialiser par le lieu de travail, de stage, l'école ou l'université.

Nous avons également établi une distinction à partir d'une division ethnique basée sur la fréquentation des Maghrébins et des non-maghrébins afin de repérer les lieux contextuels de rencontres privilégiés de ces catégories respectives. Pour cela, à partir de deux questions de type fermé ordonné, nous avons demandé aux enquêtés de classer par ordre les lieux dans lesquels ils fréquentaient des Maghrébins et des non-maghrébins. En sélectionnant le premier choix nous obtenons le tableau suivant :

Tableau 73 : Lieux privilégiés de fréquentation				
Population fréquentée	Maghrébins		Non-maghrébins	
Lieux	Nb. Citations	Fréquence	Nb. Citations	Fréquence
Espace privé	133	61,0%	14	6,4%
Espace intermédiaire	65	29,8%	60	27,5%
Espace professionnel	20	9,2%	144	66,1%
Total observations	**218**	**100%**	**218**	**100%**

À la lecture de ce tableau, il apparaît clairement une adéquation entre la division en termes de lieux et de population rencontrée. L'espace privé reste majoritairement le lieu privilégié des relations familiales et/ou amicales avec des Maghrébins. L'espace professionnel est quant à lui, le lieu des rencontres interethniques par excellence. Le travail, l'école ou l'université représentent des espaces publics qui favorisent les échanges, les individus qui, pour différentes raisons, n'y ont pas accès, en sont relativement privés et possèdent un réseau relationnel plutôt restreint aux membres du groupe ethnique.

Tableau 74 : lieux de fréquentations des non-maghrébins en fonction de la CSP et du sexe (en%)				
Lieux fréquentation non-maghrébins CSP	Espace privé	Espace intermédiaire	Espace professionnel	Total
Hommes				
Commerçant, artisan, chef entreprise	14,3	14,3	71,4	100
Cadre. Profess° inteleclle. supérieure	0,0	14,3	85,7	100
Profession intermédiaire	14,3	21,4	64,3	100
Employé	0,0	12,5	87,5	100
Ouvrier	5,6	16,7	77,8	100
Chômeur	0,0	50,0	50,0	100
Élève, étudiant	7,5	20,0	72,5	100
Retraité	0,0	100	0,0	100
Autre	0,0	33,3	66,7	100
Total	*6,0*	*22,2*	*71,8*	*100*
Femmes[55]				
Cadre. Profess° inteleclle. supérieure	0,0	0,0	100	100
Profession intermédiaire	0,0	0,0	100	100
Employé	9,5	23,8	66,7	100
Ouvrier	0,0	0,0	100	100
Chômeur	28,6	28,6	42,9	100
Élève, étudiant	2,3	20,5	77,3	100
Inactif	10,0	90,0	0,0	100
Autre	0,0	0,0	100	100
Total	*6,9*	*33,7*	*59,4*	*100*

Les valeurs du tableau sont les pourcentages en ligne établis sur 117 observations pour les hommes et 101 pour les femmes.

Ainsi, les hommes retraités et les femmes inactives n'ont pas accès à l'espace professionnel et ne rencontrent de ce fait, des non-maghrébins que dans le cadre de l'espace intermédiaire, à l'exception d'une femme sur dix qui en reçoit à son domicile. Ces dernières sont des jeunes femmes, âgées en moyenne de 31 ans, dont la moitié d'entre elles est mariée avec un conjoint d'origine française, c'est donc la belle-famille qui est accueillie à la maison.

L'espace intermédiaire permet de rencontrer à peu près dans les mêmes proportions Maghrébins et non-maghrébins (tableau 73).

La mobilisation des différents espaces par les hommes et les femmes varie en fonction du type de fréquentations.

---

[55] Les catégories *commerçant artisans et retraité* ayant des effectifs nuls pour la classe des femmes, ces dernières catégories ne figurent pas dans le tableau. Idem pour les inactifs hommes.

Tableau 75 : type de fréquentations en fonction des lieux et du sexe						
Type de fréquent°	Maghrébins			Non-maghrébins		
Espace de fréquent°	Privé	Intermédiaire	Professionnel	Privé	Intermédiaire	Professionnel
Homme	48,7	39,3	12,0	6,0	22,2	71,8
Femme	75,2	18,8	5,9	6,9	33,7	59,4

Les valeurs du tableau sont les pourcentages en ligne établis sur 218 observations.

Concernant les rencontres avec les non-maghrébins, si ceux-ci sont avant tout fréquentés au sein de l'espace professionnel, on ne constate pas de différences significatives entre les sexes. Cependant, l'espace intermédiaire est plus mobilisé par les femmes dont presque la moitié d'entre elles est issue de l'immigration du regroupement familial des conjoints et 52,9% sont inactives. L'espace intermédiaire permet alors que des rencontres aient lieu en dehors de la sphère communautaire, mais très peu (6,9%) pousseront ces relations jusqu'à l'invitation à son domicile propre. L'espace privé n'est pas d'avantage mobilisé par les hommes lorsqu'il s'agit des non-maghrébins.

Ce phénomène semble confirmé dans l'enquête « Les immigrés en France » menée en 1997 par l'Insee. À propos des relations des immigrés avec les personnes du quartier, 35% des Algériens et 41% des Marocains reçoivent ou sont reçus d'abord par des « compatriotes », alors qu'ils ne sont plus que respectivement 21% et 17% lorsqu'il s'agit d'accueillir ou d'aller chez des Français d'origine (Insee, 1997b, p.123). Ce taux reste faible comparativement à celui de la France entière qui atteint 78%.

Du côté des rencontres avec les Maghrébins, les hommes se partagent entre l'espace privé et l'espace intermédiaire (tableau 75), avec une préférence pour le premier. Par contre, le domicile et la sphère familiale qui constituent l'espace privé, sont largement le fait des femmes puisque 75,2% d'entre elles figurent dans cette catégorie. Les relations de ces femmes maghrébines restent familiales et/ou amicales et se déroulent essentiellement dans le cercle privé. Même si les hommes se rencontrent à la maison, ils le feront également au café, dans le quartier, à la mosquée etc. De leur côté les femmes semblent majoritairement préférer se rencontrer au domicile des unes et des autres. On peut certainement apporter ici une explication culturaliste qui consisterait à penser que la maison est le lieu réservé aux femmes chez les Maghrébins. Si cette interprétation n'est pas sans fondements, elle ne signifie pas que la gente féminine soit prisonnière du foyer, d'ailleurs, seules 21,1% de ces femmes sont réellement à la maison, les autres occupent un emploi ou sont étudiantes (42,1% d'entre elles). Le domicile, le sien propre ou celui des personnes fréquentées, représente alors un lieu de convivialité où pourront être partagés des moments de plaisir et d'intimité amicale ou familiale. La maison permet de développer un entre-soi rassurant. Il y a là une division ethnique de l'espace social qui ne résulte certainement pas totalement de stratégies conscientes, mais d'une séparation de fait dans l'espace privé en fonction de critères sociaux et culturels. Toutes les classes, les groupes et les catégories participent d'une manière ou d'une autre à cette communautarisation. La difficulté à construire des échanges intimes entre les membres des diverses communautés se traduit à travers l'analyse des Maghrébins déclarant avoir des amis français. En effet, malgré ces amitiés, seuls

5,9% des individus de cette catégorie déclarent recevoir ces amis à la maison, alors que 68,6% les côtoient dans l'espace professionnel.

Cette analyse sur la nature des relations et leur contexte tend à montrer que malgré une évolution au fur et à mesure des générations qui permet de penser qu'un processus d'échange et d'ouverture interethnique est en cours, il existe bien un phénomène ethnique au sein du paysage social français. Si l'on peut parler de communauté, il ne semble pas que l'on puisse affirmer qu'un phénomène de communautarisation soit en cours. En effet, les espaces intermédiaires et professionnels permettent, malgré tout, que se construisent des interactions et des relations entre une grande partie des membres de la communauté nationale.

Un certain nombre de facteurs contribuent à renforcer une sociabilité communautaire ou au contraire plus ouverte. Ne pas parler français ne constitue pas obligatoirement un obstacle insurmontable pour rencontrer l'autre, cependant c'est dans cette catégorie non-francophone que l'on trouve le taux le plus important d'individus déclarant ne pas avoir d'amis français (53,8% d'entre eux). La division en termes d'espace rural et urbain intervient également, notamment par la concentration ethnique présente au sein d'une partie des aires urbaines qui favorise les relations entre membres du même groupe. Ainsi, si 82,8% des maghrébins urbains déclarent avoir des amis français, c'est le cas pour la totalité des ruraux pour lesquels les conditions d'habitat et les styles de vie semblent plus favorables à la rencontre d'autrui.

6- Pratiques religieuses

La religion musulmane constitue sans conteste un élément important de l'identité maghrébine. En règle générale, les religions sont souvent considérées comme des facteurs favorisant le repli communautaire. L'islam n'échappe pas à la règle mais de surcroît, il est vu en France, comme un frein à l'intégration et surtout porteur d'une dangerosité potentielle. Dès la fin des années 80, débute une politique de l'amalgame avec les premières affaires de foulards à l'école, qui seront suivies tout au long des années 90 par la crise algérienne et sa montée de l'intégrisme, par la série d'attentats terroristes à Paris et au début des années 2000 par ce que l'on nomme désormais les événements du 11 septembre 2001 avec son prolongement dans la seconde guerre du Golfe débutée en mars 2003. Avec l'épisode algérien, la peur d'une exportation du conflit en France produit un premier niveau d'amalgame, ainsi, Algérie-Arabe-islam ne font qu'un et tout arabe musulman est considéré comme un Algérien dont les représentations sont fortement forgées par la figure du fellagha de la guerre d'indépendance. Avec le 11 septembre, l'amalgame se renforce et s'élargit, désormais, le Musulman, l'Arabe, le jeune des banlieues devient un danger pour tout l'Occident. La religion musulmane est alors considérée comme un facteur apte à mobiliser dans des actions violentes, non seulement les populations économiquement et socialement marginalisées, mais le terroriste peut désormais s'avérer être son propre voisin, son collègue de travail ou d'université. Au cours des affaires de l'usine AZF de Toulouse en 2001 ou du bagagiste de l'aéroport de Roissy en 2002, deux Maghrébins sont soupçonnés d'actes de terrorisme pour lesquels ils seront innocentés[56]. Lors de reportages télévisés ou d'articles de presse, l'argument de la pratique religieuse est employé, « ils ne faisaient pas la prière ou irrégulièrement » entend-on. L'argumentation consistant alors à démontrer qu'ils ne pouvaient pas être des terroristes puisqu'ils ne priaient pas régulièrement. On peut alors penser que toute personne pratiquant la prière est un terroriste potentiel. Tribalat pense qu'il y a là une politique de l'amalgame qui aurait tendance « à laisser croire que l'intégrisme [et le terrorisme] serait lié à la pratique religieuse alors qu'il repose d'abord sur un engagement politique » (Tribalat, 1996, p.236). Le déroulement et la répétition de ces événements tragiques finiront par faire, aux yeux de l'opinion publique, de tout Arabe un terroriste en puissance et un bourreau sanguinaire assoiffé du sang des infidèles. Du coup, le moindre centimètre carré de tissu sur la tête d'une jeune femme, la moindre calligraphie tracée en caractères arabes ou le simple fait de prononcer le vocable *Allah*, réveille chez qui en est témoin le soupçon et la méfiance. Lorcerie dans son article intitulé *Laïcité 1996. La République à l'école de l'immigration*, indique que « L'image globale de l'islam en France est fortement stéréotypée, d'un stéréotype négatif [...] *Islam* est ainsi sans cesse repoussé sur *immigration*, sur *intégration* (obstacle à -), sur *étranger*, et revient sur *laïcité* par *terrorisme* et *intégrisme* » (Lorcerie, 1996, p.66).

Des voix musulmanes ou non dénoncent à la fois les atrocités commises au nom de l'islam et les politiques de l'amalgame. Contre toute attente, Nicolas Sarkozy, ministre de l'Intérieur du gouvernement français, réunira durant le mois de décembre 2002 les principales fédérations musulmanes de France et signera un accord qui sera l'acte de naissance d'un organe représentatif du culte musulman de France, celui-ci sera ratifié en février 2003. Plébiscité par certains, contesté par d'autres[57], le ministre a mis fin à des années de tergiversations entamées par ses prédécesseurs sans que jamais une issue ne puisse voir le jour. Quoiqu'il en soit, ce conseil représentatif existe désormais dans la réalité, le culte musulman devrait pouvoir sortir d'une « clandestinité » productrice de suspicions et évoluer au grand jour au sein de l'espace social français. La reconnaissance officielle de la deuxième religion de France représente certainement un facteur d'apaisement notamment par la prise en compte du fait religieux musulman et par le partage, le dialogue et les échanges qu'elle peut engendrer.

a) Croyants et non-croyants

Concernant notre recherche, nous nous sommes intéressé aux pratiques religieuses, non à la foi. Cette dernière est en effet subjective et par conséquent difficile, voire impossible à mesurer. Certes, on peut penser qu'un pratiquant doit faire preuve d'une foi minimale pour pratiquer tout ou partie des rituels religieux, mais un non-pratiquant n'est pas dénué de cette foi. L'islam considère que le minimum requis pour faire partie de la *Oumma* (la communauté musulmane) repose

---

[56] Dans l'affaire du bagagiste, l'individu recevra des excuses publiques de la part du Ministre de la justice et du service de l'information de la chaîne de télévision France 3 après avoir été emprisonné et maltraité.
[57] Certains reprochent le caractère non-démocratique de ce Conseil et le caractère néo-colonialiste de sa mise en place. Le président, Dalil Boubaker à été nommé d'office par le ministre alors que sa fédération, la Mosquée de Paris, est parmi celle qui a obtenu le moins de voix aux élections. De plus, les musulmans des 2ème et 3ème générations ne sont pas ou très peu représentés.

sur la *Chahada*[58], autrement dit sur la profession de foi qui consiste à prononcer en y croyant profondément la formule suivante : « Je témoigne qu'il n'y a de Dieu que Dieu et je témoigne que Mohamed est son prophète ». Cette formule, qui insiste sur l'unicité de Dieu est celle qui permet à qui le veut, d'être musulman. Avec elle, que le degré de pratique soit nul ou assidu, la personne est, dans tous les cas, considérée comme musulmane. Dans cette optique, nous avons proposé une question aux enquêtés : *Vous considérez-vous musulman(e) ?* Avec trois modalités de réponse : *oui ; non ; ne sait pas.* Nous avons ainsi obtenu une variable permettant de distinguer les croyants des non-croyants et des indécis. Les premiers peuvent alors être considérés comme musulmans et les seconds comme non-musulmans. Cette classification s'entend évidemment du point de vue religieux, car du côté culturel, certains non-croyants peuvent tout de même se revendiquer en partie de la culture musulmane. Elle s'applique également à la religion musulmane dans la mesure où ceux que nous nommons des non-croyants ne sont pas obligatoirement athées et peuvent adhérer à un autre culte.

L'analyse statistique laisse apparaître un fort taux d'individus se déclarant musulmans avec 98,2% de l'échantillon contre 1,4% qui refusent ce statut et 0,4% qui s'interrogent. Les effectifs des deux dernières catégories sont faibles et ne représentent au total que quatre individus. Par conséquent, il sera difficile de proposer une analyse à partir de la division musulmans – non-musulmans, tout au plus pourrons-nous afficher quelques tendances.

Dans son enquête sur les immigrés, Tribalat (1996, p.237) repère les personnes originaires d'Algérie et du Maroc qui déclarent ne pas avoir de religion. Ses résultats indiquent que c'est le cas pour 15% des hommes algériens et pour des 10% des marocains (moyenne nationale 22%). Concernant les femmes, on y trouve 12% des algériennes et 11% des marocaines (moyenne nationale 17%)[59]. Cependant, ces chiffres datant de 1992, il est possible que les pratiques religieuses musulmanes aient évolué au cours de cette dernière décennie. N'ayant pas pu obtenir de statistiques plus récentes, nous sommes dans l'impossibilité de confirmer cette évolution et, dans le cas où elle existerait, son orientation en termes de diminution ou d'augmentation. Un survol de la presse laisserait penser qu'elle serait en augmentation à travers des articles sur la pratique du ramadan à l'école, la demande de mosquées ou le développement de commerces de viande halal. Toutefois, ces indicateurs empiriques peuvent aussi bien refléter une augmentation de la pratique que l'émergence dans le champ social d'une pratique antérieurement présente mais dont la visibilité s'accroît au fur et à mesure où l'islam s'installe dans le paysage religieux français. Cependant, un sondage paru dans le quotidien *Le Monde*[60] constate une baisse des croyances religieuses en France, à l'exception de l'islam qui augmente. Les résultats comparés à un sondage identique effectué en 1994 indiquent que 62% des Français se déclarent de confession catholique (contre 67% en 1994), alors que les musulmans passent de 2% en 1994 à 6% de la population française en 2003. Une des conséquences de l'installation des Maghrébins en France se serait traduite par ce que Képel nomme « une demande d'islam » (Képel, 1987). En

---
[58] La Chahada constitue le 1ᵉʳ pilier de l'islam qui en compte 5.
[59] Source : INED, enquête MGIS réalisée avec le concours de l'Insee, 1992.
[60] Le Monde du 17/04/2003 ; Sondage CSA pour « Le Monde » et La vie ».

réponse à cette attente, on assistera, à partir de 1980, de la part de certains musulmans que Césari appelle « les principaux promoteurs de la visibilité de l'islam » (Césari, 1998, p.66) qui, pour la majorité d'entre eux, sont mariés, pères de famille, installés en France depuis plus de dix ans, à une mobilisation pour s'investir dans la mise en place de lieux de cultes et d'associations musulmanes.

Faut-il rappeler qu'à la différence d'autres pays, la France n'autorise pas la production de statistiques sur les groupes religieux. Cette posture basée sur la protection et le traitement égalitaire des citoyens ne permet pas d'établir une distinction des français à partir de leur foi. Tout dénombrement indiquant l'appartenance confessionnelle est interdit, même dans le cadre d'une estimation de la part des pouvoirs publics. Les derniers recensements où apparaît la question de la confession d'appartenance datent de 1872 pour la France et de 1962 pour les départements d'Alsace et de Moselle (comme le permettait le statut local, tiré du Concordat et des articles organiques, qui sont à la base du régime des cultes reconnus). « On y comptait alors [dans ces deux départements] 7 064 musulmans... selon les évaluations actuelles, ils seraient au moins 85 000 » (Boyer, 1998, p.17-18).

Quantifier de façon claire et exacte la communauté musulmane française s'avère donc difficile dans la mesure où les comptages effectués lors du recensement national ne prennent pas en compte la variable religion. De plus, le facteur nationalité donne de moins en moins une estimation proche de la réalité, car beaucoup d'immigrés ont, au cours du temps, acquis la nationalité française et les générations nées en France sont françaises de fait. De plus, ce critère peut s'avérer discutable, car, même dans les pays à forte majorité musulmane, la nationalité ne signifie pas toujours l'appartenance automatique à cette religion, ainsi, un citoyen marocain peut être Juif, un Égyptien ou un Libanais, Chrétien ; cependant, le biais qui pourrait être introduit ici n'aurait guère d'incidence sur les chiffres, particulièrement pour les pays du Maghreb où la proportion des non musulmans reste faible.

Césari (1994, p.21), Boyer (1998, p.18) et Leveau (2001, p.140-141) proposent une estimation du nombre de musulmans installés en France obtenue par le croisement de diverses données tirées du recensement général de la population de 1990. Pour ceci, on retient le volume de population étrangère supposée d'appartenance islamique : 473 000 Algériens, 396 000 Marocains, 135 000 Tunisiens, 147 000 Turcs, auxquels il faut ajouter le nombre d'étrangers nés en France : 140 000 Algériens, 176 000 Marocains, 70 000 Tunisiens, 51 000 Turcs. Il faut compléter avec les musulmans d'Afrique subsaharienne, soit entre le Mali et le Sénégal 80 000. Nous ne prenons pas ici en compte les autres pays d'Afrique tels que le Cameroun, le Gabon et d'autres encore, pour les lesquels il est difficile de définir l'appartenance religieuse car leurs habitants adhèrent selon des proportions variables à plusieurs cultes. Ne sont pas comptés également les pays du Proche-Orient (Liban, Syrie, Iraq...) et du Moyen et Extrême-Orient (Iran, Pakistan, Inde, Afghanistan et Indonésie, Malaysie...), qui ne représentent pas un volume important de ressortissants. Enfin, il nous faut compter les 400 000 Français musulmans dits Harkis ainsi que ceux qui, nés en France de parents étrangers, acquièrent par manifestation de volonté la nationalité française[61] et les personnes qui l'obtiennent par décret[62], sans oublier les Français convertis à l'islam à propos desquels il est impossible d'obtenir des statistiques fiables. Certains parlent de quelques milliers, d'autres de quelques centaines de milliers. Grosso modo, cette méthode nous donne une estimation du nombre de musulmans installés en France, qui se situe entre 4 000 000 et 5 000 000 de personnes. Évidemment, ces chiffres n'apportent aucune information en matière de croyance et de pratiques religieuses.

b) Le degré de pratique religieuse

Des tentatives ont été menées afin de déterminer la proportion de croyants et de pratiquants au sein de la communauté musulmane française. Tribalat (1996, p.236-239) se base sur l'enquête MGIS réalisée en 1992 avec le concours de l'Insee pour mesurer le taux de pratique. Ses résultats sont contestés par Leveau (2001, p.141) qui lui reproche de n'avoir retenu comme critère que la fréquentation des lieux de culte. En effet, pour les musulmans, la fréquentation de la mosquée n'a pas le caractère sacré des églises catholiques dans la mesure où il n'est pas indispensable de s'y rendre. Les prières quotidiennes peuvent s'accomplir dans un tout autre lieu et l'office du vendredi n'est obligatoire que pour les hommes. La dimension à la fois sociale et spirituelle de la mosquée est évidemment importante et il est toujours préférable de s'y rendre le plus souvent possible, mais en France, ce critère n'est pas significatif de la pratique pour deux raisons essentielles. L'insuffisance cruciale de lieux de cultes amène beaucoup de musulmans à ne pas résider à proximité d'une mosquée et tout déplacement pour s'y rendre demande donc un minimum d'organisation et de temps. La deuxième raison est en lien avec la prière obligatoire du vendredi, un grand nombre de croyants travaillant ce jour là sont dans l'impossibilité d'y participer. On le voit, le taux de fréquentation des mosquées n'est guère apte à mesurer la proportion des pratiquants. À titre indicatif, Boyer (1998, p.22) cite l'exemple d'un sondage de l'IFOP (pour *Le Monde* et *La Vie*, in *Le Monde*, 30 novembre 1989) dont les résultats laissent apparaître que si seulement 16% des musulmans interrogés déclarent se rendre à la prière du vendredi, 41% effectuent les prières quotidiennes. L'écart entre la fréquentation des mosquées et le respect du rite de la prière confirme la pertinence limitée de l'indicateur *fréquentation des lieux de culte* pour rendre compte du taux de pratique.

Nous concernant, nous avons choisi d'élaborer une typologie de la pratique religieuse à partir de la sélection d'un certain nombre de critères. D'emblée, nous avons éliminé la célébration des fêtes de l'Aïd el Fitr, de l'Aïd el Adha et du Mouloud. Certes, ces dernières, nous l'avons vu précédemment, sont sans aucun doute caractérisées par une dimension profondément religieuse, mais elles peuvent aussi, pour certains, revêtir un aspect culturel dénué de toute considération religieuse. Pour les raisons évoquées ci-dessus, nous n'avons pas non plus retenu le

---

[61] 33 225 personnes ont obtenu la nationalité française selon ce mode en 1994. Concernant les ressortissants algériens, marocains et tunisiens, on enregistre entre 1991-1994, une période record pour l'acquisition de la nationalité française (26 993 acquisitions), les acquisitions sans formalité qui existaient jusqu'en 1993, ne sont pas comptabilisées (INSEE, 1997, p.39, tableaux 1 et 2).
[62] 49 449 personnes ont obtenu la nationalité française selon ce mode en 1994 (INSEE, 1997, p.39, tableau 2).

critère en lien avec la fréquentation des mosquées et la participation à la prière du vendredi, d'autant que celle-ci n'étant obligatoire que pour les hommes (les femmes peuvent s'y rendre si elles le désirent), il y aurait eu un déséquilibre entre les deux sexes.

Parmi les critères retenus nous avons donc choisi le respect ou non du rite de la prière. Celle-ci peut en effet s'effectuer en tous lieux, seul ou en groupe[63], le déroulement de la prière musulmane, contrairement à celle des Chrétiens ou des Juifs, ne nécessite pas la présence officielle d'un membre du clergé, prêtre, pasteur ou rabbin. En effet, chacun peut faire fonction d'imam pour lui-même ou pour le groupe, certes il existe des imams réguliers, mais leur présence n'est pas indispensable pour le bon déroulement de l'office. Le second critère repose sur le jeûne du mois de ramadan qui se déroule une fois par an durant 29 ou 30 jours. Les autres, en lien avec les interdits alimentaires, font appels à la consommation ou non de viande de porc, de boissons alcoolisées et de viande halal.

Le tableau 76 indique la répartition des individus de notre échantillon en fonction des différents critères de pratique retenus.

Tableau 76 : Taux de pratiquants en fonction des critères de pratiques retenus		
Pratiques suivies	Nb. Citations	Fréquence
La non consommation de viande porc	212	97,2%
Le ramadan	208	95,4%
La non consommation d'alcool	199	91,3%
La stricte consommation de viande halal	161	73,9%
Les prières quotidiennes	154	70,6%
Aucune	4	1,8%
Total observations	**218**	

Le nombre de citations est supérieur au nombre d'observations du fait de réponses multiples (5 au maximum).

Sur les quatre individus ne déclarant aucune pratique, un se considère musulman, deux rejettent ce statut et seul un hésite, mais tous célèbrent les fêtes de l'Aïd el Fitr et de l'Aïd el Adha. Tous les autres se considèrent musulmans et croyants, évidemment, c'est à partir de la forme et de l'intensité de la pratique que s'opère une distinction.

Le taux apparemment important de pratique que reflète ce tableau est à relativiser dans la mesure où tous les individus ne s'inscrivent pas dans l'ensemble des indicateurs présentés et peuvent, suivant les cas, suivre tout ou partie de ces pratiques. Autrement dit, le taux de pratique affiché ici, critères par critères, ne dit rien de l'intensité de la pratique individuelle et c'est à partir des profils établis par la combinaison de ces critères que nous avons pu élaborer des types de pratiquants permettant d'établir une distinction en termes de degré de pratique.

Toutefois, ce premier niveau d'analyse permet d'établir une hiérarchisation en termes de suivi et de respect des pratiques. L'interdit de la nourriture d'origine porcine et le jeûne du ramadan constituent incontestablement les pratiques les plus suivies avec, dans une moindre mesure, la consommation d'alcool, il est à noter que

---

[63] La prière collective est préférée car elle permet de créer et d'entretenir le lien social. À ce titre, les bienfaits qui lui sont attribués sont 27 fois supérieurs à la prière effectuée individuellement.

ces dernières sont les plus visibles au sein de l'espace public (école, cantine, restaurant, espace professionnel, etc.). La prière, qui représente certainement un des éléments les plus contraignants dans la mesure où elle doit être accomplie cinq fois par jour et précédée d'un rite de purification (ablutions) est la moins suivie. Ici encore, les chiffres varient suivant les enquêtes, Tribalat (1996, p.240) estime à 80% le taux de respect du ramadan, à 76% la non consommation de viande de porc et à 68% pour l'alcool. De son côté, Boyer (1998, p.22) avance un taux de 81% pour le ramadan et de 77% pour l'alcool.

c) Typologie des pratiquants

La classification établie à partir des diverses combinaisons de pratiques permet d'établir une distinction entre les individus. Cinq catégories de pratiquants ont pu ainsi être dégagées, une sixième est constituée par les non-pratiquants.

Tableau 77 : typologie des pratiquants		
Type pratique	Nb. Citations	Fréquence
Pratiquants religieux	133	61,0%
Pratiquants assidus	16	7,3%
Pratiquants rituels	5	2,3%
Pratiquants moyens	48	22,0%
Pratiquants culturels	12	5,5%
Non pratiquants	4	1,8%
Total observations	**218**	**100%**

- Les *pratiquants religieux* respectent l'ensemble des grandes obligations rituelles et des interdits alimentaires.

- Les *pratiquants assidus* font preuve d'une pratique sensiblement identique à celle des pratiquants religieux mais se différencient par le fait que la consommation de viande halal n'est pas figée, autrement dit, ils opteront pour celle-ci lorsque les conditions le permettent (domicile, restaurants halal, etc.), mais n'hésiteront pas à passer outre dans un contexte où il n'est pas possible de respecter le rite.

- Les *pratiquants rituels*, peu nombreux, respectent les grandes obligations rituelles (ramadan, prière) ainsi que l'interdiction de manger du porc, par contre, tous consomment de l'alcool et 80% de la viande non halal. Ici, on peut dire que le rite est plus respecté que les interdits alimentaires.

- Les *pratiquants moyens* ne s'écartent pas véritablement de la norme et restent en conformité vis à vis des grands préceptes. Les interdits alimentaires sont suivis mais pas toutes les obligations rituelles puisque aucun d'entre eux n'accomplit la prière. Parmi eux, 52,1% consomment de la viande halal, on peut considérer que le fait de respecter les principaux interdits alimentaires permet une régularité de la pratique dans la vie quotidienne. Ces pratiquants se situent à un niveau intermédiaire entre le rite et la culture, autrement dit, la pratique est construite à partir de croyances religieuses et de conduites fortement marquées par la culture d'origine.

- Les *pratiquants culturels* observent irrégulièrement les interdits et les obligations. Les profils de cette catégorie font preuve d'une grande variation entre les individus et se construisent en fonction du suivi d'une seule pratique ou d'une combinaison de deux ou trois d'entre elles. Cette forme de pratique révèle plus un attachement à une culture que l'expression d'un sentiment religieux. La non-consommation de viande de porc ou non-halal peut être liée à une réticence construite dans l'enfance, un peu comme certaines cultures éprouveraient de la répugnance à manger de la viande canine ou de serpent consommée par ailleurs dans certains pays asiatiques.

- Les *non-pratiquants*, n'observent aucune de ces pratiques.

Le tableau 78 illustre les divers types de pratiques suivies en fonction de la division des pratiquants.

Tableau 78 : Corrélation entre les types de pratiquants et les critères de pratiques (en%)							
Type pratique *Type pratiquant*	Le ramadan	La prière	Non-consommation porc	Non-consommation alcool	Stricte consommation viande halal	Aucune	Total
Pratiquants religieux	100	100	100	100	100	0,0	100
Pratiquants assidus	100	100	100	100	0,0	0,0	100
Pratiquants rituels	100	100	100	0,0	20,0	0,0	100
Pratiquants moyens	100	0,0	100	100	52,1	0,0	100
Pratiquants culturels	50,0	0,0	83,3	16,7	16,7	0,0	100
Non pratiquants	0,0	0,0	0,0	0,0	0,0	100	100
Total	95,4	70,6	97,2	91,3	73,9	1,8	100

La dépendance est très significative. chi2 = 1022,77, ddl = 25, 1-p = >99,99%
Les valeurs du tableau sont les pourcentages en ligne établis sur 218 observations.

d) Des déterminants de la pratique religieuse

Les différents types de pratiques sont déterminés par une série de facteurs variables. La répartition entre les sexes ne laisse pas apparaître de différence significative entre les hommes et les femmes, même si les premiers sont un peu plus souvent pratiquants religieux et les secondes, pratiquantes assidues.

Afin d'opérer une analyse plus précise, nous avons créé un score du degré de pratique objective. Pour cela, nous avons appliqué un barème doté d'un poids spécifique pour chaque indicateur de pratique obtenant ainsi une amplitude allant de 0 à 13[64].

---

[64] Le poids respectif attribué à chaque pratique a été défini en fonction de l'importance et de la nature de chaque pratique. Nous avons en cela été conseillé par l'imam de la Grande mosquée de Bordeaux, Tareq Oubrou. L'échelle se décline ainsi : Prière=5 ; Ramadan= 3 ; Porc= 2 ; Alcool= 2 ; Halal= 1 ; Aucune = 0.

Tableau 79 : Score de pratique en fonction du type de pratique religieuse		
Type pratique	Score pratique	Amplitude des scores
Pratiquants religieux	13,00	13
Pratiquants assidus	12,00	12
Pratiquants rituels	10,20	10 à 11
Pratiquants moyens	7,52	7 à 8
Pratiquants culturels	3,67	2 à 6
Non pratiquants	0,00	0
Total	10,90	

Les valeurs du tableau sont les moyennes calculées sans tenir compte des non-réponses.
Résultats du test de Fisher : SCORE pratique: $V\_inter = 343,81$, $V\_intra = 0,16$, $F = 2179,31$, $1-p = >99,99\%$

Cette opération à l'intérêt de dévoiler la césure à l'œuvre entre les différents types de pratiquants. Évidemment, le score moyen régresse au fur et à mesure des types de pratiques, si les trois premières catégories forment un ensemble relativement homogène, les pratiquants moyens occupent une position médiane mais qui reste au-dessus de la moyenne. Les pratiquants culturels se démarquent nettement par un faible score qui reflète la dimension culturelle et non religieuse de ce type de pratique. La séparation entre deux grands types de pratiquants, dont le partage s'opère à partir de la démarcation entre les pratiquants rituels et les pratiquants moyens, s'effectue sur la base de l'accomplissement ou non de la prière. Le respect de ce rite est important car il traduit un degré d'engagement quotidien dans la pratique, voire dans la foi. La prière est un seuil supplémentaire qui est franchi tant sur le plan psychologique que spirituel, c'est réellement le seuil du sacré qui permet au croyant d'établir un contact transcendantal quotidien et régulier avec Dieu. Généralement celui qui prie est respecté en tant que tel et figure dans les représentations comme un être a priori honnête et sage. Certains, face à la contrainte, n'accomplissent pas ce rite, d'autres le couvrent d'un tel degré de sacralité qu'ils s'estiment « indignes » de le pratiquer et envisagent de prier plus tard dans leur vie, autrement dit lorsqu'ils penseront avoir atteint un niveau de sagesse suffisant en rompant avec une partie de leurs comportements qu'ils estiment incompatibles avec la prière.

1) Pratique religieuse, type d'immigration et classes d'âge

D'une façon générale, on peut affirmer que le degré de pratique s'amoindrit au fur et à mesure des générations d'immigration. L'intensité maximale est le fait des immigrés venus en France pour travailler après 1974, ils sont suivis de très près par ceux arrivés avant cette date et par les femmes du regroupement familial. Degré de pratique religieuse et contexte de socialisation semblent liés et révèlent l'écart entre les immigrés et les générations locales. Les enfants du regroupement familial pratiquent d'autant plus qu'ils sont arrivés âgés en France alors que les générations locales, socialisées en France, détiennent les plus faibles scores.

Tableau 80 : Degré de pratique en fonction du type d'immigration

Type d'immigration	Score pratique religieuse
Imigrt° travail après 74	13,00
Imigrt°Rgpt faml conjoint	12,08
Imigrt° travail avant 74	12,00
Imigrt°Rgpt faml eft 16-18 ans	11,50
Imigrt°études	11,04
Imigrt°Rgpt faml eft 11-15 ans	11,00
Imigrt°Rgpt faml eft 0-10 ans	10,85
2de générat°locale	10,33
3ème générat°locale	10,07
TOTAL	10,90

Les valeurs du tableau sont les moyennes calculées sur 218 observations.
Aucun critère ne permet de discriminer les catégories.
Les nombres encadrés correspondent à des moyennes par catégorie significativement différentes (test t) de l'ensemble de l'échantillon (au risque de 5%).
Résultats du test de Fisher :
Score pratique relig : $V\_inter = 15,93$, $V\_intra = 10,36$, $F = 1,54$, $1-p = 85,50\%$

Si le contexte de socialisation, le type d'immigration et le statut ou non d'immigré jouent un rôle important, l'âge des individus influe également sur l'intensité de la pratique. D'une manière générale, elle se renforce au fur et à mesure où l'âge augmente. Ce phénomène constitue certainement ce que l'on peut définir comme un « effet âge ». En effet, nous avons rencontré beaucoup de jeunes qui considèrent la jeunesse comme un passage de la vie caractérisé par une certaine insouciance, l'amusement et l'hédonisme. Mais, lorsqu'ils se projettent dans l'avenir, ils adoptent des postures très conformistes que Villechaise-Dupont relève également et pense qu'elles sont « très classiquement définie[s] autour des valeurs du travail et de la famille, et d'un accès satisfaisant à la société de consommation concrétisé par la voiture et la maison individuelle. » (2000, p.182). Au désir de fonder une famille et de vivre confortablement, se greffe très souvent l'intention de mieux pratiquer sa religion notamment à travers la déclaration d'effectuer régulièrement sa prière ou de se rendre au pèlerinage de La Mecque (Hadj). Ce sentiment est partagé par des individus plus âgés qui confirment avoir été dans cette situation et avoir renforcé leur pratique au fur et à mesure des événements de la vie (mariage, enfants, retraite, etc.).

Ce phénomène se confirme lorsque l'on compare entre elles les tranches d'âge mais doit être relativisé à l'intérieur des catégories d'immigration.

Tableau 81 : Degré de pratique religieuse par classes d'âge et type d'immigration							
	Score pratique religieuse (de 0 à13)						
Types imgrt°	Imigrat° travail	Imigrat° conjoints	Imigrat° Études	Imigrat° enfants	2ème génération locale	3ème génération locale	Total ensemble
Classe d'âge							
Moins de 20	-	-	6	11	10,68	9,82	10,17
De 20 à 24	-	-	8,50	11,07	10,56	8,91	10,20
De 25 à 29	-	12,50	12,83	11,38	10,79	12	11,53
De 30 à 34	-	9	12,25	11,87	8,86	13	11,10
De 35 à 39	-	10	9,33	6,50	6	-	7,82
De 40 à 49	13	12,36	12,67	8,67	-	-	12,19
De 50 à 60	12,67	13	-	13	-	-	12,77
60 et plus	10,75	13	-	-	-	-	11,88
Total	12,40	12,8	11,04	10,92	10,33	10,07	10,90

N = 218

Si la tranche des 30-34 ans obtient un score légèrement inférieur à celle, plus jeune, des 25-29 ans, les 35-39 brisent la continuité du mouvement ascendant par lequel le degré de pratique augmente avec l'âge. Rappelons-nous que cette catégorie était parmi celles qui avaient le plus fort taux pour la célébration de la fête de Noël et qu'elle obtenait de faibles scores d'attache au pays d'origine. Dans la mesure où ils ne représentent que 5% de l'échantillon total, il est difficile de faire apparaître, à ce stade, une explication en termes de facteurs discriminants. Nous postulerons tout de même que ces derniers, étant donné leur âge, ont vécu durant leur jeunesse une période (les années 80) où l'islam de France était quasi-inexistant, les mosquées étaient plus rares qu'aujourd'hui et la problématique de l'immigration maghrébine était plutôt axée autour de la lutte contre le racisme et pour le respect des différences dont les points culminants furent marqués par les manifestations de SOS racisme pour l'égalité des droits et la marche des beurs. Certains, déçus, ont pu se retourner vers l'islam, d'autres ont continué la lutte de diverses manières ou l'ont simplement abandonnée. En se penchant sur la répartition des degrés de pratique religieuse au sein des catégories d'immigration (tableau 81), on observe que parmi la seconde génération locale les plus jeunes obtiennent les taux les plus forts. D'un autre côté, toutes les générations constituées d'individus âgés de 40 ans et plus, obtiennent des scores proches ou égaux au score maximal. On peut donc penser que ces derniers, qui majoritairement ont des enfants, ayant compris qu'ils resteraient en France, ont participé, pour certains d'entre eux, à organiser et à installer l'islam dans le paysage national, notamment en contribuant à l'éducation religieuse des plus jeunes qui pouvaient désormais participer à l'école coranique, s'informer à la mosquée lors de rencontres ou de conférences ou par des livres et des cassettes. Cette opportunité existant plus rarement dans les années 80, les 35-39 ans socialisés en France auraient été moins sensibilisés au fait religieux.

2) Pratique religieuse et situation matrimoniale et familiale

Avec l'âge la situation évolue, le mariage et les enfants, nous l'avons vu, font généralement partie du projet de vie des plus jeunes. La mise en couple et la fondation d'une famille semblent aller de paire avec l'augmentation du degré de pratique religieuse.

Tableau 82 : Degré de pratique en fonction de la situation matrimoniale	
Situation matrimoniale	Score pratique religieuse
Veuf(ve)	13,00
Marié(e)	11,73
Divorcé(e)	10,75
Célibataire	10,57
Séparé(e)	8,00
Vivant maritalement	6,78
Total	10,90

N = 218

D'une manière générale, le degré de pratique religieuse varie en fonction de la situation matrimoniale. Si les veufs(ves) obtiennent le score maximal, ce qui peut s'expliquer à la fois par l'âge et la situation de veuvage qui, à travers le décès et l'absence de l'autre, renforce la spiritualité, les personnes mariées restent à un degré de pratique assez important. Les célibataires et les divorcés obtiennent également un score bien au-dessus de la moyenne, bien que plus faible. Ce sont les individus séparés et ceux vivant maritalement qui pratiquent le moins. Pour ces derniers, le fait même de vivre en dehors de l'institution du mariage représente une forme de transgression des valeurs traditionnelles et religieuses, cependant, malgré un faible score, ils restent tout de même légèrement au-dessus de la moyenne, 22% se déclarant non-musulmans, et plus des deux tiers entrant dans la classe des pratiquants moyens. Deux tiers d'entre eux sont des hommes pour lesquels la transgression est souvent moins soumise à la pression sociale familiale ou communautaire. Un peu plus de la moitié de ces individus vivent avec un conjoint français de souche, on ne trouve dans ce cas, que des hommes.

Outre la situation matrimoniale, le nombre d'enfants peut intervenir sur le degré de pratique. D'une manière générale, les individus à la tête des familles les plus nombreuses obtiennent les taux de pratiques les plus importants à l'exception des foyers composés de un ou deux enfants (tableau 83). Notons que le plus faible score est le fait des familles composées de deux enfants, au sein de celles-ci se trouvent majoritairement les individus âgés de 35 à 39 ans pour lesquels nous avons précédemment remarqué le faible taux de pratique.

Tableau 83 : Degré de pratique en fonction du nombre d'enfants	
Nombre d'enfants	Score pratique religieuse
Cinq et plus	12,86
Quatre	12,15
Trois	11,95
Aucun	10,42
Un	10,38
Deux	9,89
Total	10,90

N = 218

Quoiqu'il en soit et malgré les apparences, il paraît difficile et incorrect d'analyser le taux de pratique en fonction de la composition familiale. Le calcul du coefficient de corrélation entre ces deux variables est faible (R= 0,25) et il n'existe pas d'éléments forts qui pourraient expliquer l'influence de la pratique sur le taux de natalité ou réciproquement, ce qui pourrait éventuellement être possible pour des pratiquants catholiques, s'avère inexact pour les musulmans. En effet, chez les premiers la contraception est proscrite et pour les fidèles du Pape qui suivraient ses recommandations, le nombre d'enfants pourrait corréler avec l'intensité de la pratique. Hors, d'une manière générale, l'islam n'interdit pas la contraception qui fait partie des habitudes d'un grand nombre de couples. Religieusement, si les enfants sont considérés comme un bienfait divin, rien ne va dans le sens d'inciter à fonder des familles nombreuses. Traditionnellement, les enfants représentent une sécurité pour l'avenir, dans la mesure où ils se doivent de prendre en charge les parents devenus vieux. Les familles de notre échantillon composées de cinq enfants et plus sont celles issues de l'immigration des travailleurs arrivés en France avant 1974 et de leurs conjointes. Pour les autres, la réduction de la taille de la famille semble bien plus liée à un changement d'attitude qu'à la pratique religieuse. La modernité, par le modèle de vie qu'elle induit (retraites, travail des femmes) et les contraintes qu'elle exige (éducation des enfants dans la famille nucléarisée), s'est imposée aux Maghrébins comme à l'ensemble de la population française, l'adhésion progressive au système par les immigrés et plus ou moins spontanée par leurs enfants produit des effets notamment sur le taux de natalité. Par conséquent, les familles nombreuses majoritairement présentes chez les premiers immigrés sont plus le fait de la tradition que de la religion.

3) Pratique religieuse, origine nationale et appartenance ethnique

Tableau 84 : Type de pratiques en fonction de l'origine nationale et de 2 catégories de générations (en %)							
Type pratique Origine	Prati-quants religieux	Pratiquants assidus	Pratiquants rituels	Pratiquants moyens	Pratiquants culturels	Non pratiquants	Total
Générations immigrées							
Algérie	65,4	7,7	3,8	19,2	3,8	0,0	100
Maroc	72,1	9,3	3,5	9,3	4,7	1,2	100
Tunisie	40,0	0,0	0,0	40,0	20,0	0,0	100
Sous-total	68,0	8,2	3,3	13,9	5,7	0,8	100
Générations locales							
Algérie	48,6	2,9	2,9	31,4	5,7	8,6	100
Maroc	62,3	7,5	0,0	28,3	1,9	0,0	100
Tunisie	0,0	12,5	0,0	62,5	25,0	0,0	100
Sous-total	52,1	6,3	1,0	32,3	5,2	3,1	100
Échantillon total							
Algérie	55,7	4,9	3,3	26,2	4,9	4,9	100
Maroc	68,3	8,6	2,2	16,5	3,6	0,7	100
Tunisie	22,2	5,6	0,0	50,0	22,2	0,0	100
Total	61,0	7,3	2,3	22,0	5,5	1,8	100

N= 218

Si l'origine nationale représente un facteur d'analyse important, elle est, a priori, plutôt plus pertinente pour les générations d'immigrés, notamment pour les individus qui ont migré à l'adolescence ou à l'âge adulte. Cependant, le caractère relativement récent de l'immigration maghrébine permet de penser que l'origine nationale n'est pas sans influence sur les générations socialisées en France. Sur le plan religieux, l'histoire propre à chacun des pays d'Afrique du Nord marque singulièrement la place et la forme de la religion dans l'espace social et dans les psychologies collectives et individuelles. Le Maroc, bien que le Gouvernement ne soit pas totalement basé sur la religion, est un royaume chérifien, le chérif étant un descendant du prophète Mohamed, dont le principal représentant dans ce pays est le roi qui se présente comme le Commandeur des croyants (Émir el mouminin). Il va sans dire que pour cette nation, la religion tient un rôle important au sein de l'espace public. L'Algérie utilise le code de la famille dans la gestion des affaires sociales, celui-ci est fortement inspiré de la législation islamique. Quant à la Tunisie, le Président Bourguiba a laïcisé l'État. Il s'agit là de quelques éléments illustratifs, mais bien d'autres facteurs différencient ces trois pays sur le plan religieux.

Que les individus soient issus des générations d'immigrations ou des locales, les personnes d'origine marocaine figurent parmi les plus pratiquantes, suivies des Algériens et des Tunisiens. Ces derniers se distinguent par une pratique relativement faible en comparaison aux groupes algérien et marocain qui, les concernant, restent assez proches (tableau 84).

Outre l'origine nationale, l'appartenance ethnique constitue un facteur intéressant pour l'analyse de la pratique religieuse. Nous entendons ici par appartenance ethnique, la division au sein des Maghrébins entre Berbères et Arabes. Certes nous l'avons vu, cette distinction n'est pas des plus faciles à réaliser dans la mesure où les phénomènes de mixité arabo-berbères sont anciens et courants. Cependant, on trouve principalement en Algérie et au Maroc, des aires ethnico-culturelles enclavées relativement marquées. La Kabylie pour le premier, les montagnes du Riff ou de l'Atlas pour le second représentent des régions fortement berbérisées. Afin d'opérer une division entre les deux groupes, nous avons distingué les individus ayant déclaré parler une langue berbère, qu'elle soit ou non associée à l'usage d'une autre langue. Pour les Arabes, nous avons suivi le même principe avec la langue appropriée. Seules les personnes francophones ne parlant que le français n'ont pas pu être classées, soient, 15 individus représentant 6,9% de l'échantillon total.

Tribalat, se référant à Abdelmalek Sayad, indique qu'il est de coutume de décrire les Kabyles comme moins pratiquants que les Arabes (Tribalat, 1996, p.240). Elle confirme le « bien-fondé » de cette représentation à travers son enquête statistique et constate que ce schéma s'applique plutôt aux hommes. Du côté marocain, elle observe le phénomène inverse avec des Berbères plus pratiquants que les Arabes. Nous confirmons également ces phénomènes à travers la division de notre échantillon à partir des critères ethniques.

Tableau 85 : Type de pratique en fonction des origines nationales et de l'appartenance ethnique (en%)							
Type pratique / Origine	Ptqts religieux	Ptqts assidus	Ptqts rituels	Ptqts moyens	Ptqts culturels	Non-pratiquants	Total
Algérie							
Arabes	67,5	2,5	5,0	22,5	0,0	2,5	100
Berbères	44,4	11,1	0,0	33,3	11,1	0,0	100
Maroc							
Arabes	59,6	8,5	3,2	23,4	4,3	1,1	100
Berbères	85,7	9,5	0,0	2,4	2,4	0,0	100
Tunisie							
Arabes	22,2	5,6	0,0	50,0	22,2	0,0	100
Berbères	0,0	0,0	0,0	0,0	0,0	0,0	0,0

La dépendance est très significative. chi2 = 24,40, ddl = 10, 1-p = 99,34% pour la catégorie « Arabes » et chi2 = 12,12, ddl = 3, 1-p = 99,30% pour la catégorie « Berbères ».
Les valeurs du tableau sont les pourcentages en ligne établis sur 203 observations (152 « arabes » ; 51 « berbères »).

En isolant les trois niveaux de pratiques les plus forts (tableau 85), les Arabes algériens et marocains se détachent nettement des tunisiens, avec une légère prédominance pour les premiers. Le score moyen de pratique religieuse confirme ce phénomène puisque les Arabes algériens obtiennent 11,32, les marocains 11,03 et les tunisiens 8,22. Concernant les Berbères algériens, la moyenne est de 9,67 et de 12,57 pour les Berbères marocains, aucun Berbère ne figure chez les Tunisiens[65]. Ainsi, observons-nous le même phénomène que celui repéré par Tribalat : les Berbères algériens sont bien moins pratiquants que leurs concitoyens arabes alors que les Berbères marocains pratiquent plus que les Arabes du même pays. Concernant les Berbères algériens, majoritairement Kabyles, il semblerait que pour des raisons historiques et politiques, leur identité et leurs revendications se construisent en réaction aux arabes et par extension à l'islam. Leur lutte pour la reconnaissance de leurs spécificités culturelles et linguistique face à un pouvoir arabisant constitue une caractéristique de ce phénomène. De leur côté, les Berbères marocains sont issus des montagnes du Rif (Rifains) ou de l'Atlas et des plaines désertiques du Sud-ouest (Chleuhs). Ils sont caractérisés par une culture rurale liée à une pratique religieuse traditionnelle.

Les distinctions que nous venons d'opérer, porteuses de différences significatives, montrent une fois encore que l'homogénéité attribuée aux Maghrébins pèche par une hétérogénéité basée à la fois sur l'origine nationale et ethnique.

4) Transmission des valeurs religieuses et culturelles

Le questionnaire, tel que nous l'avons construit ne permet pas de repérer les stratégies parentales en matière de transmission des valeurs religieuses et culturelles à l'intérieur de la cellule familiale. Nous avons cependant choisi deux indicateurs objectifs qui s'appliquent à la population dont les familles sont composées de un ou de plusieurs enfants. Le premier concerne la religion à travers la participation ou non des enfants à un enseignement religieux (école coranique, mosquée…), le second,

---

[65] Nous avons vu, précédemment, la faiblesse numérique des Berbères en Tunisie.

plus du côté de la culture, vise leur participation à un enseignement de langue arabe (association, mosquée, Enseignement des Langues et Cultures d'Origine –ELCO- dans les écoles primaires).

Tableau 86 : Enseignement religieux et linguistique en fonction du type de pratique (en%)					
Enseignement enfants Type pratique	Pas d'enseignement	Arabe	Religion	Arabe + religion	Total
Pratiquants religieux	30,5	8,5	10,2	50,8	100
Pratiquants assidus	16,7	0,0	0,0	83,3	100
Pratiquants rituels	100	0,0	0,0	0,0	100
Pratiquants moyens	50,0	25,0	12,5	12,5	100
Pratiquants culturels	100	0,0	0,0	0,0	100
Non pratiquants	0,0	100[66]	0,0	0,0	100
Total	35,4	10,1	8,9	45,6	100

La dépendance est significative. chi2 = 26,90, ddl = 15, 1-p = 97,04%.
Les valeurs du tableau sont les pourcentages en ligne établis sur 79 observations (individus avec enfants)

Les parents de la classe des pratiquants assidus ont fait le choix, pour 83,3% d'entre eux, de donner à leurs enfants un double enseignement religieux et linguistique. On trouve également dans ce cas 50,8% de parents pratiquants religieux et 12,5% de pratiquants moyens. Nous nous sommes entretenu avec de nombreux parents qui s'inscrivent dans ce schéma, il ressort majoritairement que lorsque ces derniers optent à la fois pour un enseignement religieux et linguistique, la démarche est d'abord pensée dans une optique religieuse. L'apprentissage de la langue arabe est alors considéré comme complémentaire à l'acquisition du savoir religieux dans la mesure où sa maîtrise minimale- il faut entendre ici la possibilité de déchiffrer l'alphabet – permet d'accéder à la lecture du Coran directement dans sa langue originelle[67]. Au sein des autres catégories de pratiquants, la majorité des enfants ne bénéficie d'aucun cours mais lorsqu'ils reçoivent un enseignement c'est la langue arabe qui semble plutôt retenue. Il y a là une primauté de la langue sur la religion souvent basée sur des représentations parentales qui consistent à penser que la maîtrise de la langue arabe est la garantie d'une conservation minimale des liens d'attache au pays d'origine, à la famille et aux traditions.

5) Pratique religieuse et culture arabo-musulmane

Le rapport entre la religion et la culture arabo-musulmane peut être partiellement analysé à travers le style d'ameublement des foyers. C'est souvent l'aménagement du salon, véritable pièce de la maison consacrée à la réception de la famille, des amis ou des invités, qui symbolise, par son style, la volonté ou le désir d'afficher son appartenance culturelle. Sofas et poufs recouverts de tissus variables et interchangeables, tables basses pour manger et boire le thé, tableaux accrochés aux murs représentant La Mecque, Médine ou des versets coraniques, tapis recouvrant le sol ou objets et bibelots divers, apportent un air de « là-bas » au sein du foyer. L'aménagement et le décor révèlent alors une parcelle identitaire présentée

---

[66] Ce résultat n'est pas significatif (un seul individu).
[67] D'un point de vue spirituel, le Coran doit être lu en arabe ce qui n'empêche nullement de consulter une traduction pour le comprendre. La prière s'effectue également en arabe.

à tout visiteur franchissant le seuil symbolique de l'espace privé. Pour certains, le choix du style arabe s'inscrit dans une continuité culturelle en apportant un confort psychologique permettant d'atténuer la blessure provoquée par l'émigration. Pour d'autres, c'est un choix identitaire conscient et pensé qui vise à conserver des éléments de la culture d'origine ou à intégrer ces éléments dans le nouveau schéma culturel maghrébin français. Évidemment, ces sentiments n'apparaissent pas toujours de façon distincte et peuvent s'entremêler dans des proportions et des configurations variables suivant les individus.

Tableau 87 : Score moyen de pratique religieuse en fonction du style d'ameublement et du type d'immigration							
Type immigration Mobilier	Imgrt° travailleurs	Imgrt° Rgpt conjoints	Imgrt° études	Imgrt° Rgpt enfants	2ème génerat° locale	3ème générat° locale	Échantillon total
Style arabe	13,00	13,00	13,00	10,91	12,07	10,25	11,82
Les deux	12,67	11,90	10,24	10,89	9,98	10,57	10,73
Style occidental	4,00	13,00	12,50	11,17	8,80	8,86	10,12
Total	12,40	12,08	11,04	10,92	10,33	10,07	10,90

$N = 218$

La proportion d'individus dont le style d'ameublement est arabe représente 22,5%, contre 66% pour les deux styles et 11,5% pour le style occidental seul. Les personnes dont l'appartement est meublé de façon mixte sont donc majoritaires, mais au total, 88,5% d'entre elles incorporent une dimension arabe dans l'aménagement de leur domicile. D'une manière générale, le style arabe augmente avec le degré de pratique (tableau 87, colonne échantillon total), mais le phénomène varie sensiblement en fonction des générations d'immigration. Toutefois, deux catégories méritent une attention particulière dans la mesure où les écarts de moyennes internes sont suffisamment significatifs pour proposer une analyse plus détaillée. Il s'agit des travailleurs et de la deuxième génération locale. Les premiers obtiennent une moyenne de pratique religieuse très faible pour les individus déclarant opter pour un ameublement de type occidental avec un écart de 9 points entre les scores extrêmes (13 pour le style arabe et 4 pour l'occidental), ce phénomène, bien que plus nuancé s'applique également aux seconds avec un écart de 3,9. Il semblerait ainsi que les individus issus de ces deux catégories établissent un lien fort entre la religion et la tradition culturelle, les deux ne pourraient aller l'un sans l'autre. Le fait que les adeptes du style occidental n'obtiennent qu'un faible score de pratique religieuse laisse présager l'existence d'une forte corrélation entre la religion et la tradition culturelle, la modification de l'une entraînant le changement de l'autre. Concernant les travailleurs, une explication peut être apportée en termes de préservations des racines et d'une culture la plus proche possible de celle vécue lors de la période de socialisation au pays d'origine. Pour la seconde génération, il semblerait que ce phénomène marque plus, concernant l'adoption du seul style occidental, l'expression d'une rupture avec le milieu d'origine, tant sur le plan culturel que religieux.

e) Pratique religieuse, conclusion

Les calculs de coefficients de corrélation et de régressions que nous avons effectués pour expliquer la pratique religieuse ne s'avèrent généralement pas ou peu significatifs. Par conséquent, il n'est pas pertinent de décrire les mécanismes propres à construire les différents types de pratiques à partir d'une série de facteurs précis qui discrimineraient ou détermineraient les conduites et les pratiques de façon quasi-automatique et causale. Ainsi, plutôt que des lois, ce sont des tendances qui émergent et certainement, pour les expliquer, doit-on chercher du côté des modèles familiaux d'éducation, mais aussi de facteurs collectifs et individuels propres à chacun. Parmi ces tendances, nous avons fait émerger l'importance du contexte de socialisation des individus lié au type de génération d'immigration, notamment à travers l'écart significatif qui permet de distinguer en la matière, les individus immigrés de ceux des générations locales. Nous avons pu également confirmer la présence d'un « effet âge » déjà constaté par d'autres recherches. Si cet effet révèle une baisse d'intensité de la pratique religieuse pour les plus jeunes, il permet également de penser que celle-ci augmente au fur et à mesure où les personnes avancent dans la vie. Malgré cette baisse, il semblerait que le degré de pratique reste relativement élevé en comparaison avec l'ensemble de la France et qu'il ne descende pas en deçà d'un certain seuil. D'un autre côté, la pratique religieuse se construit aussi en partie en lien avec le contexte social, historique et politique tel que nous avons pu le constater à propos des individus âgés de 35 à 39 ans qui ont vécu leur adolescence ou leur jeunesse au cours des années 80. Si la taille de la famille ne semble pas corrélée au degré de pratique, l'avancement des individus dans la vie et le fait de fonder une famille apporteraient une certaine stabilité propre à renforcer l'attachement à la religion et à ses rites. Enfin, les origines nationales et ethniques, marquent les individus de manière réelle et/ou symbolique à travers une matrice socioculturelle de référence qui ne permet pas toujours de dénouer les traits et les éléments qui relèvent de la religion ou de la tradition.

Le classement des individus par catégories de pratiques a permis de faire émerger l'importance du fait religieux dans la construction de l'identité maghrébine dans la mesure où il constitue un élément essentiel de celle-ci pour un grand nombre de personnes. Mais cette homogénéité apparente cache une hétérogénéité visible à travers la variété des profils. Si la religion représente un élément nodal de l'identité maghrébine, il est parfois difficile de l'isoler de la tradition tant les deux entretiennent souvent des liens serrés et complexes. Suivant les individus, elle ne revêt pas le même sens et la diversité des pratiques démontre qu'elle est diversement appréhendée et utilisée.

7- Conclusion : Les pratiques sociales et culturelles révélatrices d'une variété d'identités et d'une homogénéité ethnique

Dans cette partie, consacrée aux pratiques constitutives de l'identité, un constat majeur semble s'imposer : les Maghrébins, en tant que groupe constitué, représentent une communauté dont l'homogénéité collective se décline au pluriel en une hétérogénéité observable à travers la diversité des profils individuels.

L'homogénéité se concentre autour d'un ensemble constitué de références communes dont la source est à chercher dans l'histoire des pays d'origine et de l'émigration/immigration dans le sens d'une culture produite par ces expériences, vécues ou transmises, mais également dans une communauté de destin marquée par l'expérience dans les champs sociaux, économiques, culturels et politiques français. L'homogénéité se fixe sur des points de la culture arabo-musulmane constitutifs de l'identité. La situation d'immigration, par les contacts continus avec le groupe majoritaire qu'elle induit, participe de la mise en relief et parfois même de l'exacerbation des différences et favorise la prise de conscience d'une altérité ethnico-culturelle tant chez les membres des groupes minoritaires que du majoritaire. C'est à travers l'autre qu'émerge la conscience de soi et de ses différences, concernant notre objet, les groupes se différencient et se singularisent essentiellement par et à travers un processus d'ethnicisation basé sur l'altérité.

Mais cette cohésion apparente se décline en une hétérogénéité qui se construit à partir de déterminants sociaux et économiques sous la forme de profils identitaires diversifiés qui à la fois produisent et résultent de pratiques et de conduites variées. Ainsi, en créant la variable *type d'immigration* nous avons pu constater l'importance des modèles d'immigration dans la constitution des identités et la réalisation des pratiques. Ces modèles déterminent en quelque sorte les modes d'action à partir de la mobilisation de cadres de références fortement marqués par la trajectoire migratoire et l'histoire des socialisations individuelles. Malgré les écarts d'âge qui peuvent exister au sein d'une même catégorie d'immigration, il est souvent apparu une certaine homogénéité à l'intérieur même de celles-ci, montrant ainsi l'importance des cadres de références propres à chacune d'entre elles. Outre une division établie sur la distinction, au sein de notre échantillon, des individus immigrés et des générations locales, nous avons remarqué l'importance du contexte de socialisation, notamment à travers la génération de l'immigration du regroupement familial des enfants. En effet, les trois sous-catégories de cette classe, construites en fonction de l'âge d'arrivée des individus, indiquent la présence d'un certain nombre de points communs entre les personnes venues en France très tôt dans leur enfance et celles issues des générations locales, alors que celles arrivées à un âge plus avancé ont parfois tendance à se rapprocher des immigrations de travailleurs et de leurs conjointes ou des étudiants. Du côté des seconde et troisième générations locales, il apparaît, malgré la présence de nombreux points communs, que ces deux catégories ont tendance à se différencier sur des points tels que la pratique religieuse ou d'autres domaines encore. Nous avons vu que cette distinction pouvait être liée à l'histoire de chacune de ces générations en rapport avec le contexte social, politique, économique et historique de l'immigration et de la France. Il y aurait pour la troisième génération une adhésion plus forte aux valeurs de la culture d'origine, cette adhésion ne signifiant pas forcément un retour à une tradition passée et passéiste, mais plutôt une remobilisation de ces valeurs dans une logique d'adaptation au contexte de la modernité française. On retrouve ici, dans une version légèrement modifiée, la célèbre loi d'Hansen qui stipule que l'adaptation culturelle de la seconde génération peut être remise en cause par la troisième qui amorce un retour à la culture d'origine en mettant à mal le fait que l'assimilation soit un processus unidirectionnel et irréversible.

L'analyse souvent opérée à partir des générations d'immigration a également permis de dépasser, lorsque cela s'avérait nécessaire, une approche en termes de classes d'âge, nous permettant ainsi d'isoler, suivant les cas, la nature des facteurs déterminants. Ainsi, avons-nous pu constater que si parfois, l'âge des individus représentait un élément pertinent pour expliquer les pratiques et les constructions identitaires, pour d'autres cas, le type d'immigration s'avérait bien plus approprié à l'analyse. Tel est le cas pour l'immigration de travailleurs qui est constituée d'individus âgés de 40 à 70 ans. La division de cette catégorie en deux sous-parties basées sur les périodes d'immigration avant et après 1974, permet de passer outre la variable âge et de centrer l'analyse sur le contexte social, économique et politique de chaque période. Les personnes arrivées avant 1974 se différencient en partie des autres par leur très bas niveau de qualification, n'ayant pas de diplômes, elles correspondent à la demande de main-d'œuvre peu qualifiée dont la France avait avant tout besoin. Après 1974, l'immigration devient semi-clandestine, la population immigrée change tout autant que les représentations de l'immigration dans les pays d'origine. Alors que dans la première période, elle était plutôt dévalorisée, elle devient un objet de convoitise dans la seconde, passant un peu d'une première phase d'immigration effectuée de façon contraignante à une phase volontariste. Ces deux temps de l'immigration ne se sont pas constitués dans le même contexte et sont porteurs de logiques différentes qui influent sur les immigrés qui vont se différencier, non pas à partir de leurs classes d'âge, mais de leurs parcours migratoires.

Âge et durée de résidence ne constituent pas toujours une adéquation linéaire. Autrement dit, des individus âgés peuvent être de jeunes immigrés et réciproquement. On retrouve essentiellement ce phénomène au sein de la génération des regroupements familiaux de conjoints et d'enfants. Ici encore, l'analyse à partir du type d'immigration et des classes d'âge a permis de mieux comprendre les mécanismes à l'œuvre dans la constitution des pratiques et des identités, d'autant qu'à ces variables, ont été introduites celles de l'âge d'arrivée et de la durée de résidence.

L'analyse des pratiques sociales et culturelles que nous venons de traiter permet de constater l'existence d'une hétérogénéité dans l'homogénéité. On se rassemble et se ressemble autour de pratiques communes tout en se distinguant par le choix de pratiques singulières et par la façon dont on les mobilise pour l'action. Certaines s'inscrivent dans un quasi-déterminisme difficile à surmonter, c'est le cas des individus qui, ne parlant que l'arabe, n'ont guère la possibilité d'accéder au français. D'autres sont le fruit de l'éducation familiale et laissent une relative liberté de choix à l'acteur dans ses appropriations, ses rejets ou ses « bricolages ». Enfin, il y a celles qui se construisent au fur et à mesure du processus de socialisation à travers la communauté, les pairs et les institutions.

L'homogénéité semble s'édifier autour d'une communauté de valeurs culturelles inscrites dans l'histoire, alors que l'hétérogénéité se dessine plutôt dans les pratiques individuelles ou semi-collectives. L'homogénéité serait du côté de valeurs fédératrices en lien avec une histoire commune qui est celle de l'immigration qu'elle soit réelle pour les uns ou symbolique pour les autres. Le caractère récent de l'immigration maghrébine ne permet guère de projeter l'analyse au-delà de la troisième génération, autrement dit, la possibilité d'étudier des cohortes se limite à trois points placés sur un continuum dont l'écart maximal s'étend des grands-parents aux petits enfants en passant par les enfants. À ce stade, le poids de l'acte migratoire est encore fort chez les individus et représente un élément de l'identité collective non-négligeable. C'est donc autour d'un certain nombre de valeurs que l'on peut qualifier de traditionnelles, que se construit l'homogénéité : la langue d'origine ou la conservation de certains types de loisirs et de fêtes. Pourtant, à l'intérieur de ce cadre commun vont apparaître des différences liées à l'âge des individus, à leur parcours migratoire et à leur contexte de socialisation. Ce dernier élément, nous l'avons vu, semble participer fortement à la distinction qui s'opère dans le déroulement des pratiques entre les populations socialisées en France et celles élevées au pays d'origine. Le point de rupture se matérialise donc plus à partir de cette variable contextuelle qu'à partir de variables indépendantes classiques (sexe, âge, etc.), même si ces dernières ne sont pas sans influence. Alors, malgré la persistance d'un noyau commun autour de pratiques et de valeurs culturelles partagées, la différence intervient par l'adjonction de pratiques diversifiées propres à chacun des types d'immigration. Les contacts avec les divers groupes au sein de l'espace social français permettent sans aucun doute de mettre en marche un processus d'acculturation dont la force est proportionnelle au degré des relations avec l'ensemble de la société. Autrement dit, plus les contacts existent, plus les pratiques s'élargissent en s'émancipant du cadre traditionnel, sans pour cela le renier mais en opérant un tri des divers éléments dont certains seront rejetés, d'autres conservés et d'autres encore, remodelés. L'homogénéité se cristallise autour d'événements spécifiques communs et de pratiques singulières sur les plans linguistique, alimentaire ou de modes de consommation. L'hétérogénéité prend forme à partir d'éléments empruntés à la culture française et au contexte migratoire qui, par un phénomène de mixage, vont modifier les cadres traditionnels. Les identités maghrébines se construisent et évoluent à partir d'une sélection de ces divers éléments et de leur contextualisation à l'environnement social, culturel et politique. Les combinaisons ainsi formées seront constitutives de pratiques et d'identités multiples gravitant autour de deux pôles principaux : le pôle arabo-berbéro-musulman et le pôle français.

Ces combinaisons de pratiques, constitutives des identités, vont se construire en fonction du positionnement des individus face aux cultures arabo-musulmane et française et à la nature des liens qui les attachent au pays d'origine et/ou à la France.

Ces nouvelles identités en construction ont tendance à atténuer la dichotomie à l'œuvre entre les deux pôles pour créer une identité française maghrébine dont les éléments se réfèrent moins à cette logique bipolaire qu'à la réalité du contexte français. Pour un certain nombre de Maghrébins, il semblerait qu'une partie des traits culturels soit extraite de leur contexte d'origine pour devenir des éléments à part entière de la culture française maghrébine.

VI- CONSTRUCTION QUOTIDIENNE DE L'ETHNICITÉ DANS LA RÉPUBLIQUE FRANÇAISE

Après avoir tenté de définir les identités maghrébines (de façon non exhaustive et non figée), et de comprendre comment elles se construisaient à travers des pratiques et des représentations spécifiques, il nous faut saisir leur rôle dans les comportements quotidiens des acteurs et leur mobilisation individuelle et collective dans le déroulement des interactions intra familiales et intra/extra communautaires. Pour cela, nous avons analysé la série d'entretiens que nous avons effectuée, pour cette fois, mieux comprendre les pratiques et les représentations subjectives des individus. Autrement dit, comment à travers la socialisation et l'éducation familiales et communautaires, mais aussi dans les interactions avec l'école les Maghrébins se constituent ou sont constitués en groupe ethnique. Quelles sont les stratégies, inconscientes ou non, développées pour marquer les différences et/ou les ressemblances et quelle est l'origine et la part d'imputation et de revendication dans l'émergence de ces phénomènes. Nous l'avons vu, un certain nombre d'éléments identitaires, qu'ils prennent source dans des survivances ou des innovations, semblent résister et concourir à l'émergence et à l'entretien des frontières ethniques ; en quoi ces éléments participent-ils du processus d'intégration ou de marginalisation ou d'une volonté de reconnaissance en matière de citoyenneté.

A- Désignations, imputations et auto-désignation

Parler de groupe ethnique implique une désignation de ces derniers et de leurs membres. Concernant les Maghrébins nous avons vu précédemment comment ils avaient finalement émergé au terme d'un processus d'appellation qui trouve, de façon lointaine, ses origines dans l'histoire des croisades et surtout, plus près de nous, dans la période coloniale.

1- À propos de la labellisation.

Nous avons vu antérieurement comment s'est effectué le passage du terme *nord-africain*, à *beur* puis à *maghrébin*. La transition accomplie par le mot *beur* peut relever de la dialectique à l'œuvre entre exo et endo-définitions, celle-ci par le jeu du renversement des critères imposés et du stigmate, passe ainsi d'une appréciation extérieure négative à une labellisation interne positive, le terme d'*arabe* qui était généralement appliqué de façon péjorative devient alors *beur* donnant une connotation valorisante au groupe. Ce processus est généralement le fait de groupes dominés ayant atteint un niveau d'acculturation suffisant pour jouer avec les significations attachées aux catégories ethniques. En cela, les générations issues de l'immigration maghrébine ont manifesté leur haut degré d'intégration à la société française. Cependant, comme nous l'avons vu, diverses raisons ont amené ce terme à un statut quasi obsolète, laissant place à celui de *Maghrébin*.

L'identité ethnique ne se construit jamais de façon unilatérale et purement endogène. C'est dans l'interaction avec d'autres groupes qu'elle s'élabore. En France, les Maghrébins s'inscrivent bien, au sein du paysage national, comme un groupe minoritaire, ce qui implique l'existence d'un groupe majoritaire en l'occurrence, dominant. Ce dernier a certainement joué un rôle important dans le processus d'étiquetage et de labellisation de cette minorité. Le fait même de nommer révèle certes l'existence de relations inter-ethniques, mais de surcroît produit de l'ethnicité. « Dans les situations de domination, l'imposition d'un label par le groupe dominant a un véritable pouvoir performatif : le fait de nommer a le pouvoir de faire exister dans la réalité une collectivité d'individus en dépit de ce que les individus ainsi nommés pensent de leur appartenance à une telle collectivité » (Poutignat, Streiff-Fenart, 1995, p. 157). Ces exo-définitions, totalement occultées par les primordialistes, sont généralement globalisantes et basées sur des similarités simplificatrices telles que nous avons pu le voir pour les Maghrébins qui se différenciaient à l'origine selon des oppositions nationales, régionales et linguistiques. Une des conséquences importantes de cette attribution exogène, tient dans le fait que « d'être collectivement nommés finit par produire une solidarité réelle entre les gens ainsi désignés, ne serait-ce que parce que, du fait même de cette nomination commune, ils sont collectivement l'objet d'un traitement spécifique (*op. Cit.*, 1995, p. 158).

Cependant les membres d'un groupe n'ignorent pas la façon dont ils sont nommés par le groupe majoritaire ou dominant. Ainsi, en France, chez les Maghrébins, les dernières générations semblent avoir repris le label à leur compte, les premiers immigrés ayant plutôt tendance à se définir en tant qu'Arabes. L'étude lexicale de notre corpus d'entretiens laisse apparaître que lorsque les individus se définissent en tant que membres d'un groupe, le terme *maghrébin* est majoritairement employé, parfois associé à celui de musulman. Le vocable *arabe* est essentiellement employé par des personnes qui maîtrisent mal la langue française (individus non scolarisés en France) dans un registre affectif et culturel, tel que peut l'utiliser Jamila, cette femme de quarante-huit ans, mère de dix enfants : « *Ben comme nous les mères, on peut parler aux filles, mais pas aux garçons, surtout chez nous, les Arabes, on a honte* ». Lorsqu'il est usité par les plus jeunes, le terme *arabe* est alors souvent connoté négativement et se retrouve, inconsciemment ou non, dans des propositions en lien avec la violence ou la délinquance ou encore dans la description de situations conflictuelles de type raciste. Ainsi, les Maghrébins semblent bien avoir repris à leur compte la nomination qui leur est appliquée y compris dans le respect de certains sens implicites qui peuvent lui être conférés. En effet la distinction à l'œuvre que nous venons de décrire entre les termes de *maghrébin* et d'*arabe* est aussi valable du côté du groupe dominant qui emploie plutôt la première désignation dans des situations ou des contextes où le respect est de rigueur (média, articles, relations officielles ou courtoises), alors que l'autre surgira dans des relations plus conflictuelles (bagarres, injures, polémiques, critiques négatives ou péjoratives, etc.) ; à titre d'exemple, « sale arabe » sera préféré à « sale maghrébin ». Ainsi, dans tous les cas, il semble que le terme de *maghrébin* enferme une notion de respectabilité contrairement à celui d'*arabe* plutôt connoté négativement et péjorativement. Pour le groupe des dominants, il permet de formuler des propositions à l'égard des Arabes dans des termes apparement corrects et respectueux, quel que soit d'ailleurs le contenu de ces propositions, et pour les Maghrébins eux-mêmes, il permet de s'identifier et d'être identifié sur des critères plus satisfaisants que ceux conférés à l'Arabe. Ce tableau presque idyllique ne signifie pas que d'un côté ou de l'autre on se retrouve totalement dans ce cadre. A ce propos, un père de famille d'une trentaine d'années rencontré à Roubaix, nous répondit ainsi alors que nous avions utilisé devant lui le terme de Maghrébin : « *Écoutez, ici à Roubaix, si vous voulez pas avoir de problèmes, c'est pas la peine de parler de Maghrébins ! Parce que nous on est des Français, on en a marre d'être pris pour des étrangers !* ». Mais au cours de la discussion qui suivit, il employa lui-même à maintes reprises ce même vocable. Cela montre le poids que la catégorisation ethnique a sur les individus, qui confrontés aux interactions sociales quotidiennes dans leurs rapports aux autres groupes s'enferment ou sont enfermés dans une classification. Ce phénomène peut ainsi s'actualiser dans un certain nombre de comportements qui vont participer à l'entretien des frontières ethniques.

2- Le maintien des frontières ethniques

Ainsi, en reprenant à leur compte le label de maghrébin, involontairement ou non, consciemment ou non, ces derniers s'identifient aux autres groupes dans un rapport dichotomique Nous/Eux. L'appropriation de cette catégorie, permet de donner à ce groupe une certaine liberté de manœuvre au sein du cadre initialement imputé. En effet, si dans le cas présent, le caractère ethnique est en partie alloué par des non-membres (essentiellement du groupe majoritaire), le processus d'auto-attribution accompli par les membres permet au groupe de participer à sa construction et à sa persistance. L'existence et l'entretien des frontières représentent en cela des étapes incontournables. Ainsi, les individus vont manipuler toute une série de marqueurs symboliques afin de tracer une ligne de démarcation entre leur groupe ethnique et les autres. Le repérage de ces marqueurs est important dans la mesure où ils constituent les seules différences culturelles significatives. Dans le cas des Maghrébins, ces frontières plus ou moins souples ou rigides suivant le contexte sont variables dans leur perméabilité. Elles vont être entretenues par une série d'éléments essentiellement axés autour de la religion et de l'endogamie et de divers signes distinctifs plus ou moins objectifs (anthropologiques, comportementaux, vestimentaires, physiologiques, linguistiques, etc.).

Concernant le marquage des frontières par le mythe d'une origine commune, les Maghrébins, dont un des marqueurs essentiels repose sur l'adoption de l'Islam en tant que religion, s'inscrivent dans une tradition universaliste des gens du Livre, qui considère Adam et Ève comme ancêtres communs à toute l'humanité, ne se différenciant en cela nullement de la conception judéo-chrétienne majoritaire en France. La séparation entre les deux entités se serait produite à l'époque d'Abraham considéré comme le père des croyants juifs, chrétiens et musulmans. Celui-ci ayant eu deux fils de mères distinctes, Isaac et Ismaël, le premier sera considéré comme le chef de lignée des Hébreux et le second, des Arabes. Toujours est-il que l'ancêtre et le patriarche communs entre les Maghrébins et le groupe majoritaire révèlent des liens de parenté serrés qui devraient rendre les frontières moins rigides. Il semblerait au contraire que ce point, en lien avec la religion, soulève, essentiellement du côté du groupe majoritaire, des crispations entraînant une rigidité de la ligne de démarcation.

Lors de nos observations, nous avons également constaté un autre mode d'entretien des frontières que nous aurions pu classer dans la catégorie des labellisations, cependant nous avons choisi de le présenter dans cette partie tant il relève d'un processus de dichotomisation Nous/Eux. Ce phénomène s'actualise dans le choix des termes qu'effectuent les acteurs pour nommer les membres du groupe majoritaire. Ainsi, avons-nous pu remarquer que, quel que soit leur âge, leur sexe ou leur catégorie socio-professionnelle, les Maghrébins utilisent le terme de *Français* lorsqu'ils décrivent les membres du groupe majoritaire. Si l'on écarte les individus de nationalité étrangère pour lesquels cette appellation peut sembler normale, car après tout, toute personne en terre étrangère nomme les autochtones du pays par leur ethnonyme, les Maghrébins de nationalité française semblent s'inscrire dans le même processus de désignation. Alors que la plupart revendiquent haut et fort leur statut de citoyen français intégré, leur discours révèle ainsi l'existence d'une importante frontière qui participe de la construction et de la persistance du groupe ethnique. Nous avons pu relever ce phénomène à plusieurs reprises à la lecture de notre corpus d'entretiens où seul un enquêté prend bien soin de s'exprimer à propos des autochtones en terme de *Français de souche*, établissant ainsi une distinction sur des critères d'origine historique plus que nationaux.

Cependant, il n'est pas certain que pour les autres, la distinction Maghrébin/Français s'appuie sur des critères nationaux. En effet, dans la mesure où ceux-là revendiquent sans conteste leur appartenance à la nation française, et se définissent comme des citoyens à part entière, dès lors le clivage pratiqué apparaît bien en tant qu'une distinction effectuée d'un point de vue ethnique. Tout se passe comme si le processus d'acculturation fortement entamé et avancé n'avait pas profondément agi sur les individus en terme d'assimilation. Cela confirme le point de vue de Barth qui affirme qu'un groupe ethnique peut modifier et changer sa culture sans pour cela perdre son identité, en effet, le maintien des frontières entre les groupes ethniques ne dépend pas de la permanence de leurs cultures. Ainsi, comme nous l'avons vu, malgré un processus d'intégration fortement avancé pour les générations socialisées en France, l'identité maghrébine reste profondément ancrée dans la mesure où tel que le souligne Barth, même « une réduction des différences culturelles entre les groupes ethniques ne met pas nécessairement en cause la pertinence de la limite qui les sépare » (Poutignat, Streiff-Fenart, 1995, p.172). Nous avons à ce propos également constaté lors de nos observations, que ce type de démarche perdure chez les plus jeunes. En effet un grand nombre d'enfants et d'adolescents matérialisent ces frontières en substituant à ce que leurs aînés nomment les *Français* le terme de *Gouri* ou *Gouair* (pluriel). Ce mot, qui semblerait puiser son origine dans la langue turque, désigne alors les individus non-musulmans. Le terme, certainement à travers les méandres de l'histoire, s'est retrouvé dans le dialecte nord-africain et particulièrement algérien[68] et traduit alors la notion d'européen. Après avoir franchi la Méditerranée, les jeunes l'ont adopté en le francisant du point de vue de la prononciation[69], et en lui donnant une définition qui restreint la population ainsi désignée aux seuls « Français de souche », autrement dit « les Gaulois », les immigrés d'origine européenne, même anciens, ne faisant a priori pas partie de cette catégorie. Pour Zineb, ils se définissent plutôt à partir de la religion « *c'est ceux qui sont, les Juifs, les Chrétiens, ceux qui font pas le ramadan et tout* ». Luc, surveillant dans un collège ZEP de la banlieue bordelaise, semble dire que la notion évolue, elle serait alors un peu un synonyme du bouffon, mais français : « *Quand les petits disent gouairs, ils font référence au petit français de base, non pas de base, [...] ce qu'ils imaginent être le petit français modèle, c'est à dire le fils de bonne famille, bien propre sur lui, bon élève, ça prend une dimension euh, en gros c'est ce qu'ils ne sont pas, voilà !* ». Le renforcement des frontières ainsi créé est fort, d'autant que la mise en saillance du groupe majoritaire passe par la création par des membres de la minorité, d'une catégorie ethnique essentiellement reconnue à un niveau interne[70] et dont les frontières sont principalement marquées par l'origine française supposée, les traits phénotypiques, le nom, les attitudes et le mode de vie. La boucle est ainsi bouclée et les contacts entre ces groupes vont permettre leur persistance respective.

Nous avons pu constater, à travers l'émergence et la persistance des Maghrébins, l'existence réelle de groupes ethniques dans le paysage national français. Ce phénomène n'est pas sans révéler le décalage à l'œuvre entre un modèle d'intégration républicain basé sur l'égalité des citoyens, et la réalité quotidienne de la société faite de diversités et d'inégalités. C'est essentiellement au niveau macrosocial de l'analyse que se ressent ce décalage tant les contraintes structurelles qui s'imposent aux individus ou aux groupes sont fortes. Ainsi, si le groupe des Maghrébins s'est, et se construit dans une logique de réciprocité, il n'en reste pas moins que le rôle des institutions dans cette construction est bien plus important que le degré de contribution apporté par les membres eux-mêmes. En effet, si au nom des principes universels, un consensus politique s'accorde pour refuser de reconnaître l'existence de communautés et de nommer clairement les populations immigrées selon un système de catégorisation ethnique, paradoxalement, les institutions et les médias fonctionnent en mobilisant un catalogue ethnique qui sert à classer les personnes en fonction de critères ou d'indices raciaux et/ou culturels. De nombreux travaux apportent un éclairage sur ce phénomène qui consiste à présenter officiellement un principe de non-reconnaissance des différences basées sur la race, l'origine ou la religion, tel qu'il est fièrement défini dans la Déclaration universelle des droits de l'Homme, et à pratiquer dans divers domaines politiques et sociaux, des classifications « clandestines » et officieuses basées sur ces mêmes critères.

---

[68] Au Maroc et en Tunisie on emploiera plutôt le terme *Insrani* qui signifie le Chrétien et par extension, l'Européen ou *Roumi* qui est le Romain et devient également l'Européen.
[69] Le « R » final n'est plus roulé, mais prononcé comme le « R » français.
[70] A la différence de la catégorie des Maghrébins, imputée par le groupe dominant, ce qui lui confère une reconnaissance universelle, la catégorie des français ou Gouair n'est reconnu qu'au sein du groupe minoritaire.

Dubet (1989), met en évidence la constitution par la police de critères d'identification reposant sur le phénotype des personnes, Payet (1995), Debarbieux (1999) et Felouzis (2003), décrivent au sein des établissements scolaires l'émergence de classes ethniques. Ainsi, De Rudder affirme que « c'est dans le silence, et par conséquent sans sanctions ni mesures correctives, que se déploient aujourd'hui, en France, les discriminations ethniques et raciales » (Sous la direction de Aubert, Tripier, Vourc'h, 1996, p.23).

Si aux États-Unis, il existe un fort problème de racisme et de discrimination populaire, les institutions tentent d'aller contre ce mouvement en instaurant de façon dynamique toute une batterie de mesures allant notamment dans le sens d'une discrimination positive. En France, le racisme et la ségrégation apparaissent rarement de façon franche ou publique ; malgré la brèche ouverte par le Front National, le fait d'être publiquement raciste restant encore un acte honteux. C'est donc derrière un discours de tolérance et d'ouverture que va se cacher le véritable mécanisme ségrégationniste mis en place et utilisé par un grand nombre d'institutions. « On assiste à l'émergence d'une ethnicité à la française, non pas que l'on passe d'un modèle intégrationniste à un modèle multiculturaliste, mais cette ethnicité se nourrit de la coexistence de deux systèmes de désignation : celles qui servent à distinguer les populations cibles des politiques publiques en des termes euphémisés (quartiers sensibles, familles lourdes, personnes à risques), auxquelles vient se greffer tout un dispositif ethnico-racial d'autant plus efficace qu'il n'est pas réifié par des nomenclatures officielles et qu'il peut de ce fait s'adapter plus facilement aux spécificités locales et aux différents contextes d'utilisation » (Rinaudo, 1999, p.190).

Le fait de mener notre recherche d'un point de vue ethnique ne signifie nullement que nous considérions tous les Maghrébins comme identiques. En effet une identité ethnique, qu'elle soit attribuée ou revendiquée, n'empêche nullement les fonctionnements individuels autonomes. Ce sont les interactions entre les différents groupes au sein même de cette société qui vont, tout en produisant de la culture de part et d'autre, inscrire ces individus dans une catégorie ethnique. Ainsi, avons-nous d'abord étudié des familles maghrébines dans un contexte bien particulier, celui de quartiers urbains défavorisés. Il est certain que si nous nous étions intéressé à des familles maghrébines appartenant aux classes supérieures habitant une banlieue résidentielle, les résultats n'en auraient été que différents. Cette mise au point, qui paraît simpliste, semble pourtant nécessaire, tant on a tendance à oublier que bon nombre de Maghrébins vivent aujourd'hui dans des quartiers défavorisés donnant ainsi une impression euphémisée de certains comportements négatifs trop souvent mis en relief par divers acteurs, dont les médias. Les Maghrébins, comme c'est souvent le cas pour les groupes minoritaires, sont fréquemment désignés et identifiés en fonction d'indices raciaux, culturels ou religieux dont les représentations populaires sont entre autres, forgées par un imaginaire mythique de la civilisation arabo-musulmane et par les cicatrices encore ouvertes d'une expérience colonialiste.

B – La famille maghrébine entre marqueurs sociaux et ethniques

Les interconnexions complexes entre les divers types de rapports sociaux (classe, ethniques, sexe) nous amènent à établir une classification minimale des familles rencontrées dans le cadre de notre recherche. Cette catégorisation n'est pas la seule possible dans la mesure où tel que nous l'avons précédemment vu, « le système de rapports sociaux ethniques est transversal, c'est-à-dire qu'il pénètre la société dans son ensemble et peut être examiné à chacun de ses niveaux : économique, politique, culturel, idéologique » (Juteau, 1999, p.121). Par conséquent, outre la dimension purement ethnique, divers facteurs permettent de classer les familles rencontrées en deux catégories distinctes :

1- Les familles stables

Cette première catégorie regroupe les individus représentant des familles au sein desquelles il existe un relatif niveau de stabilité identifiable à travers différents facteurs : l'âge, la catégorie socio-professionnelle, le parcours et le niveau scolaire, la trajectoire migratoire et à un moindre degré le type de structure familiale. On peut donc, concernant le premier facteur, parler d'un effet de génération, très souvent lié au lieu de socialisation primaire des individus. Le parcours scolaire entre également en jeu comme facteur de stabilité familiale, il n'est pas à considérer en termes de niveau, mais plutôt de réussite. En effet, il peut simplement s'agir de l'obtention d'un CAP/BEP qui a permis une bonne intégration professionnelle entraînant ainsi une bonne intégration sociale. L'appartenance à une catégorie socio-professionnelle précise agit plus sur la forme des représentations en terme d'habitus, que sur le degré de stabilité, sauf pour les individus au chômage car dans ce cas elle peut jouer un rôle déstabilisant.

Ces familles constituent généralement des foyers stables sur le plan de l'emploi et qui peuvent être monoparentaux. Ancrées dans la modernité, elles ont atteint un niveau d'acculturation certain, mais peuvent rester attachées à des valeurs cardinales de la culture traditionnelle d'origine et/ou des valeurs religieuses, il en ressort alors « un mixte identitaire » où la référence à ces valeurs et leur utilisation semblent favoriser l'émergence d'un équilibre de vie. La scolarité des parents, même si elle peut se situer à un petit niveau, ne s'inscrit pas dans l'échec et a souvent permis de trouver un emploi. Les individus de cette catégorie font fréquemment référence à l'éducation qu'ils ont reçue de leurs propres parents en des termes positifs et admiratifs.

2- Les familles en détresse

On trouve dans cette catégorie, des individus en très grande souffrance et en situation de détresse. Cet état semble apparaître comme le résultat d'un cumul classique de « facteurs de risque » : chômage ou emploi précaire, illettrisme, monoparentalité, décalage culturel ou générationnel, famille nombreuse. Chaque facteur considéré isolément n'est pas explicatif, mais c'est bien leur cumul qui provoque, chez ce type de familles, un effet accablant.

Ainsi allons-nous trouver des familles classées dans la catégorie *stable* qui peuvent présenter un ou plusieurs de ces facteurs de risque, mais ils sont alors compensés par des facteurs équilibrants de protection. À titre d'exemple, Hassan est illettré, mais il est marié et son emploi d'ouvrier agricole est ancien et sûr ce qui permet à sa famille de s'inscrire dans des projets de vie qui ont un effet stabilisant. Il en est de même pour Fatima, qui bien que divorcée et élevant seule ses deux enfants, trouve dans son emploi de secrétaire d'accueil les moyens pour subvenir aux besoins de sa famille et un contexte qui lui permet de s'épanouir en participant à une action motivante et en lui procurant une vie sociale riche. Au contraire, Leïla, divorcée et RMIste, cumule un grand nombre de difficultés qui influent sur tous les membres de la famille et qui la placent dans une situation d'instabilité génératrice de détresse.

Ainsi, les facteurs socio-économiques, comme pour tous les Français, opèrent une division de l'espace social en des champs qui se construisent à partir d'une sélection basée sur le repérage de critères en termes de capitaux culturels et économiques tel que Bourdieu (1979) a pu le démontrer. Chaque famille est en ce sens unique, et tomber dans la généralisation reviendrait à pratiquer une stigmatisation méprisante tout autant que d'attribuer un certain nombre de problèmes à des causes de nature ethnique ou culturelle. Par conséquent, cette typologie nous aidera à comprendre une partie des pratiques familiales en termes d'éducation et des représentations du quartier, de l'école et des institutions qui organisent les stratégies parentales.

3- La famille maghrébine

La sociologie de la famille nous apprend que l'institution familiale constitue le principal lieu de la socialisation primaire pour les enfants. Nous avons vu comment Juteau (1999) la considère, notamment à travers le rôle et l'implication de la mère, comme le lieu de transmission et de construction d'une ethnicité latente prête à émerger dès les premiers contacts avec d'autres groupes. C'est en son sein que l'enfant va acquérir un certain nombre de comportements, d'habitudes, de pratiques et de représentations qui se forgent dans la quotidienneté. Pour Bourdieu (1979), elle est un des lieux essentiels de la formation de l'habitus.

Nous ne reviendrons pas en profondeur sur la forme de la famille arabo-musulmane traditionnelle qui, pour schématiser, est de type élargi, communautaire, souvent endogame et patrilocal. Si dans les pays d'origine, ce modèle familial persiste, on le trouve principalement dans les zones rurales, montagneuses ou sahariennes. En effet, les forts mouvements d'exode rural de ces dernières décennies, et l'entrée dans la modernité des populations urbaines, ont eu pour conséquence de relatives mutations de la famille nord-africaine qui s'est progressivement et relativement nucléarisée. Cependant, Segalen (2002, p.278-279), rappelle que le modèle de la « famille occidentale » ne s'est pas propagé à l'ensemble de la planète tel que l'avait prédit Durkheim qui pensait que son succès était assuré avec les transformations des sociétés. Ainsi, l'auteure indique que les « chocs de la modernité, où qu'on les observe, n'ont pas eu les conséquences attendues » (*idem*, 2002, p.279). À titre d'exemple, un pays fortement industrialisé comme le Japon, cache, sous des similitudes formelles, de grandes différences. Si l'entrée dans l'ère de la modernité, de l'industrialisation et de l'urbanisation, a amené la nucléarisation de la famille japonaise, les relations avec la famille élargie restent fortes, les mariages sont souvent arrangés en dehors de toute considération sentimentale, la division entre les sexes persiste et le système éducatif rejette l'individualisme. Il en va, par certains côtés, de même pour la famille arabo-musulmane en zone urbaine dans les pays d'Afrique du Nord où les formes familiales conservent souvent, derrière un aspect moderniste, des schémas plus traditionnels. En France, Bensalah (1994), propose de situer la famille maghrébine dans ce qu'elle nomme « la famille intermédiaire », qui serait en fait, un pont jeté entre le type normatif et le type contractuel ; une évolution à travers le temps qui aurait amené les dernières générations en date à se rapprocher du modèle du pays d'accueil. Notamment, tout en conservant certains côtés, en prenant progressivement des distances avec la forme traditionnelle des relations familiales. « Doucement et sans heurts, c'est bien à une véritable révolution culturelle que l'on assiste ; mais loin de brûler, sur la place publique les symboles de l'ordre normatif ancien, c'est au contraire à partir d'eux et en s'appuyant sur eux, que se fait la transformation. » (Bensalah, 1994, p.35). Bien sûr, cette évolution, dynamique, constitue un processus au sein duquel les familles s'inscrivent sur divers points d'un continuum allant de la famille traditionnelle à la famille moderne occidentale. La position sur ce continuum dépendra autant des facteurs socio-économiques que culturels et religieux. Certains vont ainsi se concentrer sur le maintien de la culture traditionnelle en ayant alors souvent tendance à la figer alors, que dans le même temps, elle évolue dans les pays d'origine ; d'autres trouveront un compromis entre la tradition et la modernité, d'autres encore vont opérer un tri entre la tradition, la religion et la modernité, d'autres enfin choisiront de délaisser tout ce qui est en rapport avec le passé et s'inscriront totalement dans le modèle occidental. Ces choix sont évidemment plus ou moins conscients, plus ou moins stratégiques et volontaristes et dépendent du niveau de réflexivité des individus et du contexte socio-économique dans lequel ils évoluent. Cependant, la famille maghrébine n'est pas fondamentalement différente des autres. Relativement nucléarisée, vivant au sein de la modernité, les enfants vont à l'école, jouent dans le quartier et les parents travaillent. Ce qui la différencie, ce sont des détails repérables à travers l'éducation et la transmission de valeurs, de représentations et de pratiques. Proposer une typologie de ces familles semble difficile, tant les combinaisons sont multiples et complexes. En effet, suivant les cas, le dosage entre traditions, religion et modernité est variable et ne permet pas d'établir une catégorisation qui risquerait d'enfermer les individus dans des cadres ne reflétant pas la complexité du réel. Les facteurs qui permettraient de classer ces familles ne sont pas suffisamment explicites en eux-mêmes et le croisement des variables nécessaires à la classification deviendrait laborieux. À titre d'exemple, la typologie que nous avons précédemment établie à propos des modèles de pratiquants en matière de religion ne permet pas d'effectuer une catégorisation des familles, car pour certaines, la pratique religieuse va participer d'une libération alors que pour d'autres elle provoquera un enfermement et un repli qui ne sont pas systématiquement liés à des facteurs socio-économiques. Nous le voyons bien, la combinaison des variables sociales, économiques, culturelles et ethniques entraîne une multitude de formes familiales qu'il est difficile de réduire à la seule et unique problématique de l'ethnicité malgré des processus d'ethnicisation qui ont tendance à le faire. Nous considérerons donc que la famille maghrébine est plurielle et se décline en des formes diversifiées qui se positionnent tout au long d'un continuum allant de la famille traditionnelle à la famille moderne. La position sur ce continuum se définit en fonction de la mobilisation de pratiques et de représentations constitutives des identités qui s'ancrent sur trois pôles essentiels : la culture, la religion et la vie quotidienne en France. Outre les grands points tels que les traditions culturelles ou la religion, la famille maghrébine se différencie à partir de certains détails qui ne sont peut-être pas importants lorsqu'ils sont considérés isolément mais qui deviennent souvent essentiels dès lors qu'ils sont examinés de façon cumulative. En effet la somme de ces petites pratiques et représentations, souvent insignifiantes, constitue un ensemble de faits culturels ou sociaux qui participe de l'élaboration du capital ethnique en consolidant les frontières. Ces détails, nous avons pu les repérer à travers le matériel issu du recueil de données (questionnaire, entretiens), mais aussi à partir d'observations ethnographiques que nous avons effectuées durant plusieurs années au sein même des familles. Cette immersion nous a permis de vivre leur quotidien d'une façon suffisamment « intime » pour en capter les détails de certaines pratiques.

C - La famille, berceau de l'ethnicité
1- Le prénom

Parmi les marqueurs ethniques imputables à la famille, figure le choix du prénom donné au nouveau-né qui, avec le patronyme, représentent un élément important de l'identité individuelle. Pour Lahire (2001, p.25), il « consacre l'entière singularité de la « personne » ». Mais il participe également de l'identité collective dans la mesure où il révèle l'appartenance de l'individu à un groupe déterminé. Certes, il ne suffit pas en lui-même à désigner de manière précise le groupe d'appartenance, mais il fournit des informations qui permettent un premier repérage et une classification ethnique large. Ainsi, le prénom *Mohamed* indique qu'il s'agit d'un musulman sans pour cela permettre de déterminer si l'individu est Arabe, Africain, Asiatique ou Turc. Au premier abord, ce prénom marque tout de même l'appartenance à un groupe minoritaire. Pourtant, il sera souvent possible, à partir des variantes régionales et culturelles de ce même prénom, d'affiner les critères de repérage d'appartenance à un groupe ethnique. Ainsi, *Mohamed* devient Mamadou pour les Africains, Mehmet pour les Turcs et au sein même des Maghrébins, une distinction s'opère entre Arabes et Kabyles dans la mesure où, pour ces derniers, il deviendra Mohand[71]. On le constate, le choix du prénom n'est pas neutre et porte en lui les caractères d'une ethnicité naissante. Les parents, en l'octroyant, transmettent à la fois une partie de leur histoire et de leur identité propre tout en inscrivant l'enfant dans un groupe identifié et déterminé.

Une fois encore, le prénom ne devient un marqueur qu'à partir de l'instant où des groupes entrent en contact. Au cours des interactions quotidiennes, qu'elles soient verbales ou écrites, interindividuelles ou institutionnelles, décliner son patronyme participe d'un rituel de présentation de soi générateur d'ethnicité. Les anecdotes relatées par un grand nombre d'individus confrontés au racisme ou à la discrimination lorsqu'ils indiquent leurs noms et prénoms au cours d'une démarche administrative (recherche d'emploi ou de logement...) font désormais partie du sens

---

[71] On trouvera chez les filles des variantes de Fatima : Fatou, Fatoumata, Fati et d'Amina : Aminata, Aminatou, etc.

commun, et sont connues de tous. Le prénom positionne l'individu à la fois dans le champ ethnique et dans le champ social, il est un élément important dans la constitution du capital ethnique.

Les prénoms à consonance étrangère posent également un certain nombre de problèmes lorsqu'il s'agit de les écrire ou d'interpeller la personne qui le porte. Ainsi, les rites qui consistent à se présenter ou à décliner son nom, sont autant d'occasion de repérage. Les difficultés interviennent également lorsque au cours d'interactions quotidiennes, d'autres personnes doivent nommer l'individu porteur d'un prénom difficile à prononcer, tel que cela se produit régulièrement dans le milieu scolaire. Les enseignants, qui ne sont pas censés connaître toutes les langues, ne sont pas à même de prononcer correctement les prénoms de certains élèves. Du coup, les phrases rituelles « je ne sais pas si je prononce bien » ou « excusez la prononciation », font parties des réponses apportées par l'enseignant qui tente coûte que coûte de prononcer le prénom dans un grasseyement souvent tragi-comique. Une autre technique consiste à trouver des diminutifs qui ont l'avantage de simplifier la prononciation du prénom mais qui présentent l'inconvénient de dépersonnaliser l'individu, voire de l'infantiliser et parfois même de le ridiculiser un tant soi peu. Ainsi, *Mohamed* devient *Momo* et tous les prénoms contenant le préfixe « abd »[72] (Abdelkader, Abdelrahim, Abdellah, etc.) se transforment en *Abdou* ou *Abdel*. Pour comprendre comment ce phénomène peut être ressenti par les individus concernés, il suffit d'imager que les personnes portant un prénom composé à partir de *Jean* (Luc, Louis, Pierre etc.), se voient, au cours d'interactions institutionnelles, interpellés sous l'appellation générique de *Jeannot*. Bien sûr, malgré le relatif inconfort de la situation, personne n'en fait grief dans la mesure où chacun sait que face à la difficulté de prononciation, il est difficile de faire autrement. Du coup, de nombreux parents prennent ce phénomène en considération et vont s'efforcer, pour faciliter la vie de leur enfant, de trouver des prénoms pour lesquels la prononciation est plus aisée en français. C'est ainsi que les statistiques de l'INSEE[73] sur les prénoms semblent indiquer un déclin des « imprononçables ». Pour illustrer notre propos, nous avons retenu quelques prénoms masculins car leur prononciation est souvent plus ardue que celle des prénoms féminins.

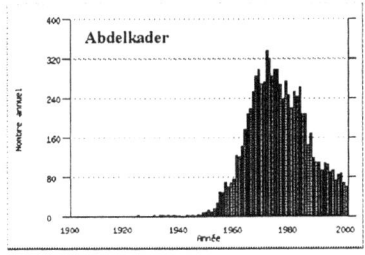
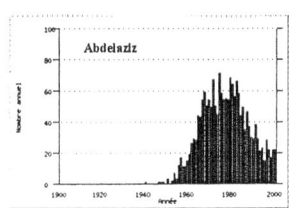

---

[72] Le préfixe *abd* signifie : *serviteur de* le vocable qui suit est alors un des 99 noms de Dieu.
[73] Ces statistiques ne prennent en considération que les personnes vivantes en novembre 1999, nées en France métropolitaine, qu'elles soient ou non de nationalité française. Les personnes nées à l'étranger ne sont pas comptabilisées. Ces prénoms sont recensés dans le répertoire national d'identification des personnes physiques (RNIPP).

Pour le prénom *Abdelkader*, l'année record se situe en 1971 avec 336 enfants ayant ainsi été prénommés, en 2000 c'est le cas pour moins de 80 nouveaux-nés. Pour *Abdelaziz*, l'année record est 1974 avec 71 bébés alors que seule une vingtaine s'est vue attribuer ce prénom en 2000. Cette tendance au déclin se retrouve pour l'ensemble de ce type de prénoms difficiles à prononcer et porteurs de lourds stigmates. Ce phénomène se retrouve également pour les filles avec des prénoms tels que *Khadija* (200 en 1985 l'année record, 60 en 2000) ou *Fatima* (713 en 1983 l'année record, 160 en 2000) qui portent en eux le poids de représentations négatives et souvent colonialistes de l'Arabe.

À l'inverse de cette tendance, qui ne traduit pas le reflet d'un simple effet de mode mais aussi celui d'une véritable stratégie parentale qui consiste, tout en gardant ses spécificités identitaires, à alléger le poids du stigmate porté par les enfants, les prénoms à prononciation aisée accusent une augmentation significative. Les graphiques présentés ci-dessous indiquent que c'est à la fin des années quatre-vingts que ces prénoms apparaissent et augmentent régulièrement et massivement en nombre.

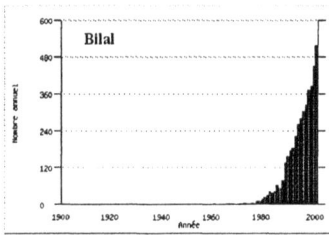
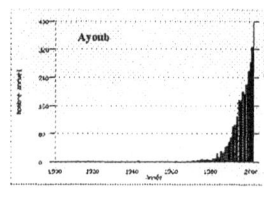

Dans leur quête d'intégration, de plus en plus, des parents sont tentés par le choix d'un prénom qui, non seulement présente des facilités de prononciation, mais qui permet, tout en gardant son identité, d'atténuer un tant soit peu les effets du stigmate. Ainsi, le choix de prénoms que l'on pourrait définir de *mixtes* tend à prendre de l'importance. Nous entendons par *mixte*, des prénoms utilisables tant en français qu'en arabe. Ainsi, le nombre de filles se prénommant *Sarah* a fortement augmenté depuis les années quatre-vingt-dix pour atteindre ces derniers temps un taux annuel d'environ 5000 alors, que jusqu'au début de la décennie quatre-vingts, seules quelques dizaines étaient concernées. Le même phénomène se retrouve pour *Myriam*. Les cas les plus représentatifs de ces dernières années, semblent illustrés par le choix de deux prénoms, un féminin : Ines et un masculin : Rayan. Il s'agit en fait de prénoms à la fois français/anglo-saxon et arabes. Même s'ils ne possèdent ni la même origine, ni la même étymologie dans la mesure où chacun prend source dans sa propre langue[74], ils constituent en quelques sortes des homonymes dont le statut « passe-partout » permet de concilier conservation identitaire et désir d'intégration.

---

[74] Ines : sympathique, généreuse (arabe) et Inès : chaste, pure (grec).

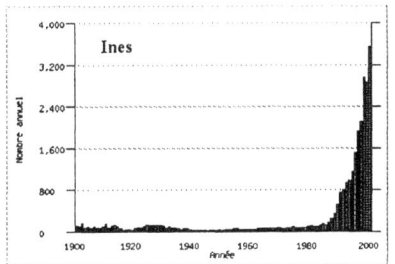 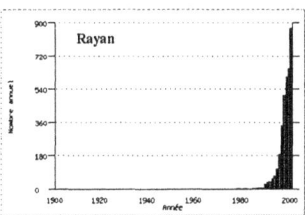

Concernant *Rayan* qui, comme nous pouvons le constater sur le graphique, connaît un succès récent[75], la consonance nord-américaine, tout aussi étrangère que celle d'un prénom arabe caractérisé, indique que les frontières ethniques se construisent également dans la mondialisation dominatrice et qu'un prénom étranger anglo-saxon est plus valorisé qu'un prénom issu d'une civilisation non-occidentale.

Quant à Ines dont l'homonyme français est Inès, il rappelle un vieux prénom de chez nous et profite de la tendance d'une mode qui consiste à reprendre ces noms d'antan.

Les parents que nous avons rencontrés, évoquent clairement, à propos du choix du prénom, leur désir de faciliter la vie future de leurs enfants :

> « *Avec des prénoms comme ça là, qui sonnent français ou américain, ils auront pas de problèmes à l'école quand le prof fera l'appel et puis plus tard pour mettre sur un CV ça passe mieux quoi !* » (Mohamed, professeur des écoles, 32 ans, Lille, son fils se nomme Rayan).

D'autres, toujours dans l'objectif de ne pas perdre son identité et de faciliter l'intégration des enfants, optent pour la formule des deux prénoms : un arabe, l'autre français :

> « *Comme ça on s'est dit avec ma femme que quand ils voudront chercher du travail ou des choses comme ça, ils pourront mettre leur prénom français en avant, ça leur facilitera la tâche et la vie, ils pourront choisir, mais nous on les appelle par leur prénom arabe* » (Abdelrahman, agent d'assurance, 41 ans, Bordeaux).

Ces phénomènes liés au choix des prénoms, semblent révéler une mutation du groupe des Maghrébins et une rupture générationnelle. Ils sont surtout le fait des générations locales et de celles issues de l'immigration du regroupement familial des enfants. Les familles qui pratiquent ces stratégies comportent souvent un parent, le père ou la mère, dont la socialisation s'est déroulée en France, mais on y trouve également des individus issus de l'immigration d'études. On comprend bien que les mécanismes mis en place permettent de préserver son identité tout en facilitant l'intégration sociale des enfants. Ils participent alors à atténuer la tension qui s'opère chez les individus en situation interculturelle. Entre une sortie définitive de son groupe d'origine et une entrée totale chez les dominants, ces modes d'actions

---

[75] Ce succès n'est pas sans lien avec la sortie du film dans les années 90 « Il faut sauver le soldat Rayan ».

permettent de trouver une voie intermédiaire, moins pénalisante et moins culpabilisante. Ainsi, les frontières du groupe maghrébin gagnent en labilité et en perméabilité. Mais paradoxalement, en prenant de la distance avec les pratiques des pays d'origine et en se rapprochant du groupe majoritaire dominant français, l'ethnicité maghrébine se renforce dans la mesure où le groupe prend forme et s'affirme autour de pratiques qui lui deviennent singulières. Autrement dit, tout en participant à affaiblir le capital ethnique individuel, ce type de stratégies donne au groupe une configuration collective singulière qui l'inscrit au sein du paysage national comme une communauté ethnique française porteuse d'une identité particulière qui marquerait le passage d'un statut d'immigration à celui de groupe ethnique. Les Maghrébins en harmonisant un certain nombre de pratiques et de stratégies avec le contexte français, se détachent des modèles des pays d'origine et s'intègrent dans le paysage de France, non plus en tant qu'élément exogène mais endogène. Il y a là un phénomène d'intégration collective qui participe sans aucun doute du débat général qui se déroule actuellement en France et qui interroge un grand nombre d'acteurs politiques et sociaux sur la nature de l'égalité républicaine, de la laïcité et de la prise en considération de la différence.

Derrière le choix du prénom, se profilent des mécanismes essentiels d'entrée et de sortie de l'ethnicité et de stratégies identitaires. D'ailleurs, certains individus, sans rejeter pour autant ces stratégies, persistent dans certaines attitudes conformistes qui ne sont pas sans contradictions. Ainsi, un père de famille nous confiait qu'après avoir prénommé leur fille, *Sarah*, leur second enfant, de sexe masculin, s'est appelé *Mohamed* de façon à entretenir une tradition ancestrale.

> « *On l'a appelé Mohamed, parce que chez nous, c'est bien de donner le nom du Prophète à son premier garçon, c'est notre identité. [...] Par contre au travail, avec les collègues, tant que je n'étais pas titularisé j'évitais de donner son prénom parce qu'avec tout ce qui se passe, je sais pas ce qu'ils auraient pu penser* » (Toufik, enseignant, 27 ans, Libourne).

À travers le discours de Toufik, ressort toute l'ambiguïté de la situation d'interaction intra et extra communautaire. La préservation de son identité et de la fierté de ses origines, l'entrée dans l'ethnicité par l'octroi d'un prénom symboliquement valorisé à l'intérieur du groupe s'oppose à la stigmatisation péjorative et dévalorisante de ce même prénom chez les majoritaires. Les craintes de ce père de famille tendent à le contraindre à une forme de reniement symbolique du prénom de son fils et plus profondément encore de sa religion lorsqu'il se trouve en compagnie de ses collègues. Ses représentations propres des membres du groupe majoritaire l'amènent, peut-être suite à des expériences malheureuses, à anticiper les représentations de ces derniers sur sa culture et sa religion. Prudent, il préfère ne pas donner le prénom de son fils de peur que celui-ci, par le jeu de l'amalgame, amène ses collègues à se forger une fausse image de lui qui pourrait avoir des répercussions sur sa carrière professionnelle. Il y a ici un phénomène qui participe du renforcement des frontières par un mécanisme de méfiance réciproque basé sur des représentations mutuelles, justifiées ou non, et anticipées.

Le choix du prénom n'est décidément pas neutre et tient une place importante dans le déroulement des interactions. D'ailleurs, contrairement au phénomène que nous avons précédemment décrit et qui consiste à trouver des prénoms atténuateurs de stigmate, deux prénoms lourdement chargés de symboles semblent accuser un retour significatif après avoir subi une phase de déclin : *Mohamed* et *Abdellah*. Ces deux prénoms, dont le premier, nous l'avons vu, est donné en hommage au Prophète et le second signifie le « serviteur de Dieu », font partie de ces prénoms classiques qui du côté du dominant appellent à des représentations souvent péjoratives de l'Arabe. On interpellera par exemple un Arabe de façon péjorative sous le nom générique de Mohamed, un peu comme un Juif le sera sous le nom de Cohen ou un Français de Dupont. Le caractère générique du nom dépersonnalise l'individu tout en lui imputant une étiquette ethnique. Pourtant *Mohamed*, après avoir progressivement baissé durant plusieurs années, accuse, depuis 1997, une remontée significative et le nombre d'enfants portant ce prénom est toujours resté assez important. Quant à *Abdellah*, bien que le taux annuel reste somme toute assez faible, il remonte très fortement ces dernières années.

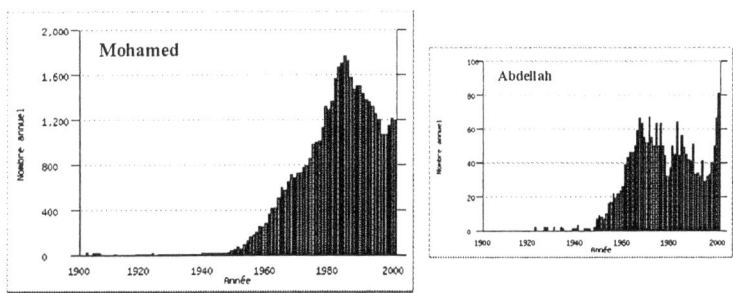

Doit-on voir, dans la relative recrudescence de ces prénoms, une affirmation identitaire ou la marque d'une résistance face à la mauvaise image du monde arabe et de l'islam véhiculée ces derniers temps par certains discours médiatiques, politiques et idéologiques ? Nous ne pouvons pas en cette matière, dépasser le stade de l'hypothèse, mais il semblerait qu'il y ait là un mécanisme de défense pacifique et symbolique de sa fierté et de son honneur.

Enfin, si certains, notamment lors de la procédure de naturalisation, demandent la francisation de leur prénom, d'autres en sollicitent l'arabisation. C'est le cas de ce fils de harki prénommé Jean-Jacques à sa naissance. Ayant grandi dans une banlieue périphérique bordelaise, il est aujourd'hui bien intégré socialement et professionnellement, marié et père de deux enfants. Son prénom français ne lui permettait pas, selon lui, « *de se retrouver* » et traduisait une ambiguïté entre l'identité arabe et musulmane qu'il ressentait fortement en lui et la face qu'il pensait présenter aux autres en déclinant son patronyme. Pour se mettre « en conformité » avec lui-même et présenter une image de soi plus « harmonieuse », il a entamé une procédure au tribunal en vue de changer de prénom. C'est avec difficulté qu'il a obtenu satisfaction car le magistrat en charge de son dossier a tenté à plusieurs reprises de le dissuader en prétextant que l'adoption d'un prénom arabe ne pouvait que nuire à son avenir. Il s'appelle aujourd'hui Hakim et affirme se sentir toujours aussi Français qu'avant, en paix avec lui-même et mieux intégré à sa communauté.

Le prénom, nous l'avons bien vu, est un marqueur essentiel de l'ethnicité, il permet d'y entrer, d'en sortir, d'élargir ou de rétrécir les frontières, de participer à l'évolution et à l'intégration d'un groupe mais aussi d'en définir les limites. La famille joue ici un rôle important en termes de construction de l'ethnicité, un rôle essentiel, certes, mais un rôle parmi d'autres.

2- La vie quotidienne

La vie familiale quotidienne se compose d'un certain nombre de détails qui, par leur répétition journalière, marquent l'individu qui va ainsi incorporer des habitudes, des comportements et des attitudes qui ne seront pas sans conséquence dans ses interactions avec autrui. L'institution familiale représente pour l'enfant, un lieu de socialisation qu'il n'a pas choisi. En cela, le développement de la personne dans la prime socialisation ne laisse guère de place à la liberté. L'entrée pour l'individu dans le monde humain ne peut se faire qu'au travers de son groupe natif. Ainsi, l'autonomie qu'il pourra acquérir plus tard par ses expériences extérieures, se développera à partir d'un être déjà formé et forgé. En intégrant des éléments du monde extérieur empruntés à d'autres cultures, sociales ou anthropologiques, l'individu sera en position de construire sa propre vision du monde en se dégageant un tant soit peu des ornières de sa prime socialisation. Pourtant, il restera de cette socialisation primaire la marque essentielle : la forme. Bourdieu dirait que l'habitus ancre en la personne, le poids des expériences premières. Si cet habitus, ce principe non choisi de tous les choix, persiste à marquer l'individu tout au long de sa vie, la perspective interactionniste nous rappelle qu'il n'empêche en rien la personne d'évoluer. Car elle n'est pas pour cela hermétique au changement et à l'évolution et elle profitera de ses expériences interactionnelles en se servant des réactions d'autrui pour enrichir ses connaissances et gérer son identité. Évidemment, plus le champ des interactions sera large et riche, plus la possibilité d'ouverture sera grande, mais l'individu continuera cependant d'analyser un certain nombre de nouvelles interactions à partir de ces représentations premières.

a) L'alimentation et les pratiques alimentaires

Il ne s'agit pas, ici encore, de tomber dans le culturalisme en repérant des pratiques d'aspect banal et en leur donnant plus d'importance qu'elles n'en méritent dans le déroulement des interactions. Une fois de plus, nous nous plaçons du côté de l'acteur et du sens qu'il donne à ses pratiques et à ses actions, l'acteur n'est pas un « idiot culturel » nous rappelle Garfinkel, et les interactions produisent des constructions sociales basées sur ce sens qu'il attribue à ses actions.

La nature de l'alimentation et les pratiques alimentaires semblent, pour certains, représenter un élément important dans l'élaboration des frontières ethniques. Nourdine qui, malgré sa nationalité française, se sent étranger, invoque, dans la construction de son ressenti, la nature de l'alimentation familiale :

> « *Enquêteur : C'est surtout la religion qui fait que tu te sens étranger c'est ça ?*
> *Nourdine : La religion, les habitudes et puis aussi euh, y a la religion, les habitudes et puis ce qu'on mange aussi ça fait qu'on est étranger...*
> *Enquêteur : Ce que tu manges, qu'est-ce que tu veux dire par ce que tu manges ?*
> *Nourdine : Enfin on mange aussi des choses étrangères.*
> *Enquêteur : Quoi par exemple ?*
> *Nourdine : Ben par exemple, le couscous et des choses qu'on mange habituellement en Algérie ».* (Nourdine, 15 ans, collégien, Cenon).

Ce qui peut paraître un détail, devient un élément significatif dans le marquage ethnique. Pourtant il s'agit d'un trait qui s'actualise dans la sphère domestique et qui, a priori, ne déborde pas dans l'espace public, personne n'étant censé connaître la composition du menu familial. L'alimentation fait donc partie de ces traits purement endogènes qui sont intériorisés par l'enfant au travers de pratiques familiales dont les représentations sont construites par l'individu en comparaison au groupe dominant. Car, d'un autre côté, les repas ne sont pas constitués que de couscous ou de plats typiquement nord-africains et les incontournables pâtes, purée ou autres frites servies dans bon nombre de familles françaises y sont tout autant chez les Maghrébins. Mais la spécificité culinaire, qu'elle soit régulière ou exceptionnelle semble participer du marquage d'une différence. Celle-ci peut s'inscrire dans un rapport de domination où la nature de la nourriture familiale semble refléter, pour l'individu, une inadaptation et un retard civilisationnel générateurs de honte face à la société française. C'est ce que paraît signifier Azzedine lorsqu'il nous confie comment il se sentait obligé de mentir face à son enseignante qui demandait aux élèves ce qu'ils mangeaient à la maison :

> « *...elle dit oui [l'enseignante aux élèves], qu'est-ce que vous avez mangé à midi ? Ben on leur disait ce que tout le monde avait dit pour copier un petit peu, faire un petit plat, alors que c'était même pas ça. On avait honte de dire qu'on a mangé une sauce avec douaze qu'on appelle, une sauce avec (rires). On avait honte de dire qu'on mangeait avec les mains. Tout ça on avait trop honte, on était pas... »* (Azzedine, 30 ans, étudiant en sociologie, Bordeaux)

Il est vrai que dans les familles maghrébines d'origine populaire ou rurale, de nombreux plats sont cuisinés sous la forme de *douaze*[76]. Cette recette, qui fait souvent office de plat unique, a l'avantage, par sa composition à base de sauce, d'être économique et adaptée aux familles nombreuses. Mangé avec du pain dans un plat commun, il permet à chacun d'être rassasié, encore meilleur réchauffé, il peut être cuisiné en une seule fois et servi pour plusieurs repas, de plus les retardataires qui n'ont pu participer au repas en famille, peuvent se servir dès leur retour, dans la marmite.

La honte éprouvée par Azzedine ne se situe pas sur le plan de la qualité du met qu'il apprécie énormément, pas plus que sur la façon de le déguster avec les doigts dans un plat commun. En effet, nous avons souvent pu nous rendre compte combien ce rituel, qui consiste à manger avec les doigts dans le même plat, était fort

---

[76] Plat en sauce à base de viande et de légumes.

apprécié par un grand nombre de personnes qui y trouvaient un plaisir lié à la fois à l'impression de partage et de solidarité engendrée par la consommation de la nourriture commune, et par la délectation que procure le contact des doigts enserrant une bouchée de pain sur les aliments. Ces sensations, d'après nos observations et les dires de nombreuses personnes interrogées, ne se retrouvent pas lorsque chacun mange individuellement à l'aide de son assiette et de ses couverts propres. Par conséquent, ce sentiment de honte s'inscrit bien dans le rapport à autrui, en l'occurrence dans les interactions avec le dominant, le « Français », dont les représentations que l'on se fait de lui, de sa façon de manger et de vivre, sont souvent, nous le verrons plus loin, idéalisées et survalorisées. Dans le cas présent, malgré tout le plaisir qui accompagne l'ensemble du repas (nourriture + ambiance + façon de manger), l'individu considère que ce rite relève d'un comportement qui peut être jugé archaïque par les autres, les Français et qu'il est nécessaire de le cacher au risque de se voir stigmatiser une fois de plus. Pour cela, en situation d'interaction, il faut soigner sa présentation de soi et montrer une face le plus en harmonie possible avec le groupe majoritaire. C'est ce que fait Azzedine en reprenant à son compte un des menus présentés par un camarade de classe.

Ici, la distinction entre espaces privé et public révèle la séparation des mondes, la barrière entre le dehors et le dedans, les *eux* et les *nous*. Chez Naouel, le couscous traditionnel du vendredi est transposé le dimanche, week-end oblige. Le rituel est presque devenu une institution, le plat de *taam*[77] ne sert alors que de prétexte à la réunion de famille et à une immersion hebdomadaire dans une ambiance traditionnelle.

> « *Naouel : - Ca dépend, non le dimanche, bon c'est tradition, c'est couscous, donc été comme hiver, le dimanche c'est couscous.*
> *Enquêteur : - Ça c'est le vendredi qui passe au dimanche.*
> *Naouel : - Voilà, parce que le vendredi tout le monde travaille, donc euh, le samedi on fait les courses et le dimanche, c'est le couscous, on sort de table il est quatre heures [...] Tout le monde, par terre, on est assis, [...] on écoute de la musique arabe, on regarde la chaîne algérienne, c'est vraiment la journée consacrée... Ah mais même encore hein ! Même encore ma mère elle est encore en robe arabe le dimanche, elle a son foulard, la musique arabe quand elle fait le couscous, on regarde la chaîne arabe toute l'après-midi, bof, c'est un peu gavant, mais bon euh, ça fait partie du folklore. [...] Et quand y a des invités c'est, on arrête tout, on met la chaîne arabe, on parle arabe, on boit du thé, les cacahuètes et c'était comme ça pratiquement tous les vendredis soirs pendant le ramadan et quand y a des gens qui arrivent d'Algérie on s'invite tous et c'est vraiment bien. Ça fait partie du folklore et c'est bien et c'est pas bien quoi ! »* (Naouel, 24 ans, Surveillante et étudiante, Floirac).

Le couscous représente ici bien plus qu'un simple plat mais permet de réunir les conditions d'une transmission de valeurs et de représentations, valeurs familiales, culinaires et culturelles. Même si Naouel apparente ce rituel à du folklore, elle n'en apprécie pas moins d'y participer et indique par la formule « *on arrête tout* » le changement de monde, la sortie provisoire du monde des *eux* pour

---

[77] En dialecte algérien *taam* signifie couscous (Kseksou en marocain et tunisien). En arabe classique, *taam* signifie la nourriture.

s'immerger, le temps d'un dimanche, dans le monde des *nous* ; folklore, certes, mais ô combien actuel !

Ces moments d'intimité familiale, sont autant d'occasions de construire les identités, non pas dans l'opposition aux autres, les *eux*, mais dans la prise de conscience individuelle, par une action collective, d'un sentiment d'appartenance aux *nous*.

Là où la situation s'avèrera plus complexe, c'est lorsqu'un enfant, habitué à manger tel que nous venons de le décrire plus haut, se trouve en situation de prendre son repas avec d'autres camarades. Une femme rencontrée nous relatait la joie intense qu'elle a ressenti les rares fois, où dans son enfance, elle mangeait à la cantine :

> « *J'étais contente, heureuse, on goûtait des plats qu'on avait jamais mangé, comme le Hachis-Parmentier, les quiches, des plats comme ça quoi ! Pour moi c'était formidable alors que les Français, eux ils en avaient ras-le-bol de la cantine. Par contre j'avais un peu honte, parce que je savais pas manger comme eux* » (Nacera, 33 ans, secrétaire, Bordeaux).

Si, dans le cas d'Azzedine, la dimension verbale de l'interaction lui permet d'avoir recours à une stratégie pour ne pas dévoiler une partie de sa face, Nacera, se trouve directement confrontée au regard d'autrui et à sa propre ignorance en matière de codes sociaux. Nous sommes là au point de rencontre des socialisations primaire et secondaire, point qui délimite en quelque sorte les frontières ethniques, du moins pour un temps. C'est que la façon de manger, sans pour cela généraliser, constitue un trait culturel qui participe de l'ethnicité, du moins pour la personne du groupe minoritaire, qui, une fois de plus, se construit des représentations idéalisées du majoritaire. En effet, beaucoup de Maghrébins ne mangent pas continuellement avec les mains dans le même plat et nombre d'aliments sont absorbés à l'aide de couverts (salade, soupe, pâtes, purée...). Par conséquent, ce sont ces représentations idéalisées qui créent chez l'individu un complexe d'infériorité qui peut engendrer gêne et craintes pour affronter certaines situations d'interactions quotidiennes. L'ethnicité qui apparaît alors est plus symbolique, voire virtuelle que réelle. Mais il n'empêche qu'elle influe sur le comportement et les représentations de l'acteur.

En situation d'interaction, les pratiques alimentaires interviennent également à travers les interdits. La prohibition de la viande de porc à laquelle s'ajoute, pour certains, la stricte consommation de viande halal, constituent des pratiques dont la visibilité participe d'une stigmatisation qui peut engendrer des rancœurs, des frustrations, des vexations et des conflits. Nous verrons plus loin, lors de la partie consacrée à l'école, comment ces pratiques interviennent dans le champ scolaire, tant du côté des élèves que des personnels. En effet, ces interdits, s'ils font office de marqueurs ethniques, dépassent le groupe même des Maghrébins en élargissant les frontières à la communauté musulmane pour laquelle les limites restent floues et ambiguës. Toujours est-il que ces pratiques, lorsqu'elles se déroulent au sein de l'espace public, participent d'un repérage et d'un marquage ethnico-religieux qui peuvent être analysés dans un registre politique et idéologique.

Ainsi, une directrice d'école primaire d'un quartier classé ZEP, nous expliquait que la montée de l'intégrisme musulman dans la commune se mesurait par le nombre d'élèves qui ne mangeait pas de porc. Réalité ou présupposés simplificateurs, nous verrons plus loin comment analyser ce phénomène.

Toujours est-il que les pratiques alimentaires ne sont pas neutres et participent de la définition des frontières. Nous pouvons ainsi relever deux mécanismes essentiels de cette construction : celui qui, de nature endogène, reste relativement confiné au sein de la sphère privée, et l'autre, plutôt exogène, qui déborde sur l'espace public. Le premier concerne le membre du groupe ethnique et intervient sur les représentations qu'il se fait de lui-même et du groupe dominant. Le second, ancré dans les interactions concrètes et quotidiennes, permet que se mette en place un processus d'étiquetage qui dépasse le cadre des frontières traditionnelles du groupe. Il agit sur les représentations des partenaires en situation d'interaction en lui permettant de mesurer, de son point de vue, le niveau d'intégration du membre ethnique. Il peut être arabe et manger du porc et sera alors considéré comme faisant des efforts d'intégration, alors que celui qui respecte l'interdit alimentaire sera moins valorisé, plus encore, celui qui ne mange qu'halal pourra être suspecté d'intégrisme.

Les pratiques alimentaires permettent donc à la fois aux acteurs de s'identifier dans une dichotomie eux/nous et d'être identifiés par autrui. Elles participent de la création et du maintien des frontières ainsi que du renforcement du capital ethnique symbolique et réel. En cela, elles agissent sur la réalité sociale dans sa construction quotidienne par la nature même des interactions qui en découlent entre individus ou entre groupes situés dans le contexte français contemporain. L'école, nous le verrons plus loin, représente en cela, une institution importante pour cette construction.

b) La célébration des fêtes

Il y a dans les pratiques de célébration des fêtes, un autre marqueur ethnique qui agit selon une double logique : la célébration des fêtes communautaires et la non-célébration des fêtes de la culture dominante. Nous avons vu, lors de l'analyse de notre questionnaire, que certains, les orthodoxes, ne prennent en considération que les fêtes arabo-musulmanes, d'autres, les semi-orthodoxes, y joignent le nouvel-an et enfin, les hétérodoxes fêtent Noël. Souvenons-nous que la division entre ces trois catégories s'établit d'abord à partir du type de générations d'immigration et, concernant Noël, du degré de pratique religieuse. L'analyse du phénomène à travers les entretiens nous permet d'affiner les pratiques et de nous rendre compte que la réalité peut s'avérer sensiblement différente, notamment en ce qui concerne Noël. Mais au précédent, analysons l'impact des fêtes en termes d'ethnicité.

1) Les fêtes « minoritaires » : un affermissement identitaire endogène et un renforcement des frontières

Ces fêtes, principalement les deux *Aïd*, sont, depuis quelques années un peu plus connues du grand public, dans la mesure où elles sont désormais annoncées par les médias et font l'objet de quelques articles de presse et de reportages télévisés.

Elles n'en sont pas pour autant plus reconnues et leur célébration pose toujours un certain nombre de problèmes au sein de l'institution scolaire et du monde du travail. Nous avons remarqué, avec le questionnaire, qu'elles étaient fortement suivies par les Maghrébins, que ceux-là leur accorde une dimension culturelle ou religieuse. Nous étudierons plus loin les problèmes posés par ces fêtes d'un point de vue institutionnel, notamment dans le domaine scolaire. Ce qui nous intérese ici, c'est plutôt la façon dont elles participent chez l'individu de la construction des identités et des frontières ethniques. À groupe minoritaire, fêtes minoritaires, et c'est dans une forme d'anonymat face à la société que celles-ci sont célébrées. En effet, l'impression de décalage ressentie par les individus ces jours-là peut-être compensée par un sentiment de solidarité ethnique fort. Il y a ceux qui prennent un jour de congé et qui n'envoient pas leurs enfants à l'école alors que d'autres, par obligation ou par choix, ne s'absentent pas. Dans tous les cas, la fête est marquée, au moins symboliquement.

> « Ah moi franchement j'ai jamais fait manquer mes enfants pour l'Aïd ! Sauf si ça tombait vacances. Voilà, je me lève le matin, je souhaite bonne fête à mes enfants, je leur sers des gâteaux de chez moi, du bled par exemple, que je fais pour l'Aïd, quand c'est l'Aïd, quand c'est Noël c'est les vacances hein ! Mais si notre fête tombe le jour d'école j'ai jamais, jamais fait manquer mes enfants de l'école. Ils doivent y aller, je leur souhaite le bonne fête le matin, je leur fais la bise, je les parfume, je leur sers à manger, je leur offre un petit cadeau, par exemple un billet ça dépend ou un habit, ils vont à l'école, ils rentrent le soir ». (Nora, 44 ans, mère au foyer en invalidité, Bordeaux).

L'argent donné aux enfants et les vêtements neufs font partie des présents traditionnellement offerts pour l'Aïd et les jeunes musulmans, de retour à l'école, se montrent leurs nouvelles chaussures ou leurs nouveaux habits arborant les marques prisées comme leurs camarades le font aux lendemains de Noël en se présentant leurs cadeaux. Par ce rite, se développe entre les élèves, une complicité plus ou moins forte qui a tendance à renforcer un tant soit peu l'identité ethnique.

Contrairement à Noël, qui par sa dimension nationale, touche les individus tant de manière individuelle que collective, puisque les rues, les magasins sont décorés, les écoles organisent des fêtes, les médias relaient fortement l'événement, les fêtes minoritaires, parce qu'elles ne sont pas visibles par l'ensemble de la société, restent confinées dans la sphère privée et communautaire. Ainsi, leur déroulement favorise le développement d'une intimité ethnique génératrice de sentiments identitaires et amène à une prise de conscience ou à un rappel de son statut de minoritaire en vivant dans l'entre-soi un moment important qui n'est pas partagé de tous. Cette marque de la différence apporte pour les individus des sentiments partagés entre joie et rancœur. Les joies sont souvent des instants de petits bonheurs ressentis dans l'intimité familiale ou communautaire :

> « On se réveille tôt, on sent l'odeur du pain, puis après comme l'année dernière, l'Aïd kebir, c'était, non c'était l'Aïd seghir, eh bé on avait été faire la prière au gymnase le matin. Après on est revenu, on a mangé. Tout le monde doit être heureux ». (Zineb, 14 ans, collégienne, Cenon).

> « *Puis c'est vrai que les deux fêtes, l'Aïd el Fitr à la fin du ramadan aussi on les célébrait. Je me rappelle ma mère elle se levait très tôt le matin puis elle réveillait tout le monde, on se douchait, ma mère préparait des gâteaux, des crêpes, c'était un jour quand même assez important* ». (Azzedine, 30 ans, étudiant en sociologie, Bordeaux).

Les gâteaux, les odeurs de pain frais, l'argent ou les vêtements neufs, l'attention maternelle, la famille réunie ou la célébration en commun de la prière rituelle, sont autant de détails qui permettent à chacun de sentir le parfum discret de la fête. Discret car, lorsque ces fêtes ne tombent pas un week-end ou un jour férié, la société dans sa majorité continue le cours normal de la vie, donnant l'impression à ceux qui célèbrent la fête, de faire momentanément partie d'un autre monde. Cette dichotomie, même provisoire, entre les membres d'un groupe ethnique et ceux de la société majoritaire, empêche un accomplissement total de la fête et rappelle à chacun que son statut de minoritaire ne lui permet pas toujours de se réaliser totalement.

Alors, certains profitent des ces occasions pour entretenir le lien avec la culture et le pays d'origine :

> « *Ah nous on fait le ramadan et on fait l'Aïd. On a fait l'Aïd là on a égorgé le mouton au laboratoire euh, au batoir [l'abattoir]. J'ai encore de la viande de l'Aïd au congélateur et je leur ai tout fait, tout ce que fait ma mère au Maroc je leur ai fait. Je leur ai fait des brochettes, je leur ai fait les grillades et je leur ai fait plein de choses. Tout ce qu'on fait au Maroc et je leur apprends ce que c'est, comment s'appelle ce plat, ce plat et ce plat. On fait aussi le ramadan et le matin de l'Aïd je leur achète des vêtements, le 27ème jour je leur ai fait le henné, je leur fais tout ce qu'on fait au Maroc pour qu'ils restent toujours en lien avec leur culture. En plus ma mère me téléphone pour me demander si j'ai fais ça, et pour que je lui passe les enfants pour qu'elle leur parle, il faut, il le faut* ». (Fatima, 35 ans, mère au foyer, Bordeaux).

Pour Fatima, ces moments de fêtes permettent de transmettre, avec une fierté à peine dissimulée, un certain nombre de valeurs et de pratiques. D'un autre côté, le temps de la fête est limité et de retour à l'école, le henné appliqué sur les mains des enfants pourra poser quelques problèmes face à une enseignante ou à des camarades qui ne comprendront pas toujours la signification du rite.

> « *Par contre le henné, j'en ai bavé à cause de ça, ah ! [...]Ah oui, ah ! Je m'en rappellerai toute ma vie hein ! La primaire, surtout la primaire ah ! Ah, mais qu'est-ce que t'as fait à tes mains, tu t'es pas essuyée, je dis non, c'est du henné, c'est pour la fête, eh mais nous à notre fête on fait pas ça, on met pas des trucs dégueulasses dans la main hein !* (Naouel, 24 ans, Surveillante et étudiante, Floirac).

Le phénomène du henné traduit la difficulté à passer d'un contexte à l'autre, d'une situation où le rite est valorisé à un contexte où il est déprécié. Les interactions, nous l'avons déjà souligné, ne sont pas indépendantes du contexte au sein duquel elles se déroulent, et les acteurs se forgent des images d'autrui en fonction de leurs propres représentations mais aussi en fonction de l'impression qu'ils se font de leur partenaire. Dans le cas présent, le henné modifie l'image initialement forgée par les camarades ou l'enseignant de la fille maghrébine. Cette fille pouvait jusqu'à présent s'inscrire dans la « normalité », une copine de classe et une élève comme les autres. Mais, avec le henné, apparaît une nouvelle face, jusque là inconnue, qui révèle une particularité, une singularité, une appartenance et en fin de compte, une différence qui sonne, pour l'enfant, comme une injonction de s'expliquer. Encore un détail dirons-nous, mais un détail lourd de symboles et qui marque les frontières. Pour Goffman, la perception « est une forme de contact et de communication, dès lors avoir le contrôle de ce qu'on perçoit, c'est avoir le contrôle du contact établi » (1973, p.68-69). Pour autant, les informations dans les situations de communication ne se réduisent pas toutes à l'échange de messages intentionnels et bien contrôlés par les acteurs. L'activité symbolique en situation de communication peut prendre deux formes très différentes : l'expression explicite, qui est consciente et par conséquent contrôlable et l'expression indirecte qui s'appuie sur des signes que le récepteur peut interpréter suivant sa propre subjectivité (tenue vestimentaire, bijoux, maquillage, coiffure, accent, gestuelle…). C'est en cela que Goffman se distingue du modèle interactionniste classique qui ne s'intéresse qu'à l'activité consciente et intentionnelle des sujets pour interpréter les significations. Goffman, et c'est pour cette raison que l'interactionnisme devient symbolique, prend également en considération le fait que les règles de l'ordre social ne sont pas, en majorité, entièrement conscientes. Le rituel du henné, et ses conséquences à l'école, entre dans la catégorie de l'expression indirecte et donne aux partenaires de la jeune fille des indices supplémentaires qui participent à dévoiler une partie de son identité.

Les fêtes minoritaires, même si elles se déroulent dans l'intimité familiale et communautaire, participent d'un côté, du renforcement de l'identité ethnique de façon endogène et de l'autre, du traçage des frontières par un certain nombre de conséquences qui s'actualisent dans la sphère publique. Bien sûr, ce phénomène n'est pas confiné aux seules fêtes et nous le retrouverons à maintes reprises.

2) Les fêtes françaises : une non-participation ethnicisante et parfois frustrante

Il s'agit ici essentiellement des fêtes de fin d'année qui comprennent Noël et le nouvel an. Cette période de l'année est marquée par une forte pression commerciale qui se traduit par la décoration des rues, des quartiers et des commerces des villes de France. Les médias ne sont pas absents des réjouissances, pas plus que l'école ou les entreprises. En fin de compte, il faudrait vivre en marge de la société pour ne pas être touché par le phénomène.

L'analyse de notre questionnaire nous a permis de constater que 52,8 % des individus de notre échantillon ne célébraient que les fêtes musulmanes, 23% y adjoignaient le nouvel an et 23,9% Noël. Le fait de ne pas fêter Noël, qui représente en France une occasion aussi importante que populaire, participe à la fois de la construction des identités et du renforcement des frontières. En effet, nous avons vu que contrairement au nouvel an, Noël est considéré par beaucoup de Maghrébins comme une fête à caractère religieux, y participer activement reviendrait alors à enfreindre, même symboliquement, les principes de l'islam qui considère Jésus Christ comme un prophète et non comme le fils de Dieu. Il y a un phénomène important qui marque les limites entre les groupes. Pour autant, et c'est là que l'enquête par entretiens permet d'approcher différemment les pratiques plus finement, beaucoup de parents cèdent en partie à la pression exercée en cette période par la société. Pour beaucoup, Noël ne sera donc pas fêté, mais pour ne pas isoler et frustrer les enfants face à leurs camarades, des cadeaux leur seront achetés mais offerts un peu avant ou après le 25 décembre.

> *Enquêteur : « Vous fêtez Noël ?*
> *Naouel : En France, on le fête plus ou moins, c'est à dire que, on s'offre des cadeaux, mais on se les offre le 22 ou le 23.*
> *Enquêteur : D'accord, pas le jour de Noël ?*
> *Naouel : Pas le jour de Noël !*
> *Enquêteur : Pourquoi ?*
> *Naouel : Parce que c'est pas notre religion, on tolère toutes les religions puisque c'est marqué dans le Coran, mais c'est pas notre religion, en principal quoi, en fait c'est euh... »* (Naouel, 24 ans, Surveillante et étudiante, Floirac).

Les parents semblent soucieux de ne pas marginaliser les enfants face à leurs camarades. La pression de la société influe sans aucun doute sur la flexibilité des frontières, les parents en participant indirectement aux réjouissances nationales, n'en gardent pas moins un certain contrôle en offrant les cadeaux en dehors de la date officielle. Ils signifient ainsi qu'ils écartent la dimension religieuse de la fête et qu'ils continuent à s'inscrire dans la tradition musulmane. Ainsi, les enfants ne sont pas frustrés mais restent tout de même dans les limites de leur groupe.

D'autres vont profiter d'une conjoncture favorable pour mettre en place des stratégies opportunistes qui permettront de concilier la nécessité de sauvegarder les identités sans provoquer de frustrations. Ainsi, ces dernières années, la fête de l'Aïd el Seghir coïncide à peu près avec celle de Noël. Profitant de cette aubaine, des cadeaux sont achetés aux enfants pour l'Aïd permettant ainsi à ces derniers de pouvoir partager avec leurs camarades à la fois l'ambiance générale de fête et les cadeaux.

Nora, qui tout le long de notre entretien a multiplié les signes de bonne volonté pour montrer combien elle était intégrée, fait partie des 23,9% des Maghrébins qui fêtent Noël.

> *« Je fais la fête arabe et la fête française. Je fais Noël, je fais l'Aïd et je fais tout. Je fais Noël pour mes enfants, je fais le nouvel an pour tout le monde, je fais l'Aïd seghir, euh je fais le ramadan et je fais l'Aïd kebir aussi, j'égorge pas parce que j'ai pas les moyens, j'achète la viande. Voilà et j'achète des gâteaux, des boissons, des desserts. Ah je fais toutes les fêtes, ah toutes, je fais Noël, je fais nouvel an et je fais les fêtes musulmans. On est en France, faut vivre comme tout le monde. Voilà, je fais un sapin, j'ai un petit sapin qu'on le repli ».* (Nora, 44 ans, mère au foyer en invalidité, Bordeaux)

Si pour elle, l'ensemble des fêtes s'adresse à tout le monde, Noël est plutôt réservé aux enfants. Il y a là un mécanisme utilisé par Nora qui semble faciliter l'émergence d'un sentiment de déculpabilisation face à ce qui pourrait être ressenti comme une transgression. Noël est réservé aux enfants, c'est pour eux qu'elle le fait, l'argument ainsi présenté, permet de se déculpabiliser à travers l'image de la bonne mère qui prend soin de ses enfants. Ce mécanisme est souvent employé dans diverses circonstances, les enfants permettent alors aux parents de passer des caps, de sortir des frontières en passant au-delà d'un certain nombre de traditions et de tabous. D'ailleurs, Nora semble, elle aussi, avoir recours à des stratégies de contournement pour offrir des cadeaux à Noël dans la mesure où la date coïncide avec l'Aïd el Seghir et avec les anniversaires de ses fils. Ses explications, un peu confuses, indiquent une certaine difficulté à gérer la situation entre les anniversaires, l'Aïd et Noël.

> *Nora* : « *Euh oui, je fais des cadeaux pour Noël parce que mes deux fils ils sont tombés au mois de décembre, un le 17, un le 2 et déjà je fais des cadeaux*
> *Enquêteur* : *Pour l'anniversaire ?*
> *Nora* : *Non, chacun, je leur fais pas le même jour, l'aîné je fais son anniversaire, le deuxième je fais son anniversaire, un cadeau, un cadeau et à Noël si je peux, je donne un petit billet à chacun, y en a qui me le rend pour le petit, y en a qui le gardent*
> *Enquêteur* : *Et pour l'Aïd ?*
> *Nora* : *Pour l'Aïd, j'ai donné au petit, mais eux j'avais fait un bon repas on a mangé, voilà, repas familial.*
> *Enquêteur* : *Tout le monde ensemble !*
> *Nora* : *Voilà pour l'Aïd. Pour le petit Samir oui, comme c'était proche de Noël cette année, vous avez vu ?*
> *Enquêteur* : *Oui !*
> *Nora* : *Donc à Noël parce que y avait les fêtes d'anniversaire de mes deux fils et après ça a été l'Aïd. Donc je leur donnais un petit billet, une petite enveloppe chacun en tous les cas, voilà ! Pour qu'ils s'achètent ce qu'ils veulent. Et après pour l'Aïd j'ai fait un bon repas familial.* » (Nora, 44 ans, mère au foyer en invalidité, Bordeaux)

Les parents qui ont recours à ces stratégies ayant pour but d'éviter une marginalisation de leurs enfants, sont d'origines sociales diverses, le degré de pratique religieuse ne semble pas influer sur les choix. Ainsi des familles pratiquantes n'hésitent pas à acheter des cadeaux en expliquant leur démarche aux enfants. C'est plutôt du côté de certaines familles relativement traditionnelles, figées sur la culture du pays d'origine, souvent porteuses d'un faible capital économique et culturel, que ces fêtes ne sont pas du tout prises en considération. Au contraire des autres qui, même si elles ne célèbrent pas Noël, apportent par les stratégies parentales, des compensations, les enfants de ces familles se retrouvent en proie à un certain nombre de frustrations. La non-participation aux fêtes de fin d'année sous quelque forme que ce soit, renforce les frontières ethniques. Dans ces familles, rien n'est fait ces jours là, les enfants ne vivent ces moments de fêtes que par l'intermédiaire de la télévision, des rayons de jouets des grandes surfaces, des décorations urbaines et de leurs camarades. Cette période de fêtes de fin d'année est souvent synonyme d'émeutes urbaines dans quelques quartiers défavorisés. Sans tomber dans le sensationnel, car ces émeutes restent tout de même rares et localisées, nous avons pu remarquer en nous promenant dans plusieurs quartiers durant ces périodes, qu'il y règne, pour le moins, des petites tensions inhabituelles. Alors que le jour de Noël ou du nouvel an, la majorité de la population se rassemble en famille ou en entre amis pour réveillonner, des enfants se regroupent en fin d'après-midi pour lancer des pétards. Au fur et à mesure de la nuit, ces petits groupes déambulent bruyamment dans les rues, lancent des pétards, certains allant parfois jusqu'à dégrader le mobilier urbain (abri-bus, lampadaires…). Ils sont généralement composés de jeunes garçons âgés de 12 à 18 ans. On peut penser que les plus jeunes sont à la maison et que les plus âgés participent à une fête qu'ils ont organisée. Ces adolescents, trop âgés pour rester à la maison et trop jeunes pour participer à une rencontre organisée, sont conscients de l'état général de fête dans lequel la majorité de la population est plongée. Cette situation les renvoie directement à leur statut de minoritaire et vient renforcer un sentiment d'exclusion déjà largement alimenté par ailleurs. Ces instants précis révèlent plus que jamais, chez ces jeunes, la violence symbolique d'une marginalité mal vécue et dont la faute est imputée à tort ou à raison à la société. Frustrations et sentiments d'exclusion alimentent la « haine » et constituent les ingrédients essentiels au déclenchement d'actions plus ou moins violentes. Briser les vitres des abri-bus, les lampadaires, caillasser les bus ou les véhicules des représentants de l'État (pompiers, policiers…) devient alors un moyen d'exister. Plutôt constitués de Maghrébins et d'Africains (ceux qui ne festoient pas), ces petits groupes sont repérés par les habitants comme les membres de communautés ethniques auxquelles on accorde alors la responsabilité de ces actes de façon plus ou moins essentialisée.

D'une façon plus générale, les fêtes agissent ethniquement à deux niveaux distincts : le premier participe de la construction et du maintien des identités ethniques en inscrivant l'individu dans un groupe identifié. Ce niveau n'empêche en rien que les frontières soient dépassées en certaines occasions et permettent à chacun d'intégrer tout ou partie de la culture d'autrui. Cependant, ces fêtes restent tout de même très liées à la sphère privée, au cercle de la famille et des amis proches. Par conséquent, il est difficile pour un non-Maghrébin de vivre de près l'Aïd et pour un Maghrébin de connaître réellement Noël. Cela signifierait que d'un côté comme de l'autre, l'individu « extérieur » à chacun des groupes, devrait pénétrer l'intimité familiale pour découvrir les subtilités des préparations de l'Aïd (préparation des gâteaux, de la maison, parfums, lever à l'aube…) et de celles de Noël (réveillon, achat des cadeaux, disposition au pied du sapin, décoration de la maison…). Toutes les personnes que nous avons interrogées avouent ne pas connaître la fête de Noël en profondeur et ne pas en percevoir les détails réels et symboliques. Les fêtes d'un côté comme de l'autre renvoient à une intimité identitaire et ethnique qui ne peut être vécue que *in situ*.

Le second niveau est celui d'une non-participation aux fêtes des majoritaires. Si le premier niveau participe d'une ethnicisation du champ social, celle-ci n'est pas toujours négative et peut susciter chez les individus un sentiment de fierté face à ses valeurs qui favorisent la rencontre et l'échange avec autrui. La différence est alors appréhendée comme une richesse à partager. Mais, pour le second niveau, la non-participation créée de l'ethnicité négative, qui marginalise et exclut pour créer parfois un repli identitaire qui se fonde plus sur des facteurs économiques et sociaux qu'ethniques.

3) Halloween : une fête collective

Depuis quelque temps, une fête nouvellement arrivée en France et dont l'origine nord-américaine amène certains à la contester au nom de la préservation de la culture française, semble intéressante dans la manière dont elle est investie par les jeunes, il s'agit d'Halloween. Arrivée depuis quelques années seulement à grands coups de renforts commerciaux[78], cette fête semble avoir trouvé un écho important auprès des jeunes des quartiers populaires et des zones pavillonnaires des classes moyennes. Sur la rive droite bordelaise, nous avons pu constater le succès et la popularité d'Halloween et surtout, la spontanéité (du moins nous semble-t-il) des jeunes et des enfants dans l'organisation et la participation à cette fête. Alors que les écoles, les centres sociaux ou les maisons de quartiers semblent réticents à prendre cet événement en considération, dans chaque quartier (HLM ou pavillonnaire) des jeunes adolescents(es) prennent en charge l'organisation des festivités. Quelques jours avant, les enfants du quartier sont prévenus qu'ils devront se déguiser, ces derniers informent leurs parents qui, en règle générale, semblent jouer le jeu en prévoyant des bonbons à distribuer. Le jour prévu, de nombreux groupes d'enfants, souvent déguisés avec les moyens du bord, parcourent les cages d'escaliers et sonnent à toutes les portes dans l'objectif d'obtenir quelques friandises. Le taux d'échec, si l'on peut s'exprimer ainsi, paraît faible, autrement dit beaucoup d'habitants participent et rares sont les grincheux qui repoussent les enfants[79].

Le caractère novateur de cette fête, le fait qu'elle n'appartienne pas directement à l'histoire nationale, qu'elle ne soit pas la « propriété » d'un groupe particulier, semble lui conférer un aspect universel dans la mesure où elle appartient à tout le monde. Ainsi, chacun peut y participer, se l'approprier, en faire une occasion festive commune. Déguisés, les enfants ne dévoilent pas leur identité, on ne sait pas qui se profile derrière le masque, le travestissement et la nature de la fête apportent un sentiment d'égalité partagé qui brise les frontières ethniques et sociales.

Alors que cette fête provoque un certain nombre de ressentiments en termes de préservation de la culture française -Halloween aurait volé la vedette au traditionnel mardi-gras- elle semble annoncer la possibilité de construire des pratiques et une mémoire collectives autour d'évènements communs reconnus par beaucoup. Ce type d'événement pourrait alors participer au développement d'une culture commune dont Durkheim, rappelons-le, considère qu'elle est indispensable à la cohésion sociale et nationale. Il tendra également à prouver que la culture n'est pas figée, qu'elle évolue et que par la même, elle peut participer à l'élaboration d'une mémoire collective partagée par le plus grand nombre au-delà des divisions sociales et ethniques.

3- La transmission des valeurs et les pratiques éducatives

Les familles maghrébines se distinguent-elles par des pratiques éducatives propres ? Répondre par l'affirmative reviendrait une fois de plus à risquer de tomber dans un culturalisme exacerbé. Nous l'avons maintes fois répété, les identités maghrébines sont variables et multiples, tout comme le sont les formes familiales et les types de structuration des règles éducatives (souple, rigide, faible). Ainsi, suivant

---

[78] Face au vide commercial qui se situe entre la rentrée scolaire et les fêtes de fin d'année, il aurait fallu trouver une occasion pour inciter les ménages français à faire des dépenses.

[79] Il y en a toujours quelques-uns et certains même annoncent directement leur refus de participer en apposant un mot sur leur porte.

le contexte économique, social ou migratoire de chacun, les modèles éducatifs familiaux sont variés et peuvent s'avérer ouverts, fermés, démocratiques ou stricts... Mais rappelons-le, notre choix méthodologique nous amène à analyser les situations à partir du sens que l'acteur donne à ses actions et à ses représentations. Par conséquent, tant du côté des membres que des non-membres, des pratiques vont être lues et interprétées à travers le filtre d'une grille ethnique pour prendre sens dans la réalité sociale. Ces pratiques, encore une fois, s'actualisent à travers des détails de la vie quotidienne, que seuls une observation fine et continue et le discours recueilli auprès des acteurs, permettent de mettre à jour. Il ne s'agit donc pas pour nous, de décrire de façon exhaustive les pratiques éducatives chez les Maghrébins, mais d'en repérer quelques-unes afin de les analyser et de comprendre comment elles peuvent s'inscrire dans une logique ethnique. En effet, nous le savons, l'éducation familiale à des conséquences individuelles et collectives dans la mesure où elle se situe dans un champ interactionnel avec l'ensemble de la société et de ses institutions (école, quartier, travail, etc.).

a) Le contrôle des sorties

À de nombreuses reprises nous avons entendu de la part d'acteurs sociaux ou d'habitants des quartiers des reproches formulés à l'encontre des parents maghrébins à propos des heures tardives de sorties de leurs enfants. Luc, ayant longtemps vécu dans un quartier populaire bordelais avec ses copains maghrébins, est surveillant dans un collège de la rive droite bordelaise depuis sept ans. Alors que nous venions de conclure l'entretien de recherche auquel il avait accepté de répondre, il nous demande de remettre notre dictaphone en marche car il a oublié d'aborder un sujet important à son sens :

> « *C'est l'exemple du prof, Mme S., immigrée espagnole, arrivée à Cenon à l'époque où sur la rive droite y avait toute l'industrie, de parents ouvriers. Et on parlait de l'éducation chez certaines familles de la cité, surtout les Maghrébins et on parlait des gamins et elle me disait, ils font ce qu'ils veulent, ils ont un impératif c'est de rentrer à la maison à neuf heures et demie le soir. Elle comme moi on était sur les fesses, sur le cul comme on dit vulgairement. C'est pas possible ! [...] Moi je serais rentré à neuf heures et demie mon père il... Et elle me disait la même chose, elle me disait à quoi c'est dû ça ?. Est-ce que là on retrouve ce qu'on dit, que les parents démissionnent. Ou est-ce que c'est un critère de l'éducation maghrébine qui est peut-être plus relâche et qui laisse les garçons partir. Parce que les filles j'en ai pas trouvées qui me disaient ça* ».(Luc, 27 ans, surveillant et étudiant, Bordeaux).

Cette tendance, pointée par Luc, des Maghrébins à laisser sortir les enfants jusqu'à des heures tardives est souvent considérée comme un trait culturel propre à ce groupe ethnique, trait qui pour Luc serait le reflet d'une démission parentale ou d'une éducation plus relâche. Il faut bien sûr entendre ici plus relâche que celle du groupe majoritaire, une éducation moins stricte dont la source serait à chercher dans la culture. Dans le même ordre d'idée, un conseiller municipal d'une commune de la même rive droite avec lequel nous échangions à propos des enfants des banlieues, se demandait comment ces jeunes maghrébins pouvaient s'intégrer dans la mesure où « ils traînaient encore dehors à 19 heures ». Une fois de plus, à travers les actions banales d'un quotidien tout aussi ordinaire, se dessinent des frontières à partir des interactions entre les membres de divers groupes. Entre le discours de Luc et celui du conseiller municipal à propos du contrôle des sorties des enfants, trois reproches sont émis à l'intention des Maghrébins dans un registre culturaliste : la démission parentale, une éducation relâchée pour les garçons, un refus d'intégration. Le contrôle social et l'intégration passeraient-ils par le respect d'horaires définis et précis. Bien sûr, tout cela est relatif et il suffit de se rendre à quelques kilomètres de Bordeaux et de franchir la frontière espagnole pour constater que des enfants « traînent » tard dans les rues sans pour cela souffrir d'un déficit d'intégration ou chuter dans la délinquance. Relativisme culturel oblige, les heures d'entrée à la maison restent des constructions sociales. Mais ne soyons pas de mauvaise foi et reconnaissons avec nos interlocuteurs qu'il peut arriver que des enfants bien jeunes déambulent dans les rues à des heures peu appropriées.

Cependant, ce qui est présenté comme une caractéristique ethnique propre aux familles maghrébines qui délaisseraient leurs enfants dehors tard le soir avec pour seule consigne de rentrer à 21h30, demande à être analysé plus profondément. D'abord il faut être certain que seuls les Maghrébins rentrent tard le soir, car si la nuit, tous les chats sont gris, les enfants ne sont-ils pas tous basanés ? Cependant, soyons francs, nous avons, lors de nos nombreuses observations, souvent constaté que les enfants maghrébins restaient majoritairement dehors plus tard que leurs camarades. Toutefois, ces phénomènes ne se produisent pas quotidiennement et apparaissent plutôt les jours où il n'y a pas école le lendemain, pendant les vacances et durant les périodes de printemps et d'été. De plus, ce qui peut être interprété comme un désintérêt ou une démission parentale peut s'inscrire dans une logique de contrôle. Les nombreux témoignages apportés par nos enquêtés montrent que majoritairement, ces phénomènes ne sont pas synonymes d'un relâchement parental.

Contrairement aux familles populaires « françaises » qui ont tendance à organiser la vie familiale autour d'horaires stricts (repas, coucher), les Maghrébins font preuve d'une organisation plus souple qui semble basée sur des critères différents. Si pour les premiers, une heure précise de retour à la maison est indiquée aux enfants, pour les seconds, le temps est tout aussi marqué mais varie au cours des saisons. C'est la tombée de la nuit qui sert alors généralement de repère, cet instant de la journée qui correspond à la prière du *maghreb*. Comme le temps du crépuscule varie tout au long de l'année, les heures d'entrée fluctuent en fonction des saisons. D'ailleurs, l'hiver, lorsque les jours sont courts, c'est la prière de l'*ichaa*[80] qui peut servir de référence. Cette notion du temps appréhendée en fonction des prières ne se retrouve pas seulement chez les familles pratiquantes et même celles qui ne prient pas y font plus ou moins inconsciemment référence. Il y a là un phénomène collectif qui semble fortement ancré dans les habitudes ayant cours dans les pays d'origine, la tombée de la nuit est généralement considérée comme le signe indiquant à chacun qu'il est temps de rentrer chez soi.

> *« Ah oui, non c'est clair que les heures de sorties étaient vraiment contrôlées, sauf en période de ramadan par exemple où là bon comme on sortait, on allait faire les prières du soir et tout ça donc le père se doutait qu'on était à la*

---

[80] Dernière prière de la journée, environ une heure et quart après celle du *maghreb*.

> *mosquée avec des gens fréquentables ce qui fait qu'il nous disait rien. Mais à part le ramadan, c'est vrai que dès qu'il faisait nuit, il fallait qu'on soit là ».*
> (Azzedine, 30 ans, étudiant en sociologie, Bordeaux).

Nourdine, fils de médecin, confirme que s'il n'a pas d'horaire fixe pour rentrer, il n'est pas pour autant libre de faire ce qu'il veut : « *Enfin c'est pas quand je veux, mais j'ai pas des heures où rentrer mais c'est quand je vois l'maghreb, le soleil qui commence à se coucher, je sais qu'il faut rentrer à la maison* ». Généralement obéissant, il lui est arrivé une fois d'oublier l'heure : « *Non, mais une fois ma mère, j'avais demandé pour partir à Carrefour et j'étais parti et comme j'étais en train de lire et j'avais pas vu le temps passé et après je vois, c'était presque le maghreb et ma mère elle m'a appelé [sur son téléphone portable], je lui ai dit comme quoi j'étais à Carrefour. Sinon, jamais ils m'ont cherché partout comme ça* ».

Ce qui peut sembler être un défaut d'éducation, une démission aux yeux de beaucoup, s'avère pourtant relever d'une stratégie éducative consciente. Ce n'est pas l'heure qui détermine la nécessité de rentrer mais la tombée de la nuit. Karima, dans cette logique, exerce un contrôle accru auprès de ses enfants, y compris des plus âgés :

> « *On leur dit que sortir le soir ce n'est pas bien, sortir la nuit on ne veut pas. Ils sortent une heure, une heure et demie l'après-midi et ils rentrent boire un café où s'ils ont un rendez-vous avec un ami pour prendre le café, mais à l'heure de la prière de l'ichaa, tout le monde doit être réuni à la maison. [...]. Mon fils, le grand, qui a vingt ans il va dans notre sens, quand il sort il me contacte par téléphone pour me dire où il se trouve de manière que je sache où le trouver au cas où j'ai besoin de lui, il me rassure en me disant de ne pas m'inquiéter. L'autre fils qui est encore à l'école, quand il sort il me dit « je suis là en bas du bâtiment, tu peux me voir »*. (Karima, 60 ans, veuve, mère au foyer, Bordeaux).

Non seulement, ses enfants la préviennent de leur absence, mais également du lieu où ils se trouvent et le plus petit doit rester visible aux yeux de sa mère. On retrouve souvent cette notion de visibilité, les enfants sont dehors mais à la vue des parents.

Pour Azzedine, à partir d'une certaine heure, ils devaient « *rester dans l'escalier en-bas à la vue d'en haut par le père* ». Khadija, quant à elle, laisse son fils jouer en bas du bâtiment, « *mais il traîne pas, il joue juste au jardin en bas, sérieusement et moi je surveille s'il est bien là et je l'appelle par la fenêtre* ». La plupart de nos enquêtés confirment cette pratique en considérant que la tombée de la nuit correspond à l'heure de retour à la maison des enfants. Ceux-ci sont surveillés, sous contrôle des parents et s'ils rentrent un peu plus tard que leurs camarades, cela ne peut se traduire par de quelconques carences éducatives.

Pourtant, nous l'avons vu c'est ainsi que ces pratiques sont ressenties par une partie des acteurs sociaux et des habitants des quartiers populaires. Cette impression n'est peut-être pas entièrement non fondée dans la mesure où un certain nombre d'enfants et de jeunes déambulent dans les halls et les rues à des heures pas toujours appropriées, les raisons sont alors à chercher du côté des variables socio-économiques. Mais il semblerait que par un mécanisme amalgamant, basé sur une logique d'ethnicisation, les parents maghrébins puissent être considérés comme irresponsables sur le plan éducatif et plus particulièrement du contrôle des sorties. Les membres du groupe majoritaire, persuadés que leur modèle éducatif s'inscrit dans la norme sociale –qui est en cette matière souvent celle dictée par l'école et les travailleurs sociaux- ressentent les pratiques des familles maghrébines comme déviantes. Du coup, l'heure plus tardive à laquelle rentrent les enfants, qu'ils soient ou non surveillés, les empêche de faire la différence entre les quelques jeunes qui traînent anormalement dans les rues –souvent à des heures très avancées de la nuit- et les autres qui restent encadrés et sous contrôle parental. Nous sommes ici dans le cadre de la déviance et des interactions collectives. En introduisant la notion de déviance, les interactionnistes passent d'une définition substantielle des écarts normatifs à une définition relationnelle. Ainsi ne cherche-t-on plus à comprendre comment des individus peuvent transgresser des normes, mais plutôt à découvrir les conditions sociales qui amènent les acteurs à parler de transgressions et à désigner des transgresseurs. Becker (1985) considère que la déviance n'est pas une qualité inhérente à certains actes, mais une catégorie d'une conception commune qui se construit petit à petit dans la complexité d'une interaction collective par tout un ensemble d'agents. Les familles maghrébines se voient alors apposer un stigmate basé sur des constructions et des représentations sociales d'une norme éducative transgressée : être dehors après 19h00 relèverait alors d'une déviance à cette norme, faisant preuve d'un déficit d'intégration et multipliant pour l'enfant les risques d'échec scolaire et d'entrée dans une carrière délinquante. Ce qui est ici considéré comme une déviance ne peut l'être qu'en situation interactionnelle car c'est la nature même de cette situation qui permet de repérer les facteurs à la base de ce qui est appréhendé en tant que déviance. Par conséquent, et nous l'avons dit à maintes reprises, l'ethnicité ne se construit pas uniquement à partir de traits culturels, mais aussi en fonction de la manière où ces traits vont être traités socialement et politiquement au sein de l'interaction. Par l'analyse des pratiques en matière de contrôle des sorties, on comprend que si la construction ethnique se base au départ sur des comportements culturels, ceux-ci sont transformés en pratiques sociales ou plutôt devrait-on dire asociales et anomiques. Ici nous voyons l'intérêt d'une approche de l'objet sous l'angle du champ des relations inter-ethniques. En effet, par l'importance qui est donnée aux interactions sociales, il devient possible de sortir d'un culturalisme qui a tendance à expliquer les phénomènes sociaux à partir de la seule et unique culture, pour interpréter l'ethnicisation du champ social comme le résultat d'un rapport interactionnel et de la construction de représentations pris dans une logique de domination entre groupes majoritaire et minoritaires.

b) Entre transmission des valeurs religieuses et traditionnelles : l'ambiguïté.

Nous avons, à travers l'analyse du questionnaire abordé sous un angle statistique la problématique de la religion et sa place dans la formation des identités. Nous avions alors relevé le stéréotype négatif appliqué en France à l'image de l'islam. Cette image forgée à partir de représentations dont la source est à chercher du côté d'une histoire conflictuelle de la France avec l'islam et véhiculée par les médias et certaines idéologies, érige l'émergence de la religion musulmane –et du fait religieux en général- au sein de l'espace socio-politique français en problème. Problème d'intégration, problème sécuritaire, idéologique et philosophique. Dans un pays où, a la suite de longues et pénibles luttes, les religions furent séparées de l'État en 1905, l'arrivée d'un nouveau culte n'est pas sans poser un certain nombre de problèmes. Ainsi, cette problématique interroge sur la nature même du fait religieux et sur sa place dans une société moderne, démocratique et sécularisée. L'école publique, érigée dès ses débuts en temple de la laïcité, est la première touchée par l'apparition ou la réapparition du fait religieux, bien que de plus en plus le phénomène semble s'élargir à d'autres sphères de la société (entreprise, administrations…). Au cours du chapitre consacré à l'école, nous étudierons plus en détail cette problématique et les phénomènes qui en résultent. Mais avant tout, il nous paraît nécessaire de comprendre comment s'opère, au sein de la famille, la transmission des pratiques religieuses et les représentations en la matière.

1) Deux notions morales fondamentales : *hachuma* et *haram*

La notion de *hachuma* repose essentiellement sur la tradition, c'est d'ailleurs un terme du dialecte d'Afrique du Nord qui n'est pas employé en arabe littéraire. Ici, on se situe du côté de la bienséance, la traduction française est généralement rendue par les expressions « c'est honteux » ou « tu n'as pas honte », l'expression est donnée sous la forme d'un reproche ou d'une réprimande. Les actions qui appellent la formule varient selon les familles, l'espace et le temps, la notion est subjective ce qui est *hachuma* pour l'un ne l'est pas pour l'autre. Suivant les cas, l'enfant qui mange salement pourra s'entendre prononcer à son égard l'expression *hachuma*, il en ira de même pour celui qui frappera un plus petit que soi, qui refusera de partager de la nourriture ou qui parlera de façon vulgaire et en général pour toutes les actions liées à un manque de respect envers soi-même ou autrui.

Le *haram* est une notion normative religieuse, basée sur le dogme, qui signifie l'illicite, l'interdit, en opposition au *halal*, qui est le licite, le permis. Ce sont donc des actes et des choses reconnus par la quasi-totalité des musulmans du monde, ici la subjectivité ne rentre pas en jeu, seuls les érudits peuvent, en se basant sur les textes déterminer le *halal* et le *haram*, libre à chacun ensuite de suivre ou non les prescriptions. Cette notion, va par conséquent se retrouver dans divers éléments de la vie du musulman, tels que les relations humaines, la nourriture, l'habillement, les relations conjugales et bien d'autres domaines encore. La limite entre croyant et pratiquant se trouve notamment dans le respect ou non de cette notion.

2) Traditions culturelles et religion

Si la religion représente un élément nodal de l'identité maghrébine, il est parfois difficile de l'isoler de la tradition tant les deux entretiennent des liens serrés et complexes. La frontière entre la culture traditionnelle et la culture religieuse est floue, labile, ses limites fluctuent en fonction des individus, des familles, des origines et des types de socialisation ou d'immigration. Si elle est incertaine pour les Maghrébins, elle l'est également et parfois plus pour les non-musulmans qui opèrent souvent des confusions entre ce qui relève de la tradition et de la religion. Ainsi, pour les musulmans africains, le rite de l'excision des fillettes sera souvent considéré comme une coutume relevant de l'islam, alors que celui-ci la condamne et qu'elle représente un rituel traditionnel ancien, anté-islamique, autant pratiqué par les Chrétiens et les Animistes que les Musulmans. Ainsi, un certain nombre de comportements et de pratiques seront analysés à partir de représentations de l'islam supposées refléter le dogme de cette religion.

Cependant, présenter ce qui relève clairement de la religion et de la tradition, n'est pas le sujet de notre travail et demanderait qu'une thèse y soit consacrée tant la tâche est ardue et complexe. Pour notre analyse, nous nous contenterons de dégager quelques pistes au fur et à mesure de nos besoins. Pour simplifier, nous considérerons tout ce qui n'est pas formellement reconnu ou préconisé par la religion, comme relevant de la culture traditionnelle. À titre d'exemple si l'islam recommande l'assentiment du père pour le mariage de sa fille, cette dernière doit obligatoirement donner son accord en termes d'acceptation ou de refus. La marier contre son gré relève alors d'une déformation ou d'une incompréhension de la religion et peut être considéré comme un trait de la culture traditionnelle. Dans un autre domaine, le recours à la sorcellerie telle qu'elle est souvent utilisée en Afrique du Nord et plus généralement sur le continent africain, relève de la culture traditionnelle et aucunement de la religion qui bannit ces pratiques. Par conséquent et en tout état de cause, nous nous bornerons à cette analyse binaire en gardant à l'esprit que la réalité en cette matière est bien plus complexe et subtile.

Ce qui importe alors, c'est de saisir que dans un premier temps la transmission de la religion s'est effectuée à travers les parents immigrés. D'origine modeste, souvent rurale ou ouvrière, ces derniers ne disposaient que d'un faible capital culturel et de ressources pédagogiques limitées. Du coup cette transmission s'est plutôt déroulée sur le registre de l'oralité et de l'imitation. Dans ce cadre, les enfants ont acquis une image morcelée de la religion, souvent mêlée à des éléments de la tradition où l'éducation portait essentiellement sur les interdits et les obligations. Si beaucoup de jeunes ont pris du recul face à cette religion qui leur paraissait contraignante et arriérée, ils ne l'ont pas pour cela rejetée totalement et l'ont intégrée comme une partie de leur identité. « Le constat établi par ces individus de leurs défaillances ou de leur méconnaissance vis-à-vis de l'islam ne s'accompagne pas, en général, d'un rejet ou d'un détachement total. Bien au contraire, la référence islamique est connotée positivement, et de manière affective. Ce sont eux qui instaurent la distinction pratiquants/croyants pour qualifier leur relation à l'univers religieux. Ils conçoivent l'islam comme un héritage culturel inscrit dans des traditions et des comportements familiaux les rattachant au groupe arabo-musulman, comme marqueur de la filiation en quelque sorte: L'islam c'est ma culture, une éducation... » (Césari, 1994, p.55). Avec le temps, l'apparition de mosquées ou de salles de prières, l'arrivée d'étudiants lettrés des pays d'origine, et l'installation progressive des musulmans et de l'islam sur le territoire français, ont permis que se mettent en place des écoles qui dispensent des cours d'arabe et de religion pour les enfants et les jeunes. Certains parents, eux-mêmes privés d'un enseignement religieux conséquent lorsqu'ils étaient au pays, disposent en France de séances orales d'information dans les mosquées qui leur permettent d'accroître leurs connaissances religieuses. De surcroît, un certain nombre de supports pédagogiques et didactiques (livres, cassettes, DVD...), ont progressivement fait leur apparition en langue française, permettant ainsi aux plus jeunes d'avoir un accès direct et plus autonome à l'enseignement de la religion. On peut dire qu'aujourd'hui, il devient possible d'appréhender la religion dans le contexte français, détachée du poids des traditions. Pour autant, tout le monde n'a pas accès à ces moyens d'information et beaucoup, surtout dans les familles les plus populaires, se réfèrent encore à une religion fortement teintée de traditions souvent reconstruites dans le contexte migratoire. Cette situation, nous le verrons au cours du chapitre sur l'école, contribue à semer le trouble dans un certain nombre de circonstances.

3) La place de la religion dans l'éducation familiale

Même si elles existent, rares sont les familles maghrébines qui ne prennent pas un tant soit peu la religion en considération. Certaines placent l'islam en arrière-plan en tant qu'un élément parmi d'autres de leur identité et de leur culture, d'autres le considèrent comme une valeur cardinale autour de laquelle vont s'organiser la vie familiale, l'éducation et la gestion du quotidien. Entre ces deux pôles, s'intercale toute une variété de profils.

Bilal fait partie de la catégorie des pratiquants assidus[81], pour lui, la religion est un élément fondamental autour duquel la vie s'articule :

> « *Elle est centrale* [la religion], *nous sommes des musulmans d'abord, c'est un rapport avec la Divinité, c'est une philosophie, c'est une idée, c'est une pensée, c'est elle qui détermine le reste. Donc à partir de là, ma vie ainsi que la vie de mes enfants, il faut qu'elle soit construite autour de ce noyau religieux. Faudrait-il encore avoir la bonne lecture de cette religion. Je veux enseigner une religion à mes enfants qui lie l'humain avec le Divin, qui lie le passé avec le présent et le futur, qui est épanouissante et pas aliénante, la religion doit être un moteur pour amener à terme une vie pleine de, je ne dirais pas d'exploits, de réussite. Je pense que la religion est un élément de réussite dans ce bas monde et dans l'au-delà, parce que un musulman forcément ne réduit pas la vie dans ce bas monde, mais dépasse de loin ce passage sur la Terre. Et donc, être musulman, c'est être fidèle à sa religion et d'être fidèle à sa religion ne voulant pas dire euh, exclure le monde ou exclure l'autre* ».
> (Bilal, 39 ans, Artigues, professeur agrégé de physique).

Outre la place primordiale accordée à la religion par Bilal, il tente, comme beaucoup d'autres le font, de rassurer l'interlocuteur que nous sommes et au-delà de nous-mêmes, les non-musulmans. L'islam indique-t-il, même s'il est scrupuleusement pratiqué, n'enferme pas l'individu dans un monde clos et hermétique, loin de toute considération intégriste, il doit permettre d'avancer dans la vie et de s'inscrire dans l'humanité et le respect d'autrui. Quel que soit le degré de pratique, les individus rencontrés insistent, d'une façon ou d'une autre, sur la dimension humaniste de l'islam qui incite ses fidèles au respect des hommes et à la coopération. Il y a un syndrome qui amène à retourner le stigmate de l'islamophobie en proposant une présentation de soi et de sa communauté qui dément les stéréotypes. Cette opération consiste à la fois à présenter des excuses pour ce que

---
[81] Pour ces catégories, se référer à la typologie des pratiquants proposée dans l'analyse du questionnaire.

l'on porte symboliquement et collectivement, et à préserver son honneur en confirmant la croyance en des valeurs dont la nature est loin des représentations de sens commun.

Nora appartient plutôt à la catégorie des pratiquants culturels, tout au long de notre entretien elle a élaboré une mise en scène dont l'objectif à peine voilé était de nous prouver son haut degré d'intégration. Née et socialisée en Algérie, elle est arrivée en France à la fin des années soixante-dix alors qu'elle avait dix-neuf ans et venait de se marier. En Algérie, elle a fréquenté l'école coranique et plus tard, pour quelque temps seulement, l'école primaire, mais habitant en zone rurale isolée, elle n'a pas pu continuer. Bien que ne parlant pas français à l'origine, elle a appris à aimer cette langue en écoutant son oncle lire les papiers administratifs et les ordonnances médicales. Arrivée en France, elle a participé à des cours du soir pour apprendre le français, langue qu'elle maîtrise aujourd'hui relativement bien. Habituée à fréquenter les structures sociales et d'animation de son quartier, elle semble avoir fortement intégré le discours des travailleurs sociaux. Son discours paraît sincère mais très formaté et se veut rassurant. Ainsi insiste-t-elle sur l'éducation ouverte qu'elle donne à ses enfants, le plus grand à une petite copine française qu'elle accueille à la maison, ils fêtent Noël et elle-même, depuis qu'elle est divorcée, a un ami qui vient la voir de temps en temps. On peut dire que cette femme, dans sa façon de vivre, a dépassé un certain nombre de barrières et de tabous, ce qui l'amène à vivre selon un modèle assez proche de celui des classes populaires du groupe majoritaire. Pour autant, elle n'a pas totalement coupé avec sa culture d'origine et sa religion, et semble avoir mis en place un système syncrétique que l'on pourrait résumer par cet extrait d'entretien : « *Mes fils et ma fille font le ramadan, mais ils sont pas compliqués hein ! Ils ont un copain ou une copine française par exemple* ». Si le fait que les enfants jeûnent le mois de ramadan garantit la fidélité à un ensemble de valeurs, les copains français confirment son degré d'ouverture et d'intégration. Il y a là un mécanisme qui permet d'opérer une sortie de l'ethnicité tout en s'y maintenant. Car tout se passe comme si l'individu était pris dans un double mouvement d'attraction-répulsion, le premier consistant à avoir des copains français, le second s'illustrant dans le fait même de désigner les Français comme faisant partie d'un groupe extérieur. Ce mécanisme d'ouverture/fermeture, d'entrée et de sortie de l'ethnicité se retrouve chez Nora lorsqu'elle aborde la question du mariage de sa fille.

Nora : « *Ils restent ouverts [ses enfants], ils ont une copine française, moi je suis pas contre d'ailleurs, ils sortent avec des Françaises, je suis pas contre, parce que il faut pas qu'il y ait, comment on dit, une frontière contre l'amour, faut pas, faut pas être contre la nature. Donc mon fils s'il est avec une Française, j'va pas lui dire tu fais pas ceci, tu fais pas cela. Il sort avec elle et s'il est heureux elle est heureuse y a pas de problème.*
Enquêteur : Donc qu'il se marie avec une Française ça vous dérange pas ?
Nora : Pas du tout, alors là pas du tout !
Enquêteur : Et si votre fille se marie avec un Français ?
Nora : Même ma fille, c'est son bonheur qui compte. Je vous assure que c'est le bonheur de mes enfants qui compte.
Enquêteur : Même s'il n'est pas musulman ça ne vous dérange pas non plus.
Nora : Ben alors euh...... Même pour ma fille déjà qui dit c'est interdit pour une qui se marie avec un non musulman, non je suis pas contre ça. Pourquoi

eux ils ont le droit et que la femme a pas le droit ? C'est le cœur faut pas être contre le cœur. Si on les empêche, ils vont le faire en cachette, faut leur donner la liberté. Y a pas de frontières pour l'amour c'est pas vrai ça, c'est bête ça, il faut pas. D'ailleurs on voit beaucoup des musulmans qui se convertissent à l'islam qui se marient avec une femme. Je connais une Algérienne, elle est de mon âge elle est arrivée de l'Algérie et ben elle s'est mariée avec un Français qui s'est converti à l'islam, ils sont mariés à la mairie, et ben vous les voyez sortir ensemble, mari et femme ». (Nora, 44 ans, mère au foyer en invalidité, Bordeaux).

La technique de l'entretien, contrairement au questionnaire, a l'avantage, par la situation d'interaction qu'elle représente, de pouvoir amener l'interviewé à sortir un tant soit peu du rôle qu'il s'est fixé. Sans pour cela lui faire « perdre la face », car si tel était le cas, le déroulement de l'entretien serait fortement compromis, l'enchaînement du discours et du dialogue, permet de saisir des détails révélateurs de la subjectivité de l'acteur. En cela, Nora semble soudainement sortir du discours formaté et plus ou moins standardisé dans lequel elle se complaisait et traduit son embarras avec l'expression « *Ben alors euh...* ». Notre relance, en faisant office d'élément déclencheur qui pousse Nora à prononcer cette formule, semble sortir l'interviewée de la léthargie d'un discours adapté à la situation face à un chercheur qui de tout point de vue, est un représentant du groupe majoritaire. La sincérité de ses propos n'est pas remise en cause, mais notre question semble la surprendre et déplace le cadre de l'entretien vers une autre réalité. Pour ne pas perdre la face et après un peu d'hésitation perceptible à travers un instant de silence, elle tente de se raccrocher à son discours standardisé en évoquant l'aspect ineffable de l'amour. Pourtant, les exemples qu'elle donne à propos des Français qui se convertissent à l'islam révèlent ses difficultés à accepter l'union de sa fille avec un non-musulman. Si elle ne voit aucun problème à ce que son futur gendre soit Français, elle le souhaiterait fortement musulman. Entre sortie et entrée de l'ethnicité, les frontières s'ouvrent et se referment au gré des contraintes, des désirs et de la nécessité de préserver des brides d'identité. Nora qui tout au long de l'entretien, tente de nous présenter une image d'elle-même collant au plus près de la représentation qu'elle se fait du Français, envoie ses enfants à la mosquée pour qu'ils apprennent la religion, célèbre Noël et les fêtes de l'Aïd et ne mange pas de porc. Il y a là un bricolage syncrétique intéressant et innovant qui tend à démontrer la labilité et la perméabilité des frontières ethniques. Pour Nora et ses enfants, si la religion ne tient pas une place primordiale dans l'organisation familiale, elle n'en reste pas moins un élément de leur identité parmi d'autres.

De son côté, Naouel a reçu une éducation plutôt traditionnelle et se positionne dans la catégorie des pratiquants moyens. Elle aussi, insiste sur le fait que l'islam et sa pratique s'inscrivent dans le respect de l'humanité et rappelle à ce propos combien ses parents l'ont éduquée dans ce sens.

À l'exception de la prière qu'elle ne pratique pas, elle respecte le ramadan, les interdits alimentaires et ne consomme que de la viande halal. Si la religion constitue une partie importante de son identité, elle la considère comme faisant partie de son intimité, « *c'est ma personnalité dit-elle, enfin, je pense que tous ceux qui sont dans le même cas que moi on l'a tous comme ça, on a une partie française, on a une partie dehors, c'est à dire qu'on vit normalement, les filles ne sont pas voilées, moi je, un truc que je suis contre, c'est, pour moi c'est de l'exhibition mais enfin ça n'engage que moi. Si j'ai ma foi je crois en Dieu, je crois en tout ce qu'Il a fait, je..., mais bon ma foi elle est pour moi quoi ! Je m'exhibe pas avec une main grande comme ça[82], avec un Coran aussi, avec un foulard euh... ».* Une partie française, une partie dehors, dit-elle, traçant des frontières basées à la fois sur la religion, la tradition et l'identité française. Par le terme *dehors*, elle semble signifier que cette partie de sa personnalité traditionnelle et religieuse se situe en dehors de l'espace social. Dehors certes, mais aussi dedans, à l'intérieur d'elle-même et dans la sphère privée. En poussant un peu l'entretien, nous nous rendons compte que ce qui est dehors est enfoui au plus profond d'elle-même et ne la quitte pas. Si elle n'exhibe pas la main de Fatima, elle la porte quand même sous ses vêtements et son sac à main contient en permanence un certain nombre d'objets « protecteurs » de nature religieuse ou traditionnelle.

> **Enquêteur** : « *Ayat el coursi*[83] *où je sais pas des trucs comme ça,*
> **Naouel** : *oui, y a ça, y a la petite poche de sel dans le sac, y a le petit bout de musc dans le Coran dans le sac, enfin ça aussi, c'est superstition aussi, mais c'est dans tout pays pauvre quoi !*
> **Enquêteur** : *Oui, enfin on trouve des choses de cet ordre là en France !*
> **Naouel** : *Ca c'est la base aussi de chaque culture. Mais bon, je vous dis pas, j'ai tout ce qu'il y a dans le sac (sourire gêné ou entendu) mais je sais pas, je ...*
> **Enquêteur** : *Vous l'avez quand même ?*
> **Naouel** : *Oui, je l'ai, au cas où on va dire ! (rires).* »

Naouel est un peu gênée de nous montrer ce qui est soigneusement rangé « dedans » et qui fait partie pour elle du dehors. Il y a là des frontières symboliques qui tracent les limites entre les coulisses et le devant de la scène. Elle semble gênée dans la mesure où son adhésion à ce qu'elle définit comme des « superstitions des pays pauvres », contraste avec l'image de la jeune fille moderne qu'elle donne d'elle-même. Entre modernité et tradition, entre rationalisme et croyances traditionnelles, la limite se matérialise objectivement à travers les objets enfouis dans son sac. Ces rites de protection et ces croyances semblent, malgré les doutes dont elle fait part « *je l'ai, au cas où* », précise t-elle, profondément ancrés en elle. Dans une confusion entre religion et tradition, cette partie d'elle-même forgée entre autres, dès le plus jeune âge par l'éducation maternelle, établit une frontière entre la sphère privée et publique autant qu'avec le groupe majoritaire. Mais le fait de conserver cette partie dans son intimité lui permet de ne pas la vivre dans la contradiction.

Farid, est un pratiquant assidu, ce qu'il n'a pas toujours été. Issu d'une famille pratiquante et traditionnelle, son père l'a toujours incité à suivre les préceptes de la religion sans jamais lui imposer. Ouvert, il dispose d'un réseau d'amitié et de connaissances très denses avec beaucoup d'amis français. L'alcool,

---

[82] Il s'agit de ce qu'on appelle la *main de Fatima*. Les cinq doigts symbolisent les cinq piliers de l'islam. Elle est généralement portée en collier au même titre que la croix pour les Chrétiens ou l'étoile de David pour les Juifs. Elle peut avoir une fonction identitaire, protectrice et/ou décorative.
[83] Il s'agit d'un verset coranique connu pour sa dimension protectrice face au mauvais œil. Il peut être porté en collier (filles ou garçons), imprimé sur du papier ou accroché au mur de la maison.

les filles, la petite délinquance ont longtemps fait partie de son quotidien. Aujourd'hui, il a repris des études supérieures de troisième cycle et pense que son « retour » à la pratique religieuse l'a beaucoup aidé à retrouver le « droit chemin ». Comme beaucoup de jeunes, il différencie la tradition de la religion et se considère ainsi de culture française musulmane. Tout comme Naouel, il fait en sorte que l'expression de sa foi ne déborde pas dans la sphère publique. L'islam constitue pour lui une partie importante de son identité et lui apporte l'équilibre nécessaire pour mener sa vie au mieux.

Cette approche de la religion en tant qu'élément protecteur et équilibrant se retrouve chez beaucoup d'individus issus souvent de familles stables. L'éducation parentale intervient également et beaucoup reconnaissent que sans leurs parents leur situation familiale et sociale serait certainement différente de ce qu'elle est aujourd'hui. Autrement dit, l'éducation qu'ils ont reçue a permis d'éviter qu'ils n'aillent trop loin dans la délinquance ou la drogue. C'est notamment le cas de Fatima et Dalila, qui voient dans l'éducation parentale dont elles ont bénéficié, une voie qui les a préservées de toute déviance. « *J'ai été franchement sauvée par l'éducation que j'ai reçue [...] une éducation très stricte où on a vraiment fait du respect la valeur première* » affirme Dalila. Les facteurs à l'origine de ce qui est considéré comme une bonne éducation reposent sur un suivi accru des enfants qui se traduit par le contrôle des heures et des lieux de sorties et du type de fréquentations. Fatima, loin de contester la sévérité paternelle, la considère comme salvatrice « *papa toujours derrière nous quoi ! Où tu vas ? Qu'est-ce que tu fais ? Tu rentres à telle heure, OK papa, on rentre à telle heure ! On a toujours suivi ce système là ! C'était pas le père m'en foutiste, c'était pas, je sais pas par exemple ma copine elle va m'appeler et on va sortir en boîte, non je suis désolée, je peux pas, je sors pas, alors voilà, c'est clair. ça a toujours été comme ça et je trouve que c'est comme ça qu'on a réussi grâce à nos parents, parce que si c'était pas nos parents, l'éducation de nos parents...* ». Lorsque la structure familiale est stable et que la communication s'établit entre ses membres, l'autorité parentale est reconnue et acceptée, la difficulté étant certainement de trouver un juste équilibre. En effet, confrontés à la problématique de l'immigration, beaucoup ont dû se débrouiller, faire du « bricolage éducatif » en essayant de conserver une partie des valeurs traditionnelles tout en acceptant de voir leurs enfants s'occidentaliser. Ainsi, certains ont adopté des attitudes sévères et contraignantes alors que d'autres, pensant imiter le modèle français, ont accordé une liberté sans limites.

Lorsqu'elle est équilibrée, la pratique de la religion semble participer de cette stabilité de vie en instaurant des repères qui structurent le mode d'éducation et l'existence des individus ainsi que des valeurs qui influent sur le rapport aux autres et au monde. L'islam est alors appréhendé comme une ressource possible qui va façonner le comportement de chacun, en pratiquant la religion, les parents sont respectés et écoutés et les valeurs ainsi prônées se répercuteront dans les interactions quotidiennes. « *D'abord donc on est Maghrébin c'est sûr, on est musulman, on pratique la religion, donc on a suivi toujours nos parents ce qu'ils disaient, donc travail à l'école, être poli* », Fatima qui confirme ici le lien entre la religion et le respect des institutions et des individus, s'inscrit clairement dans le groupe des Maghrébins dont elle considère l'islam comme une partie intégrante. Ainsi, renverse-t-elle le stigmate négatif attribué à ces deux entités qui consiste à considérer les Maghrébins comme un groupe perturbateur et les musulmans pratiquants comme des intégristes. En revendiquant sa bonne conduite (et celle de sa famille) au nom de ces deux identités, elle valorise ce groupe en démontrant que les valeurs et les pratiques qui lui sont propres peuvent participer à l'intégration sociale, scolaire et professionnelle de ses membres. Dalila approuve également l'importance de la pratique religieuse tout en reconnaissant qu'elle n'est pas automatiquement à la base d'une bonne intégration, « *Moi je pense que c'est la religion qui nous a transmis ces valeurs justement, des valeurs de respect, toutes ces valeurs morales. C'est dans la religion et d'abord dans la religion qu'on a justement acquis ces valeurs et ensuite dire qui si une famille n'est pas dans la religion, dire systématiquement que les enfants sont tordus, ça c'est faux ! Ca après, ça dépend des personnalités, ça dépend de beaucoup de choses, c'est relatif à beaucoup de problèmes. Ensuite, c'est que la religion, ça fait beaucoup dans l'éducation des enfants, dans la famille et dans tout quoi. Franchement je pense que c'est la base de tout quoi !* ». Ici, la primauté est accordée à la religion, mais le contexte, la personnalité des individus et l'utilisation même qui est faite de ces valeurs, peuvent influer sur le comportement. D'autres enquêtes ont abordé ce thème de façon plus ou moins implicite, l'islam est alors considéré comme un élément fondamental au cœur de l'organisation familiale et des stratégies éducatives appliquées, il fait incontestablement fonction de modèle régulateur au sein duquel la dimension transcendantale, c'est à dire le fait de servir Dieu, influe sur les rapports horizontaux en incitant le croyant à adopter une ligne de conduite la plus droite possible. L'islam est à appréhender comme une composante du groupe des Maghrébins qui certes, dans des cas ultra minoritaires peut amener à des dérives dramatiques, mais qui en règle générale représente un moyen non négligeable de recours pour le maintien d'une harmonie individuelle ou familiale face à une société ressentie comme en perte de valeurs et de repères. La religion fait alors office de balise en permettant à chacun de se repérer en matière d'intégration et de socialisation.

Le cas de Zineb est plus problématique. Lors de notre entretien, cette jeune fille de 14 ans a tenté de nous présenter une image policée d'elle-même que nous avons pu déconstruire grâce à divers éléments obtenus par des voies détournées. Évidemment, pour protéger la situation d'interaction que représente l'entretien de recherche, nous avons adopté, face à elle, une attitude de neutralité bienveillante et évité de lui montrer que nous étions au courant d'un certain nombre de ses agissements. Goffman (1974) nous apprend que pour conserver le déroulement normal de l'interaction il faut à la fois sauver sa face tout en protégeant celle de son partenaire. On ne peut pas dire que le discours fourni par Zineb manque de sincérité et nous verrons d'ailleurs qu'elle est parfois allée loin dans ses déclarations. Mais soucieuse de préserver son image, elle a évité de fournir un certain nombre d'éléments de sa vie. Ainsi, alors qu'elle déclare être scolarisée au collège de secteur, nous savons qu'elle a été déscolarisée durant quelques semaines à la suite de plusieurs renvois de son établissement pour indiscipline et insolence et que durant la période de notre rencontre elle effectue un passage dans une classe relais. Plusieurs éléments nous ont permis de reconstituer son curriculum. En premier lieu, Zineb est notre voisine et habite dans un immeuble en face de celui où nous résidons. Notre quartier se compose de plusieurs bâtiments disposés en carrés, formant ainsi une cour intérieure qui permet aux habitants de se définir suivant une identité spatiale « je suis de tel quartier et de telle cour ». En l'occurrence, nous habitons avec Zineb dans la même cour, ce qui lui permet de fréquenter nos propres enfants. Sa mère rencontre de temps à autre notre épouse et lui confie les problèmes qu'elle rencontre avec ses enfants. En second lieu, alors que nous menions, dans le cadre de ce travail, un entretien de recherche avec Luc, un surveillant du collège du quartier, celui-ci, sans savoir que nous la connaissions, exposa à plusieurs reprises le cas de Zineb, nous donnant ainsi la version institutionnelle de certains faits. Enfin, quelques semaines après l'entretien, la mère de Zineb nous demanda de bien vouloir intervenir auprès du collège afin de trouver une solution pour qu'elle soit réintégrée. Dans ce cadre nous avons rencontré le principal et la responsable de la classe-relais. Ces situations diverses nous ont ainsi permis de croiser divers points de vue.

Le fait que nous la connaissions et que nous parlions arabe constitue des éléments qui ont contribué à ce que Zineb accepte de nous rencontrer. Toutefois, outre cet aspect positif, un biais s'est glissé dans la situation d'entretien dans la mesure où la rencontre s'est déroulée d'une façon formelle. Autrement dit, notre statut de père de famille, dont elle connaît les enfants, le fait que nous soyons voisins et que nous parlions arabe, semblent avoir fait de nous, dans la représentation de Zineb, un « oncle arabe » pour lequel elle se doit d'avoir le plus grand respect et de lui donner la meilleure image d'elle-même. Tout dans son comportement nous porte à interpréter la situation dans ces termes. Lors de son arrivée pour l'entretien, le rite des salutations s'est, à son initiative, déroulé en arabe, en employant à notre égard le terme *a'mmi*. Ce vocable arabe, qui signifie littéralement : mon oncle (paternel), est généralement employé par les plus jeunes à l'égard de toute personne plus avancée en âge envers laquelle on veut accorder une marque de respect. Un enfant interpellera ainsi un adulte, mais une personne âgée de 30 ou 40 ans s'adressera de la même façon à son aîné âgé de 60 ans et plus. Nous sommes là dans ce que Goffman (1974) nomme la déférence qu'il désigne comme « un composant symbolique de l'activité humaine dont la fonction est d'exprimer dans les règles *à* un bénéficiaire l'appréciation portée sur lui » (1974, p.50-51). Le fait d'user envers nous-même de déférence se prolonge également par la mise en place d'éléments de comportement cérémoniel qui constituent la tenue (Goffman considère qu'elle est souvent en connexion avec la déférence, *idem*, p.73). Ainsi, tout au long de l'entretien, Zineb adopte une tenue de circonstance, en lien avec celle qui doit être employée dans ce type de relations : elle parle d'une voix calme, baisse les yeux et s'assoit droite. Cette marque de respect, aussi gratifiante soit-elle pour le bénéficiaire, en l'occurrence nous-mêmes, présente l'inconvénient de figer un tant soit peu l'entretien qui risque de rester formel. Toujours est-il que cette déférence et cette tenue contrastent avec l'image de Zineb que nous verrons plus tard lors d'une rencontre au collège avec les acteurs institutionnels.

Le milieu familial de Zineb est plutôt du côté des familles en détresse, il semblerait que plus jeune, elle ait assisté à des scènes de violence conjugale. À l'époque de l'entretien, son père était contraint, par une mesure de justice, de rester éloigné du foyer familial, mais elle le rencontrait tout de même dans la boutique dont il est le gérant. Il semblerait que depuis, les choses se soient arrangées et que celui-ci ait réintégré le foyer, mais elle paraît s'être forgée une image plutôt négative des hommes qui alimente chez elle un ressentiment exacerbé à l'égard de la société en général. Bien que féminine, il lui arrive de se vêtir de façon masculine, et d'adopter des attitudes en matière de langage et de comportement généralement attribuées aux garçons. D'ailleurs, ces derniers la craignent au sein du quartier et de l'école. Sa force physique et de caractère lui permet d'exercer sur beaucoup une certaine forme de domination.

Concernant la religion, car là est notre propos, elle se situe dans une logique de construction qui prend sa source à la fois dans le dogme, la tradition et l'actualité nationale et internationale. Ainsi, une identité religieuse est reconstruite à partir d'éléments puisés dans le répertoire islamique et traditionnel réinterprétés à la lumière de l'actualité et de l'expérience quotidienne du quartier et de l'école. C'est ainsi qu'un certain nombre de jeunes, assez ignorants en matière de religion, mobilisent, à partir du sens commun, des préceptes issus du registre de la tradition et/ou de la religion et divisent le monde de façon binaire : les bons et les méchants, les oppressés et les oppresseurs. Ainsi, vont-ils inscrire leur galère quotidienne et ses conséquences en terme de mal-vivre dans l'actualité internationale où les exemples de peuples musulmans opprimés ne manquent pas. Par un processus identificatoire, ils se sentent alors Palestiniens, Tchétchènes ou Irakiens. En cela, Zineb qui n'a pas toujours le recul nécessaire pour interpréter la situation tente de se faire une opinion au gré des émissions télévisées et de ses propres ressentiments :

> *Zineb* : *Comme au début y en a beaucoup qui s'intéressaient à Ben Laden et tout et moi maintenant je m'intéresse plus.* [...]... *Je sais pas, maintenant je sais même pas c'est qui qu'est bien et c'est qui qu'est mal.*
> *Enquêteur* : *Tu ne sais plus qui est bien, qui est mal. Est-ce que tu penses que la religion musulmane est une religion qui demande de faire du mal aux gens, qui demande de tuer comme ça et tout, tu le penses ?*
> *Zineb* : *Ben y avait une émission, ils ont dit dans la religion musulmane on a pas dit de tuer. Après ils ont dit c'est une vengeance, on a le droit de se défendre, nous ils nous font souffrir et on a jamais rien dit.*

Zineb poursuit le discours en critiquant fermement les Talibans qui ont condamné à mort puis exécuté des femmes dans un stade de foot-ball. Elle est prise, on le voit bien, entre des discours rassurants et inquiétants. L'islam, est appréhendé dans sa dimension idéologique qui consiste à le présenter comme oppressé et combattu par un Occident dominateur et comme la seule voie possible de résistance et de victoire contre les oppresseurs : « *ils nous font souffrir et on a jamais rien dit* » dit-elle. Le « nous » symbolise ici autant les musulmans en général que sa propre personne qui traîne depuis longtemps ses souffrances, dans la famille, le quartier, l'école... Le « ils » c'est le « eux », certainement celui des enseignants, des policiers qui quelques jours auparavant venaient de frapper son frère[84] ou de l'inspecteur d'académie qui n'a toujours pas réussi à lui trouver une école alors qu'elle n'a que 14 ans.

---

[84] Zineb, voyant que son frère se faisait frapper a tenté de le défendre verbalement et du coup, a écopé de 20 heures de garde-à-vue.

Il s'agit ici d'un phénomène qui pose des problèmes, particulièrement à l'école. Zineb va ainsi se construire une image de la religion qui va être mobilisée dans un registre d'opposition aux institutions et à ses représentants au sens large du terme et en général à tout ce qui représente le monde des dominants. La religion s'alimente autant de sa haine qu'elle la calme. Cette construction est nourrie à la fois par les jeunes entre eux, parfois par des soi-disant détenteurs de la foi véridique et des gardiens de l'ordre moral, mais aussi par l'image que renvoient la société et les médias. Si cette forme de mobilisation de la religion peut s'avérer dangereuse pour une infime minorité qui va ainsi transformer sa marginalisation sociale en réussite religieuse, les conséquences chez des jeunes comme Zineb sont moindres. La religion a bon dos et permet de canaliser une haine enfouie au plus profond de soi-même.

Le problème c'est que pour les Maghrébins, l'ethnicité est souvent le fait du groupe dominant qui à partir de ses représentations forgées dans l'histoire ancienne et contemporaine, lui attribue des caractéristiques souvent erronées sur le statut de la femme, les coutumes et les traditions. Les jeunes des quartiers peuvent reprendre ces attributs en les exacerbant et en les incorporant à leur identité. Marginalité et exclusion participent alors à imputer des comportements et des attitudes déviantes à des causes culturelles ou religieuses.

4) L'honneur

La famille est aussi le lieu où se transmet le code de l'honneur. Cet honneur, que les Algériens décrivent dans la notion de nif (littéralement : le nez), est une manière de se préserver ainsi que sa famille et ses proches de tout ce qui pourrait déshonorer. Avoir du nif, c'est être capable d'élaborer des stratégies de protection, qui permettent de ne pas perdre la face. Chacun est responsable de son propre honneur mais aussi de celui de toute la famille. La fille et la femme en général sont symboliquement garantes de cet honneur et le bafouer revient à porter la faute sur tous et plus particulièrement sur le père et le grand frère. Cette notion qui porte en elle les germes de la culture méditerranéenne d'une façon générale, est souvent considérée comme directement liée à la religion. Pourtant, ici encore, elle prend d'abord et avant tout sa source dans la culture traditionnelle. Un homme d'origine marocaine nous relatait le départ de sa fille dans le déshonneur. Celui-ci, se dit musulman mais ne pratique concrètement que le ramadan et ne respecte que l'interdit porcin. Bien que marié, c'est avec fierté qu'il a consacré de longues minutes à nous relater ses exploits en matière de conquêtes féminines et de soirées bien arrosées. On peut donc considérer que, bien que se déclarant musulman, ses écarts adultères et alcooléiques ne le culpabilisent guère face à Dieu, à sa religion ou à son épouse. Pourtant lorsque sa fille l'informa qu'elle fréquentait un garçon avec lequel elle désirait se marier, le sentiment de déshonneur fut tel que sa réaction obligea sa fille à fuir la maison. Il avait perdu la face, sa fille avait jeté sur lui le discrédit aux yeux de sa communauté. Cette anecdote permet de comprendre que cet honneur exacerbé n'est pas toujours lié à la religion, puisque ici, en l'occurrence, son rapport transcendant n'est ni des plus vigoureux, ni des plus importants, mais c'est à la fois son statut d'homme et de père de famille qui est remis en cause. Par son acte, sa fille dévoile son incapacité à « gérer » une famille de façon honorable. Il s'agit dans cet exemple, d'un sens de l'honneur de nature endogène intra-communautaire, car en dehors du groupe des Maghrébins, l'acte de sa fille a moins d'importance. Mais ce sens de l'honneur peut aussi porter sur des situations de nature interactionnelle endogène extra-communautaire. Il s'agit alors de situations où un ou plusieurs membres du groupe majoritaire va porter atteinte à la face d'un maghrébin devant d'autre membres de son propre groupe. Cela peut être le cas d'un enseignant qui fait une remontrance à un élève ou à un parent en présence d'autres maghrébins.

Nous reprendrons ces mécanismes lors des analyses portant sur l'école. Ce qu'il faut retenir, c'est que ce sentiment d'honneur, transmis à la fois par la famille et la communauté, semble par l'importance qui lui est accordée, être à la source d'un certain nombre de conflits dans les situations d'interaction.

Les points que nous avons abordés au cours de cette partie sur la famille peuvent parfois paraître futiles, mais ils présentent l'intérêt de pouvoir servir dans l'analyse du développement de l'ethnicité dans le quartier et à l'école. En effet, ils constituent un des points d'achoppement des relations interethniques, car c'est souvent à partir de ceux-ci que vont surgir un certain nombre de problèmes à connotation sociale ou culturelle qui seront lus et interprétés à travers le filtre d'une grille ethnique.

c) Le principe de visibilité

Traditions et religion font souvent l'objet de confusions et d'amalgames qui amènent à classer un certain nombre de pratiques et de comportements du côté de la religion. Parce que cette dernière peut faire office de marqueur ethnique, elle participe de la constitution du capital ethnique qui, nous l'avons vu précédemment, agit sur le déroulement des interactions et la construction des frontières. Il semblerait alors, et nous le présentons sous forme d'hypothèse, que l'argument qui consiste à pointer les traits de la culture traditionnelle comme responsables des difficultés d'intégration ne soit que secondaire. L'ethnicisation des Maghrébins ne repose qu'en partie sur ces traits, qui sont avant tout, considérés comme constitutifs de la religion ou au mieux, fortement liés. C'est alors essentiellement l'islam, appréhendé à tort ou à raison, en tant que modèle de vie différent qui marque les frontières. Ainsi, les Maghrébins, par leur attachement à cette religion et l'histoire problématique qui marque ses relations avec la France, sont au premier plan parce qu'ils renvoient cette image négative de l'islam présente depuis des siècles dans les représentations et forgée dans le conflit (croisades, colonisation). L'exemple des Turcs de France, pour lesquels le processus d'intégration, semble bien plus lent que celui des Maghrébins, illustre notre propos. En effet, les traits culturels propres à cette population font rarement la une des médias, mais lorsque cela est le cas, c'est pour aborder des thématiques purement islamiques tel que le port du foulard.

Dès lors, apparaissent au sein de la sphère publique, un certain nombre de pratiques et d'attitudes que le sens commun attribue à la religion. Pourtant, nous l'avons vu au cours du chapitre qui analyse les résultats de notre questionnaire en termes de pratiques constitutives des identités, si les générations locales ont tendance à délaisser une grande partie de la culture traditionnelle pour adopter les pratiques du groupe majoritaire, la religion, en tant que marqueur identitaire et génératrice de pratiques, reste vivace. L'identité et la pratique religieuses sont alors considérées comme les éléments fondamentaux de résistance à l'avènement d'une assimilation totale.

En cela, ce n'est pas pour rien qu'émerge, au sein de l'espace public, un certain nombre de conflits a priori basés sur la religion. C'est que celle-ci, nous l'avons vu, est devenue, avec l'installation définitive des Maghrébins, beaucoup plus perceptible qu'elle ne l'était auparavant. Religion minoritaire, les éléments de sa pratique restent marginaux et sont soumis, pour certains d'entre eux à ce que nous appellerons le principe de visibilité.

Ce principe représente tous les éléments de la sphère privée qui peuvent émerger, nous pourrions même dire, déborder, dans la sphère publique, le champ social ou institutionnel et qui ne sont pas contrôlables par l'individu à moins de renoncer ou de perdre son identité. Il peut avoir des conséquences dans le jeu relationnel qui amènent de la part d'autrui ou de l'institution, à un repérage et à une catégorisation pouvant aboutir sur des mécanismes de stigmatisation, d'exclusion, de marginalisation ou de ségrégation. Il s'actualise par l'intermédiaire de pratiques culturelles ou cultuelles qui, même en dépit d'une volonté de l'acteur de ne pas les exposer, se révèlent malgré lui. C'est un mécanisme qui permet à la différence culturelle ou religieuse de pénétrer le domaine des champs interactionnels privés et publics dans le cadre de contacts entre groupes minoritaires et majoritaires. C'est sur le plan institutionnel que le principe de visibilité semble agir le plus profondément car il soulève des questions d'ordre idéologique, politique et organisationnel qui interpellent les pouvoirs publics et les obligent à apporter des réponses[85].

L'exemple du rite musulman du jeûne du ramadan semble pouvoir illustrer notre propos. Un musulman, qu'il soit pratiquant religieux ou culturel, considère cette pratique comme incontournable. Seuls le voyage, la maladie, les menstrues, la grossesse ou l'allaitement permettent d'y déroger. Par conséquent, un individu qui d'ordinaire ne mobilise pas sa carte identitaire ethnico-religieuse au cours des interactions quotidiennes sur son lieu de travail ou à l'école, avec ses amis ou ses collègues, risque de se trouver malgré lui, en période de ramadan, contraint d'en dévoiler une partie. S'il a par exemple pour habitude de déjeuner avec ses collègues ou de prendre ses repas à la cantine, la privation de nourriture durant trente jours, et donc sa non-participation aux repas, va susciter les interrogations de son entourage envers lequel il se devra d'apporter des explications. Au plan institutionnel, à l'école par exemple, cette pratique intervient à deux niveaux : le premier est plutôt de type idéologique dans la mesure où un rite de nature religieuse pénètre l'espace laïque et interroge sur les conduites à suivre en termes de limites à poser quant à l'acceptation de cette pratique et des modalités éventuelles de son déroulement (autoriser ou non la rupture du jeûne et dans quelles conditions). Ce premier niveau peut être évincé par l'établissement scolaire qui décide alors de ne pas prendre en considération le déroulement de cette pratique dans ses murs. Le second niveau, qui se situe sur le plan organisationnel, a tendance à s'imposer de fait à l'institution dans la mesure où elle se doit de gérer un certain nombre de conséquences telles que la suspension

---

[85] La commission sur la laïcité dans la République lancée par Jacques Chirac en juillet 2003 traduit ce type de questionnement et la nécessité d'y apporter des réponses.

provisoire du paiement de la cantine par les demi-pensionnaires jeûneurs, la diminution des commandes de repas due au fait qu'ils ne mangent pas et la surveillance de ces élèves qui ne fréquentent plus le réfectoire.

Le principe de visibilité est donc ce mécanisme qui contraint un individu membre d'un groupe minoritaire à dévoiler malgré lui une partie de son identité suite au déroulement de pratiques étrangères au groupe majoritaire qui surgissent dans l'espace public. Ces pratiques devenues visibles s'apparentent au *stigmate* goffmanien (1975), qui rappelons-le, créé un déséquilibre relationnel dans une situation donnée au niveau individuel, collectif ou institutionnel. On peut également rapprocher le principe de visibilité de la notion d'« ascription » qui enferme les traitements discriminatoires à propos de situations où le stigmatisé, sauf à se cacher, ne peut rien. Les stratégies d'évitement étant plutôt limitées, l'acteur ne peut qu'en subir les conséquences, plus souvent négatives que positives. Avec le principe de visibilité, tout comme pour l'« ascription », la stigmatisation n'est pas le produit de la responsabilité de l'individu, mais plutôt l'évaluation du dommage causé à l'ordre social par le stigmatisé. Nous verrons le fonctionnement de ce principe, lors de notre partie consacrée à l'école.

D – L'ethnicité à l'école

La présence de relations inter-ethniques induit l'existence de contacts entre divers groupes, l'école représente en cela un espace privilégié. Le contact sera alors considéré sous l'angle des rapports entre groupes majoritaire et minoritaires, sous-tendus par une logique de domination sociale et culturelle.

L'institution scolaire, malgré sa tendance à la neutralité et à la sanctuarisation, n'est pas coupée du contexte socio-économique et politique, pas plus que ses acteurs, personnels scolaires, élèves et parents ne le sont de leurs conditions de vie (quartier, position sociale, habitus). Ainsi, divers facteurs vont participer de l'émergence d'une logique ethnique à l'école.

La rencontre de groupes divers va donc produire des relations de type inter-ethnique qui vont se dérouler entre différents acteurs ou groupes d'acteurs suivant un schéma enseignants et personnels scolaires/élèves ; enseignants et personnels scolaires/parents ; élèves/élèves. Il est à noter que dans ce classement les enseignants et le personnel scolaire sont de fait placés dans le groupe majoritaire alors que des membres des groupes minoritaires ethniques peuvent faire partie de cette catégorie. Nous prenons le parti de les considérer tous en tant que représentants du monde scolaire, ce monde étant lui-même le reflet théorique de la vision universaliste républicaine. Toutefois, lorsque la mise en évidence de l'appartenance ethnique d'un membre du personnel scolaire, s'avérera pertinente, nous le signalerons.

1-Nature des relations inter-ethniques à l'école

L'image très forte d'une école antiraciste considérée comme l'institution faisant fonction de rempart contre les idéologies xénophobes freine l'introduction de la problématique ethnique dans le champ scolaire. Pour Perroton (2000, p.131), « l'école, qui se veut un lieu de tolérance, se vit comme tel et refuse d'aborder cette question autrement que dans un discours moral de la condamnation du racisme.

L'école n'est pas un lieu où se jouent les relations interethniques, c'est un lieu où l'on prêche et où l'on apprend la tolérance, et qui intègre ». Les phénomènes ethniques sont ainsi niés par une école qui préfère pratiquer la politique de l'autruche en s'enfermant dans une illusion égalitariste. Charlot (2000) rappelle à ce propos que depuis quelques années, de nombreuses recherches ont permis l'identification de processus d'ethnicisation des rapports scolaires. D'après lui, bien que les chercheurs aient informé les autorités publiques de l'apparition de ces phénomènes, « la question de la discrimination ethnique à l'école est restée jusqu'ici un tabou politique – au point que certains de ces travaux, financés sur argent public, ont été et restent placés sous embargo par leurs commanditaires... » (Charlot, 2000, p.182).

a) La remise en cause du mythe républicain ?

Pour Perroton (2000), c'est dans la tradition républicaine que l'image d'une école neutre et en dehors du système social, trouve ses fondements. L'école s'est toujours considérée comme l'institution assimilatrice privilégiée, apte à construire et à préserver la nation autour du mythe d'une République égalitaire, une et indivisible, elle « se pense comme le berceau du creuset français » (Perroton, 2000, p.131). C'est en cela qu'elle s'érige comme représentante d'un universalisme tolérant et progressiste qui, tout en lui permettant de se pencher sur les différences, l'a amenée à assimiler des populations françaises ou étrangères au nom de la raison et du progrès. Pourtant, si les élèves ont, de longue date, toujours été traités, du moins dans l'absolu, de façon égalitaire, sans considérer leurs origines régionales, nationales, religieuses ou ethniques, Schnapper rappelle que dans les années 1920-1930, les spécificités des enfants juifs étaient prises en compte avec l'accord des inspecteurs d'académie. Dans un souci de respect du calendrier juif, « les enfants juifs venaient en classe le samedi sans écrire et en recopiant les notes de leurs camarades le dimanche, [...]. Ils s'absentaient le jour du Kippour, avec l'accord tacite de tous. Certaines écoles dans les quartiers juifs de Paris fermaient le samedi et ouvraient le jeudi » (Schnapper, 2000, p.12). Ces « exceptions » étaient accordées dans le strict respect d'un programme commun à tous les enfants de France qui avait, entre autres, pour vocation de transformer les élèves en citoyens libres et égaux. En ce sens, le jacobinisme français « fut un principe d'action et une politique menée par les gouvernements, ce ne fut jamais une description de la réalité sociale » (*op. cit.*, p.13).

Ce phénomène se retrouve également dans le comportement de certains instituteurs de la IIIe république dont le mythe repose pourtant sur les hautes valeurs patriotiques dont ils étaient porteurs. Cependant, de nombreux témoignages aujourd'hui disponibles, montrent qu'une partie de ces enseignants se comportaient mal face aux enfants des immigrés dont ils avaient la charge. Contrairement à leurs convictions affichées, ces instituteurs porteurs de l'universel républicain ne dérogeaient pas au climat raciste et xénophobe ambiant.

Pour Perroton, « la tentation de l'ethnicité était latente à l'école » (2000, p.131), son réveil est dû à la fois aux transformations de la société et du système scolaire. La massification scolaire marque le point d'arrêt entre deux systèmes d'enseignement socialement délimités. Désormais les couches favorisées ne sont plus confinées dans le cycle secondaire, pas plus que les milieux populaires ouvriers et paysans ne le sont dans le primaire. Même, si persistent encore des discriminations introduites par le choix des options, du privé ou du public, des conditions de vie et du lieu d'habitation, de plus en plus, les établissements scolaires accueillent des publics hétérogènes. Cette hétérogénéité relative, met à jour des différences basées sur des critères sociaux et ethniques et révèle, à travers les inégalités à l'œuvre, l'existence de l'échec scolaire. Perroton voit dans la rencontre de l'échec et de la différence, une cause explicative de la montée des catégories ethniques à l'école, notamment par la transformation des rapports sociaux et scolaires en rapports ethniques. Elle pointe alors l'ambivalence de cette ethnicisation des relations scolaires qui oscille « sans cesse entre un désir de valorisation de l'autre et une stigmatisation des différences ethniques » (2000, p.132). Le désir de valorisation de l'autre s'inscrit alors dans une pensée nostalgique où, par un phénomène de transfert historique et affectif, l'enfant immigré d'aujourd'hui prend la place de l'enfant pauvre d'autrefois. Ce dernier pouvait, par le biais du système méritocratique, espérer gravir l'échelle sociale, l'école était là pour le récompenser de ses efforts et de ses compétences en lui octroyant des bourses et en le projetant dans de bons établissements porteurs d'un avenir prometteur. Ce système qui avait pour avantage d'apporter aide et soutien aux élèves, valorisait également l'enseignant en donnant du sens à sa mission. Aujourd'hui, il s'agit alors de donner un coup de pouce à l'élève immigré, non plus en l'aidant financièrement mais en l'émancipant de sa culture souvent considérée comme un carcan et un obstacle à son intégration scolaire et sociale. Si le procédé diffère dans sa forme, il reste identique dans le fond. Ainsi, la différence est-elle reconnue pour mieux pouvoir être contournée dans un second temps. On peut voir ici, une démarche emprunte de l'idéologie colonialiste où la France est considérée comme le pays porteur de la Civilisation universelle et des Lumières qu'elle se doit de transmettre aux sociétés « arriérées » par un processus éducatif et civilisateur.

Payet se pose la question de « l'impensé de la genèse coloniale » et s'interroge sur « les ressources constituées en territoire colonisé et sur leur recyclage en territoire métropolitain (post-colonial) » (Payet, 1996, p.92). Il pense ainsi que des modèles appliqués aujourd'hui aux enfants d'immigrés en France, pourraient être inspirés de ceux utilisés du temps de la colonisation et se pose à ce propos, la question du reclassement des rapatriés d'Afrique du Nord dans le domaine de l'éducation et de quel type « de compétences acquises auprès des populations colonisées ont-ils pu faire valoir » (*ibid.*, p. 92). Ainsi, la nature des relations inter-ethniques entre une partie du personnel scolaire et des élèves/parents issus de l'immigration trouve partiellement sa source dans un modèle colonialiste où se mélangent paternalisme, domination et coercition. Ce modèle est générateur de conflits et peut entraîner des réactions diverses de part et d'autre. De plus, il renforce et entretient les frontières entre les différents groupes notamment à travers l'emploi d'une terminologie spécifique (les Européens, les Nord-africains, les Asiatiques…), et une façon d'être et de gérer, fortement marquée par une culture coloniale.

Ici aussi, le « mythe » républicain est entaché dans la mesure où les logiques basées sur le système colonial prennent leur source dans des pratiques marquées du sceau de l'inégalité. Fantasme ou réalité, la colonisation semble bien de part et d'autre avoir laissé des traces, des blessures, des habitudes et des réflexes qui pénètrent largement l'espace scolaire et influent sur les pratiques et les représentations des acteurs. Un grand nombre de décideurs actuels français, sont des personnes passées par les événements de la guerre d'Algérie, ce qui empêche, pour différentes raisons, d'aborder cette période avec objectivité, voire de l'occulter. « Si la référence à l'école coloniale n'est pas prononcée [...], c'est sans doute parce que la guerre d'Algérie fait l'objet d'un profond refoulement dans la mémoire collective française » (*op. cit.*, p. 93).

Toujours est-il que la France républicaine face à ses diverses vagues d'immigration a toujours intégré des populations d'origine étrangère « c'est-à-dire qu'elle transforma leurs enfants en citoyens français comme les autres sans créer pour autant un ordre racial, comme ce fut le cas aux États-Unis. Mais ce processus n'a exclu ni les discriminations à l'égard de certaines populations, ni leur stigmatisation, ni les trahisons quotidiennes de l'idéal républicain » (Schnapper, 2000, p.14).

De nombreux exemples confirment les manquements aux principes et à l'idéal de l'universel républicain, pour Schnapper (2000), ces derniers peuvent être interprétés de deux manières. La première consiste à critiquer la façon dont sont appliqués ces principes en pointant les écarts à l'œuvre entre les valeurs revendiquées et les réalités sociales, tout en affirmant cependant la valeur du principe. Ici, il est nécessaire, tout en reconnaissant les défauts et les erreurs du système, d'appliquer l'universel républicain en luttant, notamment à travers les comportements citoyens, à améliorer la situation. La seconde interprétation considère que les dysfonctionnements constatés, notamment en matière d'inégalités de traitements, ne relèvent pas de simples défauts corrigeables, mais de la nature même de l'universel. Les normes universelles sont alors appréhendées comme une idéologie créée et au service d'une classe dominante (ex : les WASP aux États-Unis), pour mieux exclure et asservir un groupe social, racial ou ethnique donné. Cette position se retrouve chez les théoriciens afro-américains de la *Black Sociology*, qui pensent que les écarts entre l'universel américain, tel qu'il est affirmé dans ses principes, et la réalité sociale des Noirs, s'affirment comme des trahisons inévitables et nécessaires et cachent de réels mécanismes de différenciations et d'exclusions. « Au nom de l'universel, les plus forts imposaient aux autres leur loi. En traitant également des personnes inégales, le prétendu universel légitimait les inégalités et les discriminations réelles » (*op. cit.*, p. 15).

Si longtemps, les critiques portées à l'universalisme, le furent, par des penseurs marxistes, elles sont aujourd'hui reprises par les tenants du communautarisme qui revendiquent le besoin de reconnaissance culturelle des citoyens au nom de leurs diversités historiques.

Il y a là un débat important qui nécessite de bien appréhender les différents systèmes qui sont certainement tous deux porteurs d'avantages et d'inconvénients. Ainsi, les politiques particularistes américaines en accordant des droits particuliers sur la base de critères ethniques ou sociaux ont participé à créer des groupes plus ou moins artificiels. Du coup, les Américains ont réifié des appartenances ou des représentations et se sont interrogés sur leur appartenance raciale, religieuse ou ethnique. Le risque est alors d'enfermer les individus dans leur groupe d'appartenance en les privant de la liberté d'évoluer ou de changer d'identité et de limiter les échanges inter-ethniques. Le danger réside également dans le risque d'enfermement des groupes sociaux et culturels dans une dimension figée et permanente alors que ceux-ci ne sont pas donnés une fois pour toutes et constituent le produit d'une construction historique sans cesse renouvelée. Ainsi cette juxtaposition, dans l'espace social, de communautés, ne risque-t-elle pas d'aboutir à un morcellement du tissu social ?

Pour Schnapper, tant les politiques d'inspiration universaliste que celles d'inspiration particulariste, comportent des effets pervers. Les critères de choix de l'un ou l'autre des systèmes doivent prendre en compte la tradition nationale tout en prenant conscience et en critiquant les dérives engendrées par chacun d'entre eux. Il prend à cet effet, l'exemple de l'école où malgré des exceptions, comme nous l'avons vu plus haut, qui ont permis des adaptations en faveur de telle ou telle catégorie d'élèves, « dans la logique du système français, toute prise en compte des particularismes nationaux, ethniques ou religieux continue à être perçue et vécue comme une forme de stigmatisation » (*op. cit.*, p. 18). Ainsi, les politiques de discriminations positives appliquées dans les ZEP ne s'adressent pas à des enfants repérés à partir de critères nationaux, religieux ou ethniques, mais à l'ensemble des élèves d'un quartier considéré comme défavorisé du point de vue scolaire. Il existe bien une exception dans l'application de l'enseignement des langues et cultures d'origine (ELCO) instauré en 1975. Ici, ce sont des enfants repérés à partir de critères nationaux qui reçoivent, au sein même de l'école publique républicaine, un enseignement particulier donné par des enseignants venus des pays d'origine. Cette mesure, toujours en cours, n'a jamais satisfait les enseignants, et très peu les élèves et leurs parents, dans la mesure où l'objectif premier est de garder les enfants en contact avec leur culture nationale d'origine, étant entendu que ces derniers retourneront chez eux un jour ou l'autre. Cette politique de promotion des langues et des cultures étrangères se situe au départ dans une idée de « renvoi » des immigrés. Or depuis 1975, la situation a bien évolué et le retour n'est généralement plus à l'ordre du jour. Ces mesures ont donc pour conséquence de stigmatiser comme étrangers des élèves français dont la problématique culturelle repose désormais sur l'intégration plutôt que sur un hypothétique retour. Ces ELCO, qui constituent une exception au principe général de l'unité-universalité du système d'enseignement français, révèlent toute l'ambiguïté du traitement de l'ethnicité en France en considérant plutôt les particularités sous un angle extra-territorial. En effet, les spécificités culturelles, ethniques ou religieuses ne sont prises en compte que dans l'optique de populations considérées en transit. Pourtant le caractère définitif de l'installation sur le territoire français d'une grande partie des individus issus d'une immigration porteuse de valeurs spécifiques interroge le modèle classique d'intégration. Toutefois, Favre-Perroton (1999, p.106) souligne que ces ELCO introduisent à la fois de l'ethnicité à l'école et représentent le premier effort de celle-ci pour prendre en compte les élèves dans leurs spécificités culturelles.

Aussi, l'existence de relations inter-ethniques au sein de l'institution scolaire engendre des processus divers qui peuvent varier en fonction de la position des acteurs. Ainsi, discrimination, ségrégation et racisme peuvent être à la base de l'émergence de situations conflictuelles qui peuvent tout autant s'avérer dommageables, qu'intégratrices.

Concernant les Maghrébins, les processus ethniques se développent selon une triple logique : socio-économique ; culturelle ; religieuse. Ces trois logiques, peuvent, dans l'absolu, se réduire à elles-mêmes, mais au sein des champs sociaux et scolaires, elles s'entremêlent et se confondent souvent pour être finalement appréhendées sous la seule et unique logique ethnique. Ainsi, des variables sociales, culturelles ou religieuses seront lues et analysées à partir d'une grille ethnique. Autrement dit, une inadaptation scolaire dont la cause est purement sociale pourra être analysée en fonction des pratiques culturelles ou religieuses.

L'ethnicité à l'école est à la fois le fait de la société, de l'institution scolaire et de ses agents qui à travers des mécanismes de domination tentent de conserver l'ordre social et scolaire établi, mais également des Maghrébins qui tout en prônant l'intégration ou l'entier accès à la citoyenneté, tiennent à conserver certaines spécificités identitaires.

b) Discriminations et racisme à l'école

Rinaudo souligne que l'« on assiste à l'émergence d'une ethnicité à la française, non pas que l'on passe d'un modèle intégrationniste à un modèle multiculturaliste, mais cette ethnicité se nourrit de la coexistence de deux systèmes de désignation : celles qui servent à distinguer les populations cibles des politiques publiques en des termes euphémisés (quartiers sensibles, familles lourdes, personnes à risques), auxquelles vient se greffer tout un dispositif ethnico-racial d'autant plus efficace qu'il n'est pas réifié par des nomenclatures officielles et qu'il peut de ce fait s'adapter plus facilement aux spécificités locales et aux différents contextes d'utilisation » (1999, p.190).

Ce système ségrégationniste ne va alors pas être élaboré à partir de critères raciaux, mais à travers le pointage d'un certain nombre de traits culturels supposés être caractéristiques des groupes issus de l'immigration, notamment celui des Maghrébins. Todd rappelle qu'un grand nombre de sondages d'opinion « concordent pour révéler une formidable agressivité de la population française vis-à-vis du groupe maghrébin, que l'on doit interpréter comme une hostilité à un système de mœurs et non à une race définie par des critères biologiques » (*Op. Cit.*, 1994, p. 307). En 2000, 21% des Français trouvent qu'il y a trop d'Asiatiques en France, 19% trop de Juifs, 43% trop de Noirs, et 63% trop d'Arabes [86]. Ce sondage apporte un éclairage intéressant sur la perception de ce groupe de citoyens français. Les Maghrébins désormais installés en France, fortement acculturés, ne semblent plus bénéficier du capital « folklore » qui peut être attribué aux populations porteuses de caractères exotiques. Dans notre cas, cet exotisme s'est depuis longtemps effrité, confronté à l'érosion interactionnelle et acculturatrice, une fois les couches de folklores culinaire et artistique disparues, il ne reste qu'un noyau composé d'éléments culturels et religieux qui exaspèrent.

---

[86] Commission nationale consultative des droits de l'homme, *Rapport 2000. La lutte contre le racisme et la xénophobie*, Paris, La Documentation française, 2001, p.58-59.

Du coup, la discrimination à l'œuvre au sein de l'institution scolaire va se développer et suivre son chemin au nom même des valeurs universelles républicaines. D'un système qui se veut égalitaire, on passera à une logique inégalitaire, suivant un processus où les acteurs, souvent pleins de bonnes intentions, ne se rendront pas compte de la dérive engagée.

Cette discrimination peut, dans le domaine de l'école, s'actualiser dans les politiques d'orientations en dirigeant de façon quasi-systématique un grand nombre de Maghrébins vers des sections techniques ou professionnelles. Les travaux de Boulot et Fradet (1988), ainsi qu'un grand nombre de statistiques de l'Éducation nationale, montrent pourtant qu'à niveau social identique, les enfants d'immigrés obtiennent des résultats scolaires légèrement supérieures à ceux des élèves français. « Mais en même temps, de manière indirecte et non reconnue, le système scolaire oriente différemment les élèves et prend en compte de fait leurs capacités, telles qu'elles sont appréciées par les enseignants » (Schnapper, 2000, p.19). De leur côté, Vallet et Caillé (1996) mettent en évidence que, malgré les préjugés favorables dont ils font l'objet, les Asiatiques n'obtiennent pas de meilleurs résultats que les Maghrébins, mais par contre, il ressort que ces derniers sont beaucoup plus souvent orientés vers l'enseignement spécial. Autrement dit, il semble que suivant la nature des préjugés différemment accordés aux uns et aux autres, l'orientation ne sera pas la même et sera appliquée à l'aune d'un clivage ethnique. Ce traitement différentiel représente bien une forme de discrimination ethnique dans la mesure où l'on considère l'ensemble des membres d'un groupe particulier comme porteurs de facteurs culturels défavorisants (CSP faible, illettrisme parental etc.) qui sont en fait des facteurs de types sociaux faisant appel à une logique de classes. Car à moins de considérer la misère, la pauvreté culturelle ou le fait d'habiter dans un quartier défavorisé, comme des caractères propres à certains groupes, ces derniers ne s'inscrivent pas inéluctablement dans de telles configurations sociales. La discrimination prend une dimension ethnique à partir du moment où la personne n'est plus considérée comme un sujet singulier, un acteur porteur d'une identité individuelle, mais comme le membre d'un groupe alors détenteur d'une identité collective. Dans le cas des Maghrébins, cette identité est essentiellement prescrite et construite par les *majoritaires* dans une logique subjective, selon des traits culturels et sociaux supposés. C'est donc cette mise en saillance du membre d'un groupe spécifique qui va être à la base d'une politique ségrégative à travers la mise en place de discriminations, voire même de micro-discriminations basées essentiellement sur le repérage de critères ethniques.

La discrimination peut se définir comme le fait de distinguer un groupe des autres en lui restreignant ses droits. Les individus subissent un traitement différencié dans divers domaines de la vie sociale, sur la base de leur origine ethnique ou de leur appartenance ou non à une race, une nation ou une religion. Ainsi, met-elle en cause la notion même d'égalité de traitement due à tous les citoyens d'une démocratie. Les distinctions établies peuvent certes, être justifiées par une partie de la population, mais elles sont généralement condamnées et jugées contraires aux normes édictées par la majorité.

Dans le champ scolaire, ce phénomène est mis en relief par une série de travaux entamés depuis une dizaine d'années. Charlot, Debarbieux, Dubet,

Lapeyronnie ou encore Payet, constatent que l'école qui jusque là se limitait à reproduire des inégalités sociales, met désormais en œuvre, en lien avec l'origine ethnique des élèves, des pratiques de différenciation, notamment dans le domaine du jugement scolaire.

Payet souligne ce problème de discrimination dans un bon nombre de ses travaux, et pense qu'il peut être générateur de conflits et de comportements violents. La ségrégation, d'après l'auteur, passe par plusieurs logiques que sont l'inscription dans le secteur privé, le choix d'une autre école que celle d'affectation et les stratégies d'évitement (1996, p.103). N'oublions pas également la ségrégation à l'intérieur même des établissements, si souvent constatée par Debarbieux (1999), par la pratique des classes de niveau et la mise en place d'options à caractères linguistiques sportifs ou artistiques. L'auteur constate que tout est fait pour que soit mis en place un système basé à la fois sur la ségrégation sexuelle et ethnique dans l'objectif de répondre à la demande du marché scolaire et de retenir dans des établissements stigmatisés, les enfants des couches sociales moyennes. Ainsi, par le jeu des options il devient possible de créer de « bonnes » classes constituées essentiellement de filles de bon niveau et de garçons non-maghrébins. De son côté Van Zanten confirme ce phénomène en montrant comment les garçons maghrébins sont enclins à des a priori négatifs qui leurs sont souvent défavorables. Dans son chapitre sur « la ségrégation entre les classes » (Van Zanten, 2001 ; p.272-277), elle confirme l'existence de la constitution de « bonnes » classes par l'intermédiaire de sections à options linguistiques, sportives ou culturelles. Dès lors, la distribution des élèves dans les classes se fait dans une logique ségrégationniste basée sur des critères scolaires, sexuels et ethniques. Tout comme Debarbieux, Van Zanten confirme le stigmate posé sur les garçons maghrébins. En effet, ces derniers se retrouvent fréquemment dans les moins bonnes classes et ceci surtout à partir de la quatrième. L'auteure y voit deux raisons principales : « la première est que l'augmentation du nombre d'options réservées soit à des élèves de bon niveau […] soit à des élèves en difficulté […] facilite l'émergence de ségrégations en fonction du niveau scolaire. La seconde est qu'à ce stade, les réputations de « perturbateurs » de certains élèves, notamment de garçons issus de l'immigration maghrébine, sont suffisamment consolidées pour que les enseignants cherchent systématiquement à les exclure des bonnes classes. » (*Op.cit.*, p.273). Ainsi, les classes de niveaux ne se construisent pas seulement en termes de résultats et de niveau scolaires mais « la dimension comportementale y intervient également de manière décisive, notamment pour la répartition entre les classes des garçons dont la déviance est plus menaçante pour l'ordre scolaire » (*Op.cit.*, p.273). En conséquence, des élèves de niveau moyen ou bon, peuvent se retrouver dans des « mauvaises » classes car ils n'ont pas véritablement fait preuve de « docilité » et parce que leur parcours est plutôt marqué par des attitudes « antiscolaires ». Les représentations négatives que suscitent les garçons maghrébins chez un bon nombre d'enseignants, semblent leur porter préjudice et les amener à se retrouver dans de fortes proportions dans les moins bonnes classes. Il apparaît également que ces élèves sont, à l'issue de la cinquième, plus souvent orientés que les autres vers des classes de quatrième technologique situées en dehors de l'établissement, ce qui a inévitablement pour conséquence de diminuer leur nombre entre la cinquième et la quatrième. Tout comme le révèlent les recherches anglo-saxonnes menées à propos des « minorités involontaires » aux États-Unis (Noirs, Mexicains-Américains) ou en Grande-Bretagne (Afro-Antillais) dont les résultats laissent apparaître que ces élèves entretiennent des rapports plutôt conflictuels avec les enseignants et se trouvent souvent orientés dans des classes de bas niveau, les recherches françaises montrent que les élèves maghrébins, « sont souvent perçus comme « insolents » par les enseignants, qu'ils font l'objet de plus de remarques concernant leur comportement et qu'ils sont plus souvent punis que les élèves français. » (*Op.cit.*, p.276).

Van Zanten, remarque également que, face aux Maghrébins, les élèves d'origine asiatique bénéficient d'une image qui entraîne des représentations positives et valorisantes, ce qui les amène à se retrouver beaucoup plus souvent dans les bonnes classes. Elle fait ainsi l'hypothèse que ces élèves bénéficient grandement d'une réputation de « travailleurs » et d'élèves « sans problème ». Leurs attitudes favorables à l'école et aux enseignants les favorisent, même si celles-ci « relèvent davantage de l'accommodation que de l'assimilation. » (*Op.cit.*, p.273-274). En effet, il semblerait que le degré d'intégration des populations asiatiques soit faible, la discrétion serait alors l'indicateur d'un enfermement ethnique. Au contraire, la visibilité des garçons maghrébins, tant dans la cité, qu'au sein de l'école, entraîne des perturbations qu'il serait peut-être intéressant d'appréhender comme une demande, certes maladroite, d'intégration et de reconnaissance.

La ségrégation sociale va souvent de paire avec la ségrégation ethnique, cela se traduit par la concentration de Maghrébins dans les aires urbaines que certains n'hésitent pas à qualifier de quartiers de relégation. Ainsi le terme de ZEP est-il souvent connoté ethniquement. Les acteurs, personnels scolaires, élèves ou parents sont conditionnés par cette appellation et agissent en conséquence. Du côté de l'école, on n'hésitera pas au détour d'un couloir, d'un bureau ou d'une salle des professeurs, à se laisser aller à quelques réflexions choisies en lien avec l'origine des élèves. De leur côté, les enfants et les parents forts de leur expérience, semblent être constamment en position de défensive, prêts à intervenir au moindre incident. Cette posture s'inscrit d'ailleurs plus en réaction aux attaques perçues comme racistes qu'aux mesures de ségrégations. En effet, dans le premier cas, les actes posés ou supposés atteignent un fort degré de visibilité, l'attitude, le comportement ou la réflexion racistes s'actualisent en général dans l'immédiateté, ils sont ressentis ou constatés *in situ*, alors que la ségrégation fait souvent appel à des mécanismes plus subtils, moins visibles et dont le résultat apparaît à plus long terme, l'acteur pouvant d'ailleurs lui-même participer au processus. Tel est le cas du fonctionnement du système de discrimination basé sur les classes à options. En s'inscrivant d'office dans les « classes football » ou en repoussant systématiquement les sections « allemand » ou « danse », les garçons maghrébins participent inconsciemment à cette ségrégation dont ils ne comprendront éventuellement les enjeux et les finalités que plus tard.

Le racisme ordinaire est quant à lui, construit sur une logique plus triviale qui s'actualise au cours des interactions quotidiennes.

Toujours est-il que les logiques de ségrégation et de discrimination à l'école s'appuient sur des variables raciales, nationales, sociales ou ethniques. Le phénomène ethnique au sein de l'institution scolaire semble fortement se cristalliser autour de la différence culturelle et de l'appartenance religieuse, les deux étant souvent amalgamés ou confondus avec des caractéristiques d'ordre économique et social.

2- Familles populaires et ethnicité à l'école
a) Ethnicisation des causes économiques et sociales

Longtemps, les Maghrébins ont été considérés sous le seul angle d'une immigration de travailleurs détenteurs de capitaux culturels et économiques faibles. Avec les vagues de regroupements familiaux, leurs familles s'installent et posent un certain nombre de problèmes à l'institution scolaire du fait de leur concentration dans des quartiers défavorisés, de la barrière de la langue et des différences culturelles. Bien sûr, aujourd'hui, la situation a évolué et l'on assiste progressivement à l'émergence de ce que l'on nomme désormais la « beurgeoisie ». Celle-ci est la conséquence de la réussite scolaire et sociale d'un certain nombre d'individus issus de ces immigrations et d'une partie des personnes qui, venues poursuivre leurs études, se sont installées en France. Toutefois, si cette catégorie tend à s'accroître progressivement, les quartiers populaires et les banlieues périphériques continuent d'héberger un grand nombre de Maghrébins pour lesquels, les conditions socio-économiques restent modestes. Leurs conditions et leurs styles de vie souvent éloignés de ceux des classes moyennes portés par l'école vont introduire au sein de l'institution scolaire des conduites déviantes. Celles-ci, souvent de type anomique, ne sont pas nouvelles et sont fortement liées aux phénomènes de massification scolaire. Autrefois attribuées aux classes ouvrières et laborieuses, elles ont aujourd'hui tendance, par un phénomène de glissement causal, à être considérées sous un angle ethnique.

Même si ces conduites déviantes ne sont pas toujours ouvertement attribuées par les acteurs scolaires à des caractéristiques ethniques, elles le deviennent par le pointage de variables considérées comme spécifiques à un groupe déterminé : « *Eh oui, mais chez eux* [les Maghrébins] *le père n'a plus aucune autorité !* », nous confie un enseignant d'un collège classé en ZEP. Ainsi, le déclin de l'autorité paternelle serait une caractéristique propre aux Maghrébins qui expliquerait en partie le comportement déviant des enfants. Il y a là des jugements de sens communs qui peuvent influencer les représentations et orienter la recherche de causes explicatives. Les perceptions négatives des enseignants se focalisent sur les carences repérées en matière d'éducation familiale qui se traduiraient par un manque d'encadrement des enfants qui se retrouve dans une absence de règles établies pour les heures de sorties, de repas ou de coucher. Les enfants restent dehors trop tard, mangent n'importe quand et n'importe quoi, il n'y a aucun rituel autour du repas, la communication n'existe pas et la santé des enfants est affectée. Concernant le sommeil, ils se couchent tard et passent trop de temps devant la télévision à regarder des programmes librement choisis. On retrouve ici les reproches généralement adressés aux Maghrébins et que nous avons précédemment analysés. A travers ces divers points, c'est le laxisme parental tant sur le plan scolaire que pour l'éducation, qui est pointé, le manque de règles et de régularité dans la vie familiale ne permet pas aux enfants de se trouver dans de bonnes conditions pour l'école ; fatigue, mauvaise santé, manque de concentration, méconnaissance des règles de civilité, refus de l'autorité, autant de facteurs qui résultent de cette éducation défaillante.

La catégorisation que nous avons précédemment effectuée en opérant une distinction entre les familles stables et celles en détresse, intervient dans la construction ethnique basée sur la logique socio-économique. En effet, ce sont souvent celles qui cumulent un certain nombre de difficultés qui fournissent les éléments objectifs qui permettent de transformer les causes sociales en causes ethniques.

Ce mécanisme qui consiste à l'ethnicisation des variables socio-économiques se développe essentiellement dans les établissements scolaires situés dans des zones socialement défavorisées. Nous avons à ce propos, rencontré des membres de la direction de deux lycées prestigieux du centre-ville bordelais qui ne font pas état de la présence des quelques Maghrébins dans leurs établissements. Ces derniers, travailleurs et sérieux, ont pu surmonter les contraintes de sélection opérées par ces lycées et s'y intégrer au même titre que leurs camarades. Certains d'entre eux habitent pourtant la banlieue mais n'en ont que très peu intégré la culture. Proches du modèle de la culture scolaire porté par les établissements, ils ne sont ni repérés, ni étiquetés en tant que Maghrébins, mais sont considérés comme des élèves ordinaires. Par contre, dans les établissements de banlieues défavorisées, le nombre d'élèves maghrébins est souvent élevé et beaucoup d'entre eux sont issus de familles populaires. Au sein de celles-ci, beaucoup de parents appartiennent à la génération des travailleurs et à celle du regroupement familial des conjoints. Un certain nombre d'entre eux, nous le savons, sont d'origine rurale ou populaire et restent plus ou moins attachés à un modèle culturel traditionnel. La faible maîtrise de la langue française par certains rend plus difficile les relations avec l'institution scolaire. Tout se passe comme si à l'école, le fait de cumuler un certain nombre de difficultés sociales et économiques tendait à augmenter le capital ethnique, du moins dans la perception que s'en font les agents scolaires. Il y a là un phénomène qui s'appuie sur un mécanisme qui consiste à attribuer à des causes ethniques ce qui relève d'une problématique sociale et économique.

Thin (1998, p.76) rappelle que d'une façon générale, les causes des difficultés scolaires des enfants et la perception des familles populaires sont perçues par les enseignants à travers la notion de handicap socio-culturel. Ainsi, c'est au sein du milieu familial que naissent les problèmes scolaires des élèves, milieu réputé pour ses carences sociales et culturelles. « La perception des classes populaires sous le mode du « déficit », du « handicap » ou de l' « inadaptation » exprime en fait la distance et la domination sociales qui constituent en « déficient », « pathologique » ou « anomique » ce qui n'est pas conforme aux normes dominantes » (*idem*, p.77). Avec cette notion de handicap socio-culturel –contestée par la plupart des sociologues[87]- les inégalités sociales dans le champ scolaire ne sont pas perçues à travers la hiérarchisation sociale des rapports entre des formes culturelles et des modes de socialisation différents. Pour les enseignants ou les travailleurs sociaux, le handicap, est naturalisé, consubstantiel aux familles populaires et non le résultat d'une relation sociale asymétrique. Dans cette logique « substantialiste », variables

---

[87] Cf. C.R.E.S.A.S., *Le handicap socio-culturel*, ESF, 1978.

sociales et culturelles sont amalgamées, fusionnées et confondues pour générer de l'ethnicité.

La manière dont les enseignants perçoivent les familles populaires est étroitement liée à leur propre adhésion au mode scolaire de socialisation et aux représentations induites par leur position de membre des classes moyennes. Ainsi, leur perception peut être considérée comme le produit de la confrontation de modes de vie et de socialisation antinomiques. Un grand nombre d'enseignants se représentent le monde en fonction de leurs propres valeurs et repères, considérés comme allant de soi et comme étant les seuls possibles et valides socialement, valeurs que certains pensent même universelles. Cette vision du monde pousse, souvent inconsciemment, les enseignants à se situer socialement dans un rapport de domination. Du coup, les pratiques des familles populaires leur apparaissent comme éloignées du modèle idéal et vont être classées du côté de la carence, de l'inadaptation ou de l'anormalité. En effet, les pratiques qui ne sont pas en adéquation avec le mode scolaire de socialisation s'inscrivent dans l'anormalité au sens où tout écart de valeurs ou de pratiques est mesuré à l'aune de l'habitus des classes moyennes porteuses d'une fonction éducative et scolaire. Autrement dit, les enseignants mesurent l'écart en fonction du modèle qu'ils considèrent être celui d'une vraie famille. Ces perceptions ne s'appliquent pas seulement aux pratiques des familles concernant l'école, mais également à l'ensemble des pratiques éducatives et plus largement à la globalité de leurs pratiques familiales. Ce phénomène est souvent conforté par le fait que les enseignants et les travailleurs sociaux en général, bénéficient d'une reconnaissance de compétence en matière d'éducation qui légitimise leur autorité pour dire ce qui est bien pour les enfants, voire même pour les parents et ceci, dans tous les domaines de la vie familiale et sociale.

Diverses enquêtes se sont penchées sur la perception de l'échec scolaire chez les enseignants. Dans leurs discours, la plupart des enseignants lient cette problématique avec les familles populaires et ne se centrent que très rarement sur les difficultés scolaires de l'enfant mais font plutôt référence à la vie familiale et aux pratiques parentales. Ainsi, c'est la famille qui est placée au centre de la perception des difficultés scolaires.

Les responsables d'établissements que nous avons rencontrés officiellement pour notre recherche tiennent un discours policé et disent ne pas rencontrer de problèmes spécifiques aux Maghrébins. Mais au cours d'un certain nombre de rencontres informelles, essentiellement avec des enseignants, les langues se libèrent et pointent du doigt le manque d'éducation chez les Maghrébins et leur tendance à faire preuve de comportements déviants. Les parents sont absents nous dit-on, ne suivent pas la scolarité des enfants et les laissent traîner dans le quartier jusqu'à des heures tardives. Des explications culturalistes sont avancées pour expliquer cet état de délabrement caractérisé. Bien sûr, tout le monde ne se contente pas de ces explications simplistes. Luc, surveillant depuis plusieurs années dans un collège de la rive droite différencie les parents à partir de leur niveau d'intégration et de connaissance du système scolaire, deux caractéristiques qu'il considère en corrélation avec la fréquence de leurs visites à l'école : « *Après y a des familles maghrébines où les parents sont, je sais pas si on peut dire intégrés, je sais pas quoi dire, c'est un mot... où les parents sont assez au fait du système et on voit le père ou la mère ou les deux, on voit les différences. [...] y a une différence de correction, voilà on va dire ça ! J'en vois d'autres là encore. Quand les parents, le père et la mère n'hésitent pas à se déplacer quand il y a un problème, le gamin même s'il a de mauvais résultats, même s'il est un peu pénible, stop ça s'arrête là quoi. Alors que les autres c'est plus chiant ouais, moins corrects, ils répondent plus aux profs, aux surveillants, à tout le monde, ils sont plus durs avec les autres élèves ».*

b) Les familles maghrébines face à l'école

On peut considérer qu'il existe au sein de l'école française une fracture à la fois spatiale, sociale et ethnique qui se traduit par l'accroissement de processus de ségrégation. D'après Van Zanten (2001), l'accroissement de ces processus peut se mesurer à travers l'évolution des attitudes des parents à l'égard des établissements d'enseignement. De part et d'autre on insiste souvent sur la démission des familles et des parents des quartiers défavorisés, sur leur désintérêt et sur leur incompétence. Ceci est une image déformée de la réalité, certes une fraction de ces parents a du mal à encadrer l'expérience scolaire de leurs enfants, ceci pour des raisons souvent dues à des difficultés diverses. Pourtant chez un grand nombre de familles françaises et immigrées, l'éducation est appréhendée comme une problématique centrale et immédiate. Ainsi l'importance accordée à la scolarité, à l'éducation et à la sécurité des enfants amène les parents des quartiers, des cités et des villes de banlieues à développer des pratiques spécifiques envers les institutions scolaires. Ces pratiques peuvent être analysées comme des stratégies dans la mesure où elles prennent source dans une réflexion consciente et volontaire qui consiste entre autres à réduire les risques et à contrôler un environnement perçu comme menaçant.

Rares sont les familles populaires maghrébines que nous avons rencontrées où la question de l'éducation en général et de la scolarité en particulier ne fait pas partie des préoccupations centrales. Malgré les difficultés auxquelles ils ont à faire face, les parents tentent, certes avec plus ou moins de succès, d'éduquer leurs enfants et de suivre bon an mal an leur scolarité.

La question scolaire représente un enjeu capital de la vie des familles qui entraîne de fortes mobilisations. Ici encore, il est nécessaire de distinguer les familles stables de celles en détresse.

Les premières n'ont pas de complexes vis-à-vis de l'école dont elles connaissent le fonctionnement. Le type d'intervention qu'elles pratiquent dans le champ scolaire est proche de celui exercé par leurs concitoyens des classes moyennes. Ainsi, Younes, très inquiet du non-remplacement de l'institutrice de son fils qui est en congé parental, a pris l'initiative de contacter la directrice et la présidente du conseil des parents d'élèves afin de trouver une solution avec le Rectorat. Par cet investissement, il traduit l'intérêt qu'il porte à la scolarité de ses enfants et répond aux attentes de l'école en offrant avec sa femme, l'image stéréotypée, mais combien appréciée, des parents idéaux. Considérant l'accomplissement d'une bonne scolarité comme essentiel pour l'avenir, c'est tout naturellement que Younes s'investit auprès de ses enfants car pour lui, « *les aider à réussir leurs études c'est le plus important, parce que de nos jours, sans les études, on vaut rien.* ». Beaucoup de parents s'inscrivent dans cette démarche en se mettant au service de la carrière scolaire de leurs enfants à travers la mobilisation de compétences sociales et l'affirmation de fortes ambitions en matière scolaire et professionnelle. Les travaux effectués par Vallet et Caillé dont les résultats figurent dans le dossier *Les élèves étrangers ou issus de l'immigration dans l'école et le collège français* (1996), détaillent les résultats du panel national d'élèves entrés en 6ème en 1989. Cette étude effectuée à grande échelle, infirme entre autre, l'hypothèse d'un échec scolaire massif des enfants d'immigrés, mieux encore, elle conclut à un avantage léger mais « robuste statistiquement », en faveur des élèves issus de l'immigration lors de l'orientation en fin de troisième. Ces résultats confirment une mobilisation familiale fructueuse, notamment depuis le réaménagement des procédures d'orientation dans le second degré qui octroient aux parents une plus large marge d'action face au personnel scolaire qu'auparavant. Il semblerait que les Maghrébins se soient grandement emparés de cette opportunité pour contrer les abus d'orientation qui existaient précédemment de façon quasi-systématique.

Par conséquent, ces parents, connaisseurs du système scolaire, de ses points forts et faibles, conscients de l'image négative ou péjorative dont ils font souvent l'objet auprès de ses agents, vont adopter une attitude offensive et positive à l'égard de l'école et ceci dans l'intérêt de leurs enfants. Ainsi, fortement marquées par l'expérience de la stigmatisation sociale et ethnique, les principales attentes de ces familles se situent essentiellement d'un point de vue pédagogique et dans une logique de transmission du savoir en vue d'augmenter les chances de promotion sociale. L'école, ainsi instrumentalisée, est essentiellement envisagée dans sa dimension d'ascenseur social, et en grande partie privée de la confiance parentale dans le domaine éducatif. L'immixtion de la part de certains enseignants et la mise en cause, parfois à peine voilée du mode de vie familial donnent parfois l'impression aux acteurs que l'institution scolaire se permet des intrusions indélicates. La primauté de l'instruction l'emporte sur l'éducation.

Le second type de familles, dont les membres n'ont généralement pas ou très peu été scolarisés s'inscrit dans un registre où les attentes s'actualisent par une forte demande tant sur le plan de l'instruction que de l'éducation. Ici, l'enseignant est à la fois valorisé, par le prestige qu'il suscite, et redouté par la position sociale qu'il occupe, notamment en terme de capital scolaire et symbolique. L'intérêt pour les études des enfants est grand, mais le sentiment de se trouver, une fois de plus, en position de dominé, constitue « un obstacle important dans les rapports, forcément inégalitaires, qu'ils sont censés entretenir avec l'institution scolaire et ses agents » (Zehraoui, 1998, p. 60). Aussi, les relations à l'école, envisagées de la sorte, semblent se construire dans un double malentendu. En effet les agents scolaires posent, consciemment ou non, comme prémisse, de recevoir des élèves dotés d'une éducation qui se révèle un tant soit peu en adéquation avec leurs propres représentations, autrement dit que leurs comportements s'inscrivent dans un registre inhérent aux classes moyennes. Les parents, de leur côté, en attribuant à l'école une dimension omnipotente et sacralisée, se positionnent dans une situation d'attente en matière de transmission de savoirs et d'éducation.

Concernant le volet de l'instruction, l'échec qui caractérise souvent leurs enfants, confirme la logique inégalitaire face à laquelle se trouvent confrontés les parents qui, par leur incapacité en matière scolaire, se trouvent démunis.

Sur le plan éducatif, les parents socialisés au pays, souvent pas ou peu scolarisés, se réfèrent à une image de l'école forgée au pays d'origine. Raoudha, qui s'occupe des femmes maghrébines dans une association bordelaise, a constaté, lors d'une rencontre organisée sur l'éducation des enfants, l'intérêt porté à l'école par ces mères de familles mais également l'illusion de leurs espérances en matière d'éducation :

> *Raoudha :* « *Oui parce que l'autre jour je posais la question, y avait des mamans autour de moi, je demandais qu'attendez-vous de l'école ? Alors elles ont toutes dit la réussite, pour que les enfants réussissent et qu'ils aient un travail plus tard. Et s'ils n'arrivent pas, elles disaient au moins qu'ils soient éduqués. Parce que pour eux l'école elle peut éduquer, elle peut apprendre et éduquer en même temps.*
> *Enquêteur :* *Vous avez l'impression que le côté éducatif de l'école, ils en attendent beaucoup ?*
> *Raoudha :* *Oui, oui, oui, oui, beaucoup ! Je dirais même plus que dans les pays d'origine parce que dans les pays d'origine l'éducation est plus généralisée, c'est la famille euh...*
> *Enquêteur :* *Élargie*
> *Raoudha :* *Élargie et après bon, le voisinage, l'entourage de la famille, l'enfant est toujours entouré quoi ! Alors qu'ici, les parents ils se sentent un peu isolés, un peu seuls à élever les enfants donc, y a cette demande à l'école pour qu'ils soient aidés dans cette euh...*
> *Enquêteur :* *Et vous pensez qu'ils ont l'impression que ce rôle éducatif de l'école, l'école y répond ?*
> *Raoudha :* *Euh, non je ne pense pas ! Je ne pense pas parce que bon, je pense que les professeurs ont assez de boulot comme ça (rires) ! Déjà par exemple, je sais pas moi mes enfants je vois à l'école ils font même plus de l'éducation civique, c'est... Ça se faisait avant mais maintenant... Alors que dans les pays d'origine je sais que ça se fait toujours, y a une morale, y a une morale, c'est pris en charge. [...] Y a toujours des références que ce soit le directeur, les profs et tout. Un enfant qui se fait attraper même par un prof dans la rue, il est aussi coupable que s'il se fait attraper au collège ou dans l'école, alors qu'ici s'il se fait attraper, ben il se fait gronder et c'est tout. Les parents, y a même un proverbe qui dit chez nous, je sais pas si vous le connaissez, qui « Kif el moalim yakouno ab ».*
> *Enquêteur :* *Oui, l'instituteur est comme le père.*
> *Raoudha :* *Est comme le père quoi, dans le sens où il peut éduquer, il a tout, alors qu'ici bon c'est vrai que ça joue pas, pas du tout.* » (Raoudha, 35 ans, médiatrice dans une association d'aide aux femmes, Bordeaux).

Loin d'obtenir de la part de l'école, une réponse à la hauteur de leurs espérances, ces parents se voient, à travers les comportements déviants de leurs enfants, mis en cause dans leur propre rôle d'éducateur. Du coup, une fracture souvent basée sur des considérations ethniques, s'établit entre l'institution scolaire et les parents. Ceux-ci, au fur et à mesure de leur expérience, perdent espoir d'autant qu'ils sont fortement touchés dans leur dignité et se sentent humiliés. La désillusion à l'œuvre face aux attentes des différents acteurs participe alors de l'émergence d'un système relationnel, basé essentiellement sur une série de malentendus. C'est ainsi que les parents, pris dans un double mouvement de désespoir et de désir de maintenir un niveau minimal de dignité, se coupent partiellement de l'école qu'ils entrevoient alors comme une institution porteuse de ségrégation, de discrimination et d'exclusion. La déception est grande et le sentiment d'abandon est d'autant plus fort que les illusions de réussite en termes de promotion et d'intégration sociale s'amenuisent. Du coup les relations vont se limiter au strict minimum, c'est à dire aux convocations relatives à des problèmes disciplinaires qui ne font qu'accentuer l'impression de jugement porté à l'égard des parents et le sentiment d'humiliation qu'ils ressentent. Certains considèrent d'ailleurs qu'ils n'ont pas à se rendre à l'école s'ils n'y sont pas invités et toute absence de convocation signifie que l'enfant ne pose pas de problèmes. Nora à qui nous demandions comment se déroulait la scolarité de son fils, répond que « *Dieu merci, ça se passe à merveille [...] ils m'ont pas convoqué qu'il travaille pas, ni ceci, ni cela, tout va bien !* ».

Mais lorsque des convocations se présentent, ces rendez-vous peuvent s'avérer douloureux et suscitent des malaises d'ordre physiologique ou psychologique.

Leïla prétextant une maladie réelle ou non, ne s'est pas rendue au rendez-vous fixé au collège par le professeur de sport afin de régler un problème de discipline. Son fils, après avoir décliné la raison pour laquelle sa mère ne s'était pas déplacée, se voit rétorquer par l'enseignant : « de toute façon, ta mère elle est toujours malade ». Cette réflexion, qui certes n'est pas des plus habiles, aurait pu ne pas provoquer chez l'enfant de réactions trop fortes, mais celui-ci, touché dans son amour propre répondit au professeur, qui à son tour se sentant agressé, envoie l'élève en permanence. Ce dernier arrive en salle d'études où pour une banale histoire d'affaires mal rangées il se dispute avec le surveillant qui lui lance une chaise et le blesse aux jambes. Il s'ensuivra une bagarre qui conduira le jeune en conseil de discipline et à l'expulsion temporaire. Si nous relatons cette anecdote, c'est pour mieux comprendre comment à partir de ce qui apparaît comme un incident bénin, peut se construire un problème plus grave qui va avoir des conséquences multiples. En effet, outre les répercussions que cela peut avoir sur le personnel scolaire, les élèves et la vie de l'établissement, c'est la nature des relations et des représentations des parents face à l'école qui est mise en cause. L'analyse de cette situation laisse apparaître que la genèse de ce conflit prend sa source à un manque de respect ressenti par l'élève qui ne supporte pas que sa mère soit mise en accusation par un représentant de l'institution scolaire. Car c'est bien de cela qu'il s'agit à travers les dires du professeur, qui non seulement insinue que la mère démissionne et couvre les actes déviants de son fils en ne se rendant pas au rendez-vous, mais qui en plus révèle publiquement un mode de vie (réel ou supposé) de la famille. Cette immixtion de l'enseignant dans la vie privée est mal vécue par l'enfant et par la mère qui, débordée par des problèmes de toutes sortes, se sent meurtrie par la réaction du professeur qui représente à ses yeux un membre d'une classe privilégiée incapable de comprendre sa situation. La question n'est pas de savoir si Leïla était réellement malade car on peut supposer qu'étant donné les circonstances, elle n'était pas dans un état psychologique idéal, car le fossé qui sépare son désir profond d'apparaître comme une « bonne mère » et l'image qu'elle pense donner au professeur, la place dans une situation dévalorisante, face à laquelle elle n'a certainement pas envie d'être confrontée au cours de la rencontre avec l'enseignant. Dans son analyse de la situation, elle montre qu'elle a conscience des comportements déviants dont son fils fait preuve, « *Alors qui croire, le mien ou le surveillant, de toute façon le mien je veux pas lui donner raison devant eux* », mais que d'un autre côté, elle n'accepte pas d'être personnellement jugée sur son rôle maternel, « *Mais ils posent pas de questions, il lui dit de toute façon ta mère est tout le temps malade, mais il sait pas ma vie, il sait pas qu'est-ce qu'il y a chez moi ! Normalement il a pas à lui parler comme ça de bon matin !* ».

Ce sentiment d'être constamment en proie aux jugements et aux griefs des acteurs scolaires se retrouve dans le déroulement des conseils de discipline. Leïla s'est déplacée pour l'occasion, et confirme l'amertume qu'elle ressent devant une telle situation, « *D'abord, c'est une table ronde, carrée comme ça, des chaises au milieu, mon fils il devait être là, moi je devais être là, ça moi j'aime pas, euh je me suis sentie sale d'abord. Et en plus, j'étais pas bien, je voulais pas y aller parce que c'est vrai que ça me dérangeait, j'étais gênée, j'aime pas* ». Le conseil de discipline représente un moment difficile, pénible à l'égard des parents qui à travers le comportement de leur enfant, révèle leur propre échec éducatif. La séance est entourée d'une mise en scène qui n'est pas sans rappeler les cours de justice avec son Président, son avocat général, ses témoins et ses jurés. Quant à l'avocat de la défense, il est souvent absent, car si l'élève en cause est en droit d'inviter une personne de son choix en guise de défenseur, les parents n'ont pas toujours, dans leurs relations, des connaissances qu'ils pensent dignes de tenir cette place, d'autant plus qu'ils n'ont pas envie de mêler qui que ce soit à cette triste scène. C'est donc sans défenseur que la sentence sera proclamée, et souvent même, sans aucun témoin à décharge, car ceux-ci étant souvent des élèves amis de l'accusé, ils ne sont pas acceptés. Les parents décrivent ces moments comme une représentation où la mise en scène est réglée à l'avance, tant dans la disposition des décors que de la répartition des rôles des acteurs. Leïla qui se rend compte de ces arrangements anticipés tente d'affirmer sa liberté en vain « *madame asseyez-vous là, je dis ben non, pourquoi, je suis pas au tribunal monsieur, j'aime pas. Il m'a dit écoutez pourquoi, qu'est-ce qui se passe, j'ai fait, on vient pour le problème de mon fils, je me suis mise quand même à côté comme ça hein !* ». Outre les décors, c'est aussi le verdict qui fait partie du scénario, tout laisse à penser que la décision finale est déjà prise, si parents et élèves sont entendus ils ne sont pas écoutés. Lorsque le fils de Leïla présenta ses arguments en rappelant que le surveillant l'avait frappé, la discussion fut interrompue, celui-ci comprenant son impuissance, plongea dans un mutisme résigné, malgré les sollicitations de sa mère « *Et ça mon fils il lui a dit en face, il lui a dit écoutez monsieur pourquoi vous voulez que je parle, je suis là pour quoi ? De toute façon, vous avez décidé de me mettre à la porte, vous avez tous discuté entre vous qu'est-ce que vous allez dire. Ma parole y avait rien du tout ! Et quand j'ai dit à mon fils, ben défends-toi, tu m'as dit des choses, ben dis-lui. Il me dit pourquoi de toute façon on parle pour rien et c'est vrai, il a pas voulu se défendre* ». Jamila, également convoquée pour sa fille, constate le même phénomène « *elle m'a dit [sa fille], de toute façon, je dois être renvoyée, ils savent déjà que je vais, c'est pas la peine que je parle* ». Il n'est pas question pour nous de remettre en cause les conseils de discipline qui font partie du système scolaire dans la mesure où toute institution se doit d'avoir des structures de régulation disciplinaires qui sanctionnent les individus déviants. Mais il semble tout de même que la forme est à revoir car comme toute organisation interne, ces conseils fermés sur eux-mêmes, donnent l'impression de fonctionner en faisant fi des règles démocratiques les plus élémentaires. Ils sont convoqués sur des critères souvent subjectifs en dehors de toute réglementation établie. « La punition n'est ni toujours respectueuse des lois, ni marquée au coin de l'égalité » remarque Debarbieux (1999, p.93).

Jamila, qui au cours de l'entretien, n'hésite pas à décrire les écarts disciplinaires dont peuvent être responsables certains de ses garçons, ne comprend pas pourquoi sa fille à été convoquée en conseil de discipline et renvoyée. Celle-ci, actuellement en classe de troisième n'a jamais eu aucun problème depuis qu'elle fréquente l'établissement, cette année, elle a même été élu délégué de classe par ses pairs, fonction qu'elle a acceptée et qu'elle tente d'assumer du mieux possible. Le collège dont elle fait partie, a fait la une des journaux au début de l'année 2000, suite à un fait divers, où, une fois n'est pas coutume, une élève a porté plainte pour coups et blessures infligés par une enseignante. La fille de Jamila était présente pendant l'incident et a fait part de son désir de témoigner, c'est alors que cette jeune fille, jusque là sans histoires, s'est vu accusée d'avoir jeté un œuf à l'école. Bien que plusieurs témoins aient affirmé qu'il n'en était rien, elle est passée en conseil de discipline puis renvoyée sous prétexte d'avoir refusé d'ouvrir son sac devant le surveillant qui vérifiait si elle avait caché des œufs[88].

Le sentiment d'injustice, face à ces exclusions répétées est fort tant elles semblent parfois abusives et toujours dirigées vers le même type d'élèves qui sont essentiellement des Maghrébins des quartiers défavorisés. Debarbieux dans un long chapitre consacré à la punition fait état des résultats de ses recherches et souligne que « les punitions ne s'appliquent [...] pas de manière totalement légale, ni de manière parfaitement égale. Les caractéristiques sociales et la désignation ethnique entrent en jeux » (*Op., Cit.*, 1999, p. 107).

Qu'elle qu'en soit la cause, ces exclusions socialement et ethniquement marquées participent à l'entretien d'une cassure à l'œuvre entre des « Eux » et des « Nous » qui s'inscrit dans une logique de domination. Cette fracture est d'autant plus ethnique à Roubaix que les dominés sont majoritairement concentrés dans les quartiers défavorisés. Cependant, si les personnes interrogées souffrent dans leurs représentations de l'école au fur et à mesure que la situation se dégrade, elles n'en gardent pas moins une confiance bienveillante dans l'institution scolaire qu'elles considèrent comme salvatrice et envers laquelle elles fondent de grands espoirs pour l'éducation de leurs enfants. Peut-être doit-on voir ici un paradoxe dramatique, car ces parents qui comme l'indique Dalila, « *n'arrivent plus à maîtriser leurs enfants* », confèrent à l'école un rôle éducatif qui n'est plus le sien et attendent trop d'une institution qui en aucun cas ne peut se substituer à eux-mêmes. La désolation des familles est grande lorsqu'elles constatent que l'exclusion de leurs enfants n'a pour conséquence que de les couper du monde ordinaire et normal et suivant l'expression de Jamila « *de leur faire prendre la rue* », signifiant ainsi que sans l'école, ils sont perdus. En effet, à ces heures où leurs pairs sont en cours, les personnes qu'ils peuvent rencontrer à l'extérieur ont de grandes chances d'avoir sur eux une influence néfaste et le risque de prendre de mauvaises habitudes est grand.

---

[88] Ce fait nous a été confirmé par des travailleurs sociaux.

La violence institutionnelle exprimée dans les cas que nous venons d'étudier intervient à la fois dans un registre social qui participe d'une logique discriminatrice en termes de dominants et de dominés et d'une logique ethnique par l'attribution de caractères spécifiques à un groupe. Le mythe de l'école égalitaire est alors entaché, l'échec scolaire et les exclusions répétitives amenuisent tout espoir d'ascension sociale et plongent les parents au sein d'une détresse individuelle et collective. Pourtant, loin de démissionner, beaucoup d'entre eux, devant le constat de leur impuissance, persistent à attendre que le salut vienne de l'école ce qui se traduit par des attentes en termes d'aide et de soutien. Mais, face au désenchantement ressenti envers le corps enseignant, les sollicitations parentales semblent désormais se tourner vers des actions à caractère social et sont de ce fait, orientées vers les assistantes sociales, les infirmières ou les psychologues scolaires. Jamila pense qu' « *ils devraient mettre quelqu'un exprès pour les enfants, quand ça va pas, pour savoir quelles raisons. Peut-être c'est dans la famille, c'est les maîtres* ». Dans le même registre, Leïla en appelle à la psychologue « *Normalement dans les collèges il y a des psychologues non ? Ils devraient parce que normalement quand un enfant il a des problèmes avec sa classe, avec son prof, qu'il veut pas y aller en cours, qu'il y a quelque chose, ils doivent le faire voir à un psychologue elle pourrait discuter avec l'enfant, voir qu'est-ce qui se passe, pourquoi il est énervé, qu'est-ce qui se passe, peut-être ça va pas dans sa famille* ». Cette attitude indique que le lien entre ces familles et l'école n'est pas totalement rompu et que la déception envers certaines catégories de ses agents n'empêche nullement que ne persiste une forme de confiance qui se traduit par des attentes toujours actuelles. Ces demandes, telles qu'elles sont formulées révèlent cependant le flou et la détresse de ces familles, qui tout en refusant d'être jugées, et en revendiquant la non-ingérence dans la sphère familiale, réclament une participation institutionnelle qui ne peut se faire sans intrusion dans le cercle privé. Il y a certainement ici, un juste équilibre à trouver pour mettre en place des modes de participation adéquats, certaines formes de médiations peuvent sans aucun doute s'inscrire dans la recherche de solutions.

L'école reste donc un espace fortement investi par les parents maghrébins et cela quelles que soient la nature et les causes des conflits. Payet pense que l'école est le dernier espace public qui permet la confrontation par l'expression d'une revendication qui ne pourrait émerger ailleurs, « si les parents immigrés et leurs enfants revendiquent avec tant de rage une justice à l'école, c'est bien parce qu'ils sont assurés de trouver dans l'espace scolaire la garantie d'une relation tolérante et soucieuse d'égalité » (in France Aubert, 1997, p. 216).

Pour ces familles, souvent installées depuis longtemps dans les quartiers populaires, les établissements scolaires, surtout ceux du secondaire, sont ressentis comme des institutions étrangères au quartier, contrairement à d'autres tels que les centres sociaux. Ces derniers s'inscrivent dans une relation horizontale alors qu'elle est plutôt verticale pour l'école. Ceci est certainement dû au statut d'extraterritorialité qui marque la constitution du système scolaire français et au fait que les personnels scolaires ne cherchent guère à établir des contacts avec les familles en dehors de l'école.

Enfin l'expérience scolaire vécue par ces parents et leur désillusion face à la capacité de l'école à sortir les enfants de la galère (expérience parentale du chômage contre lequel l'école n'est plus un rempart), poussent ces individus dans une attitude de retrait vis-à-vis de l'école, attitude mal perçue par les enseignants et les professionnels de l'éducation. Mais cette attitude relève en fait plus d'une forme de résistance que d'un désintérêt.

Confrontée ou non à une problématique socio-économique difficile, la scolarité des enfants reste un domaine fortement investi par les parents. Cet investissement se traduit notamment par la mise en place dans de nombreuses familles maghrébines rencontrées, populaires ou non, d'un dispositif de suivi scolaire. Celui-ci est, suivant les cas, plus ou moins efficace, plus ou moins élaboré, mais il existe fréquemment. Nourdine et ses frères, dont le père est médecin radiologue, sont encadrés trois fois par semaine par une étudiante rémunérée par leurs parents qui les aide dans leur travail scolaire. Khadija dont les enfants sont en Algérie, a décidé de prendre avec elle son petit-fils de treize ans pour soulager sa fille divorcée. Désespérée par le mauvais comportement et les résultats médiocres de ce dernier scolarisé en SEGPA et ne pouvant l'aider elle-même (elle ne parle pas français), elle a trouvé le soutien d'une femme qui vient chez elle deux fois par semaine aider le garçon. Rachida demande à sa fille aînée de s'occuper de ses frères et sœurs qu'elle envoie également aux séances de soutien scolaire organisées par le centre social. Karima fait de même, incapable de suivre elle-même ses enfants puisqu'elle n'a jamais été scolarisée, elle paraît cependant bien au fait de ce qui est demandé en matière de travail scolaire : « *Ma fille je lui dis de s'occuper des enfants comme je ne comprends pas le français, je lui dis de suivre leurs leçons, de vérifier qui a travaillé, qui n'a pas travaillé, de les aider à voir dans les livres, à apprendre les leçons, à faire les opérations. Chaque soir elle s'occupe d'eux, elle leur consacre une heure et demie et grâce à Dieu je trouve que tout va bien, louanges à Dieu !* ». De son côté, Fatima qui a étudié au Maroc jusqu'au niveau du bac et dont les enfants sont à l'école maternelle, pense pouvoir les aider elle-même jusqu'à un certain niveau :

> « *En Français je peux les aider, je comprends tout mais des fois y a des mots qui m'échappent mais pour écrire si je t'écris un truc tu vas rester cloué, pour ça j'écris bien, je lis bien. Je peux leur faire faire des dictées, je peux les faire travailler le langage avec des images comme fait la maîtresse, leur apprendre les couleurs, les additions, les mois, les mathématiques un peu. Et les vrais cours, la conjugaison, l'imparfait, le conditionnel tout ça je l'ai encore en tête. Je peux les aider à faire des rédactions tant qu'ils sont jeunes, mais quand ils seront grands là je ne pourrai plus. A ce moment là je trouverai une autre solution, d'ailleurs l'autre jour j'ai rencontré des gens qui accompagnaient leurs enfants, je leur ai demandé ce qu'ils allaient faire, ils m'ont dit qu'ils les amenaient dans un endroit où ils les aidaient à faire leurs devoirs. Je les suivrai tant que je pourrai et après quand mes enfants en auront besoin, ils iront.* ».

Il est intéressant de noter que Fatima, outre la liste des tâches assez complète qu'elle décrit, montrant ainsi sa connaissance du curriculum scolaire, entrevoit pour l'avenir, des stratégies pour aider ses enfants. Pour cela, elle se renseigne auprès de personnes qu'elle rencontre. On peut dire que le « téléphone arabe » fonctionne en cette matière et que de nombreux parents n'hésitent pas à demander conseil dans leur entourage. Pour cela, ils s'adressent à des individus du quartier, souvent plus expérimentés en la matière. Van Zanten (2001) relève ces pratiques à propos du choix parental en matière d'établissement scolaire à travers ce qu'elle nomme les stratégies d'évitement ou de défection.

Une partie des parents optent pour la fuite et se tournent vers des établissements qu'ils jugent meilleurs sur le plan pédagogique, de la socialisation et de la sécurité. Pour cela ils ont recours au privé ou pour le public au jeu des dérogations qu'ils obtiennent avec de fausses adresses ou par des contacts avec les chefs d'établissement.

Cependant, le choix d'un autre établissement s'avère souvent compliqué. Les renseignements sont de préférence pris auprès de parents du même milieu social ou supérieur mais beaucoup moins auprès des chefs d'établissement du quartier, car les parents s'en méfient et pensent qu'ils tiennent un discours dont l'objectif premier est de les retenir. Ces parents principalement issus des couches supérieures des classes populaires et d'une partie des classes moyennes peuvent être considérés comme « semi-compétents » dans la mesure où ils manquent de confiance dans leur propre capacité de jugement pour le choix d'un établissement, en cela ils s'en remettent plutôt à l'avis d'un membre privilégié de leur entourage et suivent le conseil de ce dernier. On ne peut donc pas à proprement parler d'une logique de choix, mais plutôt d'une logique d'évitement des établissements du quartier à partir de critères sociaux, ethniques et sécuritaires (insécurité et violence).

Toutefois, si Van Zanten attribue le privilège de ces stratégies d'évitement aux familles les plus privilégiées des classes populaires en termes de capital culturel et économique, nous constatons de notre côté, que le clivage s'effectue plutôt à partir de la distinction que nous avons établie entre les familles stables et celles en détresse. En effet, ces dernières semblent avoir tendance à se contenter d'inscrire leurs enfants en respectant le découpage de la carte scolaire. Le choix du privé pour ces familles demanderait des sacrifices difficiles à assumer (transport, cantine, frais de scolarité...) et le dossier scolaire des enfants ne permet pas toujours leur inscription dans un bon établissement. Quant aux familles stables qui, rappelons-le, ne sont pas nécessairement favorisées financièrement et culturellement, mais dont la configuration permet un mode de vie « équilibré », ce ne sont pas toujours les moins démunies d'entre elles qui mobilisent ces stratégies d'évitement. Ainsi Bahia, dont le seul revenu familial vient du père, peintre en bâtiment, a choisi de scolariser son fils dans le privé :

> *Enquêteur* : « *Et pourquoi l'avez-vous mis dans une école privée ?*
> *Bahia* : *Il est dans le privé depuis qu'il est petit. Il était dans une école privée à St M. et après il est parti à St J.*
> *Enquêteur* : *Vous ne vouliez pas le mettre dans le public ?*
> *Bahia* : *C'est mon mari qui ne veut pas, il dit que c'est mieux, qu'ils s'occupent mieux des enfants, ils ne surchargent pas les classes.*
> *Enquêteur* : *Ils s'occupent d'eux.*
> *Bahia* : *Oui et ils apprennent bien, ils les éduquent, ils leur donnent une bonne éducation.*
> *Enquêteur* : *C'est mieux que l'éducation dans le public ?*
> *Bahia* : *Oui ! Depuis qu'il a deux ans et demi je l'ai mis dans le privé.*
> *Enquêteur* : *Depuis la maternelle ?*
> *Bahia* : *La maternelle oui !*
> *Enquêteur* : *Et quelle est ton opinion à toi, le privé est mieux ?*

> *Bahia : C'est mieux, je trouve qu'ils éduquent mieux, l'éducation est mieux et ils apprennent mieux. J'ai pas de problèmes avec eux.*
> *Enquêteur : Tu penses que le privé est mieux.*
> *Bahia : Oui, oui, depuis qu'il est petit son père préfère le privé. On a demandé à l'école primaire et ils nous dit que c'était bien donc on l'a mis dans ce collège privé. »*

D'un niveau scolaire extrêmement bas, Bahia et son mari ne sont pas en mesure d'aider leur fils, le collège privé dans lequel il est inscrit organise des séances d'aide aux devoirs ce qui permet de combler cette « lacune ». Il semble également que la dimension éducative et éducatrice de cet établissement soit importante pour ces parents. Enfin, ils ont trouvé conseil auprès de l'école primaire, elle-même privée, qui les a orientés vers ce collège.

De son côté, Nora, dont la plupart des enfants ont terminé leur cycle secondaire, travaillent pour certains ou pour d'autres, fréquentent l'université, les stratégies d'évitement sont multiples et variées et oscillent entre le privé et le public au gré des intérêts des enfants.

> *Nora : « […] au début on a payé, parce qu'on a eu peur de l'école à l'époque, y a pas de sécurité on les a mis même dans un collège privé et après par la suite c'est un peu cher et on voyait l'aîné il travaille pas trop trop, on a dit que c'est de l'argent gaspillé et puis on s'est renseigné et ils nous ont dit il vaut mieux à la fin qu'ils vont à l'école publique parce qu'ils sont mal acceptés dans les lycées publics.*
> *Enquêteur : Ah oui ?*
> *Nora : On nous a dit ça oui !*
> *Enquêteur : Ah oui, après pour passer oui quand on vient d'une école privée !*
> *Nora : Voilà quand ça vient du privé, c'est difficile à trouver la place. Donc, on a triché, on les a mis un peu dans le privé et après on les a sortis du privé et après on les a mis au collège public.*
> *Enquêteur : Et pourquoi vous les avez mis en privé, vous aviez peur c'est ça ?*
> *Nora : On a eu peur à l'époque de l'école x, elle s'appelle x à Floirac, Bas-Floirac où y a Leclerc maintenant, à l'époque, maintenant ça c'est arrangé, à l'époque y avait la drogue dedans, y a beaucoup la drogue. Et nous l'accompagnatrice du bus de l'école primaire elle m'a dit, écoutez Mme A., vous vos enfants ils sont bien éduqués, ils travaillent bien à l'école, ils sont bien bien éduqués, moi mon frère il a été là c'est pas une école pour vos enfants. Et c'est là où on a été les mettre euh surtout pour la sécurité. Et après petit à petit cette école, ils ont changé de directeur, y en avait un directeur que ça a été.*
> *Enquêteur : Il a remis les choses en place.*
> *Nora : Voilà, il a remis les choses en place. Donc j'avais rien à dire, ça s'est passé bien. J'ai été voir le directeur pour les inscrire, il m'a dit bienvenue, il les a inscrits, il m'a accueillie et tout, sans problème ».*

La stratégie de « tricherie » que relève Nora, fait preuve d'une grande réflexivité face au système scolaire. Face à ses craintes d'ordre sécuritaire, elle inscrit ses enfants dans le privé mais devant la réussite mitigée de son fils et les sacrifices financiers occasionnés, elle préfère les réintégrer dans le public. Sa décision est d'autant plus justifiée à ses yeux que, renseignements pris, elle s'est rendue compte que l'accès aux lycées publics de prestige était donné prioritairement aux élèves venant de collèges publics. Ainsi, avec une logique rationnelle, qui consiste à analyser la situation en termes de pertes et profits, elle a mobilisé des stratégies d'oscillation que l'on retrouve chez un grand nombre de familles des classes moyennes et supérieures.

Khadija, cette femme âgée de 55 ans qui élève son petit-fils, semble se situer à la lisière des familles stables et de celles en détresse, malgré les difficultés financières qui la touchent et son faible capital scolaire et culturel, elle tente de mettre en place des stratégies équilibrantes. Son petit-fils âgé de 13 ans, est arrivé en France depuis deux ans, sa première année en primaire s'est déroulée normalement mais lorsqu'il a intégré le collège, la situation a commencé à dégénérer :

> « *C'est mon petit-fils, le fils de ma fille divorcée qui est restée au pays pour élever ses frères et sœurs et pour son fils y avait trop de problèmes, il était avec sa mère, ses oncles et ses tantes et c'est trop de problèmes. Je lui ai proposé de le ramener avec moi pour qu'elle se repose et j'ai pris la responsabilité de le ramener, je l'ai ramené ici tout comme mon fils et je fais tout pour lui, comme si c'était mon fils. J'ai un problème, la première année il était bien on m'a jamais convoquée pour quoi que ce soit, la deuxième année on l'a mis dans l'école 6ème métier [SEGPA], s'il réussit sa scolarité ça va, s'il échoue faut qu'il apprenne un métier. Mais je trouve que dans cette école ils n'apprennent pas bien, il n'y a que des enfants qui travaillent mal, il ne rencontre que des enfants écervelés, il est influençable, s'il a un copain qui est bien il le suit, s'il est pas bien, il le suit aussi. Lui déjà il est encore jeune, il n'a pas encore sa raison, il arrive du bled, il est encore naïf, il se fait avoir à l'école, c'est de là que vient le premier problème et ainsi de suite. Parce que les études là-bas, au pays, ça vaut ce que ça vaut, il est venu ici alors qu'il était déjà grand et c'est déjà bien qu'il ait pu venir, mais il ne s'investit pas dans sa scolarité. J'ai quelqu'un qui l'aide bien à la maison, bon il travaille un peu, mais les enfants qui ne travaillent pas bien, c'est eux qui l'égarent, même s'il veut étudier, il rencontre les enfants qui font des problèmes, qui font le bazar. Ils m'ont appelé une première fois pour me dire qu'il n'étudie pas, il n'apprend pas, il chahute.* »

Khadija, qui a pris la responsabilité de ramener son petit-fils, estime que sa venue en France représente une chance pour lui. Sans doute parce qu'en comparaison avec son pays d'origine, elle idéalise plus qu'il ne le faut le système scolaire français, sa déception, face à l'échec annoncé du jeune garçon, est forte. Elle a pourtant mis en place un certain nombre de dispositifs pour que tout se passe bien : « *Je l'ai inscrit au foot, je l'ai inscrit au centre, j'ai payé, rien que pour éviter qu'il traîne dans la rue* ». Concernant sa scolarité, il est aidé régulièrement par une femme qui vient à la maison. Si Khadija affirme surveiller son comportement dans le quartier, à l'école, elle perd tout contrôle sur ses fréquentations et ses agissements. Ainsi, nous relate-t-elle les problèmes successifs qu'il pose : vol d'une raquette de tennis de table à l'école, de cinq Euros dans le cartable d'un élève et de bonbons chez l'épicier dont la boutique se trouve en face du collège et qui, du coup s'est plaint auprès de l'école. Ces larcins se sont toujours déroulés en groupe et à leur issu, les parents ont été à chaque fois convoqués par la direction. On le voit dans le discours de Khadija, celle-ci, à tort ou à raison, considère son petit-fils encore naïf parce qu'il arrive du pays. Influençable, il tombe dans tous les mauvais coups en suivant des camarades mal intentionnés. Ne pouvant pas le surveiller lorsqu'il est à l'école, c'est sur elle qu'elle rejette la faute, d'autant qu'il a été orienté dans une classe de SEGPA qui lui paraît sans avenir. Alors, malgré ses faibles moyens, elle cherche une solution pour qu'il change d'établissement le plus rapidement possible et parle même d'écrire une lettre à l'inspecteur d'Académie pour lui expliquer la situation.

> *« Je sais pas où le mettre, je m'en fiche de payer, même s'il faut payer pour le mettre dans le privé mais je ne le laisse pas là-bas. Parce que si ça continue, ils vont m'en faire un clochard et moi je ne veux pas de ça. Au pays j'en ai huit, il n'y en a pas un qui ait fait un seul problème. Il y en a maintenant qui ont trente ans, trente-quatre ans, il n'y en a pas un qui ait fait un problème. Jamais un enseignant m'a appelée ou quoi que ce soit, un voisin ou qui que ce soit, j'en ai élevé huit et y a jamais rien eu. Mais lui ici, il ne fait que des bêtises et là où il y a des mauvais garçons, il les suit. Moi je ne veux pas de ça ! La directrice m'a dit qu'ils veulent le renvoyer de l'école, mais est-ce qu'on peut le renvoyer pour des trucs comme ça ? »*

Khadija est d'autant plus désemparée qu'elle a élevé huit enfants au pays sans aucun problème. Raoudha qui rencontre souvent ces femmes dans le cadre de l'association où elle travaille, remarque que beaucoup de ces mères, arrivées tard en France et surtout après avoir élevé sans problème leurs plus grands enfants au pays, sont confrontées aux comportements déviants des plus jeunes venus avec elles. Ces mères de familles ont généralement rejoint leur mari sur le tard, ce dernier ayant longtemps vécu seul en France. Nous avons vu, lors de l'analyse du questionnaire, que ces femmes entièrement socialisées au pays d'origine où elles ont passé toute leur vie, ont du mal, une fois en France, à entrer dans un processus d'intégration sociale mais aussi familiale. Le père éprouve lui aussi des difficultés, car habitué à vivre seul, sa femme et ses enfants lui paraissent un peu étrangers tout comme il l'est également à leurs yeux :

> *« On a beaucoup de familles comme ça, nous dit Raoudha, qui laissent les enfants aînés au pays et qui ramènent les jeunes parce que leur visa ne permet pas de ramener tout le monde quoi ! Et c'est vrai qu'il y a beaucoup de conflits à ce niveau là, on essaye même de démêler des conflits de couples parce qu'ils arrivent pas à s'adapter, parce que ce sont des couples qui n'ont jamais vécu ensemble. Alors y en a beaucoup qui nous prennent comme ça, bon comme des proches, qui commencent à nous parler comme ça de leur vie privée. Ils s'entendent pas, qu'il y a trop de bruit chez eux le soir. Ben y a des familles qui ont fait le regroupement familial pour leurs gosses tout d'un coup, alors ils se retrouvent pères de neuf gosses tout d'un coup et c'est terrible dans un F3 alors c'est incroyable quoi ! Il me disait qu'il aurait préféré rester mille fois tout seul que d'amener tout ce monde, parce que le soir il arrive pas à retrouver le calme et il rentre fatigué d'une journée harassante à travailler dans le bâtiment, c'est fatigant. Puis c'est quelqu'un qui commence à être fatigué. En plus c'est des gens qui ont un certain âge donc ils ont dépassé la cinquantaine, donc ils sont fatigués, puis comme ils font des métiers épuisants dans la journée alors le soir ils ont besoin de calme. Et puis la femme elle le voit autrement, elle dit bon, on est là, il s'occupe pas de nous, on est pas bien, c'est chacun son avis, mais ça tient des deux côtés quoi (rires) »*

Ce type de familles, « nouvellement reconstituées sur le tard », a tendance à créer une continuité dans le cycle de l'immigration et alors que beaucoup d'autres ont largement dépassé ce stade, ce phénomène favorise la perpétuation d'une image figée et folklorique de la communauté maghrébine. Chez ces familles où le père est resté longtemps seul tout en gardant d'étroits et fréquents contacts avec le pays d'origine qui l'ont confiné dans un statut d'immigré éternel et la mère venue tardivement, le phénomène de *désorganisation sociale* se double d'un effet de désorganisation familiale. Khadija est un peu dans ce cas, mais n'en saisit pas moins l'importance de la scolarité et du choix de l'école pour son petit-fils et tente de parer aux difficultés en essayant de lui trouver un autre établissement. Fuir son école actuelle lui paraît être la seule voie qui lui permettrait de l'éloigner des mauvaises fréquentations qui l'influencent négativement. Pour autant, elle reste lucide quant à ses chances de trouver une école et lorsque nous lui indiquons quelques établissements possibles, elle nous fait part de ses craintes « *Ils ont du mal à accepter les enfants qui viennent de ce collège, j'ai peur qu'ils ne l'acceptent pas !* », faisant ainsi preuve d'une certaine connaissance et compréhension du système scolaire.

À Roubaix, certains parents pointent également l'importance des fréquentations dans la mise en route de processus déviants chez les enfants. Pour éviter qu'ils ne tombent dans la délinquance, d'aucuns n'envisagent le salut qu'à travers la mise en place d'une mesure d'éloignement du quartier et de ses écoles. La priorité est alors de couper les enfants des influences néfastes de l'environnement, notamment de la fréquentation des pairs. Roubaix, très près de la Belgique permet d'envisager de scolariser les élèves dans ce pays voisin. Ainsi, une mère de famille confrontée à la délinquance de son fils, a-t-elle décidé de l'inscrire, au prix de gros efforts, dans un établissement belge doté d'un internat. Depuis, le jeune a repris goût à l'école et sa mère est plus tranquille.

Ces stratégies de fuite ou d'évitement mais aussi les dispositifs que les parents mettent en place pour la réussite scolaire de leurs enfants, ne sont pas toujours, nous le voyons, l'apanage des familles les plus hauts placées sur l'échelle sociale des classes populaires. Il semblerait alors que la stabilité familiale, aussi fragile soit-elle, permette à ces parents de s'inscrire dans une logique réflexive face à la problématique scolaire des enfants qui amène à la recherche de solutions et à l'élaboration de stratégies qui varieront en fonction du potentiel social, économique et culturel propre à chaque famille.

Dès lors, ce qui pourrait être lu à la lumière d'une grille ethnique en faisant notamment référence aux origines et à la culture, relève bien souvent d'une problématique sociale. La fuite des classes moyennes des établissements les plus défavorisés, mais aussi, comme nous venons de le voir, celle des familles populaires et/ou immigrées qui parviennent à s'emparer de ces stratégies, ont tendance à ce que, dans certains quartiers, seuls les plus démunis culturellement, économiquement et socialement, peuplent les établissements scolaires. Les plus fragiles étant souvent les immigrés, les difficultés rencontrées au sein de l'école, qui sont avant tout d'ordre social, se transforment par un glissement des perceptions et des représentations en une problématique ethnique. En cela, la carte scolaire, par le jeu des dérogations et des fuites, participe de la création d'établissements « ethniques ».

3- *Culture et ethnicité à l'école*

L'école a souvent tendance à se considérer comme un sanctuaire coupé du monde extérieur. Cette coupure consiste également à établir une frontière protectrice dont une des fonctions consiste à éviter toute intrusion négative en provenance du quartier et de la famille. Ainsi protégée de la culture familiale et populaire, elle peut transmettre ses propres valeurs ancrées dans le modèle du mythe républicain. Dans le monde scolaire, la proximité avec la réalité concrète et locale de la société, a fortiori avec les quartiers défavorisés, reste suspect. La distance dont font preuve les agents de l'école à l'égard des élèves et des parents d'établissements des quartiers populaires et immigrés, participe du processus d'ethnicisation parce qu'elle exacerbe les clivages eux/nous. Payet décrit les enseignants comme « mettant à distance par leurs représentations négatives et des pratiques d'évitement cette catégorie de leur public » (Payet, 2002, p. 56). Cette posture ne leur permet pas de traiter les élèves et leurs parents sur un mode d'égalité dû à tout citoyen. Cette mise à distance se traduit souvent par une prise de distance face à la réalité sociale et culturelle des familles et une rupture avec l'environnement social. La notion d'égalité ne sera alors envisagée qu'au nom d'une universalité conquérante et coercitive totalement indifférente et hermétique aux milieux sociaux et culturels des élèves. Ainsi, la culture prônée par l'école, en adéquation avec celle des classes moyennes, représentera le modèle étalon auquel chaque élève devra se conformer en dépit des violences symboliques et réelles que l'opération génère.

Pourtant, et c'est une banalité de le rappeler, des mécanismes de résistance, inconscients ou non, viennent souvent enrayer la machine assimilatrice. Ainsi un certain nombre de phénomènes vont surgir au cours des interactions qui se déroulent lors des face-à-face pédagogiques ou des rencontres entre les parents et les agents de l'école. Ces phénomènes s'inscrivent généralement dans un registre conflictuel qui génère de part et d'autre des tensions alimentées par des crispations et un sentiment d'humiliation producteurs de replis identitaires et de violences diverses (symboliques, verbales, physiques, institutionnelles, matérielles...). Lorsque ces interactions se déroulent dans un contexte culturel spécifique à l'immigration, elles peuvent alors prendre une dimension ethnique. Ces situations conflictuelles peuvent se construire à partir de la distance qui sépare la culture scolaire, porteuse d'universalité, des particularismes propres aux cultures sociales et anthropologiques des élèves et de leurs parents. Cette distance peut se mesurer en termes d'*habitus* mais aussi à partir des éléments de résistance identitaire et culturelle propres à chacun des groupes minoritaires et majoritaire.

a) Le syndrome du chien ou la déférence dans la différence

Le conflit est une partie inhérente de l'acte pédagogique. Ainsi au cours des interactions entre enseignant et élève, il n'est pas anormal que des pratiques, des attitudes ou des comportements de l'un ou de l'autre déclenchent des situations conflictuelles. Si les éléments déclencheurs peuvent être relativement bien repérés et décrits (même si les protagonistes peuvent parfois contester les faits), les conséquences de ces actes ne sont pas toujours objectivables et demandent pour être comprises que soit ouverte la « boîte noire ». Il semblerait qu'en situation interculturelle, un conflit banal puisse avoir des conséquences plus importantes qu'à l'ordinaire. C'est que celui-ci est composé d'une double face, une apparente, celle qui contient en elle-même les raisons objectives du conflit, et une cachée qui intervient pendant le déroulement du conflit et qui fait intervenir les subjectivités individuelles liées à des éléments de la culture de chacun des protagonistes.

Pour illustrer ce phénomène de la double face, nous avons choisi une situation que nous avons maintes fois observée au cours d'interactions de face-à-face pédagogique. Celle-ci consiste en ce que nous appellerons « le syndrome du chien », syndrome qui a l'avantage de montrer comment, à partir d'un banal conflit, une situation peut s'aggraver en puisant dans la face cachée.

En règle générale, lorsqu'un enfant se fait réprimander, il se doit, par politesse, de regarder l'adulte dans les yeux, prouvant ainsi son écoute attentive et son respect à l'égard de l'enseignant. Pourtant, chez les Maghrébins (et dans bien d'autres cultures), c'est généralement l'attitude contraire qu'il faut adopter, et c'est en dirigeant son regard vers le sol que l'on fait preuve de respect envers son interlocuteur. Le regarder fixement serait alors perçu comme un affront, une marque d'impolitesse et d'irrespect. Dans cette situation, que nous avons maintes fois observée, chacun des deux acteurs agit suivant ses propres références et le résultat engendré est récurrent. Face à l'enfant qui baisse les yeux, l'enseignant qui ne se sent pas respecté, se met en colère et rétorque inéluctablement « et regarde-moi quand je te parle, je ne suis pas un chien »[89]. L'adulte se fait ainsi une opinion sur des bases ethniques du jeune maghrébin dont il considère l'irrespect comme un trait culturel propre à son groupe. De son côté, l'enfant ne comprenant pas cet excès de colère à son égard, perçoit un professeur raciste. Ce sentiment ressenti par l'élève est d'autant plus renforcé que l'intensité de la colère de l'adulte est supérieure à ce qu'elle pourrait être dans des circonstances identiques mais avec un élève « culturellement » proche qui adopterait alors la posture attendue dans de telles circonstances (regarder dans les yeux) et ne déclencherait pas un tel emportement. Cet exemple montre comment à partir d'un quiproquo, peuvent se construire des représentations mutuelles supposées qui vont participer à la construction ou au renforcement d'un fossé culturel et ethnique. Ce fossé va ainsi contribuer à consolider les positions respectives des acteurs, l'enseignant se verra conforté dans son impression d'être confronté à une bande de « barbares » inassimilables et l'élève dans sa sensation de victime des « blancs racistes ». C'est ainsi qu'émerge un phénomène qui participe de la logique ethnique en mettant en saillance de part et d'autre, des caractéristiques culturelles, au départ non fondées, mais qui s'inscrivent, au fur et à mesure des interactions, dans un registre d'attributions catégorielles qui entretiennent les frontières entre les différents groupes.

À travers cet exemple, on comprend que c'est la face cachée du conflit, celle qui contient les éléments de subjectivité liés à la culture, qui aggrave la situation. Ainsi est-on passé d'un simple conflit scolaire à ce que l'on pourrait définir comme un conflit socio-culturel. Ce glissement, aussi symbolique soit-il, a des répercussions concrètes à la fois dans la réalité objective et subjective.

Goffman (1974), classe les règles de conduites sociales en deux catégories : les règles substantielles « qui guident la conduite quant aux affaires que l'on estime importantes par elle-mêmes, indépendamment des conséquences que peuvent en

---

[89] Dans la langue arabe, le vocable *chien* est souvent associé à des propos injurieux très péjoratifs et blessants.

entraîner l'infraction ou le respect » (Goffman, 1974, p. 48). Les règles cérémonielles « qui guident la conduite quant aux affaires que l'on estime peu ou même pas du tout importantes par elle-mêmes, mais qui valent avant tout – officiellement du moins – comme moyens de communication conventionnels grâce auxquels l'individu exprime son personnage ou porte une appréciation sur les autres » (*idem*, p. 48-49). Le syndrome du chien renvoie essentiellement au mécanisme des règles cérémonielles. Les signaux et les indices qui véhiculent les messages cérémoniels peuvent être d'ordre linguistique, spatial ou gestuel, le fait de baisser les yeux entrant dans cette dernière catégorie. La *déférence* et la *tenue*, sont les éléments principaux que retient Goffman pour une bonne application des règles cérémonielles et le maintien de l'interaction. Ces règles comportent en elles-mêmes une dimension universelle dans la mesure où elles sont essentielles au maintien de l'ordre moral et social de toute société. Mais ce fond d'universalité se double de formes emprunts de particularismes culturels. Dans l'exemple que nous avons présenté, l'élève fait preuve de déférence envers l'enseignant, mais ce dernier, prisonnier de son ethnocentrisme, considère ne pas avoir été traité en fonction de sa position. De son côté, l'élève ressent également l'absence de respect qu'il est en droit d'attendre. Le quiproquo à l'œuvre peut être alors analysé comme une *profanation cérémonielle*, dans la mesure où la déférence témoignée de part et d'autre ne convient pas aux attentes des acteurs.

Pour terminer sur ce point en forme d'épilogue, il est intéressant de noter que lors d'une rencontre informelle avec un enseignant de lycée professionnel, nous avons pris connaissance d'une variante du syndrome du chien dans laquelle les rôles sont inversés. Âgé d'une quarantaine d'années, cet homme d'origine marocaine a été socialisé au Maroc puis est venu terminer ses études en France à un âge assez avancé. À l'issue de son cursus universitaire, il s'est installé en France, a obtenu sa naturalisation et son concours d'enseignant. Cette brève biographie tend à montrer que malgré une acculturation certaine, il est encore très imprégné de certains éléments de sa culture d'origine. Alors que nous ne lui avions pas fait part du syndrome du chien, il nous relate une altercation tout à fait classique qu'il avait eu avec un de ses élèves à propos d'un point de discipline : « *vraiment tout au long de la discussion, je me demandais ce qu'il avait [l'élève], est-ce qu'il n'était pas content ou je ne sais quoi, parce qu'il n'arrêtait pas de me fixer dans les yeux !* ». Les contacts entre groupes sociaux sont fréquemment une source de difficultés, nous dit Goffman « car des sociétés ou des sous-cultures différentes expriment la déférence et la tenue de façons diverses, [et] donnent des significations cérémonielles différentes à un même acte » (*op., cit.*, p. 76).

b) Sauver l'honneur

Les règles cérémonielles n'agissent pas que dans le domaine de la gestuelle et peuvent s'appliquer, nous l'avons vu, dans le registre de la linguistique. Les mots employés, leur perception, le sens qui leur est attribué et le contexte qui entoure la situation d'interaction conditionnent les pratiques et les représentations des acteurs. L'école, représentant aux yeux des parents et des enfants rencontrés, la culture majoritaire, la nature des relations qui s'y déroulent n'est pas sans influer sur les pratiques et les représentations de chacun. Ici aussi, la dimension culturelle, à travers des traits visibles ou non, peut participer d'une logique ethnicisante.

Nous avons vu précédemment que les sentiments liés à la notion d'honneur entretenaient des rapports étroits avec la culture traditionnelle. À cette notion, se rattache souvent une autre notion fondamentale : le respect. Celle-ci se retrouve chez l'ensemble des acteurs, tant chez le personnel scolaire, que chez les élèves ou les parents, elle fait appel à des notions de civisme (respect des lois, des règles établies) ou de civilité (politesse, respect d'autrui, de la personne humaine, des différences). Le respect, valeur universelle, peut cependant être connoté diversement suivant les contextes sociaux et culturels dans lesquels il est appréhendé. Ainsi, semble-t-il s'inscrire plus ou moins fortement dans une logique affective et statutaire suivant les cultures. La notion va donc se retrouver dans des registres en lien avec le respect des parents, du statut personnel, de la vie privée, du mode de vie et des différences. Elle va s'inscrire dans une relation dialectique entre l'être, considéré comme appartenant au domaine privé de la personne et le paraître qui s'actualise au cours des interactions sociales. Autrement dit, quelle que soit la réalité de sa vie, l'individu, au cours des interactions quotidiennes, élabore des stratégies qui ont pour finalité de montrer une image respectable de lui-même et de sa famille. Ainsi, quelle que soit la nature des relations qu'un enfant pourra entretenir avec ses parents, il acceptera difficilement qu'un tiers ne leur porte atteinte et le cas échéant, l'incident peut avoir des répercussions qui, par un effet de boule de neige, se propageront à plusieurs niveaux. Les populations en situation de domination semblent plus sensibles à ce point de friction. Il est des cultures où le code de l'honneur représente une dimension forte et sensible des traits culturels qui peut générer des conflits divers qui semblent s'accentuer en position de domination sociale ou culturelle. Du coup, au sein de l'école les réflexions les plus banales adressées à l'encontre d'un membre de la famille, voire même du groupe, peuvent générer des problèmes en termes de vexations ou de conflits qui peuvent amener les individus à des stratégies défensives qui prennent des formes agressives ou au contraire de renfermement. Van Zanten observe également le même phénomène et remarque que « *des situations de ce type font resurgir une logique de l'honneur, notamment dès que les insultes font intervenir les « mères » ou d'autres membres de la famille* » (Van Zanten, 2001, p. 340-341). Rappelons-nous à ce propos l'histoire de Leïla que nous avons précédemment relatée. Le surveillant du collège en affirmant à son fils que sa mère était toujours malade a déclenché une série de comportements perturbateurs chez l'élève.

Ce qui peut être ressenti comme un manque de respect et une atteinte à l'honneur se retrouve également dans certaines relations entre parents et enseignants. Ainsi, Fatima est une jeune femme de 35 ans, mère d'un petit garçon et de deux filles scolarisées en maternelle. Elle présente l'aspect d'une femme moderne, parle français bien que notre entretien se soit en grande partie déroulé en arabe. Malgré tout, elle reste très attachée à la tradition de son pays d'origine, le Maroc, qu'elle n'a quitté que depuis deux ans pour venir rejoindre son mari dans le cadre du regroupement familial. Elle considère que l'école française et ses agents présentent de grandes qualités en termes de pédagogie et d'aménagements, « *l'école est propre, c'est mieux qu'au pays, je dois dire ce qui est, y a des choses dans l'école qu'on a jamais vu. Si tu veux envoyer ton enfant à la maternelle au pays, tu dois payer, on n'a pas d'école maternelle gratuite. Tu vois comme les classes sont bien décorées ici, comme c'est bien organisé, comme ils apprennent bien. Je te jure y a des choses dont ma fille me parle, moi je les ai connues bien plus tard qu'elle* » nous dit-elle. Avant de s'installer à Bordeaux, elle a habité quelque temps dans une petite ville des environs où elle a découvert une directrice d'école qu'elle n'a pas oubliée. « *Je suis tombée sur une qui est bien, une directrice, elle parle comme toi* [l'arabe], *c'est une Française, elle est mariée avec un Algérien, elle discute avec les femmes arabes, elles sont dingues d'elle. Tu vois même celles qui n'ont pas leurs enfants dans sa classe, si on leur donne un papier en français, elles vont voir Maryse, elles font la queue pour qu'elle leur explique parce qu'elle parle l'arabe. Moi, quand je suis arrivée du Maroc, ils m'ont demandé d'où je venais, ils m'ont dit, ah tu es Marocaine et ben si tu as besoin de quelque chose va voir Maryse, elle parle l'arabe elle t'expliquera. Elle est gentille, gentille, elle te dit jamais ceci ou cela, elle est bien, elle te lit les papiers, elle t'explique et tout* ». La proximité linguistique due au fait que la directrice parle arabe, semble se doubler d'une proximité culturelle et les services qu'elle rend en dehors de l'école participent à entretenir des relations cordiales avec les parents. Le statut de cette directrice s'apparente un peu à celui des instituteurs du début du XXe siècle où ce dernier jouissait d'une position importante au sein du village.

Arrivée à Bordeaux, si Fatima rencontre à l'école des enseignants qui lui semblent sympathiques, il n'en va pas de même en ce qui concerne la directrice et une maîtresse. Une grande partie de notre entretien se déroule ainsi autour de la relation problématique que ces femmes entretiennent. L'étude du cas de Fatima va nous permettre de traiter plusieurs points en rapport avec les relations interethniques à l'école liées à la problématique culturelle. Ainsi allons-nous aborder, à partir des notions d'honneur et de respect, l'usage de langue arabe, l'image de soi face aux eux et aux nous et le poids des mots.

1) L'usage de la langue arabe : un point d'achoppement

Pour diverses raisons, les parents maghrébins peuvent être appelés à utiliser la langue arabe avec leurs enfants[90], mais il semblerait que ces pratiques posent un certain nombre de problèmes que l'on retrouve essentiellement à l'école maternelle et dans une moindre mesure au primaire. Deux raisons essentielles semblent à l'origine de la cristallisation des problèmes linguistiques à la maternelle et moins dans les cycles suivants. La première, la moins pertinente à nos yeux, repose sur le fait que les enfants, étant donné leur bas-âge, ne sont pas toujours en mesure de différencier le contexte scolaire de celui de la famille en termes d'usage linguistique et ont tendance à introduire une langue étrangère au sein de la classe. La seconde est liée à la fréquence des contacts entre les agents de l'école et les parents. En effet, à la maternelle, les relations sont quotidiennes car les parents doivent accompagner leurs enfants et les récupérer dans la classe. Ainsi les contacts sont fréquents à raison de deux à quatre fois par jour, suivant que l'enfant mange ou non à la cantine. Par

---

[90] Pour plus de détails sur les raisons et les contextes d'utilisation de la langue arabe, se référer au chapitre § Pratiques sociales et culturelles.

conséquent, contrairement aux cycles supérieurs, les relations se déroulent dans une certaine « intimité » qui permet aux enseignants de participer de visu aux interactions entre les parents et leurs enfants et de repérer la langue employée au cours de ces échanges. Plusieurs enquêtés ont été confrontés à ce type de problème à l'école maternelle et nous relatent de façon récurrente le déroulement des faits. Lorsqu'un parent s'adresse à son enfant en arabe, la réaction de certains enseignants consiste souvent à interpeller l'individu en le priant de bien vouloir lui parler français. Les raisons évoquées sont essentiellement d'ordre pédagogique, « *c'est un conseil qu'on leur donne*, nous dit une enseignante, *parce que s'ils ne parlent pas français dès le début, ils prennent du retard et après on sait comment ça se termine. [...], souvent, ces parents, ils ne pensent pas à leurs enfants, à leur avenir* ». Pourtant ces conseils bienveillants ne sont pas toujours adressés de façon équitable, phénomène que nous avons pu constater par nous-mêmes, alors que nous étions présents dans une école maternelle. La même enseignante qui avait reproché à une mère maghrébine de parler arabe, félicitait quelque temps après une femme, dont le mari est Britannique, parce qu'elle s'adressait à son fils en Anglais. Étrangement, l'enseignante fondait ses compliments sur des arguments pédagogiques qui vantaient les mérites et les avantages générés par l'apprentissage précoce d'une langue étrangère. Il y a là certainement un mécanisme inconscient qui relève et révèle des représentations profondément enfouies au fond de la personne. Ces représentations ne seraient-elles pas le fruit d'une image forgée par la colonisation et le statut de majoritaire dominant qui pousse à n'entrevoir certaines cultures que sous l'angle de civilisations inférieures que seul notre modèle universaliste pourrait aider à sortir des ténèbres par le biais d'une mission civilisatrice.

Fatima ressent ces attitudes comme du racisme et surtout ne se sent pas respectée en tant qu'individu mais également de façon collective : « *Et elle* [la directrice], *dès qu'elle te voit parler arabe, elle fait une sale tête, je sais pas moi, c'est comme si on valait rien ! Je sais pas ce qu'ils pensent* ». L'expression « c'est comme si on valait rien », indique ce passage du « je » au « nous ». Le manque de respect et l'humiliation ne sont pas ressentis par Fatima par rapport à son unique personne, mais s'inscrivent dans le collectif. À travers elle, c'est l'honneur de son groupe tout entier qui est bafoué, elle n'est concernée que parce qu'elle porte en elle le poids de la stigmatisation collectivement appliquée à l'ensemble des Maghrébins, « *c'est parce qu'on est des Arabes* » dit-elle.

Pourtant, ce n'est pas tant la dimension pédagogique du conseil que Fatima récuse que la manière dont il est suggéré. Soucieuse de transmettre sa langue d'origine à ses enfants, elle n'en reconnaît pas moins l'importance du français, son discours traduit assez bien sa lucidité en la matière :

> « *Oui, ma langue j'y tiens ! Je ne conçois pas que mes enfants ne parlent pas l'arabe, c'est obligé, mais si tu es toi d'origine française et que tu sois dans un pays arabe, c'est obligé qu'avec tes enfants tu parles malgré toi dans ta langue d'origine, c'est ça mon point de vue. Moi je veux bien pratiquer le français avec eux [les enfants] et eux avec moi, comme ça on pourra peut-être arriver à un niveau correct pour tout le monde. Le français on en aura besoin en France. Mais l'arabe, qu'est-ce qu'on peut faire, mais pour qu'elle me dise, elle pourrait me dire de lui donner des cours supplémentaires, de lui faire faire une activité sportive, de l'accompagner au parc pour qu'elle rencontre des*

> *copines pour qu'elle parle français, mais qu'elle ne me dise pas : « voilà madame, votre fille est paresseuse, ne parlez pas l'arabe à la maison », non c'est pas comme ça. Y aurait beaucoup de choses qu'elle pourrait me dire, elle pourrait me conseiller qu'elle fasse de la gym, qu'elle joue avec les enfants, qu'elle me donne de bons conseils quoi ! C'est pas « tiens madame, votre fille ne travaille pas bien elle ne connaît même pas les couleurs, alors il faut parler un peu français à la maison ! ». Il faut pas exagérer, moi ça me fait honte ».*

Loin de remettre en cause les compétences de l'enseignante et le bien-fondé de ses conseils, c'est bien la forme avec laquelle ils sont prodigués qui suscite chez Fatima un fort sentiment d'humiliation. Ce sentiment, cet honneur entaché est vécu par une partie importante des parents que nous avons interrogés et si aucun d'entre eux ne remet en cause l'importance de la langue française, le stigmate négatif posé sur l'arabe participe d'une rupture partielle avec l'école.

Payet (2002), s'interroge sur la décence de l'institution scolaire. Un grand nombre d'observations et de témoignages issus de ses travaux abondent d'indices d'une institution humiliante, surtout pour les individus issus des classes populaires et immigrées. « Ce qu'enseigne l'observation des situations, ce dont témoignent les personnes au cours des entretiens ou des conversations, c'est une forme très particulière et récurrente de la relation sociale dans l'espace scolaire. Cette forme inscrit la rencontre agents-public dans un régime d'incongruité parfois, d'extériorité souvent, d'inégalité presque toujours » (Payet, 2002, p.58).

L'ethnicité, nous l'avons maintes fois souligné, s'inscrit dans un rapport de domination. Avec les Maghrébins, ce rapport se construit en partie à l'école en fonction d'une vision négative et réductrice largement influencée par l'histoire du colonialisme français. Ainsi la notion de *mission civilisatrice* que nous avons abordée au début de ce travail, se prolonge –souvent inconsciemment- par le biais de l'institution scolaire après avoir progressivement franchi les étapes de la colonisation et de l'immigration pour arriver aujourd'hui à l'ethnicisation du champ social et scolaire.

2) La rencontre des eux et des nous : l'honneur malmené

Cette indécence institutionnelle relevée par Payet (2002), peut avoir des conséquences en termes de violences symboliques ou réelles qui peuvent prendre la forme d'humiliations et de vexations ressenties par les acteurs comme des atteintes à leur dignité et à leur honneur. Les interactions entre parents et enseignants, si elles peuvent être courtoises ou simplement professionnelles, peuvent également s'avérer marquées du sceau de l'humiliation. Bien entendu, il ne s'agit pas pour nous de noircir le tableau en jetant l'amalgame sur l'ensemble des personnels scolaires et particulièrement des enseignants. Notre recherche, rappelons-le, se place du point de vue des parents et nous cherchons à repérer des modes de fonctionnement itératifs qui participent à la construction de l'ethnicité au sein de l'espace scolaire. Nous avons, dans cette optique, souvent employé le terme *inconscient*, indiquant ainsi que l'humiliation induite par certains comportements, n'est généralement pas intentionnelle. Mais si l'humiliation n'est pas l'objectif qui sous-tend la forme de la relation scolaire, elle n'en est pas moins pour cela, ressentie comme telle, par les parents dans leurs relations avec l'institution.

Le cas de Fatima étudié plus haut, ne se limite pas aux seuls reproches qui lui sont adressés quant à l'emploi de la langue arabe. L'histoire continue et nous permet ainsi de comprendre comment peut se construire une situation humiliante. Lorsque la directrice adresse ses reproches à Fatima, celle-ci dit avoir honte. Mais cette honte est décuplée car la scène se déroule en public : « *moi ça me fait honte, surtout quand j'ai des femmes arabes à côté de moi, parce qu'elles te montent la tête en disant « elle ne doit pas nous parler comme ça ». Mais si c'était qu'entre elle et moi je la laisserais dire ce qu'elle veut et par politesse, je partirais. Mais devant d'autres personnes, tu sais, ils te disent « ça la regarde pas »* [qu'on parle arabe avec nos enfants] ». La méthode qui consiste à adresser des reproches en public n'est évidement pas des plus judicieuses et tout le monde pourrait s'en offusquer. Mais le fait que la scène se déroule en compagnie de femmes maghrébines touche un point sensible de l'honneur. Face aux membres de son groupe, l'image de soi est primordiale. D'un autre côté, un certain nombre de personnes, surtout lorsque l'immigration est encore récente, ont des représentations idylliques des Français auxquels ils attribuent des qualités qu'ils opposent aux représentations qu'ils ont de leurs propres défauts. La directrice, française, jouit ainsi, aux yeux de Fatima, d'un statut prestigieux et s'entendre faire des reproches devant des femmes arabes la déconsidère et la dévalorise sur plusieurs plans. D'abord son statut de « bonne mère » est publiquement remis en cause et elle devra prouver aux femmes ses compétences en la matière. De plus, Fatima craint que les femmes arabes ne parlent de cet incident dans leur entourage, risquant ainsi de nuire à sa réputation dans le quartier. Enfin, ces mêmes femmes lui « *montent la tête* » en prenant sa défense de façon ambiguë. C'est ce que veut signifier Fatima lorsqu'elle précise que si le reproche lui avait était adressé en tête-à-tête avec la directrice, elle serait partie poliment. Car les femmes en lui précisant qu' « *elle ne doit pas nous parler comme ça* », donnent à l'incident une dimension à la fois collective et ethnique. Par la dimension collective, elles lui signifient leur solidarité, mais en recadrant l'action d'un point de vue ethnique, elles rappellent implicitement qu'elle ne peut pas se laisser atteindre dans son honneur sans réagir, « *ça ne la regarde pas* » disent-elles. Fatima est donc prise entre la nécessité de rester polie avec la directrice ou de réagir pour ne pas perdre la face devant les femmes. Il y a là une situation où *déférence* et *tenue* se trouvent prises au piège d'une situation cornélienne. Fatima *perd la face* sur les deux plans et se trouve profondément atteinte dans son honneur. Bien sûr, la directrice n'est pas consciente des enjeux sous-jacents dans la mesure où l'action se joue simultanément sur deux scènes, dont au moins une d'entre elles, lui est étrangère. Toutefois, en adressant des reproches en public à Fatima, le processus d'humiliation engagé reste de sa responsabilité. Il y a là des phénomènes qui, en situation d'interculturalité, font appel à des mécanismes cachés et entraînent des conséquences sur la nature des relations des parents à l'école en renforçant les frontières ethniques et l'effet de domination.

3) Le poids des mots et leur ambiguïté

Le cas de Fatima nous amène à poursuivre notre analyse sur les relations interethniques entre les parents et les enseignants. Humiliation et honneur malmené, sont des notions qui résultent souvent des interactions. Le déroulement de celles-ci induit qu'au moins deux personnes soient, d'une façon ou d'une autre, en contact dans un contexte défini. Dès lors, la subjectivité des acteurs, leurs arrières-plans sociaux et culturels font partie intégrante de l'interaction. Le message envoyé par l'un est reçu par l'autre en fonction de ses propres schèmes de référence.

En cela la rencontre relatée par Fatima avec une enseignante remplaçante, nous permet de comprendre comment l'emploi de certains mots ou d'expressions peut participer de l'humiliation et du renforcement des frontières.

> « *Il y a une remplaçante qui est venue, une maîtresse gentille, gentille, gentille. Cette remplaçante est très très gentille ! A chaque fois elle me dit que comme on a déménagé, on était à X, peut-être que le fait d'avoir changé de maîtresse et copines la rend un peu inquiète et elle me demande comment elle est à la maison, je lui dis qu'elle joue bien, qu'elle s'amuse et tout. Peut-être que d'avoir changer l'ambiance n'est pas la même, tu vois ? Une autre remplaçante est arrivée, elle a à peu près mon âge, c'est une Française encore jeune apparemment encore célibataire. Naïvement je lui ai demandé comment tu trouves ma fille, elle me dit « je la trouve sauvage ». Alors là je lui ai dit que ce n'est pas une façon de parler de ma fille, « c'est honteux venant de toi qui est instruite et intelligente que tu me dises que je suis sauvage Tu peux me dire que ma fille est très dure, qu'elle se dispute, qu'elle se bagarre, mais ne me dis pas qu'elle est sauvage ». Là si tu appelles ma fille pour lui demander ce qu'elle pense de Cécile, elle va te dire que c'est pas gentil de m'avoir dit devant les enfants que je suis sauvage. Il y en a qui ne savent pas parler et c'est honteux qu'il y ait des gens comme ça qui instruisent les enfants. Vraiment, y en a qui savent pas parler !* [...]. *Faudrait savoir si elle va à l'école pour s'instruire ou pour apprendre des mots comme ça ? Ils doivent d'abord changer leur façon de voir* [sur les étrangers] *alors les enfants suivront leur exemple. En plus nous, on est des Arabes.* »

En dehors du fait que l'on retrouve partiellement le mécanisme décrit précédemment (l'enseignante traite la fille de sauvage devant ses camarades), d'autres types de phénomènes interviennent. La focalisation de Fatima sur le terme « sauvage », l'amène, une fois encore à se sentir humiliée en l'atteignant dans son honneur de femme et de mère de surcroît arabe. Toutefois, il n'est pas certain que l'enseignante ait employé ce mot de façon péjorative et blessante. Ainsi, a-t-elle pu vouloir signifier qu'elle était « un petit peu sauvage », dans le sens où elle a un peu de mal à communiquer avec ses camarades de classe ce qui, à cet âge, n'est pas anormal. Mais Fatima, en France depuis deux ans, pratique la langue française de façon scolaire et interprète le sens des mots en fonction de sa propre culture. En cela, le vocable « sauvage », traduit littéralement en arabe, peut être interprété comme injurieux, et place la personne visée par le qualificatif du côté de l'animalité. De surcroît, lorsque Fatima indique « *en plus nous, on est des Arabes* », ne replace-t-elle pas la notion de sauvagerie dans une logique d'opposition aux civilisés qui ferait alors appel à des images inconscientes ou non de la colonisation.

D'un autre côté, Fatima commet un lapsus en se substituant à sa fille et en transposant le reproche sur elle-même : « *c'est honteux venant de toi qui es instruite et intelligente que tu **me** dises que je suis sauvage* ». Le passage du « elle » (sa fille) au « je » (elle-même), rend compte de la blessure narcissique que la situation a pu entraîner chez elle en mettant en cause son statut de mère et de femme arabe. Nous avons là une situation repérée par Goffman (1975) où « le sentiment subjectif de sa situation et de la continuité de son personnage que l'individu en vient à acquérir par suite de ses diverses expériences sociales » (Goffman, 1975, p. 127) sont gravement menacés. Ces situations de *défiguration sociale* révèlent l'écart entre le sentiment subjectif de soi, l'identité virtuelle *pour soi* et l'identité réelle, telle qu'elle émerge du traitement objectif d'un sujet. Ainsi, pour ne pas *perdre la face*, Fatima élabore une stratégie réparatrice qui consiste, à partir de ses propres références culturelles, à dévaloriser implicitement l'enseignante. *« elle a à peu près mon âge, c'est une Française encore jeune, apparemment encore célibataire »* nous précise-t-elle. En pointant son jeune âge, les compétences professionnelles de l'enseignante sont mises en doute. D'un autre côté, la comparaison opérée par Fatima - les deux femmes ayant approximativement le même âge - et le statut supposé de célibataire qu'elle attribue à l'enseignante, ont pour but de lui ôter toute légitimité de jugement en matière d'éducation. Car Fatima donne alors au célibat une connotation péjorative – ne pas avoir encore trouvé de mari peut révéler des défauts cachés- et pense qu'une femme sans enfant n'est pas en position de juger et de donner des conseils à une mère de famille expérimentée.

À travers cette analyse, nous remarquons que les interactions à l'école en situation interculturelle, peuvent se construire sur une série de malentendus. Ceux-ci peuvent alors participer, de part et d'autres, à générer des situations ressenties comme racistes ou discriminatoires et à consolider les frontières ethniques par la production de réponses identitaires.

Le cas de Fatima que nous avons étudié tout au long de cette partie, nous a permis d'opérer une déconstruction/reconstruction d'un certain nombre de mécanismes révélateurs de phénomènes présents au cours des relations parents/enseignants en situation interethnique. Pour cela, redisons-le, s'il s'agit de situations vécues par beaucoup de parents maghrébins, cela ne signifie pas que la généralité est de mise. Toutes les relations ne se déroulent pas ainsi, mais une partie des personnes que nous avons rencontrées, se sont retrouvées, à un moment ou à un autre, confrontées à ce type de situation. Les conséquences consistent alors à marquer les individus dans leurs différences et à réduire un tant soit peu la confiance accordée aux agents de l'école.

4) La double honte

La honte et l'honneur entretiennent des rapports étroits qui s'inscrivent dans une logique circulaire. Perdre l'honneur, c'est honteux mais avoir la honte c'est perdre un peu de son honneur. Ainsi, les élèves maghrébins (mais pas seulement), peuvent être amenés à mettre en place des stratégies ayant pour fonction de les protéger de la honte et de conserver leur honneur. Luc, surveillant dans un collège de la rive droite bordelaise, nous fait part des élèves qui profitent de la méconnaissance de la langue française par leurs parents pour falsifier certains documents scolaires :

> *« Certains petits jouent avec le fait que leurs parents ne maîtrisent pas le français et connaissent pas bien le système [...] Euh, par exemple, les billets d'absence. Quand ils sont absents par exemple ou quand le collège téléphone déjà, c'est eux qui répondent. Ou alors quand c'est les parents qui répondent, les parents ne comprennent pas, demandent à leurs enfants de répondre. Après*

> *les billets scolaires, les billets d'absence, le gamin dit à son père qu'il est absent pour telle raison, le père signe. Il cherche pas à comprendre, ni à lire ce qu'il y a marqué sur le billet, donc le gamin met ce qu'il veut. Il arrive même qu'il y ait des élèves qui reviennent en cours au collège avec des billets signés sans motif. C'est juste signé, le père ou la mère met la signature et le gamin il nous donne le motif quand il arrive, voilà. C'est à nous de remplir, en gros ! Enfin c'est un aspect, après bon y en a plein d'autres hein ! »*

Pourtant, derrière ces méthodes qui relèvent clairement de stratégies malhonnêtes, du mensonge et de la tricherie, peuvent se cacher pour certains, des mécanismes de protection. Azzedine, a usé de ces stratagèmes durant sa scolarité pour des raisons autant différentes qu'inattendues :

> *Azzedine : « mais nous on avait des combines pour pas qu'il suive [pour ne pas que le père suive la scolarité de ses enfants], il suivait à sa manière. Mais on avait des combines pour intercepter les bulletins, même pour trafiquer les bulletins. Bon les réunions, mon père il a jamais assisté à une réunion, peut-être une fois en primaire. Sinon tout ce qui est collège, tout ce qui est secondaire, il a jamais assisté.*
> *Enquêteur : Parce que vous le cachiez ou parce qu'il ne voulait pas y aller ?*
> *Azzedine : Non, on le cachait, on le cachait, on signait à sa place.*
> *Enquêteur : Vous ne vouliez pas qu'il aille aux réunions ?*
> *Azzedine : Non, on voulait pas qu'il y aille. En fait la simple raison, c'est pas qu'on avait peur des notes contrairement à beaucoup de gens, c'est parce qu'on avait honte de notre père. Parce qu'il parlait pas le français et on avait honte qu'il rencontre nos profs et qu'ils voient qu'il parlait mal le français et ça nous dérangeait beaucoup. Mes frères comme moi et ce qui fait qu'on se signait les mots, mon frère il imitait la signature de mon père et mon père il avait pas beaucoup de moyens pour nous suivre, pour savoir s'il y avait des réunions, il appelait jamais au collège et on s'arrangeait toujours à trouver des combines, pour intercepter les bulletins, pour intercepter des courriers du lycée, on s'arrangeait avec mon frère. On avait plusieurs combines pour pas qu'il soit au courant de notre scolarité. Mais surtout on avait honte qu'il rencontre des profs et qu'il sache pas parler et lire le français. »* (Azzedine, 30 ans, étudiant en sociologie, Bordeaux)

Ainsi, les stratégies mises en place par Azzedine et ses frères ne s'inscrivent pas dans un registre anti-scolaire, mais au contraire dans une logique qui consiste à se protéger de la sphère familiale considérée comme dévalorisante au regard de l'école. L'intrusion paternelle dans la sphère scolaire est redoutée et envisagée sous l'angle d'une dangerosité qui risquerait de mettre en péril l'image de soi élaborée par Azzedine dans le cadre de ses relations scolaires. Ces stratégies consistent donc à protéger sa *face* et à éviter de renforcer le stigmate déjà existant à travers le capital ethnique[91]. On peut aussi se demander si elles ne consistent pas à protéger, dans le même mouvement, le père, des risques de stigmatisation qu'il encoure à l'école.

Pourtant, Azzedine n'a pas toujours ressenti ce sentiment de honte envers son père. Scolarisé et socialisé au Maroc jusqu'à ce qu'il vienne le rejoindre en France à l'âge de huit ans, c'est avec fierté qu'il parlait de ce père absent :

---

[91] On retrouve des phénomènes identiques face aux mères qui accompagnent les enfants à l'école vêtues d'une djellaba ou d'un habit traditionnel.

> « Bon quand j'étais au Maroc je voyais pas mon père, pour moi c'était une grande référence, c'était la personne intouchable etc. Puis quand je suis arrivé en France [...] comme nous on apprenait le français, donc on a très vite compris que notre père ne maîtrisait pas le français aussi bien que ça, [...] euh sa façon de s'exprimer aussi, il s'exprimait pas très bien, donc il lisait pas très bien, il s'exprimait pas très bien [...]. lorsque j'étais à l'école au Maroc, lorsqu'on me disait qu'est-ce qu'il fait ton père, j'étais très fier de dire il travaille en France et puis j'avais le respect de tout le monde. Que ce soit du prof ou même du directeur ou des élèves. Donc c'était une notoriété d'avoir un père qui travaille en France. Et quand on venait ici en fin de compte, c'était pas aussi haut quoi d'être militaire et d'être en France que ça. En fait on est redescendu, du rêve que j'avais au départ je suis vraiment redescendu à cette réalité que je ne connaissais pas du fait que mon père n'avait pas un statut particulier par rapport aux autres parents. Et puis surtout qu'à l'école française on découvrait aussi que beaucoup de gens avaient leur, parmi les Français qui étaient médecins, qui étaient enseignants, dentistes, ce qui fait qu'on osait même plus dire le métier de notre père tellement que c'était... »

L'élaboration de stratégies pour se protéger de la honte d'un père autrefois vénéré risque de modifier le mouvement circulaire qui caractérise la honte et l'honneur. Azzedine, désormais adulte, avoue combien cette position était difficile à tenir face à un père qu'il a malgré tout, toujours respecté. Ainsi la stratégie qui consiste à préserver son honneur à l'école en écartant la honte que pourrait provoquer le père, engendre une autre honte : celle de renier symboliquement ce père et ainsi de se déshonorer. La double honte n'est pas facile à assumer et l'on peut s'interroger sur l'image de ces pères immigrés donnée par notre société à ces jeunes.

Au cours de cette partie, nous avons tenté d'analyser le rôle de la culture et de la différence culturelle dans la construction des rapports interethniques à l'école. Il ne s'agit pas pour nous de tomber dans un romantisme qui consisterait à considérer la reconnaissance de la culture de l'autre comme la satisfaction d'une fantasmatique exotique. Le respect de la culture d'autrui implique celui de la sienne propre. Il s'agit simplement de pointer comment la différence culturelle est utilisée dans les relations interethniques. Le manque de respect ressenti par les membres des groupes minoritaires à l'égard de leur culture, peut l'être tout autant pour les majoritaires à l'égard de la leur. Une enseignante du primaire nous relatait à ce propos combien elle se sentit agressée alors qu'une mère maghrébine posait amicalement la main sur son épaule. Les rites de proximité corporelle varient d'une culture à l'autre. Il nous suffit d'aller au Québec pour nous rendre compte combien la dimension latine de notre culture étonne et que nos rites statutaires, notamment en matière de salutation surprennent : s'embrasser pour se saluer ou même se serrer la main n'est pas monnaie courante chez nos lointains cousins. Le tutoiement intempestif dont peuvent faire preuve des individus maîtrisant modérément les subtilités de la langue française, peut également être mal perçu parce qu'il n'accorde pas le niveau de déférence attendu. Néanmoins, il ne faut pas perdre de vue que les relations interethniques à l'école se déroulent généralement dans un rapport inégal où la culture du groupe dominant l'emporte sur celle du dominé.

D'un autre côté, les analyses effectuées au cours de cette partie concernent plutôt des individus socialisés dans les pays d'origine, et la culture, nous n'avons cessé de le dire tout au long de ce travail, change, évolue, se modifie, notamment par le processus d'acculturation. Par conséquent, ces phénomènes ont de grandes chances de s'atténuer progressivement, les résultats tirés de notre questionnaire, à travers les analyses en termes de générations le montrent.

4- Islam et ethnicité à l'école

La partie que nous allons traiter maintenant, qui concerne l'émergence sous des formes diverses, de la religion musulmane dans la sphère scolaire, semble plus problématique. En effet l'apparition du fait religieux musulman en France, nous l'avons vu, peut être envisagée comme un indicateur d'intégration de la communauté maghrébine. Il s'agit alors de considérer l'apparition sur la scène scolaire d'un certain nombre de pratiques comme le résultat d'un passage, pour la communauté maghrébine, d'un statut d'immigration à celui de l'installation, voire de la pérennisation d'un groupe ethnique en devenir. Mais, dans le même mouvement, cette visibilité de l'islam indique également que la religion émerge comme un élément constitutif de l'identité maghrébine. Si l'islam ne semble pas constituer un frein à l'intégration, il peut, pour les tenants du modèle assimilationniste représenter un sérieux obstacle. Selon la formule consacrée nous sommes passés ou nous passons progressivement d'un islam en France à un islam de France, signifiant ainsi la double adaptation nécessaire de la religion musulmane vers la République et de la République vers l'islam.

Les relations entre l'école et les religions se sont, nous le savons, déroulées dans un contexte historique difficile. La lutte entre les cléricaux et les tenants de la laïcité est semée d'embûches et ne s'est pas arrêtée avec la loi de 1905 qui scelle définitivement la séparation de l'Église et de l'État. Cependant, au fil du temps, un certain nombre de compromis ont permis de pacifier la situation en autorisant notamment l'ouverture d'écoles privées sous contrat. Dès lors, l'école publique se considère comme la gardienne du temple de la laïcité, garante des valeurs éclairées des Lumières et de la rationalité. Toutefois, avec l'installation en France, d'une importante communauté musulmane, et surtout avec l'apparition des générations locales, un certain nombre d'évènements réintroduisent au sein de l'école, une dimension religieuse qui interroge, surprend ou exaspère[92]. Quelle que soit la religion, l'institution scolaire a tendance à considérer son intrusion sous quelque forme que ce soit, comme une offense à la laïcité, mais avec l'islam, resurgissent les fantasmes ancrés dans l'histoire, d'autant plus que ceux-ci sont régulièrement alimentés par les évènements de l'actualité quotidienne. Ce stigmate tribal que représente la religion (Goffman, 1975, p. 14) est posé sur les musulmans et entretenu sur un plan national articulé avec l'international à travers les mécanismes de dé-localisation – re-localisation (Giddens, 1994). Ainsi, des événements qui se produisent aux quatre coins de la planète participent, par un mécanisme d'amalgame, du renforcement du stigmate.

---

[92] On peut considérer que les affaires dites « du foulard islamique » survenues à Creil en 1989, marquent le début de la question de l'islam à l'école.

Le champ de l'école, loin d'être hermétique à ces phénomènes, y trouve des arguments pour dénoncer la dangerosité de l'islam et les troubles à l'ordre public et scolaire qui résulteraient de l'intrusion de pratiques religieuses en son sein. Ainsi, problématiques sociales, culturelles, idéologiques et religieuses sont confondues et renvoient la responsabilité d'un certain nombre de problèmes sur l'islam. « La relation problématique de la France à l'Islam s'exprime dans un registre scolaire », indique Payet (1996, p.100), en soulignant une stigmatisation particulièrement dirigée vers l'immigration musulmane. D'un autre côté, la confusion entretenue entre la pratique religieuse, l'intégrisme et le terrorisme, trouble les données et empêche souvent le développement pragmatique d'une analyse du fait religieux à l'école.

Dès lors, il nous semble important de comprendre par quels mécanismes le fait religieux musulman se développe dans le champ scolaire et comment sont traités les phénomènes qui en résultent au cours des interactions.

a) L'application du principe de visibilité

Le principe de visibilité, que nous avons décrit précédemment, s'applique d'autant plus dans le champ scolaire qu'il se confronte directement au principe de laïcité. Le principe de visibilité, nous l'avons vu, repose essentiellement sur le fait que des éléments non contrôlables par l'individu vont surgir au sein de l'espace public en révélant, malgré lui, une partie de son identité alors repérable à travers ses pratiques et en ouvrant ainsi, la voie à la stigmatisation. Il y a là en quelques sortes un passage pour l'individu du statut de *discréditable* à celui de *discrédité* (Goffman, 1975, p. 14).

À l'école, ce principe se développe en s'appuyant essentiellement sur des faits objectifs liés à des pratiques tels que les interdits alimentaires, le ramadan ou les fêtes.

D'autres éléments permettent de repérer l'appartenance religieuse, sans pour cela présumer du degré de pratique, ceux-ci ne s'inscrivent généralement pas dans le principe de visibilité, soit parce qu'ils sont délibérément affichés, soit parce qu'ils font partie intégrante de l'individu et ne peuvent être dissimulés. Les premiers peuvent être des bijoux (croix, main de Fatima, étoile de David), les seconds relèvent par exemple du patronyme. Le port du foulard est plus problématique et se situe à la lisière de ce principe. En effet, s'il s'agit bien d'un signe volontairement affiché de son appartenance religieuse, celui-ci peut aussi être considéré au même titre qu'une pratique obligatoire tel que le ramadan si la jeune fille le considère comme une condition nécessaire pour l'application de sa foi.

Ainsi des éléments de la pratique religieuse vont émerger au sein de l'école en provoquant des réactions diverses. De manière générale, ces pratiques ne doivent pas poser de problèmes particuliers à l'institution scolaire dans la mesure où elles n'enfreignent, ni la réglementation, ni le respect de la laïcité. Car à moins de considérer l'interdit porcin ou le jeûne comme des pratiques subversives, rien ne permet de les interdire. C'est donc plus la différence qui est pointée en tant qu'élément perturbateur de l'ordre scolaire et la symbolique religieuse, souvent fantasmée, présente à l'arrière plan de ces pratiques.

1) Le ramadan

Nous ne reviendrons pas sur l'explication de ce rite que nous avons déjà vu. Rappelons simplement que le ramadan constitue un des cinq piliers de l'Islam et que, sauf exceptions, il est obligatoire pour tous les musulmans ayant atteint le stade de la puberté. Il peut être, suivant les cas, pratiqué dans une optique culturelle et/ou religieuse.

Le principe de visibilité s'applique au ramadan en raison de son caractère obligatoire. De plus, le jeûne pratiqué est diurne et se déroule par conséquent durant le temps scolaire. Lorsqu'il tombe en hiver, le moment de la rupture du jeûne intervient souvent pendant les heures de cours. Il y a donc, malgré tout, une visibilité de la pratique dans l'enceinte scolaire, d'autant que, dans les établissements où les musulmans sont nombreux, le sujet est plus ou moins abordé par les différents acteurs. Lorsque cette pratique se concrétise à l'école, c'est généralement autour de la cantine, du sport et de la fatigue des élèves.

S'il n'existe pas de chiffres officiels pour mesurer l'ampleur de cette pratique, des données empiriques tendent à montrer qu'elle est en forte augmentation. De nombreux articles de presse parus à l'occasion des deux derniers ramadans (2001 et 2002) semblent aller dans ce sens. Il se peut également que le phénomène ne soit pas nouveau, mais que pour diverses raisons, liées en partie à un début de reconnaissance de l'islam de France, il fasse depuis quelque temps, l'objet de considérations plus appuyées. Rappelons-nous que lors de notre analyse statistique, nous constations qu'en 1996, Tribalat (1996, p.240) estimait à 80% le taux de respect du ramadan, deux ans plus tard Boyer (1998, p.22) avançait un chiffre de 81%, et de notre côté, cette pratique concerne 95,4% de notre échantillon[93]. Par conséquent, le ramadan semble constituer une pratique largement et régulièrement suivie depuis longtemps déjà.

Le ramadan constitue un bon exemple de ces pratiques qui engendrent souvent des réactions mitigées de la part des personnels scolaires, allant du rejet à l'admiration et du dédain à la curiosité. Quoi qu'il en soit, beaucoup d'enseignants reconnaissent un certain mérite aux élèves qui pratiquent un rite qu'ils ne se sentent pas capables d'accomplir.

Sur le plan de la direction des établissements le ramadan semble faire l'objet d'une reconnaissance croissante qui se révèle à travers la prise en compte par les services administratifs d'une organisation spécifique en matière de gestion de la cantine. Ainsi, on acceptera que les élèves ne règlent pas les frais de la demi-pension, certains établissements allant jusqu'à prévenir les parents quelque temps avant le ramadan afin qu'ils régularisent la situation par un mot. Du côté des enseignants, tous les types de réactions sont possibles, en l'absence de réglementation, c'est le bricolage qui semble de mise et chacun agit en fonction de sa propre subjectivité et de ses convictions idéologiques.

Ainsi, la pratique du ramadan peut être prise en compte par certains enseignants qui en mesurent les conséquences en termes d'efforts requis. Tout en ayant conscience de « *l'utilisation stratégique que font certains élèves de cette pratique, afin d'obtenir un traitement particulier de la part de l'enseignant, qui*

---

[93] Pour plus de détails Cf. la partie - *Pratiques religieuses* au § *degré de pratique religieuse*

n'est pas toujours dupe de cette manipulation » (Favre-Perroton, 1999, p.143), des mesures exceptionnelles peuvent être accordées aux élèves pendant le ramadan. Il faut voir ici, de la part du personnel enseignant un élan de générosité compréhensive envers une pratique qui paraît, aux yeux de qui ne jeûne pas, extrêmement contraignante et difficile. La fatigue, réelle ou supposée, engendrée par ce rite amène un certain nombre d'enseignants à être moins exigeants sur la production du travail scolaire en cette période. Il faut certainement prendre en compte l'ampleur du phénomène dans des établissements fréquentés par un grand nombre de musulmans, d'autant que le ramadan fait partie des rites islamiques les plus respectés y compris par les membres d'ordinaire très peu pratiquants. Le Ramadan est aussi un acte communautaire et culturel constitutif de l'identité musulmane qui transcende les appartenances nationales pour s'inscrire dans la Oumma[94]. En cela, on peut dire qu'il est producteur d'ethnicité et marque clairement, au sein des établissements les limites des frontières ethniques. Comme nous l'avons déjà vu, ces frontières sont avant tout labiles et le ramadan participe à une évolution provisoire de ces limites. En effet, là où les frontières ethniques se démarquent habituellement en fonction d'une origine géographique et culturelle, celle-ci va être plus ou moins transcendée pendant ce mois et s'élargir en fonction de l'appartenance religieuse. Certes, certaines spécificités propres à chaque groupe persistent, mais les élèves turques, africains, asiatiques et maghrébins de confession musulmane se retrouvent autour d'une pratique commune dans une sorte de solidarité ethnique élargie.

Durant cette période, on peut constater un renforcement à l'école des liens ethniques autour du ramadan, ainsi les élèves s'enquièrent de savoir qui est *sahim* et qui est *fatar*[95]. Pour cela, les plus jeunes emploient une méthode plutôt aléatoire, qui consiste à montrer sa langue, la couleur de celle-ci devant révéler la pratique ou non du jeûne. Nous n'avons pas constaté l'existence de phénomènes coercitifs qui consisterait de la part des jeunes à contraindre leurs camarades à pratiquer le ramadan, mais on ne peut nier le poids d'une pression sociale implicite et collective. Le fait de pratiquer le ramadan apparaît comme très valorisant au sein même du groupe d'élèves musulmans et peut l'être tout autant envers les autres, non musulmans. Pourtant, certains ont du mal à se positionner et craignent d'être stigmatisés d'un côté ou de l'autre. Pour éviter cela, ils adopteront un double langage en indiquant à leurs camarades musulmans qu'ils jeûnent et aux non-musulmans, qu'ils mangent. À l'inverse, plusieurs élèves nous ont indiqué que certains de leurs camarades français, non musulmans, partageaient avec eux le ramadan en jeûnant eux-mêmes. Cette implication semble alors relever d'une stratégie d'intégration à un groupe de pairs auquel on souhaite ardemment appartenir. Ici, le ramadan apparaîtrait comme un rite propre à la culture de la cité. Toutefois, ces « conversions » restent minimes, d'autant que comme le précise Zineb, les parents ne voient pas toujours d'un bon œil ces élans de spiritualité : « : *Y a une française elle l'a fait, mais que rien que pour faire la belle. Sa mère après elle l'a engueulée. Mais elle c'est même pas du tout une musulmane et elle l'a fait comme ça, parce que il y a beaucoup d'arabes* ».

---

[94] Communauté musulmane au sens large.
[95] *Sahim* signifie le fait d'être en état de jeûne, *fatar* le fait de l'avoir rompu (déjeuner).

Si beaucoup d'élèves jeûnent, d'autres, bien que plus rares n'accomplissent pas le rite mais vont profiter des attitudes compréhensives du personnel scolaire pour bénéficier des exceptions à la règle consenties en cette période. Ils vont alors jouer sur des variables qui laissent à penser qu'ils pratiquent le ramadan (patronyme, traits phénotypiques, etc.). Ainsi, le proviseur d'un lycée professionnel roubaisien nous relatait que dans son établissement qui accueille un grand nombre de musulmans, une pause d'un quart d'heure fut accordée à la demande d'élèves pratiquants au moment de la rupture du jeûne afin qu'ils puissent se restaurer. Toutefois, il se rendit compte très rapidement que quelques élèves qui ne jeûnaient pas, profitaient tout de même de cette mesure pour interrompre leur cours en prétextant pratiquer le ramadan. Face à cette « supercherie », l'exception prit fin, notamment par l'intervention d'un enseignant musulman qui jeûnait lui-même. Celui-ci expliqua aux élèves que la rupture du jeûne ne nécessitait en aucun cas d'interrompre les cours et qu'il était tout à fait possible à ce moment-là de consommer discrètement quelques aliments (dattes, biscuits) sans pour cela perturber le fonctionnement normal de la classe. Ainsi, l'intervention de l'enseignant musulman coupa court à toute revendication et les cours continuèrent normalement. Par cette anecdote on peut s'interroger sur l'utilisation de la religion et de l'ethnicité par certains élèves en tant que ressource stratégique favorisant l'obtention d'avantages ou de passe-droits. On peut également s'interroger sur les effets induits par un enseignant appartenant à un groupe ethnique spécifique. En effet, la connaissance d'une culture, de ses codes et de ses traits, permet sans aucun doute de mieux percevoir le monde de l'élève « culturellement proche » ; l'exemple présenté par Favre-Perroton (1999, p.144), et son analyse de la situation montrent comment, dans une démarche des plus respectueuses envers la culture de l'autre, des enseignants en arrivent à adopter des comportements non appropriés. L'auteure indique en effet qu'un professeur qui dispensait un cours de cuisine, accepta de ne pas faire participer deux élèves maghrébines qui jeûnaient, ces dernières ayant prétexté l'interdiction de toucher la nourriture pendant la journée. L'excuse présentée est évidemment fausse, car s'il est interdit de manger, le fait de cuisiner n'est nullement prohibé. Stratégie volontaire de la part des filles qui, en état de jeûne ne préféraient pas être tentées par la nourriture ou méconnaissance de leurs propres traditions, peu importe, l'essentiel est de retenir comment les acteurs peuvent jouer de leur ethnicité pour en tirer un quelconque intérêt. Il ne suffit pas non plus de voir derrière toute demande spécifique que ce soit, une supercherie ou le mensonge, car c'est bien souvent en toute sincérité et honnêteté que parents ou enfants des divers groupes ethniques les formulent.

Ainsi, Nourdine nous explique qu'une année les épreuves notées d'éducation physique et sportive (EPS) devaient se dérouler durant la période de ramadan. L'enseignant s'étant informé des dates, a spontanément proposé aux élèves jeûneurs d'avancer leurs épreuves avant le début du ramadan afin qu'ils ne soient pas pénalisés. Il y a dans ces attitudes, des procédés intéressants qui ne relèvent pas vraiment de la discrimination positive, mais qui prennent en compte la différence en apportant des réponses simples ne remettant en cause, ni la laïcité, ni le principe d'égalité. Les élèves se sentant reconnus, le climat n'en est que plus apaisé. Certes, cette prise en compte de la différence peut être interprétée comme une entrave à l'universalisme et une reconnaissance explicite du phénomène ethnique à l'école. Pourtant, elle ne fait que légitimer la réalité d'une situation donnée, car qu'on le veuille ou non, les élèves pratiquent objectivement le ramadan, ce qui leur octroie une réelle visibilité en termes d'ethnicité qui peut être niée. Ici, l'enseignant a permis que chacun puisse passer les épreuves notées dans les meilleures conditions, tout en participant au développement d'un bon climat scolaire.

À l'inverse, un autre enseignant d'EPS, que Nourdine eut l'année suivante refusa ce compromis :

> **Nourdine** : « *Parce que le professeur l'année dernière, au professeur, on lui disait comme quoi on faisait le ramadan, il nous laissait le choix de courir avant le ramadan, parce que ça compte dans le cycle endurance, il nous donnait le choix de pas courir ou de faire un sport qui était moins épuisant. Le prof de cette année, il nous a dit, étant donné que c'est pas obligatoire que vous fassiez le ramadan, c'est votre choix, alors on fait quand même endurance.*
> **Enquêteur** : *Qu'est-ce qu'il voulait dire par-là, c'est votre choix ?*
> **Nourdine** : *Enfin c'est votre choix de faire le ramadan ou sinon c'est pas obligatoire pour vous. C'est à dire vous pouvez ne pas le faire et faire le cycle endurance* ». (Nourdine, 15 ans, collégien, Cenon).

Luc, surveillant dans ce même collège, nous indique que cet enseignant est aigri face à ce qu'il considère comme une intrusion du religieux dans l'espace laïque républicain. D'un autre côté, en reprochant implicitement aux élèves d'avoir *choisi* de jeûner, il fait preuve d'un jugement aléatoire et d'une immixtion dans la vie privée des individus en mettant tacitement en cause leur choix.

Ce qui peut apparaître comme l'immixtion d'une catégorie d'enseignants est souvent vécue du côté des familles comme une humiliation et une dévalorisation de leur statut. De plus il semble que certains agents scolaires aient du mal à se détacher de leurs convictions idéologiques et politiques et lorsque des conflits de valeurs mettent en jeu ces convictions, certains d'entre eux vont chercher aide et soutien auprès des différentes instances collectives qui les entourent (collègues, hiérarchie, syndicats, administration). J. Hohl et M. Normand rappellent ce que devrait être la posture idéale d'un enseignant dont « le mandat premier est de se situer comme professionnel et non comme citoyen (ou femme, ou membre d'un groupe majoritaire, etc.) et de prendre en considération l'intérêt des élèves [...] dans sa dimension d'accès à un jugement indépendant et de liberté de produire sa propre synthèse identitaire » (Hohl et Normand, 1996, p.50). Parents et élèves ressentent ce manque de neutralité et ce parti pris comme des injustices profondes, et ont du mal à comprendre ce blocage systématique dès lors qu'il s'agit de la religion.

Il semble que deux raisons essentielles orientent certains enseignants vers des comportements de rejet face à la religion musulmane.

- La première s'inscrit plutôt dans un registre idéologique lié à une tradition que Lorcerie (1996), reprenant les termes de Baubérot[96], nomme une « laïcité républicaine » en opposition à la « laïcité démocratique ». La première se réclame

---

[96] BAUBEROT J., « Les avatars de la culture laïque », *Vingtième siècle*, n°44, octobre - décembre 1994, p. 51-57.

« des lumières et de la révolution, "c'est une laïcité de combat moniste, soucieuse de la non-expression des allégeances religieuses ou communautaires de l'individu citoyen dans l'espace public (illustrée dans l'affaire des foulards, par une attitude favorable à l'exclusion des jeunes filles voilées)"[Baubérot, 1994], La laïcité démocratique, est quant à elle, plus souple, plus ouverte aux différences et au libre-jeu de la sécularisation des espaces sociaux, moins exigeante sur la durée et les formes des processus d'intégration à la société française » (Lorcerie, 1996, p.56). Ainsi, certains enseignants restent accrochés à une idéologie vieillissante et ressentent la présence musulmane comme une menace qui participerait à accélérer son agonie. « L'autre est là, il menace, la culture est perdue, la liberté blessée, l'école assassinée. Et c'est l'Islam, le seul Islam qui est déclaré coupable, car dans le même temps et depuis des lustres, d'autres signes religieux et des exceptions culturelles sont admis » (Debarbieux, 1999, p. 85). L'islam ne joue-t-il pas ici le rôle du bouc émissaire, dans un contexte de mondialisation, où de toute façon, les choses sont appelées à changer.

2) L'absence pendant les fêtes

Les deux grandes fêtes musulmanes que nous avons déjà présentées, relèvent également, dans le cadre scolaire, du principe de visibilité. Car, à moins qu'elles ne tombent un jour chômé, pour qui souhaite les célébrer, cela implique une absence repérable tant par les enseignants que par les agents de la vie scolaire.

Khellil souligne « que la laïcité s'accommode de vacances scolaires liées à des fêtes religieuses chrétiennes, [et] que le repos hebdomadaire est le dimanche » (1997, p.68). Ainsi, pour un enfant issu d'une famille chrétienne pratiquante, le problème ne se pose pas ; la concordance des vacances et des jours fériés avec les fêtes religieuses lui permet de célébrer ces évènements en « toute discrétion ». Il peut ainsi fêter Noël ou se rendre à la messe de Pâques sans que cette pratique n'intervienne dans l'espace scolaire laïque. L'enfant musulman a quant à lui le choix de ne pas célébrer ces deux fêtes et de se rendre à l'école ou s'absenter de façon officielle ou officieuse. Face à cela, les réactions des enseignants peuvent être diverses, certains acceptent l'absence de façon tacite, voire chaleureuse, d'autres menacent d'organiser un contrôle noté des connaissances ce jour-là. Cependant, certains établissements fortement ethnicisés accueillent un nombre si important d'élèves musulmans que le taux d'absence enregistré ces jours-là est tellement élevé qu'il ne permet pas d'autres choix que celui de prendre le phénomène en considération.

Le manque de réponses institutionnelles claires et une oscillation entre le refus et l'acceptation d'une pratique non reconnue officiellement amènent les parents à agir différemment[97]. Ainsi, certains, comme Nora, mettent un point d'honneur à envoyer malgré tout les enfants à l'école :

« *Ah moi franchement j'ai jamais fait manquer mes enfants pour l'Aïd ! Sauf si ça tombait vacances. Voilà, je me lève le matin, je souhaite bonne fête à mes enfants, je leur sers des gâteaux de chez moi, du bled par exemple, que je fais pour*

---

[97] . Il existe une circulaire ministérielle distribuée annuellement à l'attention des fonctionnaires qui indique les dates des jours fériés des différentes confessions (Arménienne, Bouddhiste, Juive et musulmane), afin de faciliter l'attribution de congés aux agents de l'État.

l'Aïd, quand c'est l'Aïd, quand c'est Noël c'est les vacances hein ! mais si notre fête tombe le jour d'école j'ai jamais, jamais fait manquer mes enfants de l'école. Ils doivent y aller, je leur souhaite le bonne fête le matin, je leur fais la bise, je les parfume, je leur sers à manger, je leur offre un petit cadeau, par exemple un billet ça dépend ou un habit, ils vont à l'école, ils rentrent le soir. ». Nora, qui fait partie de ces mères hyper-conformistes en matière scolaire, refuse de garder ses enfants à la maison, et tout en leur insufflant l'esprit de la fête en les parfumant et en leur offrant dès le matin, cadeaux et bonbons, elle les envoie à l'école. Lorsque l'on replace ce choix de Nora dans le contexte global de son discours, on peut comprendre les raisons de son choix. Il ne s'agit pas pour elle de craindre les conséquences d'une quelconque stigmatisation religieuse, mais plutôt que l'absence de ses enfants à l'école soit interprétée par l'institution comme une démission parentale. Cependant, la majorité des parents rencontrés fournissent un mot d'absence ces jours-là à l'école en indiquant le réel motif pour certains – fête religieuse- ou en donnant une excuse plus générale pour d'autres – raisons personnelles-. En règle générale, l'absence des élèves est d'une demi-journée à la journée entière, y compris pour la fête de l'Aïd el Adha qui dure officiellement trois jours. Bien que certains chefs d'établissement donnent des consignes pour éviter que des contrôles importants aient lieu ces jours là, d'autres n'en tiennent pas compte.

> **Enquêteur** : « *Donc comment ça se passe par rapport à l'école ? Vos parents faisaient un mot ?*
> **Naouel** : *Ouais ! Ma mère a toujours fait un mot, fête religieuse, ça passait plus ou moins bien, mais de toute façon ça passait quand même puisqu'on était quand même absents, donc euh...*
> **Enquêteur** : *Ça posait des problèmes ?*
> **Naouel** : *Euh, au lycée ça a posé des problèmes. Ben l'année de terminale, je suis pas partie pour les deux fêtes et il s'est avéré que c'était deux jours de contrôle et j'ai eu des remontées au niveau de la CPE, mais bon ! Sans plus, c'était plus par rapport aux, enfin moi je le vois comme ça, c'était plus par rapport aux interros que par rapport à...*
> **Enquêteur** : *C'est-à-dire qu'on vous a dit que c'était jour de contrôle.*
> **Naouel** : *oui, vu que c'était prévu à l'avance et tout, donc on avait beau expliquer, étant donné que c'était une fête religieuse, que pour Noël y avait des vacances et que nous on demande juste une journée...*
> **Enquêteur** : *Donc c'est arrivé qu'il y aient des contrôles, mais c'était des contrôles prévus ?*
> **Naouel** : *Prévus ou pas prévus, mais nous on venait pas quand même* ».

La démarche de Naouel et de ses parents est différente de celle de Nora. En effet, chez elle, comme chez beaucoup de familles rencontrées, l'importance des fêtes est grande, tant sur le plan symbolique qu'identitaire. Il s'agit donc de ne pas les délaisser dans la mesure où leur célébration représente un élément important de la socialisation des enfants.

L'absence de cohérence institutionnelle souvent constatée face à ces absences, peut amener à des situations contradictoires au sein d'un même établissement qui montrent à quel point la variété des réactions se situe au niveau individuel. Ainsi, quelques jours après la fin du ramadan, nous participions à une discussion informelle avec deux jeunes d'un quartier de Cenon scolarisés dans le même lycée. Le lendemain de l'Aïd nous précise l'un d'entre eux « *la vie scolaire était blindée pour donner les billets* ». Autrement dit, il y avait foule pour faire viser les billets d'autorisation d'entrée en cours suite aux nombreuses absences dues à la fête. « *En plus,* poursuit-il, *hyper sympa ! Quand j'ai donné mon billet, la CPE m'a rappelé pour me demander si j'avais été absent pour la fête. Quand je lui ai dit oui, elle m'a dit, c'est bon, y a pas de problème, on la compte comme une absence justifiée et bonne fête ! Hyper sympa, ça fait plaisir* ». Mais les choses ne se passent pas toujours ainsi, et l'ami qui l'accompagne a différemment vécu ce lendemain de fête. Interrogé par son enseignante sur un point du programme étudié le jour de l'Aïd, ne pouvant pas répondre, il fait part, à titre d'excuse, de son absence et reçoit en retour une réponse ferme de la part de son professeur : « *J'en ai rien à faire, parce que pendant que certains faisaient la fête, nous on travaillait !* ». Si la réplique n'est pas dramatique en elle-même, elle n'en porte pas moins une part de violence symbolique. La stigmatisation est forte et apparaît à travers l'emploi du « nous », qui accolé au verbe travailler s'inscrit en opposition aux « eux », qui font la fête. Les « nous » travailleurs et les « eux » oisifs révèlent une des limites des frontières ethniques à l'école.

Quoi qu'il en soit, les absences des élèves pendant les fêtes musulmanes, constituent un stigmate qui participe de l'entretien des frontières ethniques et du renforcement du lien communautaire. Cependant, si à part quelques exceptions, elles ne semblent pas poser de véritables problèmes, une reconnaissance institutionnelle minimale permettrait sans doute que les élèves musulmans se sentent moins exclus de leur citoyenneté. Car même d'une façon symbolique, le flou qui entoure ces absences en matière de réglementation, plonge ces élèves dans une sorte de no man's land situé entre les frontières d'une timide reconnaissance institutionnelle et celle d'une négation de la différence.

3) L'assiette laïque

Le mode alimentaire peut être envisagé sous l'angle d'un marqueur identitaire. De ce point de vue, les pratiques liées à la nourriture participent de l'entretien des frontières ethniques et relèvent, dans certaines conditions du principe de visibilité. Concernant les Maghrébins, la visibilité émerge principalement à la cantine ou lors des sorties scolaires et se cristallise essentiellement sur l'interdit porcin et la viande halal.

Hermet (2001) constate que pour diverses raisons, les effectifs des cantines scolaires ont tendance à chuter, notamment au sein des établissements situés en ZEP. Outre des raisons basées sur la présence maternelle à l'heure du déjeuner ou la qualité des repas, elle constate une faible participation des enfants maghrébins qu'elle attribue à la présence de porc et de viande non-halal dans les repas servis. De notre côté, nous avons également constaté cette faible participation des musulmans dans les cantines des établissements de quartier. Souvent, dans les cités, les établissements scolaires restent proches et permettent aux enfants d'effectuer l'aller-retour avec la maison où ils peuvent ainsi déjeuner. Hermet (2001) constate également que le fonds social pour les cantines (FSC) ne remplit pas entièrement son rôle et que des familles maghrébines pouvant y prétendre n'en profitent pas. Si certains établissements offrent un plat de substitution lorsqu'il y a du porc, tous ne le font pas. De plus, pour les élèves qui ne mangent que de la viande halal, le repas est souvent frugal. Nourdine arrive à négocier « *une petite omelette* » de temps en temps et Zineb se nourrit souvent de pain :

> **Enquêteur** : « *Tu manges à la cantine ?*
> **Zineb** : *Oui.*
> **Enquêteur** : *Alors comment ça se passe les repas à la cantine si tu es musulmane ?*
> **Zineb** : *J'ai jamais mangé de la viande et jamais de porc*
> **Enquêteur** : *Tu ne manges pas la viande ?*
> **Zineb** : *J'ai jamais mangé, jamais ! Depuis que je mange à la cantine, j'ai jamais mangé de viande. Même des fois je mange rien du tout, je mange que le pain.*
> **Enquêteur** : *Parce que c'est pas halal, tu ne manges pas de viande ?*
> **Zineb** : *Hum ! Mon père, il a une boucherie, je vois pas pourquoi j'irai manger de la viande française.*
> **Enquêteur** : *Parce que ton père c'est pas de la viande française qu'il a ?*
> **Zineb** : *C'est de la viande halal !*
> **Enquêteur** : *C'est de la viande halal mais elle vient d'où ? Elle vient de France non ?*
> **Zineb** : *Oui, mais...* ». (Zineb, 14 ans, collégienne, Cenon).

Outre le fait que Zineb ne s'alimente pas de façon très équilibrée, il est intéressant de noter le mécanisme de dissociation qu'elle emploie pour distinguer la viande ordinaire de la viande halal, la première étant qualifiée de « française ». Lorsque l'on sait, à travers le discours de Zineb, la difficulté qu'elle ressent à se sentir française à travers son propre regard et celui des autres, la distinction qu'elle opère en matière de viande halal - autrement dit licite et pure - et de viande française, indique comment les modes alimentaires peuvent participer des identités.

Dans certains établissements scolaires, le degré de respect des interdits alimentaires peut être corrélé avec le degré d'intégration d'une façon inversement proportionnelle. Ainsi la directrice d'une école primaire de la rive droite bordelaise, nous confiait que les parents musulmans souhaitant des repas sans porc pour leurs enfants étant en augmentation, ils avaient conclu à une forte montée de l'intégrisme religieux. Il y a un mécanisme dramatique qui consiste à opérer une confusion entre pratique religieuse et intégrisme et à catégoriser les individus en fonction des représentations que l'on se fait de la spiritualité musulmane. Mais, plutôt que de voir dans ces requêtes particulières les signes d'un refus d'intégration, il semblerait plus judicieux de la considérer comme un indicateur de cette intégration. En effet, comme nous l'avons déjà expliqué, au lieu de voir dans ces demandes une montée du communautarisme ou une dangereuse progression de la pratique religieuse intégriste, n'y a t-il pas ici l'émergence d'une pratique sur la scène publique liée à l'installation des Maghrébins et à une banalisation progressive de l'islam. Cette intégration peut aussi se solder par l'émergence d'un processus qui consiste à ce que de plus en plus de femmes maghrébines travaillent, et de ce fait, comme toute personne dans ce cas, doivent inscrire leurs enfants à la cantine. De plus les Maghrébins des générations locales ont moins de difficultés à formuler des demandes vis-à-vis de l'école que pouvaient en avoir leurs parents.

Depuis, la mairie, soucieuse de répondre aux demandes parentales, a mis en place un système de restauration qui permet d'offrir un choix optionnel aux enfants lorsqu'il y a du porc. La directrice, que nous avons revue, est scandalisée et considère qu'il y a là une sérieuse entrave au principe de laïcité : « *les élèves sont égaux, ils doivent tous manger pareil, c'est ça la laïcité, non ?* », nous dit-elle.

b) Les signes extérieurs d'appartenance
Entrave à la laïcité ou entrave de la laïcité, il est parfois difficile de s'y retrouver tant le débat est sous-tendu par les idéologies et les intérêts de toutes sortes. En dehors de la séparation de l'Église et de l'État et du fait que ce dernier ne reconnaît, pas plus qu'il ne finance ou ne gère aucun culte, la notion de laïcité reste floue et se balance au gré du temps, de l'histoire sociale, économique et politique.

Les « affaires » de voile à l'école ont remis au goût du jour un débat sur la laïcité dont on pensait le dossier à jamais fermé. Lorcerie dans un article désormais célèbre (1996), souligne que la laïcité en tant que principe supérieur du droit, concerne essentiellement l'État, car c'est lui qui est neutre et laïque. De leur côté, les citoyens disposent d'une entière liberté de conscience. Parce qu'ils sont des représentants de l'État, les enseignants se doivent d'être laïques et de ne pas faire état de leurs appartenances afin de respecter la liberté de conscience de leurs élèves. Lorcerie insiste sur le fait que les élèves ont le droit d'avoir une religion et de la manifester à la condition expresse de ne pas faire preuve de prosélytisme et de ne pas troubler la communauté éducative et l'ordre public. Par conséquent, les enseignants sont soumis à une interdiction de principe et les élèves à une liberté sous condition. « Mais, parce que les enseignants identifient le système scolaire à l'État et à la nation, ils appliquent à tous un principe qui les concerne et peuvent alors refuser en bloc l'expression de différences quand les tensions apparaissent » (Favre-Perroton, 1999, p.366). Pourtant de nombreux chercheurs ont montré qu'il existe une laïcité souple qui a su composer avec la religion chrétienne et même juive (Lorcerie, 1996 ; Debarbieux, 1999 ; Fravre-Perroton, 1999 ; Schnapper, 2000), mais cette laïcité tolérante semble avoir du mal à s'appliquer de façon égalitaire à toutes les religions. L'Islam et les musulmans de France font souvent l'objet d'amalgames qui participent à forger dans la population, l'image d'une religion intolérante, oppressive et violente. Le manque de sérénité dans le traitement d'un certain nombre d'affaires et d'évènements, amène beaucoup de jeunes d'origine musulmane à se construire dans la culpabilité et la honte ou pour d'autres, dans l'opposition agressive.

La gestion du fait religieux à l'école semble d'abord passer par le contrôle des élèves musulmans et une surveillance accrue de leurs comportements.

1) Ici, on est en France
Dans cette optique, tout signe jugé ostentatoire risque de faire l'objet d'un contrôle et d'une confiscation ou d'une interdiction. L'expérience de Zineb nous montre comment la laïcité est bien souvent implicitement enseignée aux élèves : « *Au collège à L. par exemple quand on mettait la main de Fatima ou un collier où il y avait écrit Allah, le principal il nous avait dit, ouais, nous on veut pas ça, la prochaine fois que je vois quelqu'un avec je lui prends, parce qu'ici on est dans une*

école laïque y a pas de religion, on montre pas notre religion, quand on vient on est tous français. »[98]. Il y a ici la confirmation qu'une partie des agents de l'école confondent le devoir de neutralité qui leur est imposé en tant que représentant de l'État et la liberté de conscience des élèves. Ainsi, affirmer aux enfants qu'il n'y a pas de religion à l'école est en quelque sorte un abus de langage. Certes, l'école n'a pas de religion, mais les élèves introduisent du religieux à l'école, sans bien sûr que celui-ci n'agisse directement sur elle. La différence fondamentale avec l'apparition de la laïcité, c'est que la religion n'a plus de pouvoir sur le plan institutionnel. Les élèves, quant à eux ne sont pas contraints de déposer leur foi « au vestiaire », et peuvent en manifester l'expression à la condition expresse de ne pas exercer de pression sur qui que ce soit, de ne pas faire preuve d'attitudes prosélytes et de ne pas troubler l'ordre public.

Il semblerait également qu'une confusion entre la fonction identitaire et la fonction d'expression de certains signes engendre une méprise des genres. Une étoile de David, une croix chrétienne ou une main de Fatima représentent, outre leur dimension esthétique, un signe d'appartenance à une foi, un groupe communautaire. Ce signe d'appartenance identitaire n'a généralement pas pour fonction de diffuser une opinion. Ainsi, le fait de porter une croix chrétienne indique qu'a priori la personne est catholique ou protestante, mais elle ne dit pas « nous sommes les meilleurs et nous rejetons les autres, tous ceux qui ne sont pas comme nous ». Même si certains, au nom de la religion peuvent agir ainsi, la fonction du signe religieux n'est pas celle-ci. Inversement, certains signes ont pour fonction première l'expression d'une opinion (même s'ils peuvent secondairement exprimer une appartenance). L'exemple de la croix gammée semble parfaitement illustrer notre propos dans la mesure où elle exprime en elle-même une idéologie haineuse ainsi que l'opinion de son porteur.

Dans le discours du Principal, il est également intéressant de se pencher sur le lien établi entre laïcité, religion et appartenance nationale. « *On est dans une école laïque y a pas de religion, on montre pas notre religion, quand on vient on est tous français.* ». Tout semble porter à croire que la religion est un élément de l'identité qui exclut de la citoyenneté qui ne pourrait alors s'épanouir que dans une laïcité coupée de toute considération religieuse, alors que celle-ci n'exclut pas les religions. On pourrait penser que pour être Français il faut écarter toute dimension religieuse de son identité et de ses pratiques et que l'appartenance religieuse interdit tout accès à la citoyenneté française.

Mais encore faut-il savoir de quelle religion parle-ton. Ainsi la formule souvent employée « *on est des Français* » ou « *on est en France* », est sous-tendue par des notions implicites : civilisation versus sauvagerie, laïcité versus intégrisme. Qu'on le veuille ou non, même si chez les laïcistes fermés prédomine une forte idéologie anti-religieuse qui s'applique à tous les dogmes, c'est avant tout l'islam qui est visé. La mise en place durant l'été 2003, par le Président de la République française, d'une commission de réflexion sur la laïcité, est en grande partie basée sur la problématique de l'islam. En cela, le port du foulard semble représenter le

---

[98] Nous citons ici le discours du Principal tel qu'il est donné par Zineb. Nous nous le permettons dans la mesure où nous avons entendu à plusieurs reprises le même discours de la bouche même des acteurs concernés.

principal point d'achoppement. Concernant ce phénomène qui a fortement marqué l'école tant d'un point de vue symbolique qu'idéologique, nous avons choisi de ne pas le traiter dans notre travail. En effet, de nature complexe, le port du foulard et les phénomènes qui l'entourent demanderaient qu'une recherche y soit entièrement consacrée[99]. Nous retiendrons simplement qu'ici encore un certain nombre d'amalgames s'inscrivant au cœur du système de dé-localisation décrit par Giddens (1994) ont certainement amené à une stigmatisation et une manipulation de ces jeunes filles, pour lesquelles la simple dimension spirituelle n'a jamais été prise en considération. Le résultat qui s'est souvent soldé par un certain nombre d'exclusions du système scolaire représente en cela une injustice qui consiste à priver ces jeunes filles de jouir de leur droit élémentaire d'éducation. On peut alors s'interroger sur les capacités d'intégration de l'école républicaine et sur la confiance portée à l'institution, puisqu'il lui faut exclure au risque de conduire les victimes à se radicaliser dans une opposition négative au dominant ou au contraire à se conformer aux valeurs traditionnelles en devenant rapidement la « bonne mère au foyer » si souvent décriée par ceux-là mêmes qui l'ont exclue.

Ces affaires furent également l'occasion de casser les clivages politiques et idéologiques traditionnels. Les positionnements envers le port du foulard on souvent fait éclater la division classique droite/gauche. L'intolérance et l'extrémisme ne se polarisent plus sur les seuls musulmans intégristes et l'on assiste au nom de la liberté, de la démocratie et de la tolérance à des discours dont l'intolérance arrive, du côté des laïcistes, à un niveau record.

Loin d'être terminée, la problématique du foulard revient en force ces derniers temps en dépassant cette fois, l'espace sacré de l'école pour se prolonger à l'ensemble de la sphère public.

Aujourd'hui encore, il existe à l'école une hypersensibilité face à ces phénomènes qui, dans certains établissements peuvent faire l'objet d'une surveillance des plus étroites. Cinq collégiennes scolarisées dans deux établissements différents, nous ont relaté leurs déboires avec l'administration parce qu'elles s'étaient coiffées d'un bandana. Ce petit fichu, très à la mode, sert, dans un but esthétique, à recouvrir une partie des cheveux chez les filles, c'est ce que firent ces cinq collégiennes. Rapidement elles furent invitées par la direction ou des enseignants à enlever le bandana et on leur expliqua que la laïcité et le règlement intérieur interdisaient de telles tenues. Étrangement, les mères de ces jeunes filles portent l'habit traditionnel (djellaba) et/ou le foulard. Alors que d'autres copines non-musulmanes, pratiquaient la même coiffure dans l'enceinte scolaire, elles disent être les seules à avoir reçu ces conseils. Ne voulant pas déclencher un conflit inutile avec la direction et les enseignants, elles ont préféré ne pas en parler à leurs parents et délaisser leur bandana qui, en aucun cas n'était en lien avec la pratique religieuse. Il y a là des attitudes que d'aucuns jugeront préventives, mais qui peuvent aussi être considérées comme coercitives, stigmatisantes et injustes. Si le rôle de l'école consiste notamment à participer à la production d'une cohésion sociale

---

[99] Consulter à ce propos l'exellent ouvrage de Gaspard Françoise et Khosrokhavar Farhad, *Le foulard de la République*, Paris, Ed. La découverte, 1995.

indispensable à la vie de la nation, cette cohésion peut-elle se former à partir de l'exclusion ?

2) Opposition et refus

Pour autant, il ne s'agit pas de nier les difficultés qui peuvent surgir à l'école en matière de religion. Lorsque l'identité religieuse se construit trop dans la résistance et l'opposition, elle peut alors, au même titre qu'une autre, amener à des comportements de violence, de refus et de repli générateurs de conflits. Le tout est alors d'être en mesure de reconnaître s'il s'agit réellement de phénomènes basés sur une problématique religieuse plutôt que sociale ou d'opposition, et d'éviter de tomber dans le piège de la généralisation et de l'amalgame.

Ainsi, l'opposition dont certains élèves font part en refusant de participer aux cours de sciences de la vie et de la terre (SVT) dans leur partie consacrée à l'éducation sexuelle, doit nous permettre de comprendre, à titre d'exemple, les mécanismes qui sous-tendent ces refus. Ces phénomènes relèvent, comme tant d'autres, généralement plus de l'exception que de la règle et les cours de SVT ne sont pas désertés par les musulmans. Lorsque cela est le cas, le raisonnement présenté par les élèves ou leurs parents repose sur le respect de la notion de pudeur très présente dans l'islam. Les enfants aborderaient alors des sujets qu'ils ne sont pas en âge de traiter et qui les pousseraient au dévergondage. S'il est vrai qu'au même titre que la plupart des religions, la notion de pudeur est présente dans l'islam, il ne semble pas pour cela qu'elle puisse justifier le fait de ne pas assister aux cours d'éducation sexuelle. Il s'agit alors de la part des opposants, du résultat d'une lecture rigoriste des textes sacrés ou d'une conception de l'hachuma (la honte) très poussée au point qu'il est impossible d'aborder certains sujets en famille. Pourtant, ces cours existent généralement dans la plupart des écoles des pays musulmans et même dans les mosquées. À ce propos des responsables de mosquées françaises nous ont confirmé que la sexualité était un thème abordé avec les jeunes dans la mesure où il est directement lié à la pratique musulmane. En effet, tout individu ayant atteint le stade de la puberté devient responsable de ses propres actes sur le plan religieux et c'est à partir de cette période que les rites deviennent obligatoires (prière, ramadan, etc.). En cela, la mosquée, dont une des fonctions consiste à enseigner la religion et ses rites, se doit d'informer ces adolescents des conséquences que peuvent avoir les transformations de leur corps sur l'application de différents rituels. Ainsi, pour toucher le Coran, effectuer la prière ou pratiquer le ramadan, le musulman(e) doit se trouver dans un état de pureté rituelle qui s'obtient en effectuant des ablutions. Cet état de pureté, sans lequel la prière ou le jeûne ne sont pas validés, se perd notamment au cours des relations sexuelles, des rêves érotiques et des menstrues pour les femmes et ne se retrouve que par la pratique des ablutions que les jeunes doivent apprendre. Nous voyons bien qu'il est donc nécessaire de pouvoir aborder et expliquer, non seulement le fonctionnement de l'appareil sexuel chez l'être humain, mais également la notion de désir et de plaisir sexuel.

Par conséquent, l'opposition de certains élèves ou de leurs parents à ces cours ne paraît pas justifiable du point de vue de la religion. Il est alors possible que certains considèrent le monde scolaire comme un univers aux mœurs plus ou moins corrompues et n'entrevoient pas la dimension scientifique et pédagogique des cours d'éducation à la sexualité qu'ils ressentent alors comme des séances d'incitation à la débauche. Nous avons plusieurs fois souligné combien la méconnaissance de l'autre pouvait engendrer des représentations déformées de la réalité. Ceci est bien entendu valable d'un côté comme de l'autre. Ainsi, parmi les Maghrébins qui ont le moins de contacts extra-communautaires, ces représentations peuvent être construites à partir d'un imaginaire qui peut s'appuyer sur des récits ou sur la télévision, qui tend à laisser penser que le mode de vie des « Français » se caractérise par un penchant pour l'alcool et le sexe. Mina dont le fils est marié avec une « Française », n'a jamais franchi le seuil d'une demeure « française ». Elle est inquiète lorsque ses petits-enfants se rendent chez leurs grand-parents maternels et décrit une scène basée sur ses propres représentations fantasmées : « *Il lui a pas interdit de ramener ses enfants chez eux* [dans la famille de sa femme], *pourtant ils vont boire, se saouler, tiens les cigarettes, tiens l'alcool, c'est pas bien que ses enfants voient ça ; parce que de voir tout ça c'est pas honteux ? Eh oui, c'est honteux ! Tu me comprends bien ?* » (Mina, 60 ans, Bordeaux). Cette description montre combien la méconnaissance de l'autre peut amener à des représentations erronées qui, de part et d'autre vont conditionner les pratiques.

Dans le cas des cours de SVT, les refus enregistrés peuvent donc être basés sur une position religieuse rigoriste qui prend racine dans la peur de l'autre et/ou dans une mauvaise compréhension de l'islam souvent rattachée à des valeurs traditionnelles.

c) En conclusion

Nous avons vu au cours de cette partie consacrée à la religion à l'école, combien l'islam représentait un fort élément de stigmatisation qui participe sans aucun doute, à la construction et au renforcement des frontières ethniques.

La pensée universelle et humaniste constitutive du modèle républicain d'intégration qui encadre l'institution scolaire a tendance à pousser ses agents à considérer la prise en compte de la différence comme une atteinte au principe d'égalité dont résulteraient ségrégation et discrimination. Mais ne faut-il pas avant tout reconnaître l'égal accès à la citoyenneté dans le respect de ces différences, et considérer alors certaines pratiques comme constitutives de cette citoyenneté.

Les rencontres et les entretiens que nous avons effectués avec des musulmans, y compris des imams et des responsables de mosquées, montrent que très majoritairement, la plupart d'entre eux considèrent la laïcité comme une chance pour l'islam de France. Il s'agit alors d'une laïcité ouverte qui permet à tous, dans le respect d'autrui, de vivre sa foi librement et ouvertement, sans pour cela imposer quoi que ce soit. La particularité des religions minoritaires, notamment de l'islam, c'est l'application du principe de visibilité qui introduit du religieux dans l'espace public. Nous l'avons vu, cette intrusion dans le champ scolaire concerne des pratiques qui ne remettent pas en cause les principes fondamentaux de la laïcité. Dès lors, une reconnaissance minimale de celles-ci qui consisterait au moins à ne pas les nier, permettrait certainement de participer à une intégration plus citoyenne des élèves et à éviter que certains ne construisent leur identité dans une opposition basée sur la religion. Pour cela, il serait judicieux d'apporter aux enseignants des éléments de formation en matière de laïcité et de fait religieux.

VII - CONCLUSION

A- D'un point de vue général

Après avoir passé en revue les différents travaux effectués dans le champ de l'ethnicité, nous avons tenté de repérer les théories attachées au concept en question. Nous avons ainsi pu constater l'évolution qui caractérise le paradigme de l'ethnicité qui s'est d'abord appuyé sur les théories naturalistes pour aller progressivement vers les théories sociales substantialistes, puis non substantialistes. Face à la multitude de définitions imputées au concept, nous avons choisi de nous positionner du côté des théories sociales de l'ethnicité et plus particulièrement de la théorie des frontières ethniques de Barth.

Néanmoins, une fois appréhendé sous un angle théorique, le concept d'ethnicité doit servir d'outil pour l'analyse des faits sociaux qui prennent forme dans une réalité singulière. C'est ainsi que nous avons choisi d'étudier le groupe particulier des Maghrébins dans le contexte contemporain français. Nous avons donc élaboré notre problématique autour de la construction du groupe des Maghrébins en groupe ethnique dans le cadre d'une crise du modèle républicain d'intégration et des mutations qui en résultent. Afin de rendre le concept d'ethnicité opératoire, il nous a fallu passer par la mise en place d'un certain nombre d'indicateurs devant nous permettre le passage du niveau conceptuel à celui de la réalité. Pour cela nous sommes d'abord passés par une phase intermédiaire qui consiste à définir un cadre théorique. Dans un premier temps, ce cadre nous a permis de proposer une définition de l'ethnicité nécessaire au développement de nos futures analyses. Puis nous avons convoqué un certain nombre d'auteurs et de théories issus essentiellement du champ de la sociologie en nous inscrivant clairement dans une position constructiviste.

Dès lors, nous avons mis en place un outillage méthodologique devant nous permettre d'articuler les concepts théoriques avec une partie de la réalité étudiée. Pour cela, nous avons pris le parti de croiser les méthodologies. Le questionnaire nous a ainsi permis de comprendre comment, à partir de l'analyse de pratiques objectives, se formaient les identités. La variable pivot « type de génération d'immigration » nous a aidé à dépasser un niveau d'analyse souvent effectué en termes de générations d'âge. Ainsi, avons-nous pu constater que les identités ne s'élaboraient pas seulement en fonction des générations appréhendées d'un point de vue chronologique mais que la trajectoire migratoire, le contexte historique, économique, le mode et le lieu de socialisation, participaient tout autant, sinon plus de ces constructions. L'analyse des résultats du questionnaire laisse clairement apparaître que les pratiques sociales et culturelles de la population étudiée sont révélatrices d'une homogénéité ethnique qui se décline au pluriel en une variété identitaire. Ces résultats de type quantitatif nous amènent à constater que certaines pratiques singulières constitutives des identités tendent à confirmer l'émergence des Maghrébins en groupe ethnique. En effet, la plupart de ces pratiques sont liées à la culture et à la religion et représentent souvent des marqueurs qui délimitent les frontières ethniques. Le questionnaire nous a également permis de confirmer une évolution des identités et des pratiques, repérable à partir des types de génération d'immigration. Pour certains, cette évolution est liée à la situation d'immigration, alors que pour d'autres, les générations locales et celles largement socialisées en France, elle s'appuie amplement sur la réalité sociale française. Cependant, ces changements ne semblent pas pour cela, signifier qu'un processus d'assimilation est en cours. Il s'agirait plutôt d'une tentative d'intégration caractérisée par une demande d'accession à la citoyenneté dans le cadre du pluralisme culturel. Les différences qui caractérisent les générations nous permettent de penser que l'on passe progressivement d'une logique de l'immigration à une logique ethnique. À travers ce questionnaire, nous avons donc tenté de rendre compte à la fois de ces changements et de la construction des identités ethniques. Nous avons conscience des limites de cette opération, notamment en termes de représentativité de notre échantillon. Mais répétons-le, il ne s'agissait pas pour nous de quantifier de façon proportionnelle une population pour laquelle il est difficile de produire des statistiques du fait de l'interdiction française de comptabiliser des individus à partir de leur origine nationale, religieuse ou ethnique. C'est en cela que notre principal objectif était de définir des profils identitaires en croisant des pratiques objectives avec des variables indépendantes.

Les entretiens semi-directifs de recherche et les observations ethnographiques, ont participé à une meilleure compréhension de la construction d'une ethnicité appréhendée à partir des interactions quotidiennes des acteurs. Nous avons pu à travers le discours des enquêtes, saisir le sens qu'ils donnaient à leurs actions et à leurs pratiques ainsi que la façon dont ils vivaient et interprétaient leurs interactions quotidiennes dans l'espace privé et la sphère publique. En nous intéressant à des situations routinières qui peuvent sembler banales, il nous a été possible de saisir comment pouvait se construire l'ethnicité au quotidien, au plus près de la réalité. Le passage par la famille et l'institution scolaire nous a également permis de constater la difficulté à dénouer le nœud qui s'entremêle à partir de problématiques sociales, économiques, culturelles et religieuses. Cependant, les conditions inhérentes à la thèse, notamment le temps imparti, ne nous ont pas permis de traiter le rôle du quartier dans la construction de l'ethnicité maghrébine. Pourtant, le matériau que nous avons recueilli dans ce domaine est relativement abondant dans nos entretiens et notre journal de bord, et mériterait d'être exploité.

B- De la construction ethnique

Nos résultats nous permettent d'affirmer l'existence d'une logique ethnique en France. Celle-ci, nous l'avons vu, se construit dans un rapport de domination qui, pour les Maghrébins, remonte à la période coloniale française. Nous avons à ce propos établi ce lien et montré comment, par un processus continu, nous sommes passés d'une ségrégation colonialiste à l'immigration, puis à l'ethnicisation du champ social métropolitain.

Nous avons démontré que les rapports ethniques sociaux faisaient partie d'un système plus large de rapports sociaux liés à l'origine, la nationalité, la race, le sexe ou la classe sociale. Ce système forme un des principaux modes de différenciation et de hiérarchisation sociales. Ainsi avons-nous pu définir un espace socio-ethnique qui montre comment les rapports sociaux ethniques traversent la société et les rapports sociaux de classe. Aussi avons-nous pu constater la complexité inhérente à la multiplicité des types de rapports sociaux au sein desquels un même individu peut endosser simultanément le statut de dominant et de dominé. Cependant nous avons montré que concernant les rapports ethniques, la place du dominé revenait toujours aux membres des groupes ethniques minoritaires, et cela quelle que soit sa position au sein du champ social. Mais avec la notion de capital ethnique que nous avons définie en fonction des niveaux historico-politiques et des interactions quotidiennes, il semblerait que la position occupée dans la hiérarchie sociale participe à la constitution de ce capital. Autrement dit plus un individu se situe en bas de l'échelle, plus son capital ethnique augmente. Il y a là certainement un élément pouvant expliquer les nombreuses confusions opérées qui consistent à attribuer la source d'un certain nombre de problèmes à des causes ethniques alors qu'elles relèvent souvent de facteurs sociaux et économiques.

Ayant pris le parti de nous intéresser en premier lieu à la place et au rôle des interactions sociales dans la construction de l'ethnicité maghrébine, nous nous sommes penché sur l'étude de phénomènes, qui en situation de contact, participent de cette construction. Ainsi, nous avons pu constater à travers un passage par le champ lexical, comment majoritaires et minoritaires participaient à la création et à l'entretien des frontières ethniques en s'appuyant sur un registre terminologique qui permet de nommer l'autre : Arabe, Beur ou Maghrébin pour les uns, Français ou Gouair pour les autres. Ce phénomène participe d'un mécanisme d'attribution catégorielle à la fois endogène et exogène qui permet d'identifier et de s'identifier dans un rapport dichotomique Eux/Nous. Cependant ces rapports restent inégalitaires et le groupe dominant détient les outils et le pouvoir nécessaires pour nommer, catégoriser et discriminer. Nous avons vu à ce propos comment la répartition spatiale des populations à partir d'un clivage social se transformait en division ethnique. Ainsi de la concentration de populations spécifiques dans des zones urbaines ségrégées, résulte d'autres phénomènes d'ethnicisation au sein d'institutions aussi importantes que l'école.

Les processus d'ethnicisation qui se développent, dans et par les systèmes interactionnels, sont repérables à travers un certain nombre d'indicateurs. Pour cette raison, nous nous sommes penché sur deux institutions essentielles représentées par la famille et l'école. En repérant un certain nombre de situations et de pratiques, nous avons cherché à mettre en évidence les mécanismes de construction ethnique en situation d'interaction. Ainsi, avons-nous pu constater l'importance du prénom à la fois comme marqueur ethnique mais aussi identitaire. À travers les pratiques appliquées en la matière, pratiques qui peuvent d'ailleurs parfois s'avérer être des stratégies, nous avons vu que le prénom constituait un fort marqueur constitutif du capital ethnique. Pour cette raison, si certains optent pour des prénoms dont l'origine est sans ambiguïté, d'autres cherchent à atténuer le stigmate et donnent à leurs enfants des prénoms moins marqués sans pour cela renoncer à la dimension identitaire du patronyme. Il y a là des pratiques qui traduisent des mécanismes d'ouverture des frontières ethniques de la part des Maghrébins. Ces mécanismes se retrouvent dans la célébration des fêtes françaises que certains pratiquent de façon plus ou moins détournée. Cependant la séparation établie entre fêtes arabo-musulmanes et françaises participe souvent de l'entretien des frontières et de la dichotomie Eux/Nous. Toutefois nous avons remarqué de façon surprenante qu'une occasion comme Halloween pouvait créer de la cohésion sociale et nationale.

La famille en tant qu'institution primaire de socialisation inscrit l'enfant dans un habitus singulier. À travers ce qui peut apparaître comme des détails, nous avons vu avec Juteau (1999) que l'individu y acquiert une ethnicité latente. Dans les situations d'interaction et de contacts extérieurs, ces détails participent de la construction des frontières ethniques. Ainsi, avons-nous pu constater que les pratiques alimentaires participaient de ces processus, tout autant qu'elles pouvaient jouer sur les mécanismes de construction identitaire. Il en va de même pour certaines pratiques éducatives telles que le contrôle des sorties ou la préservation de l'honneur individuel, familial ou communautaire.

Enfin, la famille est aussi le lieu de transmission de valeurs culturelles et religieuses. Nous avons vu qu'il était parfois difficile de faire la part des choses entre la tradition et la religion, tant les deux notions sont entremêlées et souvent confondues par les Maghrébins eux-mêmes mais aussi par les non-musulmans. Cependant, tant les résultats du questionnaire que ceux des entretiens et des observations, indiquent que la religion, qu'elle soit connotée culturellement ou religieusement, tient une place importante dans la constitution de l'identité maghrébine. Nous avons vu que même lorsque les individus interrogés tentent de ne pas aborder cette thématique, elle est souvent présente en arrière-plan. La religion musulmane constitue sans conteste un élément important dans la construction de l'ethnicité en France. Tel que nous l'avons constaté, elle peut être mobilisée comme un élément équilibrant qui influe positivement sur la vie des individus, sur leurs pratiques et leurs interactions intra et extra communautaires, mais elle peut également servir de socle à la construction d'identités d'opposition. L'émergence de l'islam de France est problématique, notamment parce qu'il remet en cause le mode, désormais traditionnel, de séparation des espaces publics et privés. En proposant ce que nous avons nommé le principe de visibilité, nous avons vu que certaines pratiques introduisaient une dimension religieuse au sein de l'espace public, sans que les acteurs ne puissent en contrôler totalement le flux.

L'école représente en cela un lieu privilégié. À la fois temple et gardienne de la laïcité, l'institution scolaire se trouve depuis quelques années, directement confrontée au fait religieux et plus particulièrement musulman. Le principe de visibilité fonctionne fortement à l'école et nous avons repéré à travers le ramadan, l'absence durant les fêtes musulmanes, les pratiques alimentaires et les signes extérieurs d'appartenance, les éléments générateurs de visibilité et de stigmatisation.

Si les interactions entre les agents scolaires et les parents/élèves maghrébins peuvent se dérouler tout à fait normalement, il en va autrement dès lors que la problématique culturelle entre en jeu. En cela, l'honneur, les pratiques linguistiques parentales et le sens donné à des comportements ou des mots représentent des points d'achoppement récurrents. Nous avons également constaté, notamment à travers la double honte, comment il était difficile pour certains enfants de concilier cultures familiale et scolaire.

C- La France ethnique ?

Nous avons pu constater l'émergence progressive mais certaine du phénomène ethnique au sein du paysage social français. Certains avancent le concept d'ethnicité à la française (Rinaudo, 1999), qui prendrait forme à travers la distinction en des termes et des classifications euphémisés de populations particulièrement repérées par les politiques publiques. D'autres, au nom de l'égalité républicaine, nient l'existence de tels phénomènes ou en limitent la portée. Pourtant, nous l'avons vu, c'est sans conteste que des logiques ethniques se construisent depuis quelques années en France en des temps et des espaces précis. L'enracinement sur le territoire national de diverses populations issues de l'immigration, le confinement de certaines d'entre elles dans des espaces territoriaux délimités et stigmatisés, le pointage de spécificités culturelles considérées comme des obstacles à l'intégration, l'histoire coloniale de la France et le déroulement d'événements nationaux ou internationaux semblent favoriser l'apparition d'une ethnicité non reconnue que l'on pourrait définir d'ethnicité clandestine ou d'ethnicité cachée.

Celle-ci s'actualise dans les interactions sociales dans un processus dynamique au cours duquel les divers groupes entrent en contact dans une logique de domination. Si cette dichotomie s'est longtemps basée sur des critères économiques et sociaux ceux-ci semblent désormais écartés au profit d'une logique ethnique qui s'appuie, pour les Maghrébins, essentiellement sur des considérations d'ordre historique, idéologique, religieux et culturel. Nous avons démontré que cette ethnicité prend forme, entre autres, dans le déroulement des interactions sociales les plus banales. Bien sûr, la quotidienneté des acteurs ne représente pas le seul élément qui participe de cette construction et nous n'oublions pas avec Giddens (1994) la nécessaire prise en compte des phénomènes de mondialisation sous-tendus par des intérêts économiques, idéologiques et politiques liés à la modernité. Le rôle des institutions et des politiques publiques autant que celui des médias n'est pas moins important. En cela, le pouvoir dominant reste un des principaux promoteurs d'une ethnicité clandestine pourtant si décriée au demeurant. Toutefois, en analysant des situations routinières, nous avons démontré que les processus ethniques se construisaient aussi dans la banalité des interactions et des pratiques quotidiennes. C'est en ce sens que l'ethnicité est un construit social.

Du côté des Maghrébins on peut se demander quelle est la part d'imputation et de revendication en matière d'ethnicité. À travers les représentations qu'ils suscitent chez les majoritaires, le rejet et le manque de reconnaissance de leur différence ainsi que l'application de politiques publiques parfois discriminatrices, il semblerait que le versant de l'imputation l'emporte. D'un autre côté, nous avons vu que l'espace privé reste largement le lieu des liens communautaires, les relations interethniques se déroulant plutôt dans la sphère publique. Crainte d'associer l'autre à son intimité ethnique ou désir de communautarisation ? Il est difficile de trancher, tant les profils sont diversifiés. Toujours est-il que la majorité des personnes que nous avons rencontrées pour cette recherche, semblent pencher pour une intégration nationale et citoyenne au sein d'un espace public partagé et d'une cohérence nationale affirmée. Pour les individus français ou désirant le devenir, le statut de citoyen, reconnu sur le même pied d'égalité que les autres compatriotes, paraît le plus viable et le seul moyen de participer à la vie de la nation. Toutefois, les plus marginalisés peuvent tenter de trouver refuge dans un communautarisme fermé.

Si l'ethnicité est appréhendée négativement, autrement dit, considérée comme un système arriéré s'appuyant sur des mécanismes de replis identitaires et communautaires mettant en danger la cohésion nationale, il semble que majoritairement, les Maghrébins ne s'inscrivent pas dans cette logique. Si elle est appréhendée positivement, c'est-à-dire comme un élément de mobilisation favorisant l'intégration et la participation à la société dominante qui permet de s'ancrer dans la modernité non pas par un processus d'assimilation hypothétique, mais par la production d'orientations culturelles et sociales modernisatrices, on peut considérer, d'une façon générale, les Maghrébins en tant que groupe ethnique. Nous avons montré que souvent, le désir profond de maintenir un certain nombre de valeurs culturelles et religieuses n'empêchait en rien de se rapprocher en divers points des dominants. Le choix des prénoms représente en cela un exemple probant où le désir d'une préservation minimale d'éléments identitaires singuliers s'inscrit dans une stratégie d'intégration. Ainsi il semblerait que le passage progressif d'une logique d'immigration à une logique ethnique, représente un phénomène positif à condition qu'il ne soit pas porteur de discriminations ou de replis identitaires. Nous avons montré qu'au fur et à mesure des générations d'immigration, un grand nombre de traits ancrés dans la culture traditionnelle d'origine disparaissaient et que ceux qui persistaient faisaient souvent l'objet d'adaptations au contexte français. Le phénomène ethnique, vu sous un angle positif, semble donc représenter une voie vers la cohésion sociale et nationale et un rempart contre les effets négatifs de la désorganisation sociale.

D- Entre craintes et ouverture : quel modèle d'intégration ?

Nous avons vu au début de ce travail, comment le modèle républicain d'intégration, suite à la crise qui le touche, est entré dans une phase de mutation. La question d'un nouveau modèle émerge alors à partir d'une problématique en termes de gestion des espaces privés et publics et de reconnaissance des différences des diverses composantes constitutives de la nation. Deux grands modèles s'opposent alors : le multiculturalisme et le modèle républicain d'intégration. Si le premier tend à reconnaître les particularismes identitaires, communautaires et ethniques, le second, au nom de l'égalité et de l'universalisme réfute toute intrusion dans l'espace public de différences d'ordre culturel, religieux ou idéologique tout en les autorisant, dans des limites acceptables, dans la sphère privée. Dans cet esprit, les différences et autres particularismes sont considérés comme menaçant le principe d'égalité et la cohésion nationale. La diversité fait désordre dans un espace public conçu comme celui de la citoyenneté et de la culture commune. Cette notion de « culture commune » reste très problématique et n'est jamais présentée de façon conceptuelle. Rappelons-nous à ce propos que nous nous interrogions dans notre introduction dans les termes d'une Culture française ou de cultures de France. Entre le mythe celtique repris sous l'Empire et la « guerre des deux races » qui s'inscrit en principe fondateur de l'histoire de France, comment parvenir à définir l'origine d'une culture commune ?

Toujours est-il que l'instauration d'un modèle multiculturaliste à l'anglo-saxonne ne paraît pas viable en France. En effet, notre tradition nationale qui consiste à créer de la cohésion à partir d'une assimilation devant assurer le rôle de maintien des bases communes et dont la référence à l'universalisme amène à considérer que tous les hommes sont égaux et porteurs de valeurs qui dépassent leurs différences, est beaucoup trop prégnante pour envisager un mode de gestion multiculturel. Le risque de replis identitaires est trop fort et pourrait amener à une ethnicité appréhendée par sa face sombre. Pourtant, nous avons vu que le modèle républicain d'intégration est en crise et que loin de garantir l'égalité, il produit des inégalités. Le mode coercitif longtemps employé en métropole et dans les colonies qui consiste à gommer les différences régionales, linguistiques et culturelles, ne semble plus pouvoir fonctionner à une époque de mondialisation, de construction d'une Europe toujours plus large et de fragmentation du champ social et plus particulièrement de la condition ouvrière. Lorcerie (2003, p. 311) indique que les Français n'ont pas de concept du pluralisme. Il semblerait pourtant qu'il y a, dans le pluralisme culturel, une voie qui permettrait, tout en évitant de tomber dans le différentialisme, à des groupes de préserver une base identitaire et culturelle tout en participant à part entière à la société et en s'intégrant à la nation.

Nous avons montré que les Maghrébins sont en forte demande d'un accès à la citoyenneté. En cela, les générations locales ne semblent plus devoir s'inscrire dans une problématique d'intégration mais de participation citoyenne. Ne devons-nous pas évacuer nos peurs et nos craintes face aux différences et surtout face à l'islam. Plutôt que de voir dans des pratiques soumises au principe de visibilité, des menaces pour la cohésion nationale, ne devons-nous pas appliquer une politique de la reconnaissance d'une population qui n'est plus étrangère mais qui représente sans conteste une partie de notre identité nationale. Il semblerait que tout en respectant notre histoire et nos valeurs, la démocratie gagnerait beaucoup à ne plus acculer les différences dans un espace privé isolé de la sphère publique qui doit cependant rester le lieu du partage et de la rencontre constructive. Il en est de même pour la laïcité qui majoritairement ne paraît pas être remise en cause. Au contraire, ce concept semble plébiscité par la majorité des Musulmans français qui voit dans la laïcité un moyen de liberté dans l'exercice de leur culte. L'espace public doit rester laïque et si aucune religion ne doit le gérer, une laïcité ouverte devrait permettre à chacun de s'exprimer dans un respect d'autrui garanti par l'État et de s'épanouir dans sa citoyenneté. La non-reconnaissance, explique Taylor (1992, p.41-42) participe de la formation des identités (opposition, radicalisation) et peut entraîner de l'oppression qui peut déboucher sur des replis identitaires ou au contraire des affirmations plus ou moins fortes et problématiques. Une reconnaissance minimale, ancrée dans la tradition nationale, ne doit-elle alors pas amener à une libération permettant l'épanouissement d'identités plurielles dans une France réconciliée et apaisée ?

BIBLIOGRAPHIE

AMSELLE Jean-Loup, *Logiques métisses ; anthropologie de l'identité en Afrique et ailleurs*, Payot, Paris, 1990.

AMSELLE Jean-Loup, *Vers un multiculturalisme français. L'empire de la coutume*, Champs – Flammarion, Paris, 2001 (édition originale, Aubier, Paris, 1996)

AUBERT France, TRIPIER Maryse, VOURC'H François, *Jeunes issus de l'immigration : de l'école à l'emploi*, L'Harmattan, Paris, 1997.

BANCEL Nicolas, BLANCHARD Pascal, "Le colonialisme, un anneau dans le nez de la République", *Hommes & Migrations*, n°1228, novembre-décembre 2000, p.80-92.

BATAILLE Philippe, *Le racisme au travail*, La découverte, Paris, 1997.

BECKER Howard S., *Outsiders. Études de sociologie de la déviance* (1963), A.M. Métailié, Paris, 1985.

BENSALAH Nouzha, *Familles turques et maghrébines aujourd'hui*, Maisonneuve & Larose, Paris, 1994.

BLANC-CHALEARD Marie-Claude, *Histoire de l'immigration*, La Découverte, Repères, Paris, 2001.

BLANCHET Alain, GOTMAN A., *L'enquête et ses méthodes : l'entretien*, Nathan, collection 128, Paris, 1992.

BOUAMAMA Saïd, SAD SAOUD Hadjila, *Familles maghrébines de France*, Desclée de Brouwer, Paris, 1996.

BOUCHE Denise, *Histoire de la colonisation française*, Tome second, Fayard, Paris, 1991.

BOULOT Serge, BOYZON-FRADET Danielle, *Les immigrés et l'école, Une course d'obstacles*, L'Harmattan, Paris, 1998.

BOURDIEU Pierre et al., *Travail et travailleurs en Algérie*, Mouton & Co., Paris, 1963.

BOURDIEU Pierre, *La distinction*, Éditions de Minuit, Paris, 1979.

BOURDIEU Pierre, WACQUANT Loïc J.D., *Réponses*, Seuil, Paris, 1992.

BOURDIEU Pierre, *Raisons pratiques*, Seuil, Paris, 1994

BOURDIEU Pierre, *Les structures sociales de l'économie*, Seuil, Paris, 2000.

BOYER Alain, *L'Islam en France*, PUF, Politique d'aujourd'hui, Paris, 1998.

BRUNEAUD Jean-François, *Le sens de l'école chez les familles françaises pratiquantes de confession musulmane*, Mémoire de maîtrise, Université Victor Segalen Bordeaux 2, 1998.

BRUNEAUD Jean-François, *L'intégration professionnelle des pratiquants français de confession musulmane : le cas des musulmans pratiquants de l'agglomération bordelaise*, Mémoire de DESS, Université Victor Segalen Bordeaux 2, 1999.

BRUNEAUD Jean-François, *Quartiers, Écoles et autres institutions : Les représentations chez les familles d'un groupe ethnicisé : les Maghrébins*, Mémoire de DEA, Université Victor Segalen Bordeaux 2, 2000.

CAMILLERI Carmel, « Les immigrés maghrébins de la seconde génération : contribution à une étude de leurs évolutions et de leurs choix culturels », *Bulletin de Psychologie*, n°347, 1980, p109-126.

CAMILLERI Carmel, KASTERSZTEIN Joseph, LIPIANSKY Edmond Marc, MALEWSKA-PEYRE Hanna, TABOADA-LEONETTI, VASQUEZ Ana, *Les stratégies identitaires*, PUF, Paris, 1990.

CÉSARI Jocelyne, *Être musulman en France*, éd. KARTHALA – IRENAM, Paris, 1994.

CESARI Jocelyne, « La laïcité française et l'islam », *Esprit*, n°1, janvier 1998, p. 65-76

CHARLOT Bernard, « Violences à l'école, la dimension ethnique du problème », *Ville, Ecole, Intégration*, n°121, juin 2000, p. 178-189.

CONSTANT Fred, *Le multiculturalisme*, Flammarion– Dominos, Paris, 2000.

CUCHE Denys, *La notion de culture dans les sciences sociales*, La Découverte, Repères, Paris, 1996.

DEBARBIEUX Éric, *La violence en milieu scolaire -1- État des lieux*, ESF, Paris, 1996.

DEBARBIEUX Éric, BLAYA Catherine, « Les parents, la violence à l'école : un détour européen », *Ville, École, Intégration*, n°114, septembre 1998, p. 5-18.

DEBARBIEUX Éric, GARNIER Alix, MONTOYA Yves, TICHIT Laurence, *La violence en milieu scolaire -2- Le désordre des choses*, ESF, Paris, 1999.

DEBARBIEUX Éric, BLAYA Catherine, BRUNEAUD Jean-François, COSSIN Fabienne, MANCEL Catherine, MONTOYA Yves, RUBI Stéphanie, *L'oppression quotidienne,. Recherches sur une délinquance des mineurs*, La Documentation Française, Paris, 2002.

DUBET François, *Immigrations : qu'en savons-nous ?* Un bilan des connaissances, La Documentation française, 1989.

DUBET François, LAPEYRONNIE Didier, *Les quartiers d'exil*, Seuil, L'épreuve des faits, Paris, 1992.

DUBET François, *Le déclin de l'institution*, Seuil, l'épreuve des faits, Paris, 2002.

DUPREZ Dominique, HEDLI Mahieddine, *Le mal des banlieues ? Sentiment d'insécurité et crise identitaire*, L'Harmattan, Logiques sociales, Paris, 1992.

ELIAS Norbert, *La civilisation des mœurs* (trad. Franç.), Calmann-Lévy, Paris, 1973 (1ère éd. En allemand 1939).

ELIAS Norbert, John L. Scotson, *Logiques de l'exclusion*, Librairie Arthème Fayard, Paris, 1997 (1ère éd., Sage Publications, 1965).

FAVRE-PERROTON Joëlle, *École et ethnicité, une relation à double face* (DUBET François dir.), Thèse de doctorat de sociologie, Université Victor Segalen Bordeaux 2, 1999.

FELOUZIS Georges, LIOT Françoise, PERROTON Joëlle, *La polarisation sociale et ethnique des collèges dans l'académie de Bordeaux*, CADIIS/LASPAC, Bordeaux, 2003. Rapport remis au ministère de l'Équipement et au Fonds d'action et de soutien pour l'intégration et la lutte contre les discriminations (FASILD).

GALLAND Olivier, *Sociologie de la jeunesse*, Armand Colin/HER, Collection U, série sociologie, 3ème édition, Paris, 2001

GEISSER Vincent, « La mise en scène républicaine de l'ethnicité maghrébine. Discours d'État, discours d'acteurs ? », *Ville, École, Intégration*, n°121, juin 2000, CNDP, p. 39-52

GERAUD Marie-Odile, LESERVOISIER Olivier, POTTIER Richard, *Les notions clés de l'ethnologie*, Armand Colin, Paris, 2000.

GHIGLIONE R, MATALON B, *Les enquêtes sociologiques. Théories et pratique*, Armand Colin, Paris, 1977.

GIDDENS Anthony, *Les conséquences de la modernité*, L'Harmattan, théorie sociale contemporaine, Paris, 1994.

GOFFMAN Erving, *La mise en scène de la vie quotidienne, 1*. La présentation de soi (1971), Les Éditions de Minuit, Paris, 1973.

GOFFMAN Erving, *La mise en scène de la vie quotidienne, 2*. Les relations en public (1963), Les Éditions de Minuit, Paris, 1973.

GOFFMAN Erving, *Les rites d'interaction* (1963), Les Éditions de Minuit, Paris, 1974.

GOFFMAN Erving, *Stigmates* (1963), Les Éditions de Minuit, Paris, 1975.

GRANDGUILLAUME G., *Arabisation et politique linguistique au Maghreb*, collection « Islam d'hier et d'aujourd'hui », Maisonneuve et Larose, Paris, 1983.

GUILLAUMIN Colette, *L'idéologie raciste. Genèse et langage actuel*, Paris et La Haye, Mouton, 1972.

HABERMAS Jürgen, *Logique des sciences sociales et autres essais*, PUF, Paris, 1987.

HERMET Annick, « De la faible fréquentation de la cantine en collèges de ZEP », *Ville, École, Intégration*, n°127, décembre 2001, CNDP, p. 162-175.

HOLH Janine, NORMAND Michèle, « Construction et stratégies identitaires des enfants et des adolescents en contexte migratoire: le rôle des intervenants scolaires », *Revue Française de Pédagogie*, n°117, octobre-novembre-décembre 1996, p. 39-52.

INSEE Aquitaine, *Les Hauts de Garonne*, Dossier n° 21, INSEE, Bordeaux, novembre 1996.

INSEE, *La France et ses régions*, INSEE, Paris, 1997a.

INSEE, *Les immigrés en France : contours et caractères*, INSEE, Paris, 1997b.

INSEE, *Tableaux économiques régionaux. Nord-Pas-de-Calais, Année 1998*, INSEE, Paris, 1998.

INSEE, *Populations légales, Recensement de la population de 1999 - Gironde*, INSEE, Paris, 1999a.

INSEE, *Populations légales, Recensement de la population de 1999 - Nord*, INSEE, Paris, 1999b.

JUTEAU Danielle, *L'ethnicité et ses frontières*, Les Presses de l'Université de Montréal, Canada, 1999.

KEPEL Gilles, *Les banlieues de l'islam*, Seuil, Paris, 1987.

KHELLIL Mohand, *Sociologie de l'intégration*, Que Sais-je ? PUF, Paris, 1997.

LACOSTE Yves, LACOSTE Camille, *Maghreb, peuples et civilisations*, La découverte, Paris, 1995.

LAHIRE Bernard, *L'homme pluriel. Les ressorts de l'action*, Nathan, Paris, 2001 (1ère éd., 1998).

LEVAU Rémy (sous la direction de), MOHSEN-FINAN Khadija et WIHTOL de WENDEN Catherine, *L'islam en France et en Allemagne. Identités et citoyennetés*, La documentation française, Paris, 2001.

LEVI-STRAUSS Claude, *Anthropologie structurale*, Plon, Paris, 1958.

LORCERIE Françoise, « Laïcité 1996. La République à l'école de l'immigration ? », *Revue Française de Pédagogie*, n°117, octobre-novembre-décembre 1996, p. 53-85.

LORCERIE Françoise, « Enseigner en milieu ethnicisé ; Face à la discrimination », *Ville-École-Intégration*, Hors-série n°6, décembre 2002, p. 6-9.

LORCERIE Françoise, *L'école et le défi ethnique. Éducation et intégration*, ESF- INRP, Paris, 2003.

MARTINIELLO Marco, *L'ethnicité dans les Sciences sociales contemporaines*, PUF, Que sais-je ?, Paris, 1995.

MARTUCCELLI Danilo, *Sociologies de la modernité*, Folio essais, Gallimard, Paris, 1999.

MERMET Gérard, *Francoscopie 2003*, Larousse, Paris, 2002.

MUCCHIELLI Laurent, « La dénaturalisation de l'homme : le tournant durkhemien de l'ethnologie française (1890-1914), p.41-53, in DUCROS Albert, DUCROS Jacqueline et JOULIAN Frédéric (sous la direction de.), *La culture est-elle naturelle ?*, Éditions Errance, Paris, 1998.

NAGEL Joane, « Constructing ethnicity : Creating and recreating ethnic identity and culture », *Social Problems*, 41, 1994, p.152-176.

PAYET Jean-Paul, *Collège de banlieue, ethnographie d'un monde scolaire*, Méridiens Klincksieck, Paris, 1995.

PAYET Jean-Paul, « La scolarisation des enfants et des jeunes issus de l'immigration en France », *Revue Française de Pédagogie*, n°117, octobre-novembre-décembre 1996, p. 89-116.

PAYET Jean-Paul, VAN ZANTEN Agnès, « L'école, les enfants de l'immigration et des minorités ethniques : une revue de la littérature française, américaine et britannique, *Revue Française de Pédagogie,* n°117, octobre-novembre-décembre 1996, p. 87-88.

PAYET Jean-Paul, « L'ethnicité, c'est les autres », *Ville, École, Intégration*, Hors-série n°6, Décembre 2002, p. 55-64.

PERROTON Joëlle, « Les ambiguïtés de l'ethnicisation des relations scolaires », *Ville, École, Intégration*, n°121, juin 2000, p. 130-146.

POUTIGNAT Philippe, STREIFF-FENART Jocelyne, *Théories de l'ethnicité*, PUF, Paris, 1995.

PRONOVOST Gilles, ATTIAS-DONFUT Claudine, SAMUEL Nicole, *Temps libre et modernité*, L'Harmattan, Presses de l'Université du Québec, Sainte-Foy (Québec) et Paris, 1993.

RINAUDO Christian, *L'ethnicité dans la cité, Jeux et enjeux de la catégorisation ethnique*, L'Harmattan, Logiques sociales, Paris, 1999.

SANTELLI Emmanuelle, *La mobilité sociale dans l'immigration, Itinéraires de réussite des enfants d'origine algérienne*, Presses universitaires du Mirail, Toulouse, 2001.

SAYAD Abdelmalek, *La double absence, des illusions de l'émigré aux souffrances de l'immigré*, Seuil, Collection Liber, Paris, 1999.

SCHNAPPER Dominique, *L'Europe des immigrés*, Éditions François Bourin, Paris, 1992.

SCHNAPPER Dominique, « L'universel républicain revisité », *Ville, École, Intégration*, n°121, juin 2000, CNDP, p. 10-22

SEGALEN Martine, *Sociologie de la famille*, Armand Colin, Collection U, 5ème édition, Paris, 2002.

SEMPRINI Andréa, *Le multiculturalisme*, PUF, Que sais-je ? n°3236, Paris, 1997.

STREIFF-FENART Jocelyne, « Les recherches interethniques en France : le renouveau ? », *Migrants-formation*, n°109, juin 1997, p. 48-65.

SINGLY François de., *L'enquête et ses méthodes : le questionnaire*, Nathan, collection 128, Paris, 1992.

TAP Pierre, sous la direction de, *Identités collectives et changements sociaux*, Privat, Paris, 1986.

TAYLOR Charles, *Multiculturalisme, Différence et démocratie*, Flammarion champs, Paris 1994 (pour l'édition originale : Princeton University Press, Princeton, 1992).

TODD Emmanuel, *Le destin des immigrés, Assimilation et ségrégation dans les démocraties occidentales*, Seuil, Points essais, Paris, 1994.

THIN Daniel, *Quartiers populaires, L'école et les familles*, Presses universitaires de Lyon, 1998.

THOMAS William Isaac, ZNANIECKI Florian, *The Polish Peasent in Europe and America* (1918-1920), Dover Publications, New-York, 1958, 2 vols.

THOMAS William Isaac, ZNANIECKI Florian, *Le paysan polonais en Europe et en Amérique. Récit de vie d'un migrant* (1919), Nathan, Paris, 1998 (trad. Fr. partielle).

TRIBALAT Michèle, Faire France, *Une grande enquête sur les immigrés et leurs enfants*, La découverte/Essais, Paris, 1995.

TRIBALAT Michèle, *De l'immigration à l'assimilation, Enquête sur les populations d'origine étrangères en France*, La découverte/INED, Paris, 1996.

TYLOR Edward B., *La civilisation primitive* (trad. Franç.), Reinwald, Paris, 1876-1878, (1ère éd. En anglais, 1871).

VALLEE Frank, « Multi-ethnic societies : The issue of identity and equality », in D. Forcese et S. Richer (dir.), *Issues in Canadian Society: An Introduction to Sociology*, Scarborough (Ontario, Canada), Prentice-Hall, p. 162-202.

VALLET L.A, CAILLE J-P., « Les élèves étrangers ou issus de l'immigration dans l'école et le collège français. Une étude d'ensemble », *Les dossiers d'éducation et formations*, n°67, DEP, avril 1996.

VAN ZANTEN Agnès, *L'école de la périphérie, Scolarité et ségrégation en banlieue*, PUF, Le lien social, Paris, 2001.

VIEILLARD-BARON Hervé, *Les banlieues*, Flammarion, Dominos, Paris, 1996.

VIEILLARD-BARON Hervé, « De l'origine de l'ethnie aux fabrications ethniques en banlieues », *Migrants-formation*, n°109, juin 1997, p. 24-47.

VILLECHAISE-DUPONT Agnès, *Amères banlieues*, Les gens des grands ensembles, Grasset / Le Monde, Partage du savoir, Paris, 2000.

WIEVIORKA Michel, DUBET François, LAPEYRONNIE Didier, KHOSROKHAVAR Farhad, MARTUCELLI Danilo, *Une société fragmentée ? Le multiculturalisme en débat*, La découverte, Paris, 1996.

WIEVIORKA Michel, « A propos du modèle français d'intégration républicaine », *Migrants-formation*, n°109, juin 1997, p. 7-21.

WIRTH Louis, *Le ghetto*, Presses universitaires de Grenoble, Collection Champ urbain, 1980 (1ère édition en Anglais, University of Chicago, 1928).

ZEHRAOUI Ahsène, « Les relations entre familles d'origine étrangère et institution scolaire ? », *Ville, École, Intégration*, n°114, septembre 1998, p. 53-73.

TABLE DES TABLEAUX

Tableau 1 : Proportion de ruraux parmi les immigrés, le pays de naissance et le sexe (en %) 71
Tableau 2 : Ménages ouvriers en France – 1990 (en %) 72
Tableau 3 : Entrées des étrangers en france 1974-1946 73
Tableau 4 : Européens d'Algérie : mariages avec des musulmans (en %) 78
Tableau 5 : répartition des marqueurs identitaires 91
Tableau 6 : Catégories d'immigrations 95
Tableau 7 : Immigration de travail (en %) 96
Tableau 8 : Immigration de travail : catégories d'âges 97
Tableau 9 : Immigration de travail : nombre d'enfants par personne (en %) 98
Tableau 10 : Immigration de travail : nombre moyen d'enfants par famille - tableau comparatif 98
Tableau 11 : Immigration de travail : diplôme effectivement obtenu 99
(en %) 99
Tableau 12 : Immigration de travail : CSP (en %) 99
Tableau 13 : Immigration regroupement familial conjoints : Année d'arrivée en France 99
Tableau 14 : Immigration regroupement familial conjoints : âge 100
Tableau 15 : Immigration regroupement familial conjoints : 101
Temps de résidence en France suivant l'âge (en %) 101
Tableau 16 : Immigration regroupement familial conjoints : Catégorie socio-professionnelle 101
Tableau 17 : Immigration regroupement familial conjoints : Diplôme obtenu 102
Tableau 18 : Immigrat° regpt familial conjoints : Diplôme obtenu x Maîtrise lecture langue arabe (en %) 102
Tableau 19 : Immigration regroupement familial conjoints : Nombre d'enfants par famille 103
Tableau 20 : Immigration regroupement familial conjoints : Âge d'arrivée en France x nombre d'enfants (en %) 103
Tableau 21 : Immigration de regroupement familial enfants : Âge d'arrivée en France 104
Tableau 22 : Immigration de regroupement familial enfants : Tranches d'âge 104
Tableau 23 : Immigration de regroupement familial enfants : Situation matrimoniale en fonction de l'âge (en %) 105
Tableau 24 : Immigration de regroupement familial enfants : Nombre d'enfants en fonction de l'âge (en %) 105
Tableau 25 : Immigration de regroupement familial enfants : CSP 107
Tableau 26 : Immigration d'études : âge d'arrivée en France 107
Tableau 27 : Immigration d'études : diplômes 108
Tableau 28 : Deuxième génération locale : tranches d'âge 109
Tableau 29 : Troisième génération locale : tranches d'âge 111
Tableau 30 : synoptique des types d'immigration 112
Tableau 31 : CSP du père en fonction du type d'immigration (en%) 114

Analyse factorielle du tri croisé : Type d'immigration générale x.CSP père   *114*
Tableau 32 : Répartition langues parlées   *116*
Tableau 33 : Langues parlées en fonction des origines (en %)   *118*
Tableau 34 : Langue parlée avec le conjoint selon l'âge à l'arrivée et le pays de naissance (en %)   *120*
Tableau 35 : Langue parlée par les immigrés à leurs enfants selon l'âge à l'arrivée et le pays de naissance (en %)   *120*
Tableau 36 : Langue(s) parlée(s) à la maison en fonction des langues maîtrisées (en %)   *121*
Tableau 37 : Individus bilingues ou trilingues : langue unique parlée à la maison selon l'origine (en %)   *122*
Tableau 38 : Types d'achats effectués dans les magasins arabes   *124*
Tableau 39 : Pratiques des loisirs   *126*
Tableau 40 : Loisirs : visites entre amis suivant le type d'immigration (en %)   *127*
Tableau 41 : Loisirs:visites entre amis suivant le sexe et le type d'immigrat° (en %)   *127*
Tableau 42 : Loisirs : type d'immigration générale x Type musique pour l'échantillon total (en %)   *129*
Tableau 43 : Loisirs : Type d'immigration x type musique pour les consommateurs de musique (en%)   *129*
Tableau 44 : Loisirs : cinéma et discothèque par classe d'âge(en %)   *130*
Tableau 45 : Loisirs : consommation cinéma et discothèque par type d'immigration et classe d'âge (en %)   *131*
Tableau 46 : Loisirs : cinéma et discothèque par CSP (en %)   *132*
Tableau 47 : Répartition fêtes   *133*
Tableau 48 : Fêtes : répartition suivant les événements   *134*
Tableau 49 : degré des liens avec le pays d'origine   *140*
Tableau 50 : statut habitation x degré liens avec le pays d'origine (en %)   *142*
Tableau 51 : nationalité x degré liens avec le pays d'origine (en %)   *142*
Tableau 52 : Moyenne du degré de liens avec le pays d'origine suivant les nationalités   *143*
Tableau 53 : Pratique parabole x degré liens pays d'origine (en %)   *145*
Tableau 54 : répartition des biens au pays d'origine   *146*
Tableau 55 : répartition des biens au pays d'origine x degré liens pays (en %)   *147*
Tableau 56 : répartition par type de familles au pays   *148*
Tableau 57 : Famille au pays en fonction du type d'immigration (en %)   *148*
Tableau 58 : Famille au pays x degré lien pays (en %)   *149*
Tableau 59 : degré liens pays en fonction du score moyen d'attache culturelle   *150*
Tableau 60 : degré liens pays en fonction du score moyen d'attache culturelle par types d'immigration   *151*
Tableau 61 : Retour pays x degré lien pays (en %)   *152*
Tableau 62 : Classes d'âge x degré lien pays (en %)   *153*
Tableau 63 : Représentation du mariage en fonction de la religion et de la tradition   *156*
Tableau 64 : Type mariages selon l'origine des deux conjoints   *156*

Tableau 65 : représentation du mariage en fonction de la situation matrimoniale et du sexe (en%) _____ 157
Tableau 66 : présentation multiple de la catégorie de représentation du mariage exogame orthodoxe en fonction de 4 critères (en%) _____ 158
Tableau 67 : Représentation mariage en fonction du type d'immigration (en%) 159
Tableau 68 : Représentation du mariage en fonction du modèle conjugal réel (en%) _____ 161
Tableau 69 : Origine des meilleurs amis _____ 164
Tableau 70 : Origine des meilleurs amis en fonction de l'âge et du type d'immigration (en%) _____ 165
Tableau 71 : Amis plutôt maghrébins en fonction du type d'immigration (en%) 167
Tableau 72 : Amis français en fonction du type d'immigration (en%) _____ 167
Tableau 73 : Lieux privilégiés de fréquentation _____ 168
Tableau 74 : lieux de fréquentations des non-maghrébins en fonction de la CSP et du sexe (en%) _____ 169
Tableau 75 : type de fréquentations en fonction des lieux et du sexe _____ 170
Tableau 76 : Taux de pratiquants en fonction des critères de pratiques retenus _ 176
Tableau 77 : typologie des pratiquants _____ 177
Tableau 78 : Corrélation entre les types de pratiquants et les critères de pratiques (en%) _____ 178
Tableau 79 : Score de pratique en fonction du type de pratique religieuse _____ 179
Tableau 80 : Degré de pratique en fonction du type d'immigration _____ 180
Tableau 81 : Degré de pratique religieuse par classes d'âge et type d'immigration _____ 181
Tableau 82 : Degré de pratique en fonction de la situation matrimoniale _____ 182
Tableau 83 : Degré de pratique en fonction du nombre d'enfants _____ 182
Tableau 84 : Type de pratiques en fonction de l'origine nationale et de 2 catégories de générations (en %) _____ 183
Tableau 85 : Type de pratique en fonction des origines nationales et de l'appartenance ethnique (en%) _____ 185
Tableau 86 : Enseignement religieux et linguistique en fonction du type de pratique (en%) _____ 186
Tableau 87 : Score moyen de pratique religieuse en fonction du style d'ameublement et du type d'immigration _ _____ 187

Méditerranée à l'Harmattan

IDENTITÉS PÉRIPHÉRIQUES
Péninsule ibérique, Méditerranée, Amérique latine
coordonné par Marie-Lucie COPETE et Raul CAPLAN,
en collaboration avec Isabelle RECK
Des historiens, des anthropologues et des littéraires, spécialistes de la Péninsule ibérique, de l'Amérique latine et du monde méditerranéen, expliquent comment, du XVIe au XXe siècle, se mettent en place mécanismes identitaires et identités nouvelles. Musulmans de la monarchie catholique espagnole, esclaves africains du Portugal, Indiens de Bolivie, métis et mineurs du Pérou colonial, pauvres de deux côtés de l'Atlantique, sont au cœur de cette recherche sur les identités périphériques.
(Coll. Recherches et Documents Espagne, 24 €, 271 p)   ISBN 2-7475-7353-2

AMÉNAGEURS DE VILLES ET TERRITOIRES D'HABITANTS
Un siècle dans le Sud algérien
SOUAMI Taoufik
Préface de Michel MARIÉ
Que font les politiques et les urbanistes quand les territoires et les villes dont ils ont la charge sont également aménagés par les habitants mêmes ? Cet ouvrage propose d'explorer ce "face à face" entre les responsables techniques et politiques et les populations. En observant des situations vécues dans le Sud de l'Algérie pendant un siècle, il tente de décrire la complexité et les fragilités des approches institutionnelles et officielles. Des officiers français aux responsables algériens, quelles ont été leurs approches ? Imposition ou négociation ? Confrontation ou évitement ?
(Coll. Histoires et Perspectives Méditerranéennes, 32,50 €, 420 p)
ISBN 2-7475-5743-X

AMÉNAGEURS ET AMÉNAGÉS EN ALGÉRIE
Héritages des années Boumediene et Chadli
BENDJELID Abed, BRÛLÉ Jean-Claude, FONTAINE Jacques
1991- Année charnière pour l'Algérie. Elle n'est pas encore consciente d'entrer dans ses années noires; mais elle est consciente que les espoirs nés des réussites des années 1970 sous Boumediene appartiennent définitivement au passé: depuis 1980, les décideurs décident peu, les aménageurs aménagent peu, faute d'un volontarisme étatique suffisant...Mais sur le terrain, le relais a été pris par les "aménagés", par les populations.
45 communications de praticiens et d'universitaires dressent un sombre bilan, dont la non maîtrise foncière, le renouveau des stratégies communautaires, le développement urbain anarchique, etc.
(Coll. Histoire et Perspectives Méditerranéennes, 37 €, 420 p)   ISBN 2-7475-7184-X

APPROCHE CRITIQUE DES REPRÉSENTATIONS DE L'ISLAM CONTEMPORAIN
FAHER Mourad
L'imaginaire collectif véhicule tant d'archétypes sur l'Islam qu'il est utile de se pencher sur l'étude de cette religion, en remontant aux sources. C'est cette démarche que propose cet ouvrage qui aborde les questions du terrorisme, du port du voile, du mariage inter-religieux, du rapport ancestral de l'islam au judaïsme et à la chrétienté, et de la rigueur normative du discours religieux.
(Coll. Histoire et Perspectives Méditerranéennes, 13,20 €, 144 p) ISBN 2-7475-5707-3

UNE APPROCHE DE LA PROBLÉMATIQUE D'IDENTITÉ
Le Maghreb arabe contemporain
HERMASSI Mohamed Salah
Ce livre et ce qu'il implique comme contribution, et dont le but est le dialogue et le débat, entrent dans le cadre d'une lecture de la situation dans les pays maghrébins. Le Maghreb arabe tel que nous le constatons est une partie indissociable du monde arabe sur les plans historique, culturel et de destin. Mais il a une spécificité bien apparente qui s'incarne dans la relation de complémentarité entre l'arabité et l'islam qu'on doit prendre en considération dans la lecture de la situation maghrébine et de ce qu'elle comporte comme questions d'identité et de modernité.
(Coll. Caravanes de la paix, 15 €, 168 p)   *ISBN 2-7475-6480-0*

CONFLITS D'AUTORITÉS DURANT LA GUERRE D'ALGÉRIE
Nouveaux inédits
FAIVRE Maurice
Cinquante ans après le début de la guerre d'Algérie, les archives n'ont pas encore dévoilé leurs arcanes. Les fonds d'archives soumis à dérogation, et les documents d'époque conservés par quelques acteurs de la politique algérienne de la France, permettent au chercheur d'analyser de façon plus approfondie les motivations et les actions des hautes autorités politiques, judiciaires et militaires (Michel Debré, Maurice Patin, Paul Ely,...). On regrettera que tout ne puisse être publié, certaines affaires restant interdites.
(Coll. Histoires et Perspectives Méditerranéennes, 26 €, 286 p) ISBN 2-7475-7304-4

LES ENJEUX MÉDITERRANÉENS : L'EAU , ENTRE GUERRE ET PAIX
DE CHARETTE Hervé
L'Institut Euro-Méditerranéen présidé par Hervé de CHARETTE a pour objectif de travailler à la confrontation des idées, au rapprochement des points de vue et à la préparation de projets communs entre l'Europe et l'ensemble des pays du pourtour méditerranéen, il organise régulièrement des rencontres internationales entre responsables méditerranéens et européens. Il s'intéresse aujourd'hui à la question de l'eau dans les pays méditerranéens. Les tensions et conflits nés du partage des eaux rendent plus que jamais nécessaire la recherche de solutions. Les représentants des principaux pays concernés ont été conviés à cet événement co-organisé avec la Convention Démocrate.
(19.50 €, 224 p)   *ISBN 2-7475-6091-0*

L'INSTITUTIONNALISATION DU SYSTÈME DE L'ENSEIGNEMENT AU MAROC. Evaluation d'une politique éducative
SOUALI Mohamed
Considéré comme l'un des fondements d'une modernité en construction, le système éducatif marocain suit le processus de changement social. La mise en place des structures de l'Etat s'accompagne d'une expansion de l'enseignement. La croissance du pouvoir de l'Etat serait corrélée à la centralisation de l'administration et à l'expansion du système de l'enseignement.
(Coll. Histoire et perspectives méditerranéennes, 25.50 €, 286 p)ISBN 2-7475-6260-3

LA POLITIQUE CULTURELLE DE LA FRANCE EN ALGÉRIE
Les objectifs et les limites (1830-1962)
RISLER Camille
Par le biais d'un survol de la vie culturelle très riche de l'Algérie française dans ses contextes politiques successifs (assimilation, association ou intégration), cette étude tente de faire apparaître un parallélisme entre les actions culturelles, publiques et privées, et une volonté politique dont elles dépendaient directement ou qu'elles servaient involontairement. Une mise en lumière d'une composante classique de la politique française, à savoir l'utilisation de sa culture pour accentuer son influence et servir à plus long terme ses intérêts politiques.
(Coll. Histoire et Perspectives Méditerranéennes, 21.50 €, 250 p)ISBN 2-7475-6092-9

REPRÉSENTATIONS DU MAROC ET REGARDS CROISÉS FRANCO-MAROCAINS
textes réunis par Jean-Claude ALLAIN
La très ancienne, mais intermittente relation entre la France et le Maroc est devenue au XIXème siècle une relation de proximité par la frontière commune en Algérie. L'image respective que la France et le Maroc ont l'un de l'autre se diversifie, surtout quand le Maroc devient un acteur puis un enjeu de la politique internationale européenne. Quelles images du Maroc ont fixées et répandues en Europe des voyageurs, des géographes, ou des écrivains, des peintres et des photographes ? Quelles informations la presse francophone diffuse-t-elle, à l'époque du protectorat, sur la situation politique marocaine ou sur tel aspect de la vie sociale des deux communautés ?
(Coll. Histoire et Perspectives Méditerranéennes, 24 €, 270 p) ISBN 2-7475-6871-7

SUSINI ET L'O.A.S.
STEUER Clément. Préface de Jean de QUISSAC
Les derniers épisodes de la guerre d'Algérie sont généralement mal connus du grand public. L'étude des idées et de l'action de Jean-Jacques Susini, membre dirigeant de l'Organisation Armée Secrète, permet d'éclairer cette période troublée. Il est sans conteste l'un des personnages-clés de l'organisation clandestine. Son influence ne fait que croître au fil du temps, si bien qu'à partir de mai 1962, on peut le considérer de facto comme le chef de l'Armée Secrète. Cet ouvrage, récompensé par le prix universitaire "Jeune Algérianiste", s'efforce de restituer le parcours de cet activiste.
(Coll. Histoire et Perspectives Méditerranéennes, 23 €, 258 p) ISBN 2-7475-6762-1

LE TASFISH EN TUNISIE
Un rituel de protection de la virginité féminine
BEN DRIDI Ibtissem
Préface de Michèle CROS
Cet ouvrage se propose de nuancer l'image que l'on prête habituellement aux pays maghrébins, à savoir un monde où la femme est opprimée, privée de toute liberté, soumise à une norme religieuse et sociale implacable : l'impératif de virginité avant les noces. C'est à travers le tasfish, un rituel magique de protection de la virginité des jeunes filles nubiles, que l'auteur nous invite à partager les représentations et les discours contradictoires autour de la femme, de l'homme et de la sexualité, dans le contexte d'un pays maghrébin particulier : la Tunisie.
(Coll. Histoire et Perspectives Méditerranéennes, 14 €, 154 p)   ISBN 2-7475-6845-8

LA TURQUIE AU TOURNANT DU SIÈCLE
Sous la direction de Ali KAZANCIGIL
Au moment où l'Union européenne passe de 15 à 25 Etats membres, le débat public se focalise sur le cas de la Turquie. Les Européens se demandent si ce pays aux dimensions démographiques et territoriales imposantes, dont l'Etat est laïque, le régime démocratique et la population musulmane à 99%, peut faire partie de l'Europe. Cette interrogation paraît tout à fait compréhensible : la candidature de la Turquie mérite un débat approfondi. Aussi serait-il important que les citoyens se fassent une opinion en connaissance de cause.
(Coll. Histoire et Perspectives Méditerranéennes, 14 €, 154 p)   ISBN 2-7475-6852-0

LE VOILE DE LA MARIÉE
Jeunes musulmanes, voile et projet matrimonial en France
BOUBEKEUR Amel
Préface de Fahrad KHOSROKHAVAR
Ce travail mené auprès de jeunes étudiantes voilées nées en France, interroge la relation à l'autre sexe à travers les comportements amoureux et stratégies matrimoniales. Il se demande dans quelle mesure ces jeunes filles sont en rupture avec les pratiques traditionnelles de leurs parents, tout en revendiquant une appartenance à un "nouveau monde islamique". Une réflexion sur cette génération "réislamisée" et la réinterprétation de ses questionnements à la lumière de bricolages religieux dont l'équilibre reste fragile.
(Coll. Histoire et perspectives méditerranéennes, 16 €, 178 p)   ISBN 2-7475-6297-2

629017 - Novembre 2015
Achevé d'imprimer par